그림으로 배우는
도커

그림으로 배우는 도커

개념부터 환경 구축까지 단계별로 익히는 도커

초판 1쇄 발행 2025년 2월 24일

지은이 스즈키 료 / **옮긴이** 서수환 / **펴낸이** 전태호
펴낸곳 한빛미디어(주) / **주소** 서울시 서대문구 연희로2길 62 한빛미디어(주) IT출판2부
전화 02-325-5544 / **팩스** 02-336-7124
등록 1999년 6월 24일 제25100-2017-000058호 / **ISBN** 979-11-6921-347-9 93000

책임편집 박지영 / **기획 · 편집** 김민경
베타리더 강경구, 강찬석, 김신국, 남현승, 안단희, 이장훈, 임혁, 주환석, 최인주
디자인 표지 박정우 내지 이아란 / **전산편집** 강창효
영업마케팅 송경석, 김형진, 장경환, 조유미, 한종진, 이행은, 김선아, 고광일, 성화정, 김한솔 / **제작** 박성우, 김정우

이 책에 대한 의견이나 오탈자 및 잘못된 내용은 출판사 홈페이지나 아래 이메일로 알려주십시오.
파본은 구매처에서 교환하실 수 있습니다. 책값은 뒤표지에 표시되어 있습니다.

홈페이지 www.hanbit.co.kr / **이메일** ask@hanbit.co.kr

KAIHATSUKEI ENGINEER NO TAMENO DOCKER ETOKI NYUMON by Ryo Suzuki
Copyright © 2024 by Ryo Suzuki
All rights reserved.
First published in Japan in 2024 by Shuwa System Co., Ltd.

This Korean edition is published by arrangement with Shuwa System Co., Ltd. Tokyo
in care of Tuttle-Mori Agency, Inc., Tokyo, through Botong Agency, Seoul.

© 2025 Hanbit Media Inc.

이 책의 한국어판 저작권은 Botong Agency를 통한 저작권자와의 독점 계약으로 한빛미디어(주)가 소유합니다.
저작권법에 의해 보호를 받는 저작물이므로 무단 복제 및 무단 전재를 금합니다.

지금 하지 않으면 할 수 없는 일이 있습니다.
책으로 펴내고 싶은 아이디어나 원고를 메일(**writer@hanbit.co.kr**)로 보내주세요.
한빛미디어(주)는 여러분의 소중한 경험과 지식을 기다리고 있습니다.

개념부터 환경 구축까지 단계별로 익히는 도커

그림으로 배우는
도커

스즈키 료 지음 | **서수환** 옮김

한빛미디어

지은이·옮긴이 소개

지은이 스즈키 료(鈴木 亮)

별명은 호게 상. 어쩌다 들어간 대학의 정보통신 계열 학과에서 프로그래밍을 접한 후 정보통신 분야에 빠져들었다. 2012년 모 전자 메이커 대기업에 취직해서 백엔드 엔지니어로서 ISP 서비스 개발 분야에 종사했다. 2021년 미라이토디자인으로 이직, 현재는 Zenn(엔지니어 정보 공유 커뮤니티)에 투고하거나 회사 유튜브 채널에 진지한 동영상이나 그렇지 못한 동영상을 공개하고 있다.

옮긴이 서수환 nuridol@gmail.com

일본에서 IT 시스템을 설계, 개발하는 엔지니어다. 귀찮은 일이 생기면 대신해 줄 무언가를 찾다가 없으면 만드는 것이 취미다. 또 뭐하며 놀까에 대해 늘 고민하고 있다.

베타리더의 후기

프롬프트에서 사용하는 도커 명령어들이 실제로 어떤 일을 수행하는지 명확하게 이해할 수 있도록 설명이 간결하고 쉽게 되어 있습니다. 덕분에 단순히 명령어를 복사해 사용하는 대신 하나하나의 의미를 이해하며 활용할 수 있을 것입니다. 특히 도커 컴포즈 파일을 만드는 과정은 실무에서도 기존 내용을 쉽게 개선할 수 있도록 유익하게 구성되어 있습니다. 도커를 처음 시작하는 분들에게 적극 추천합니다.

강경구, 데이터 엔지니어

도커의 다양한 활용 범위 덕분에 시중에 많은 관련 도서가 있지만, 이 책의 가장 큰 특징은 다양한 상황에 맞게 도커의 기능을 실습할 수 있는 예제들이 제공된다는 점입니다. 특히 각 장에서 다루는 도커 기능들이 실제 상황에 적용할 수 있을 정도로 디테일하게 설명되어 있어, 다양한 상황을 접하게 될 도커 관련 개발자들에게 매우 유용할 것입니다. 이 책은 도커 사용에 있어 필수적인 기본 지식부터 다양한 예시까지 다루며, 다양한 수준의 독자들에게 도움이 될 만한 좋은 책이라 생각됩니다.

강찬석, LG 전자 소프트웨어 엔지니어

도커를 사용하는 엔지니어가 반드시 알아야 할 핵심 내용들을 이해하기 쉬운 그림과 상세한 명령어 실행 과정으로 설명한 점이 인상적이었습니다. 실제 사용자의 관점에서 학습 진입 장벽을 낮추기 위해 친절한 도식화와 실용적인 예제들을 제공하며, 도커의 개념을 쉽게 이해할 수 있도록 구성된 점이 좋았습니다. 이런 점들이 이 책을 추천하게 만든 이유입니다.

김신국, Devops 엔지니어

베타리더의 후기

도커를 처음 접하는 분들에게 강력 추천합니다! 각 장의 학습 목표가 명확하며, 도커의 다양한 명령어들이 체계적으로 분류되어 있어 전체 구조를 이해하며 학습할 수 있습니다. 복잡해 보이는 도커의 개념도 시각적 다이어그램으로 쉽게 설명해 입문자들의 진입 장벽을 확실히 낮춰줍니다.

남현승, 백엔드 엔지니어

도커를 처음 접하거나 도커 개념에 익숙하지 않은 개발자들에게 강력히 추천합니다. 각 장이 독립적으로 구성되어 있어 필요한 부분을 쉽게 찾아볼 수 있고, 실무에서 자주 겪게 되는 상황들을 예제로 다루고 있어 매우 실용적입니다. 특히 도커 명령어와 개념을 그림으로 단계적으로 설명하며, 반복적으로 풀어내어 이해하기 쉽게 구성한 점이 돋보입니다. 또한, 도커 컴포즈 사용법, 애플 맥 사용자를 위한 가이드, 팀 프로젝트에서의 도커 활용법까지 다루어 현업에서 바로 적용할 수 있습니다.

안단희, 솔루션 개발자

요즘 개발자에게 도커는 필수적인 도구입니다. 이 책에는 도커를 사용하는 개발자라면 반드시 알아야 할 내용이 모두 담겨 있습니다. 따라서 이 책만 학습해도 실무에서 충분히 활용할 수 있을 것입니다. 기초부터 실무적인 활용까지 폭넓게 다루며, 명령어도 이해하기 쉽게 구성되어 있습니다.

이장훈, Devops 엔지니어

베타리더의 후기

도커를 이보다 더 쉽게 배울 수 있는 방법은 없습니다. 도커 명령어를 중심으로 진행되는 학습 방식과 그림으로 쉽게 표현된 도커의 원리와 구조는 입문자라도 큰 어려움 없이 공부할 수 있을 것입니다. 도커에 대한 기본 지식이 있는 개발자에게는 더욱 깊이 있는 이해를 돕는 좋은 기회가 될 것입니다. 이 책을 통해 도커에 대한 기존 지식을 정리하고, 실무에 바로 적용할 수 있는 유용한 지식을 얻게 될 것이라 확신합니다. 도커가 어렵다는 편견을 깨주는 훌륭한 책입니다.

임혁, 백엔드 개발자

이 책은 컨테이너와 여러 요소의 관계를 그림으로 더욱 쉽고 명확하게 설명합니다. 적지 않은 분량임에도 불구하고, 각 장의 학습 목표가 명확하고 순차적으로 구성되어 있어 처음부터 끝까지 흥미롭게 읽을 수 있었습니다. 도커 입문자부터 실무에서 더 깊이 활용하고 싶은 모든 개발자에게 추천할 만한 책입니다.

주환석, 백엔드 개발자

실무에서 도커를 사용할 때 반드시 알아야 할 핵심 내용을 다룬 책입니다. 도커의 원리와 명령어 실행 시 처리 흐름을 그림을 통해 설명하여 이해를 돕고, 각 단계에서 도커에 대한 기초를 차근차근 쌓을 수 있게 가이드합니다. 이를 바탕으로 여러 컨테이너를 한꺼번에 관리할 수 있는 도커 컴포즈 파일 작성법도 다룹니다. 또한, 실제 운영 환경에서 도커 사용 시 필요한 요금 체계, 계정 관리, 주의 사항 그리고 예상치 못한 오류 발생 시 대처 방안까지 상세히 설명합니다. 도커를 처음 배우는 입문자에게 도커의 전체적인 흐름을 이해하기에 적합한 책으로 추천합니다.

최인주, 백엔드 개발자

옮긴이의 말

지금까지 개발 환경 구성 때문에 했던 고생은 도대체….

이 책을 번역하며 제가 도커를 처음 접했을 때의 감정이 다시 떠올랐습니다. 컨테이너 박스가 물류 시스템에 혁신을 가져왔듯, 도커는 하늘을 자유롭게 날아다니는 고래처럼 개발자와 인프라 운영자에게 환경 구성의 혁명을 선사했습니다. 마치 장난감 블록처럼 컨테이너라는 작은 단위로 애플리케이션을 포장하고 자유롭게 조립하고 배포할 수 있게 해 주는 도커는 개발과 운영 방식을 혁신적으로 변화시켰습니다.

이 책은 그러한 마법 같은 도커의 세계로 안내하는 친절한 지도이자 길을 밝혀주는 등대와도 같습니다. 복잡한 이론을 장황하게 나열하는 대신 핵심 개념을 그림과 함께 명확히 설명하여 도커를 처음 접하는 사람도 쉽게 이해할 수 있도록 구성했습니다. 마치 옆에서 친절한 선생님이 설명해 주는 것처럼, 도커의 기본 원리부터 실제 활용 방법까지 차근차근 배울 수 있어 도커라는 거대한 바다를 항해하는 여러분이 안전하게 목적지에 도달할 수 있도록 돕습니다. 이 책을 통해 도커의 세계를 탐험하며 즐겁게 공부하고, 여러분만의 멋진 작품을 만들어 보길 바랍니다.

번역 과정에서 많은 도움을 주신 편집자분과 언제나 저를 믿고 응원해 주는 사랑하는 가족에게 깊이 감사드립니다. 이 책이 여러분이 즐겁게 개발하는 데 작은 응원봉이 되길 바랍니다.

서수환

지은이의 말

필자가 처음으로 도커를 공부한 것은 신칸센(고속 열차) 안이었습니다. 이직할 회사가 정해져서 휴가를 내고 여행을 가다가 슬슬 도커를 공부하지 않으면 안 되겠다는 생각이 들었습니다. 신칸센 안에서 도커 이미지 파일에 여러 매개변수를 바꿔가며 다양한 컨테이너를 실행한 기억이 납니다. 그때의 경험을 정리해서 공개한 것이 책을 쓰게 된 계기가 되었습니다.

여러분이 자유롭게 도커를 사용하는 데 이 책이 도움이 되길 바랍니다.

스즈키 료

이 책에 대하여

구성

이 책은 7부로 구성되어 있으며, 책을 보고 이해하는 데 중요한 기본 지식을 정리했습니다.

1부는 가상화 및 도커에 대한 기초 지식을 다룹니다.

2부부터 5부까지는 명령어와 도커파일Dockerfile을 설명합니다. 장마다 문법을 그림과 함께 설명하고, 언제라도 필요한 장만 다시 볼 수 있도록 구성했습니다.

6부는 도커 명령어를 사용해서 실제 개발 환경을 구축하는 핸즈온(체험 학습)입니다. 여러 컨테이너로 환경을 구축하고 마지막에는 도커 컴포즈Docker Compose로 재구축합니다.

7부는 운영 시 주의할 점과 디버깅 노하우를 설명합니다. 계정, 유료 플랜을 소개하고 안전하면서도 사용하기 쉬운 도커 컴포즈 환경 구축 방법을 소개합니다. 특히 도커 디버깅 관련 내용은 익숙해질 때까지 시행 착오가 많이 발생하는 부분이므로 꼭 활용해 보기 바랍니다.

예제 소스 https://www.hanbit.co.kr/src/11347

이 책을 읽는 방법

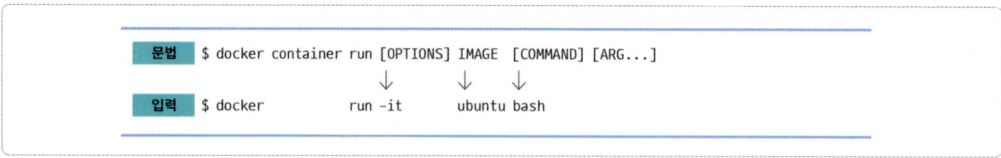

▲ 문법

명령어 문법과 실행할 명령어를 나열하고 처음 등장하는 명령어와 옵션을 비교합니다.

IMAGE처럼 대문자로 표시한 항목은 필수 항목이며, [COMMAND]처럼 대괄호로 감싼 대문자 항목은 임의 선택 항목입니다. [ARG...]처럼 ...가 있는 항목은 공백 문자를 구분자로 여러 가지를 나열할 수 있는 항목을 의미합니다.

이 책에 대하여

> **Point** 도커 데스크톱 유료 플랜은 29장에서 잠깐 설명합니다.

▲ 포인트
참조할 장의 정보, 문법과 직접 관련이 없는 설정 관리, 정리법 등을 설명합니다.

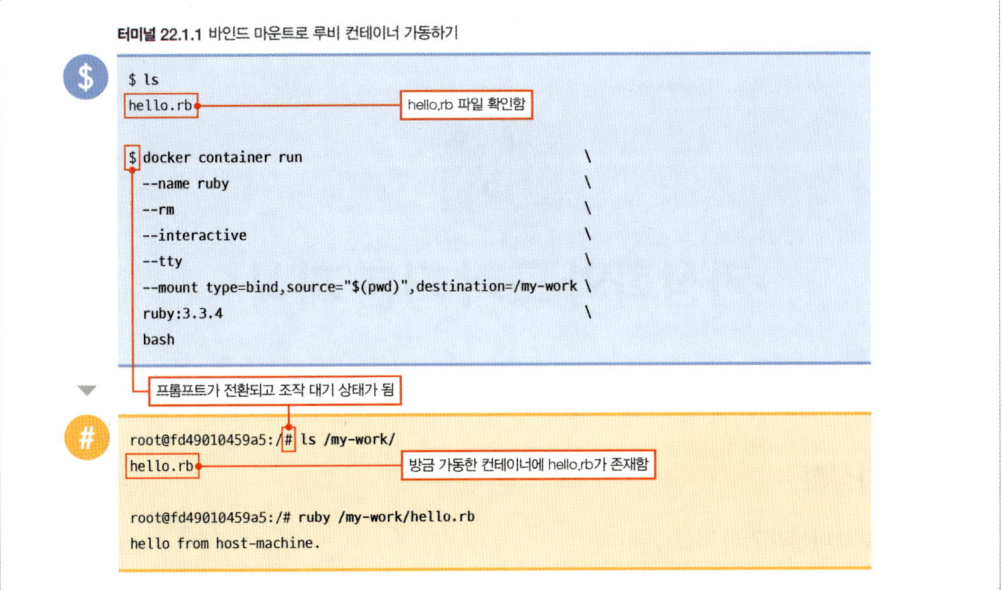

▲ $ 파란 배경 터미널
호스트머신에서 실행할 명령어를 표시하며 해당 명령어는 도커 컨테이너 외부에서 실행합니다. 프롬프트 아이콘은 $로 통일합니다.

▲ # 노란 배경 터미널
컨테이너에서 실행할 명령어를 표시하며 해당 명령어는 도커 컨테이너 안에서 실행합니다. 프롬프트는 컨테이너에 따라 조금씩 다르지만 아이콘은 #으로 통일합니다.

목차

지은이 · 옮긴이 소개 · 4
베타리더의 후기 · 5
옮긴이의 말 · 8
지은이의 말 · 9
이 책에 대하여 · 10

1부 가상화와 도커 기본 지식

1장 가상화 · 21

1.1 물리 머신과 가상 머신 · 22
1.2 가상화 소프트웨어 종류 · 27
1.3 컨테이너형 가상화 특징 · 30

2장 도커와 주변 요소 살펴보기 · 37

2.1 도커의 구성 요소 · 38
2.2 컨테이너와 이미지 규격 · 44

3장 도커 설치 · 47
- 3.1 윈도우에서 도커 사용하기 · 48
- 3.2 맥OS에서 도커 사용하기 · 55

4장 도커 기본과 대원칙 · 59
- 4.1 명령어와 프로세스 · 60
- 4.2 컨테이너 · 64
- 4.3 이미지 · 69
- 4.4 도커파일 · 73
- 4.5 명령어 기초 지식 · 75
- 4.6 명령어 치트 시트 · 79

2부 도커 컨테이너 활용법

5장 컨테이너 기초 지식 · 83
- 5.1 컨테이너 상태와 프로세스 · 84
- 5.2 컨테이너 명령어 · 87

6장 컨테이너 기본 조작 · 91
- 6.1 컨테이너 가동하기 `container run` · 92
- 6.2 컨테이너 목록 확인하기 `container ls` · 96
- 6.3 컨테이너 정지하기 `container stop` · 99
- 6.4 컨테이너 삭제하기 `container rm` · 102

| 7장 | 루비 컨테이너로 인라인 실행하기 ······················· 105 |

    7.1   컨테이너 가동 시 임의의 처리 실행하기 `container run [COMMAND]` ············ 106

    7.2   컨테이너에 이름 붙이기 `container run --name` ············ 110

    7.3   컨테이너 정지 시 자동으로 삭제하기 `container run --rm` ············ 112

| 8장 | 파이썬 대화형 셸을 가동해서 컨테이너와 소통하기 ······················· 115 |

    8.1   컨테이너를 대화형 모드로 조작하기 `container run --interactive --tty` ············ 116

| 9장 | Nginx 서버를 가동해서 브라우저에서 접속하기 ······················· 121 |

    9.1   컨테이너 포트 공개하기 `container run --publish` ············ 122

| 10장 | MySQL 서버를 백그라운드로 가동하기 ······················· 125 |

    10.1   컨테이너 환경 변수 설정하기 `container run --env` ············ 126

    10.2   컨테이너를 백그라운드로 실행하기 `container run --detach` ············ 133

| 11장 | PostgreSQL 서버를 가동해서 이것저것 확인해 보기 ······················· 137 |

    11.1   컨테이너 출력 확인하기 `container logs` ············ 138

    11.2   가동 중인 컨테이너에 명령하기 `container exec` ············ 145

    11.3   PostgreSQL 서버에 접속하는 방법 정리하기 ············ 150

3부
도커 이미지 활용법

12장 **이미지의 기본 내용** ·· 155

   12.1 왜 이미지 조작을 이해해야 하는가? ························ 156
   12.2 완전한 이미지명과 태그 ···································· 158
   12.3 레이어와 메타데이터 ······································ 161
   12.4 이미지 명령어 ·· 164

13장 **이미지 기본 조작** ·· 167

   13.1 이미지 목록 확인하기 `image ls` ····························· 168
   13.2 이미지 취득하기 `image pull` ································ 170
   13.3 이미지 상세 내용 확인하기 `image inspect` ···················· 174

14장 **다른 버전의 MySQL 서버 가동하기** ························· 179

   14.1 도커 허브에서 이미지 찾기 ·································· 180
   14.2 컨테이너 가동 시 이미지 태그 지정하기 ······················ 184

15장 **vi를 설치한 우분투 이미지를 작성하고 공유하기** ············· 187

   15.1 컨테이너에 vi 설치하기 ···································· 188
   15.2 컨테이너 이미지화하기 `container commit` ···················· 190
   15.3 컨테이너를 tar로 이미지화하기 `container export + image import` ··· 192
   15.4 이미지를 tar로 만들고 다시 이미지화하기 `image save + image load` ···· 196

4부

도커파일 활용법

16장 **도커파일 기초** 201
    16.1 도커파일이 필요한 이유 202
    16.2 도커 허브의 레이어 정보 해석하기 203
    16.3 도커파일 명령 목록 212

17장 **vi를 사용할 수 있는 우분투 이미지 만들기** 215
    17.1 베이스 이미지 지정하기 `FROM` 216
    17.2 도커파일로 이미지 빌드하기 `image build` 219
    17.3 명령어를 실행해서 레이어 확정하기 `RUN` 223

18장 **시간대와 로그 출력이 설정된 MySQL 이미지 만들기** 229
    18.1 이미지 환경 변수 지정하기 `ENV` 230
    18.2 호스트머신의 파일을 이미지에 추가하기 `COPY` 235

19장 **가동할 때 웹서버를 실행하는 파이썬 이미지 만들기** 241
    19.1 컨테이너 가동 시 명령어 지정하기 `CMD` 242

1장

가상화

이 장에서는 가상화 기술을 배웁니다. 가상화 기술 종류와 도커와의 관계, 개인 개발 환경 구축에 도커를 사용하는 이유를 정리합니다.

1.1

물리 머신과 가상 머신

● 물리 머신

물리 머신physical machine은 CPU, 메모리, 스토리지와 같은 하드웨어로 구성된 컴퓨터를 말합니다. 여러분이 사용하는 윈도우나 맥OS가 설치된 컴퓨터 또는 데이터 센터에 설치된 서버 등이 돌아가는 컴퓨터가 물리 머신입니다. 물리 머신은 이름처럼 물리적인 실체가 존재합니다.

● 가상 머신과 가상화 소프트웨어

가상 머신virtual machine은 하드웨어 일부를 소프트웨어로 구현해서 마치 물리 머신인 것처럼 보이는 것을 말합니다. 가상 머신은 가상화 소프트웨어로 실행하고 관리합니다. 물리 머신의 성능이 지원하는 범위 내라면 다수의 가상 머신을 실행할 수 있습니다. 가상은 실제가 아닌 사물을 마치 존재하는 것처럼 생각하거나 가정한다는 의미입니다. 화재 훈련은 실제로 발생하지 않은 화재가 발생했다고 가정하고 행하는 훈련이며, 이 화재는 실제로는 없는 가짜 화재입니다. 반면에 가상 머신과 같은 용어에서 사용하는 버츄얼virtual의 의미는 실제에 가까운, 사실상의 뜻으로, 가상 머신은 물리 머신이 아니지만 물리 머신과 똑같이 동작해서 실질적인 물리 머신이라고 해석할 수 있습니다(그림 1.1.1 참조).

● 가상 머신 사용의 장점

가상 머신은 기존의 물리 머신을 활용해서 저비용으로 구축할 수 있어서 물리 머신의 사용하지 않는 리소스를 유용하게 활용할 수 있습니다. 물리 머신 서버는 구입 비용뿐만 아니라 전기료나 설치 공간도 필요하지만, 한 대의 물리 머신에 여러 대의 가상 머신을 구축하면 비용을 절감할 수 있습니다. 물리 머신 성능 범위 안이라면 소프트웨어 조작만으로 추가로 가상 머신을 원격으로 빠르게 구축할 수 있고 CPU나 메모리 변경도 소프트웨어 설정 변경으로 끝납니다. 불필요해진 가상 머신은 삭제하면 비용도 더 이상 발생하지 않습니다(그림 1.1.2 참조).

그림 1.1.1 물리 머신과 가상 머신의 관계

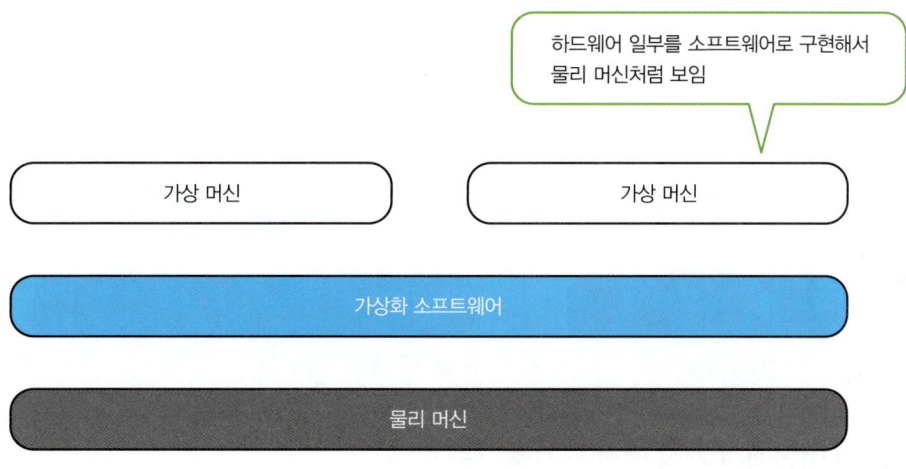

그림 1.1.2 물리 머신과 가상 머신의 추가 방법

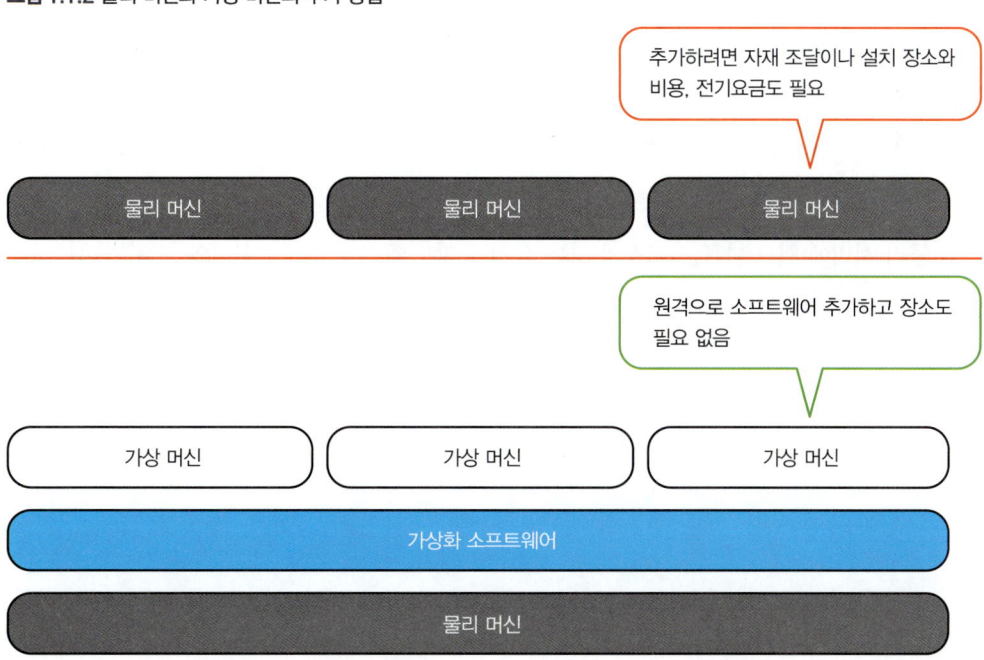

1장 가상화　23

또한, 가상 머신은 가상화 소프트웨어에 같은 설정을 반영하면 같은 구성을 실행할 수 있으므로 간단히 다른 물리 머신에서 재가동할 수 있습니다. 물리 머신에 문제가 생겼을 때 다른 물리 머신으로 교체하면 간단히 계속해서 기능을 제공할 수 있습니다.

그림 1.1.3 가상 머신 이동하기

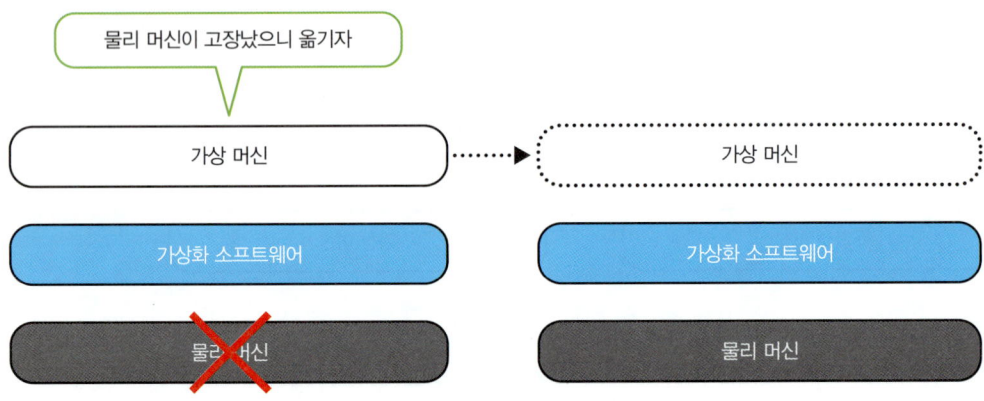

● 개발용 물리 머신에서 가상 머신을 사용하는 장점

서버가 아니라 개인이 사용하는 개발용 물리 머신에서 가상 머신을 사용하는 장점도 생각해 봅시다. 개발할 서비스마다 따로 물리 머신을 준비하는 경우는 많지 않습니다. 관련 서비스가 프론트엔드와 백엔드로 구성되거나, 다수의 작은 서비스와 연결하거나, 부서 이동 때문에 개발할 서비스도 종종 바뀝니다. 오픈소스 활동에 참가할 수도 있고 부업을 할지도 모릅니다. 어쩌면 여가 시간에 실습을 하거나 개인 개발을 하는 사람도 있습니다.

하나의 물리 서버에 서로 다른 서비스의 모든 요건에 맞도록 프로그래밍 언어와 모듈 라이브러리를 준비하는 것은 어렵습니다. 프로그래밍 언어 버전이 충돌하거나 특정 목적으로 작성한 설정 파일이 의도와는 다르게 다른 서비스에 영향을 줄 가능성이 있기 때문입니다.

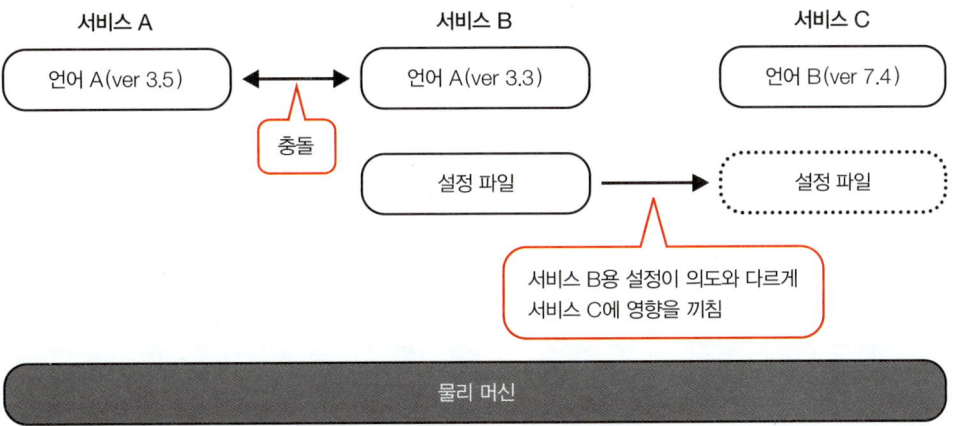

그림 1.1.4 물리 머신에 여러 프로젝트 구축하기

물리 머신에 가상화 소프트웨어를 활용해서 가상 머신을 작성하면 용도별로 간단히 환경을 분리할 수 있습니다.

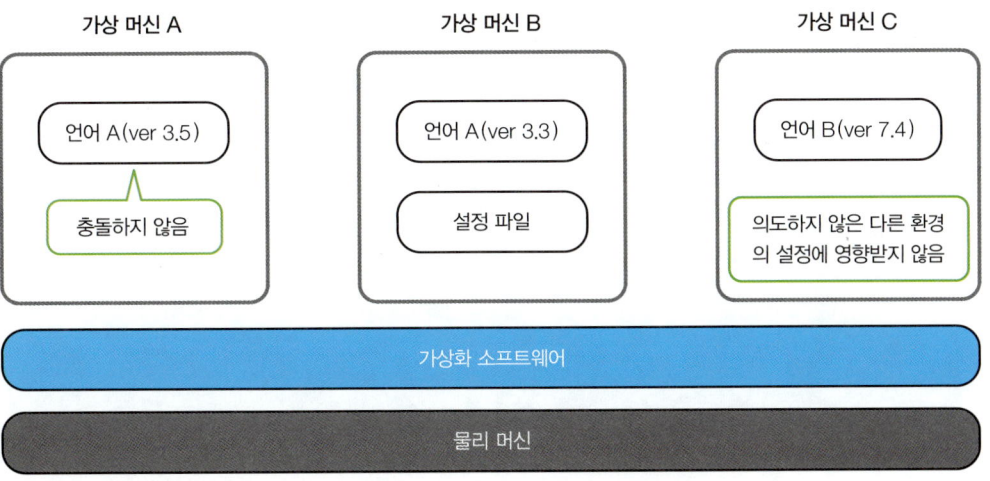

그림 1.1.5 가상 머신으로 여러 프로젝트 구축하기

그리고 여러 개발자가 모였을 때 서로 다른 OS 등이 설치된 물리 머신을 사용해서 생기는 문제를 간단히 해소할 수 있습니다. 예를 들어 윈도우와 맥 OS를 사용하는 사람이 있을 때 물리 머신을 한쪽으로 통일한다면 상당한 반발이 있겠지만, 모두 같은 가상 머신을 사용하면 물리 머신의 차이점을 의식할 필요 없이 개발에만 전념할 수 있습니다. 가상 머신 작성 방법 자체를 공유하면 사람에 따라 사용하는 언어 버전과 설치 대상 폴더가 달라서 생기는 문제도 발생하지 않습니다.

그림 1.1.6 서로 다른 물리 머신에 동일한 가상 머신 구축하기

이런 장점이 있어서 가상 머신은 개인 PC에서도 무척 유용합니다.

1.2

가상화 소프트웨어 종류

가상화 소프트웨어는 여러 종류가 있습니다. 다음 내용에 주목하면서 차이점을 정리해 봅시다. 어디(위치)와 무엇(대상)에 주목하므로 이 절에서 이야기하는 호스트 OS, 게스트 OS 용어를 미리 설명합니다.

- 가상화 소프트웨어의 설치 위치
- 가상화 소프트웨어의 관리 대상

호스트 OS는 물리 머신에서 직접 작동하는 OS를 뜻합니다. 게스트 OS는 가상 머신에서 작동하는 OS를 뜻합니다. 앞으로 등장하는 그림에서는 물리 머신, 가상화 소프트웨어, 가상 머신, 호스트 OS, 게스트 OS를 명확하게 표시해서 정리합니다.

● **호스트형 가상화**

호스트형 가상화 소프트웨어는 호스트 OS에 설치해서 게스트 OS를 관리합니다. 대표적인 제품으로 오라클 VM 버추얼박스Oracle VM VirtualBox나 VM웨어 퓨전VMware Fusion이 있습니다.

호스트형 가상화 장점은 호스트 OS와 게스트 OS가 공존한다는 점입니다. 예를 들어 호스트 OS의 웹브라우저를 사용하면서 게스트 OS에서 어떤 작업을 실행할 수 있습니다. 단점은 게스트 OS에서 하드웨어를 제어하려면 호스트 OS를 경유해야 하므로 하드웨어 관련 동작이 조금 느립니다.

그림 1.2.1 호스트형 가상화 소프트웨어

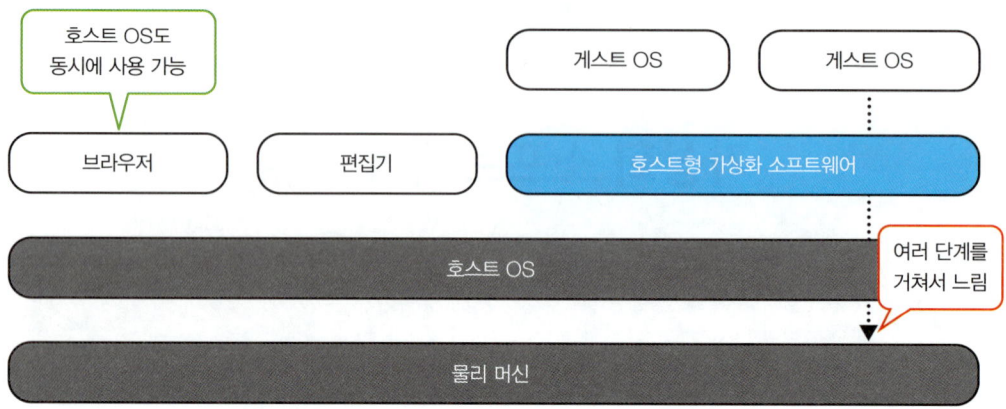

● 하이퍼바이저형 가상화

하이퍼바이저hypervisor형 가상화 소프트웨어는 물리 머신에 설치해서 게스트 OS를 관리합니다. 대표적인 제품으로 Hyper-V와 VM웨어 ESXi가 있습니다.

하이퍼바이저형 가상화 장점은 호스트 OS가 존재하지 않으므로 게스트 OS에 리소스를 더 많이 할당할 수 있는 점과 호스트 OS를 거치지 않고 하드웨어를 제어할 수 있는 점입니다. 단점은 호스트형 가상화와 다르게 호스트 OS와 공존할 수 없는 점입니다.

그림 1.2.2 하이퍼바이저형 가상화 소프트웨어

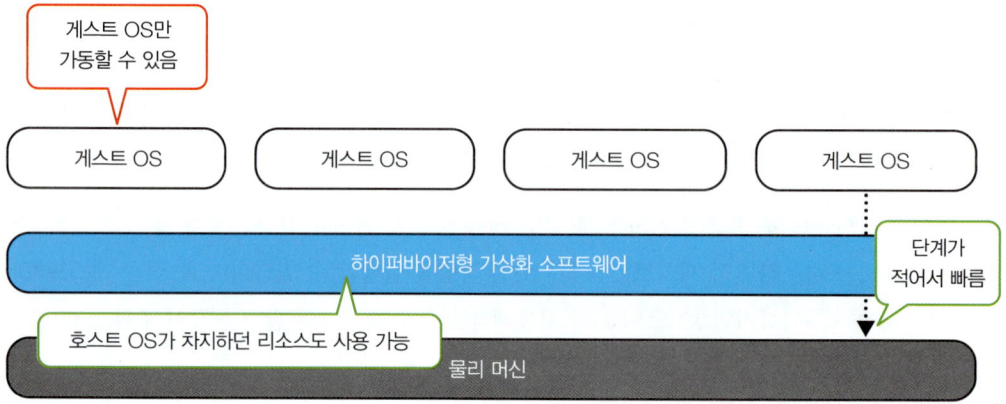

● 컨테이너형 가상화

컨테이너container형 가상화 소프트웨어는 호스트 OS에 설치해서 컨테이너 단위로 애플리케이션을 관리합니다. 대표적인 제품으로 도커와 포드맨Podman이 있습니다.

컨테이너형 가상화 장점은 게스트 OS를 가동하지 않아서 리소스 소비가 적은 점과 실행이 빠른 점입니다. 호스트 OS와 공존도 할 수 있습니다. 단점은 게스트 OS가 없으므로 리눅스 컨테이너를 가동하려면 호스트머신에서 리눅스 커널Linux kernel을 빌려야 하는 점입니다. 커널은 OS의 핵심이 되는 소프트웨어입니다. 호스트머신이 리눅스가 아니라면 별도로 리눅스 커널을 준비하고 리눅스 가상 머신을 가동해야 합니다.

그림 1.2.3 컨테이너형 가상화 소프트웨어

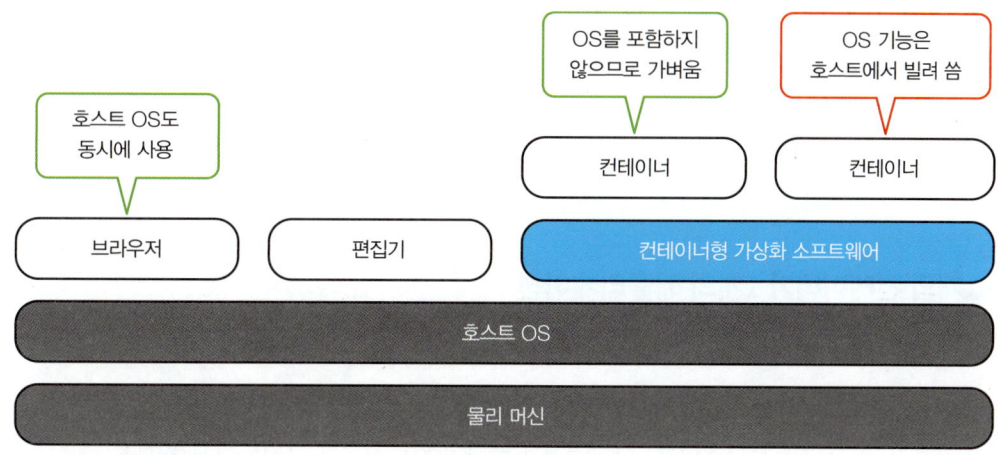

컨테이너형 가상화의 특징과 장단점은 다음 절에서 자세히 설명합니다.

1.3 컨테이너형 가상화 특징

● **컨테이너에 게스트 OS는 포함되지 않지만, 있는 것처럼 보임**

[그림 1.2.3]처럼 컨테이너는 게스트 OS를 포함하지 않지만 가상화 소프트웨어를 통해 마치 리눅스가 실행된 것처럼 보입니다. 따라서 컨테이너는 /etc 디렉터리 등이 존재하거나 ls, grep 같은 리눅스 명령어가 존재합니다. 실질적으로 리눅스와 다를 바 없습니다.

● **1개의 컨테이너가 1개의 애플리케이션**

파이썬Python과 PHP, MySQL 서버를 사용하는 서비스 환경을 구축한다고 합시다. 물리 머신이라면 이런 서비스 이외에도 작동 중인 다양한 프로그램이 있고 이미 어떤 서비스를 구축해서 쓸 수도 있습니다. 하지만 물리 머신에 서비스에 필요한 프로그램이나 라이브러리를 직접 설치하다 보면 프로그래밍 언어를 개별적으로 업데이트할 때 문제가 생기기 쉽고, 시스템에 추가된 설정이 서로 어떤 의존 관계가 있는지 파악하기 어렵습니다. 실제로 필자는 파이썬을 업데이트했더니 MacVim을 사용할 수 없게 된 경험이 있습니다.

그림 1.3.1 물리 머신에 구축하기

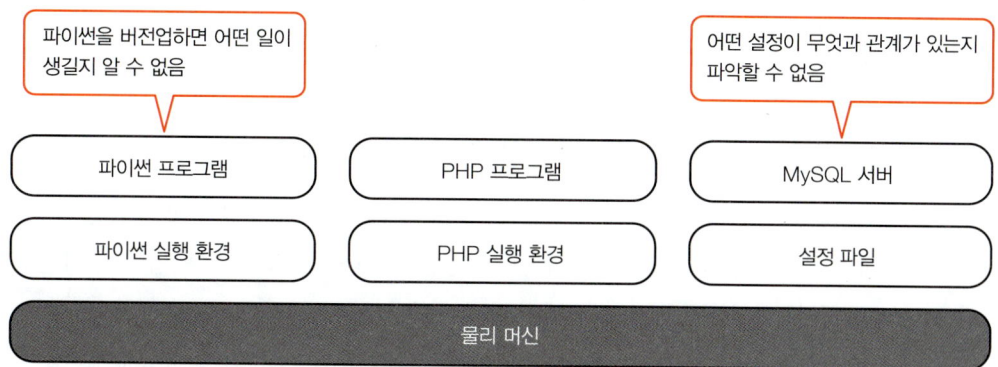

컨테이너형 가상화 소프트웨어를 사용해서 서비스 환경을 구축하면 1개의 컨테이너가 1개의 애플리케이션을 관리합니다. 파이썬, PHP, MySQL 서버를 사용한다면 3개의 컨테이너를 가동합니다. 컨테이너를 애플리케이션 단위로 나누면 각자 업데이트하기 쉽고 설정 의존 관계도 파악하기 좋습니다.

그림 1.3.2 컨테이너로 구축하기

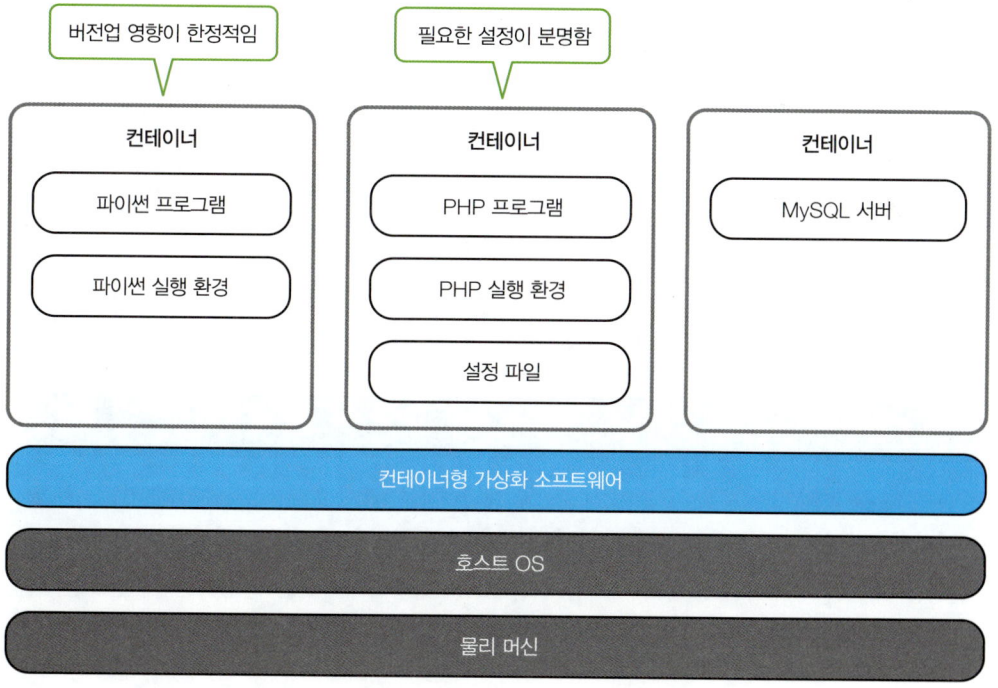

컨테이너 크기는 가동 속도에도 영향을 줍니다. 게스트 OS를 가동하는 가상화 소프트웨어와 비교하면 컨테이너형 가상화가 훨씬 더 빠르게 가동됩니다.

● 애플리케이션을 컨테이너로 묶으면 실행 환경을 통째로 이동 가능

자신의 물리 머신에서 작동 확인을 끝낸 프로그램을 서버에 배포했는데 오류가 발생하고, 살펴보니 모듈 버전과 설치 위치가 달라서 생긴 문제였던 경험은 누구나 한 번쯤 겪는 일입니다. 이런 오류 발생 원인 중 하나는 실행 환경과 프로그램을 나눠서 다루기 때문입니다.

파이썬과 PHP, MySQL 서버로 구성된 서비스를 개발한다고 가정하고 PHP 프로그램 배포를 생각해 봅시다. PHP 실행 환경에 특수한 설정이 있거나, 관계없어 보이던 설정 파일이 PHP 실행에 미치는 영향을 모르고 넘어가서 PHP 프로그램만 배포한다면 배포한 곳에서는 자신의 PC와 다르게 제대로 동작하지 않을 것입니다. 따라서 프로그램만 따로 옮기는 작업은 어렵습니다.

그림 1.3.3 프로그램만 배포하기

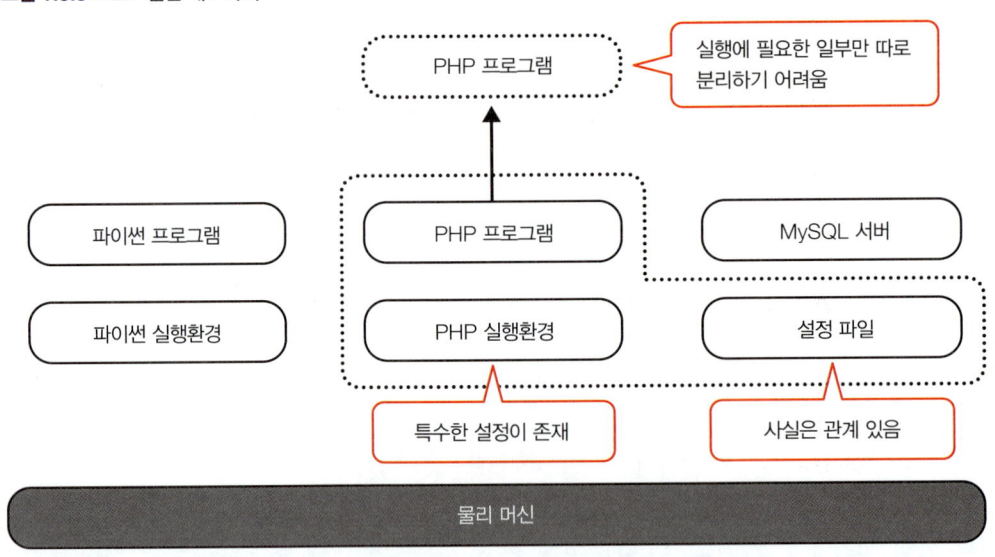

컨테이너형 가상화는 PHP 프로그램을 실행 환경과 관련 설정을 묶어서 컨테이너로 관리하고, 실행 환경을 포함한 컨테이너 통째로 배포합니다. PHP 애플리케이션을 실행하는 데 필요한 모든 것을 가져갈 수 있어서 이동한 곳에서도 똑같이 작동합니다.

그림 1.3.4 컨테이너를 통째로 배포하기

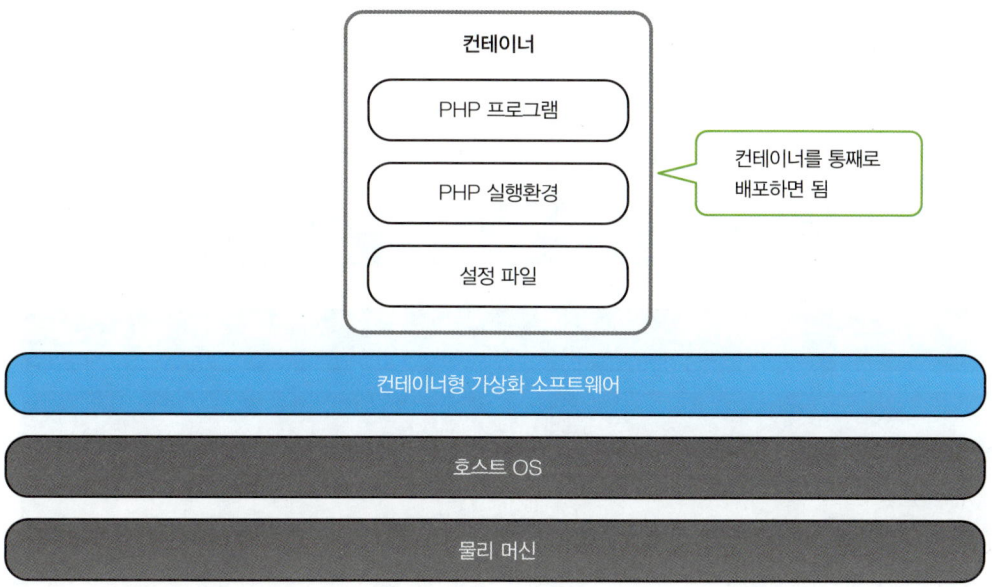

이런 컨테이너 통째로 이동하는 방식은 배포 작업뿐만 아니라, 컨테이너형 가상화 소프트웨어를 설치한 다른 사람의 물리 머신으로 간단히 이동 가능한 장점이 있으므로 모두가 똑같이 구성된 PHP 애플리케이션을 간단히 실행할 수 있습니다. 실행 환경에 필요한 추가 설정을 잊어서 생기는 위험성이 줄어듭니다.

● **리눅스 머신이 필요**

컨테이너형 가상화의 문제점도 알아봅시다. 컨테이너가 게스트 OS를 포함하지 않아도 리눅스처럼 보이는 이유는 호스트머신에서 리눅스 커널을 빌려 쓰기 때문입니다.

호스트 OS가 리눅스라면 그대로 이용할 수 있지만, 윈도우나 맥 OS가 호스트 OS라면 리눅스 컨테이너 실행 전에 리눅스 커널과 리눅스 가상 머신을 준비해야 합니다. 호스트 OS에 리눅스 가상 머신을 가동하고 이 가상 머신에서 가상화 소프트웨어를 작동시킵니다.

그림 1.3.5 컨테이너와 리눅스 가상 머신

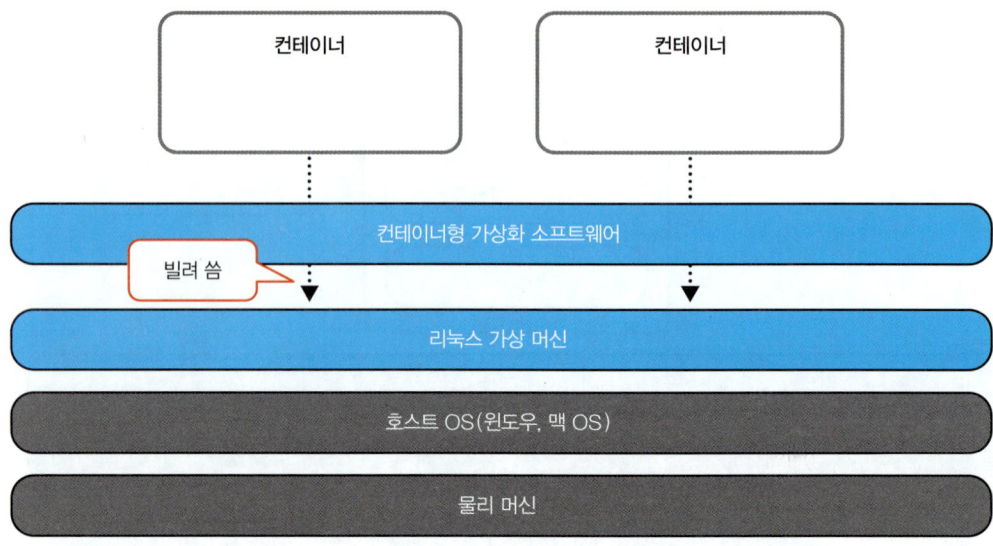

책에서는 호스트 OS가 윈도우 또는 맥 OS라고 가정하고, 이후 그림에서 리눅스 가상 머신도 포함해서 정리합니다.

● 물리 머신 CPU 아키텍처 차이가 컨테이너에 영향을 줌

3장에서 소개하는 도커 데스크톱Docker Desktop을 사용해서 도커를 설치, 실행하면 가동한 리눅스 가상 머신 CPU와 물리 머신의 CPU가 서로 같은 아키텍처가 됩니다. 예를 들어 인텔 CPU의 맥 OS와 애플 실리콘의 맥 OS는 CPU 아키텍처가 다르므로 가동하는 리눅스 가상 머신이 달라서 결과적으로 서로 다른 컨테이너가 됩니다.

그림 1.3.6 컨테이너 아키텍처는 리눅스 가상 머신 아키텍처와 연동

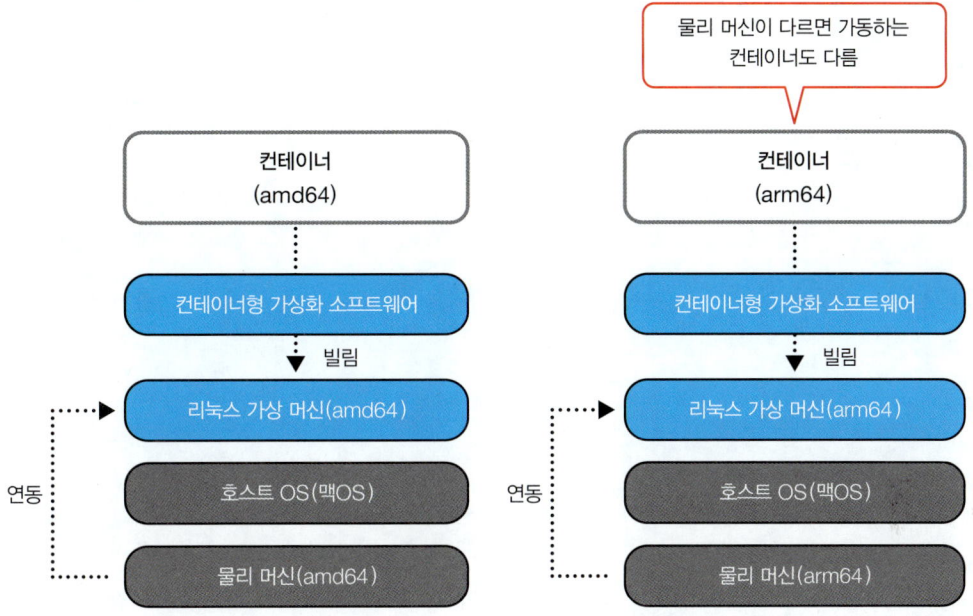

대부분의 컨테이너는 CPU 아키텍처가 달라도 똑같이 작동하도록 만들어집니다. 하지만 이런 아키텍처의 차이가 원인으로 가끔씩 컨테이너가 생각한 대로 작동하지 않는 상태가 발생할 수 있습니다. 물리 머신 차이가 컨테이너에 영향을 줄 수 있다는 점을 기억하기 바랍니다.

Point 이 책에 등장하는 명령어는 윈도우, 인텔 칩 맥OS, 애플 실리콘 맥OS에서 동작 확인을 거쳤으므로 안심하세요. [그림 1.3.6]에서 amd64와 arm64는 CPU 아키텍처 종류를 뜻합니다. 31장에서 간단히 CPU 아키텍처와 애플 실리콘 맥OS에서 도커를 사용할 때 주의점을 설명합니다.

요점 정리

- ✅ 가상 머신은 소프트웨어로 만들어진 물리 머신처럼 보이는 것입니다.
- ✅ 개인이 사용하는 물리 머신에서도 가상 머신은 유용합니다.
- ✅ 가상화 소프트웨어에는 여러 종류가 있고 도커는 컨테이너형 가상화입니다.
- ✅ 컨테이너에 게스트 OS는 포함되지 않지만 마치 있는 것처럼 보입니다.
- ✅ 컨테이너는 리눅스 커널을 호스트머신에서 빌려 쓰므로 리눅스 가상 머신이 필요합니다.

2장

도커와 주변 요소 살펴보기

필자가 처음으로 도커를 접하고 느낀 것은 '도커라는 단어가 무엇을 뜻하는지 모르겠다'였습니다. 무엇을 설치해야 하는지, 명령어가 docker도 있고 docker compose도 있는데 무슨 차이인지 알 수 없어서 안개 속을 헤매는 느낌이었습니다.

이 장에서는 이런 혼란스러움을 해소할 수 있도록 도커를 구성하는 요소를 정리합니다. 설치 방법이나 명령어를 설명하는 것보다 훨씬 편하게 개념을 정리할 수 있습니다. 그리고 도커 이외의 도구도 잠시 설명합니다. 도커와 비슷한 도구와의 관계를 잘 이해하면 안심하고 도커를 배울 수 있습니다.

2.1 도커의 구성 요소

● 도커

도커는 1장에서 설명한 컨테이너형 가상화 소프트웨어 중 하나입니다. 공식 사이트에는 애플리케이션 개발, 실행, 배포를 위한 플랫폼이라고 설명합니다. 도커라는 단어는 명령어 도구를 가리킬 때도 있지만 이후에 설명할 도커 엔진이나 도커 허브와 같은 주변 기술을 통칭해서 도커라고 부르기도 합니다. 책에서 도커라고 하면 후자를 뜻합니다.

● 도커 엔진

도커 엔진^{Docker Engine}은 3가지 요소로 구성된 애플리케이션 패키지입니다. 데몬^{daemon}이라고 부르는 상주 프로세스, 데몬이 제공하는 API, CLI 클라이언트로 구성됩니다. 데몬은 클라이언트 명령을 계속 기다리고 있다가 명령이 오면 컨테이너 구축이나 실행을 처리합니다. CLI 클라이언트는 `docker run`처럼 사용자가 이용하는 도커 명령어고 API를 통해서 데몬에 명령을 전달합니다(그림 2.1.1 참조).

● **도커 컴포즈**

도커 컴포즈Docker Compose는 다수의 도커 컨테이너를 한꺼번에 조작하는 도구입니다. `docker compose up`처럼 `docker compose`로 시작하는 명령어를 제공합니다.

도커를 사용한 개발 환경은 하나의 컨테이너만 쓸 때보다 동시에 여러 컨테이너를 이용할 때가 많습니다. 웹브라우저와 데이터베이스 서버를 실행하거나 프록시 서버나 파일 서버 또는 메일 서버가 필요하기도 합니다. 이런 여러 컨테이너 조작을 YAML 파일 정의에 따라 명령어 하나로 실행해 주는 편리한 도구입니다(그림 2.1.2 참조).

그림 2.1.1 도커 엔진

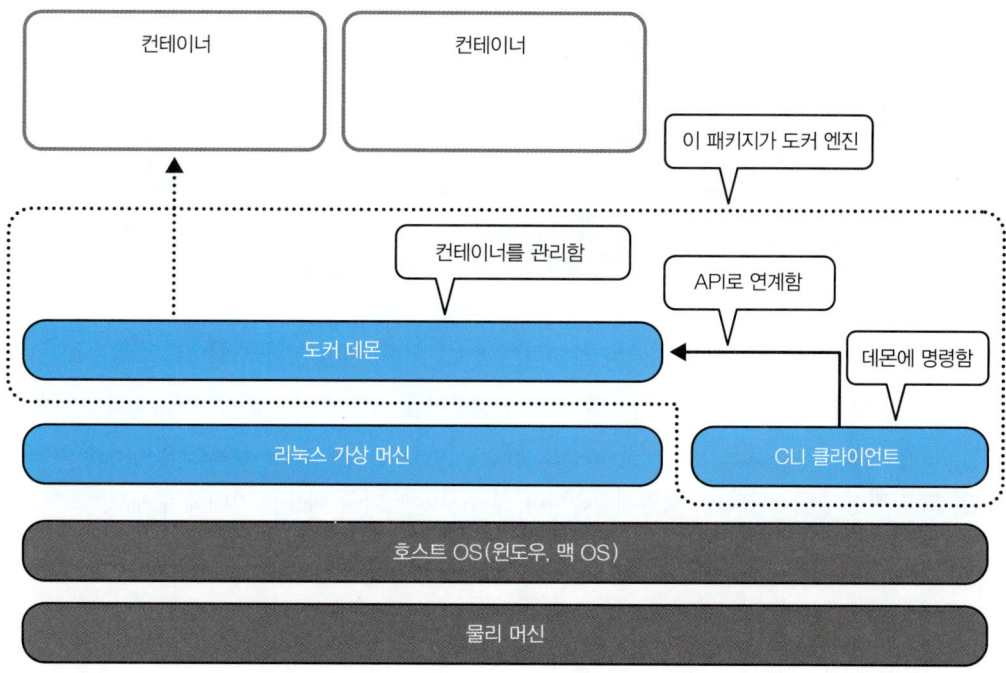

그림 2.1.2 도커 컴포즈

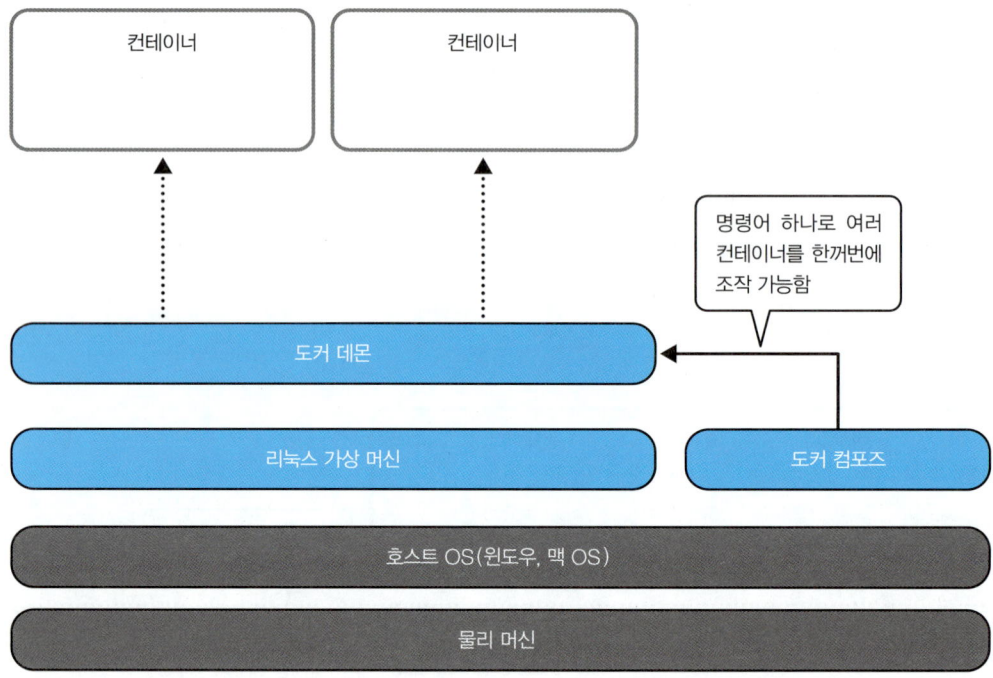

도커 컴포즈는 컨테이너 조작을 집약한 도구이므로 도커 명령어 이해가 우선입니다. 6부의 전반부에는 도커 명령어를 배우고 6부 마지막에 도커 명령어를 도커 컴포즈로 바꿔 쓰는 예를 설명합니다. 필자는 늘어지는 도커 명령어를 YAML 파일로 바꿔서 처음 도커 컴포즈 명령어를 실행한 순간, 그 간결성에 너무나 속이 시원해졌습니다. 곧 6부에서 다룰 내용을 기대해 주세요.

● 도커 데스크톱

도커 데스크톱Docker Desktop은 윈도우나 맥 OS에서 쓰는 도커용 GUI 애플리케이션입니다. 윈도우용 도커 데스크톱을 Docker for Windows, 맥 OS용은 Docker for Mac이라고 합니다. 도커 데스크톱을 설치하면 도커 엔진, 도커 컴포즈 외에도 호스트머신과 동일한 아키텍처의 리눅스 커널도 설치됩니다. 도커 데스크톱은 실행하면 GUI 애플리케이션뿐만 아니라 리눅스 가상 머신도 가동합니다. 윈도우와 맥 OS에서 도커를 이용할 때 필요한 모든 것을 간단히 준비할 수 있습니다.

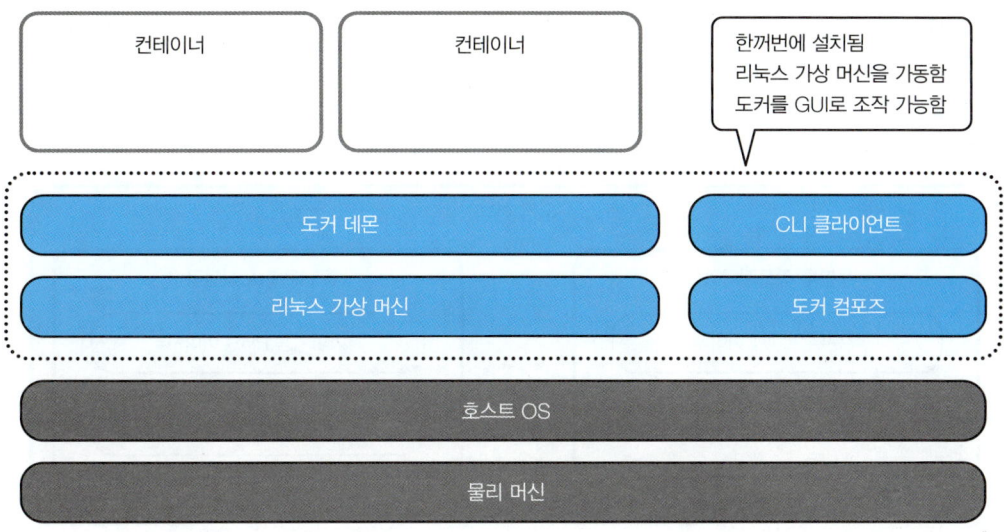

그림 2.1.3 도커 데스크톱

도커 데스크톱은 GUI 애플리케이션이므로 버튼 조작으로 컨테이너를 가동할 수 있지만, 책에서는 기본 지식을 체계적으로 배울 수 있게 도커 명령어로 컨테이너를 조작하는 방법을 설명합니다. 이 책을 보고 도커 명령어로 컨테이너 조작에 익숙해지면 도커 데스크톱도 사용해 보기 바랍니다. 어떤 동작인지 이해하기 훨씬 쉬워질 것입니다.

도커 데스크톱은 2021년 8월에 유료화 계획을 발표했습니다. 개인 사용이나 스몰 비즈니스는 여전히 무료로 사용할 수 있습니다. 이 책은 개인 학습에 이용하는 용도이므로 무료 이용 범위에 들어가니 안심하세요.

> **Point** 도커 데스크톱 유료 플랜은 29장에서 설명합니다.

● 도커 허브

도커 허브Docker Hub는 클라우드 레지스트리 서비스로 이미지Image라고 부르는 컨테이너 모형을 공개하는 곳입니다. 도커 허브에는 수많은 리포지터리repository가 있고 리포지터리에는 여러 이미지가 등록되어 있습니다. 예를 들어 우분투 리포지터리에는 우분투 20.04 이미지가 등록되어 있고, PHP 리포지터리에는 아파치용 PHP 이미지와 CLI용 PHP 이미지가 등록되어 있습니다. 사용자는 원하는 이미지를 가져와서 컨테이너로 가동할 수 있습니다.

도커 허브는 그저 이미지를 공개할 뿐인 서비스가 아니라 사설 리포지터리private repository를 작성하거나 사용자 관리 기능으로 접근 제한도 할 수 있습니다. 그 외에도 깃허브GitHub와 연동해서 소스 코드를 변경할 때 이미지를 자동으로 구축하는 기능도 제공합니다.

그림 2.1.4 도커 허브

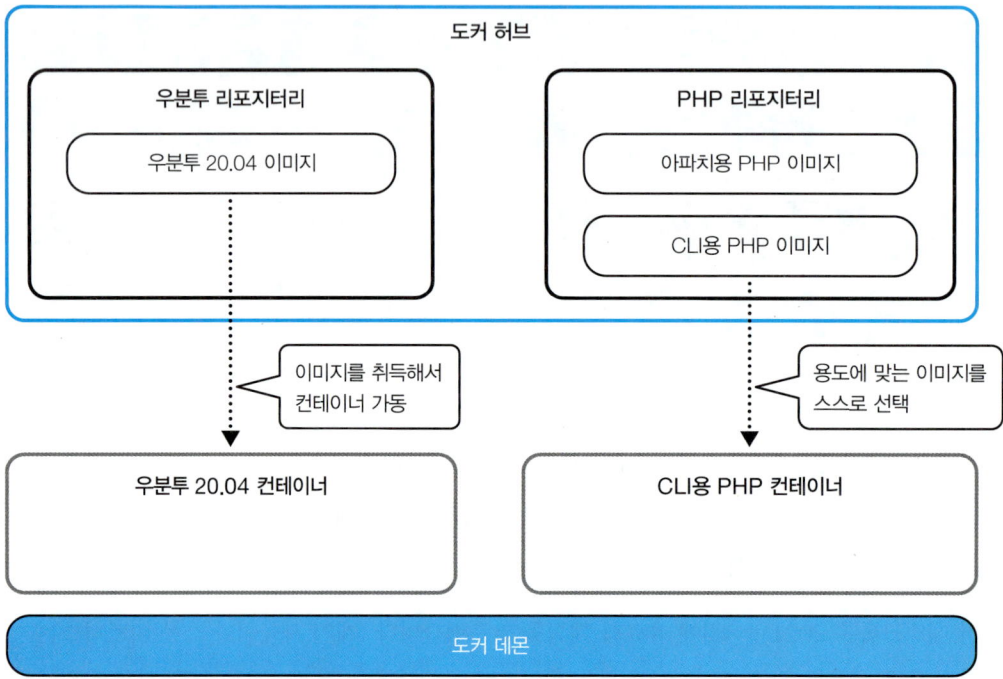

도커 허브에서 이미지 찾기는 도커 명령어나 도커 데스크톱으로도 가능하지만, 이 책에서는 브라우저를 사용하는 방법을 소개합니다.

화면 2.1.1 도커 허브 홈페이지

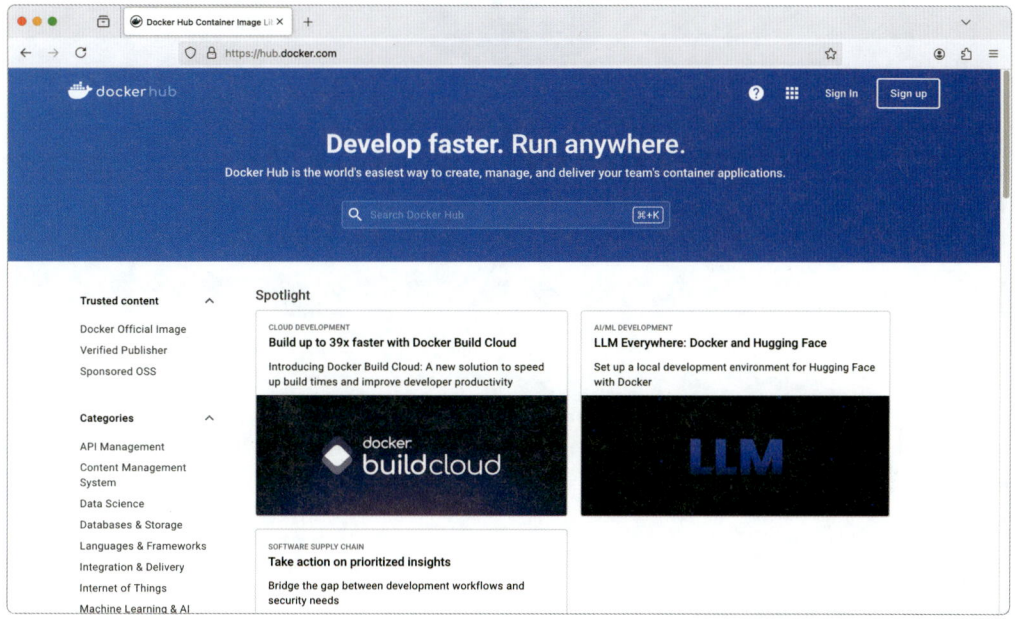

도커 허브에 로그인하지 않아도 이 책을 보는데 문제없으므로 계정을 생성하지 않아도 됩니다.

`Point` 도커 허브 계정은 29장에서 설명합니다.

2.2 컨테이너와 이미지 규격

컨테이너와 이미지는 정해진 표준 규격이 있으며, 도커만 컨테이너를 다룰 수 있는 것은 아닙니다. 자세히 설명하겠습니다.

● Open Container Initiative

컨테이너 표준 규격은 Open Container Initiative(OCI)라는 비영리 단체가 정의합니다. OCI는 OCI 런타임 명세(OCI Runtime Specification)와 OCI 이미지명세(OCI Image Specification)를 규격으로 정의하고 도커 컨테이너와 이미지는 이렇게 정해진 규격을 따릅니다. OCI 런타임 명세는 컨테이너 설정과 수명주기 등을 정의하고, OCI 이미지명세는 이미지 파일과 실행 시 설정 등을 정의합니다. 이런 규격은 깃허브에서 확인할 수 있습니다.

- https://github.com/opencontainers/runtime-spec/blob/main/spec.md
- https://github.com/opencontainers/image-spec/blob/main/spec.md

도커 엔진은 컨테이너 런타임 컴포넌트로 runC를 사용합니다. runC는 OCI 표준을 따르는 런타임이라서 OCI 표준을 따르는 그외의 컨테이너 런타임과 호환성이 있습니다.

도커 외에도 포드맨Podman이나 gVisor 같은 컨테이너 도구가 있습니다. 포드맨은 도커 엔진과 같이 컨테이너 런타임으로 runC를 채용하고 gVisor는 runsc라는 OCI 호환 컨테이너 런타임을 채용합니다. OCI 호환 컨테이너는 어떤 OCI 호환 컨테이너 런타임을 사용하더라도 실행할 수 있습니다. 따라서 도커 엔진으로 개발한 OCI 컨테이너를 gVisor로 가동할 수 있고, 개발 환경을 도커 엔진에서 포드맨으로 바꿀 수도 있습니다.

그림 2.2.1 OCI 컨테이너 런타임

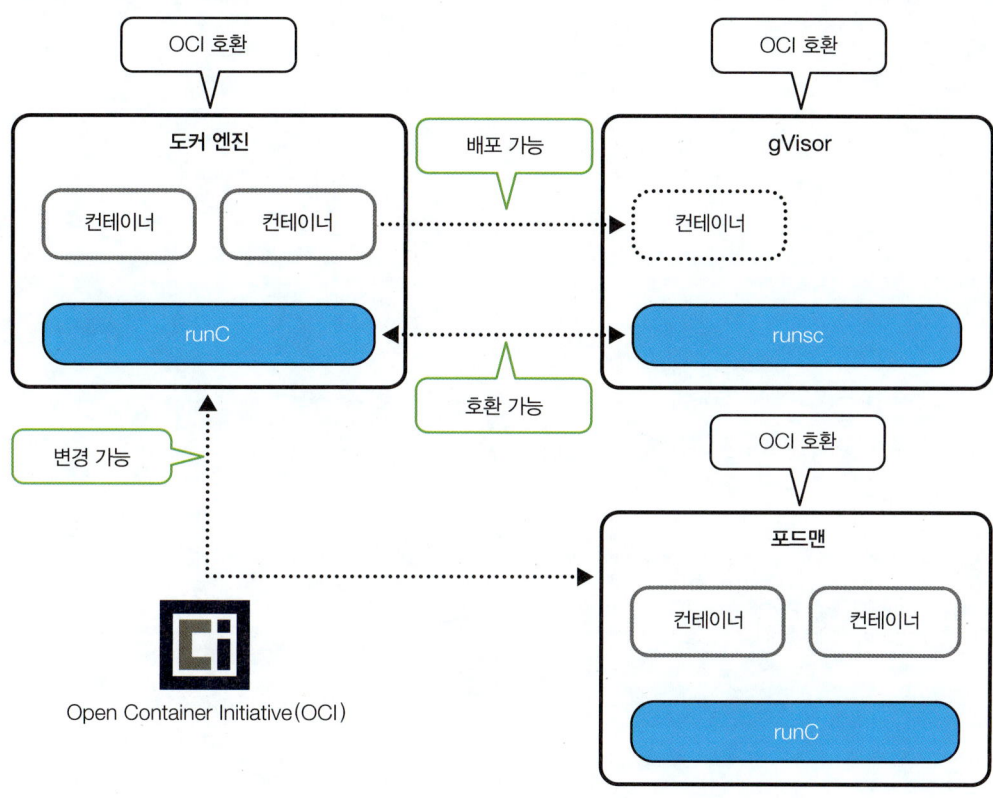

최근에 도커를 대신하는 새로운 도구가 나왔다는 소식이 자주 들리긴 하지만, 도커를 배워서 OCI 컨테이너를 깊이 이해하는 행동은 결코 시간 낭비가 아닙니다. 1장에서 설명한 대로 컨테이너 런타임은 무척 중요한 역할을 담당합니다. 안심하고 도커를 배워 보세요.

3장

도커 설치

이 장에서는 도커 설치 방법을 설명하고, 설치 과정과 구성 방법을 정리합니다. 먼저, 도커 명령어를 실행할 터미널을 정하거나, 도커 명령어 동작을 확인해 봅시다.

3.1 윈도우에서 도커 사용하기

Docker for Windows(도커 데스크톱)를 사용한 도커 설치 방법을 간단히 설명합니다. Docker for Windows는 도커 엔진을 실행하기 위해서 내부적으로 하이퍼 V$^{Hyper-V}$나 WSL 2로 리눅스 가상 머신을 가동합니다. 어느 쪽을 사용할지는 Docker for Windows 설정 화면에서 지정할 수 있습니다. Docker for Windows 설정 화면에 나와 있듯이 WSL 2가 좀 더 성능이 좋으므로 WSL 2 사용을 추천합니다.

이 책의 내용은 다음과 환경 구성을 기반으로 동작을 확인했습니다.

- Docker for Windows(WSL 2 기반 엔진) + 파워셸^{PowerShell}
- Docker for Windows(WSL 2 기반 엔진) + WSL 2 우분투 Bash

● Docker for Windows(도커 데스크톱) 설치하기

Docker for Windows는 도커 공식 사이트(*https://docs.docker.com/get-docker*)에서 다운로드할 수 있습니다. 구글 등 검색 엔진에서 'install docker for windows'로 검색하면 상단에 표시될 것입니다. 설치 프로그램을 다운로드하기 바랍니다.

화면 3.1.1 Docker for Windows 다운로드

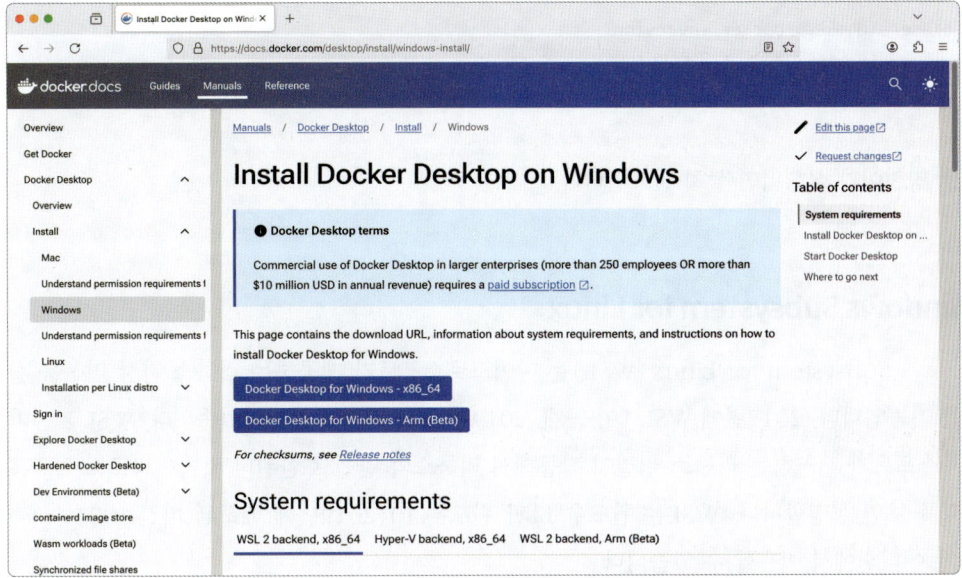

설치에 성공하면 Docker 이름으로 GUI 애플리케이션(도커 데스크톱)을 실행할 수 있습니다.

화면 3.1.2 도커 데스크톱 실행

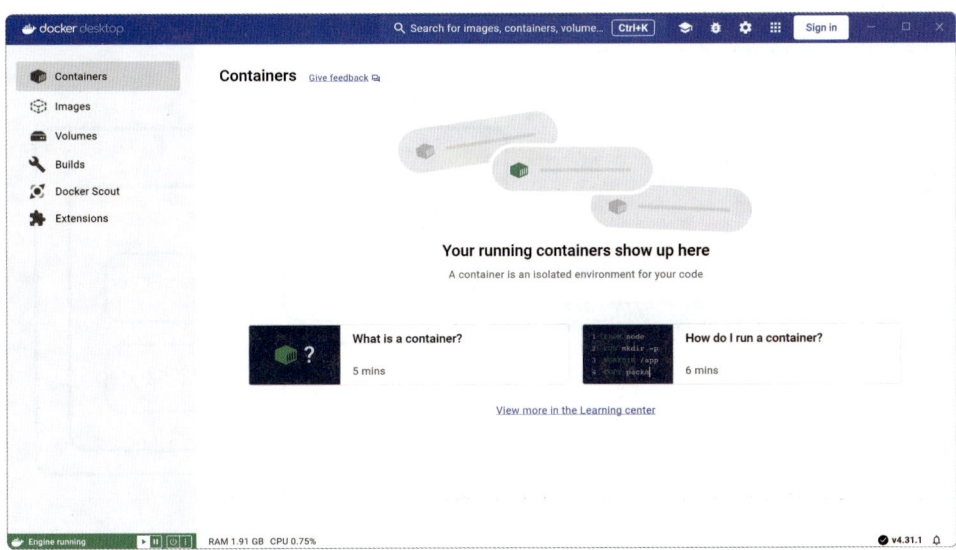

파워셸이나 GitBash 같은 셸에서도 docker 명령어로 실행할 수 있습니다.

터미널 3.1.1 docker 명령어 확인(파워셸)

```
PS C:\Users\docker> docker --version
Docker version 26.1.4, build 5650f9b
```

docker 명령어가 실행되면 설치 완료입니다.

● Windows Subsystem for Linux

Windows Subsystem for Linux(WSL)는 마이크로소프트가 제공하는 리눅스 가상 머신을 실행하는 기능입니다. 2017년에 WSL 1이 공개, 2019년에 WSL 2가 공개되었습니다. WSL 2는 마이크로소프트가 제공하는 리눅스 커널이 작동해서 리눅스와 완전 호환된다고 마이크로소프트 홈페이지를 보면 설명합니다. WSL은 윈도우 11과 윈도우 10(2019년에 배포된 버전 1903 이후)의 모든 에디션에서 이용할 수 있습니다.

도커 컨테이너 실행은 리눅스 머신이 필요하므로 하이퍼 V나 WSL 2 방법으로 리눅스 가상 머신을 실행해야 합니다. Docker for Windows를 실행하면 백그라운드로 리눅스 가상 머신을 가동하므로 사용자가 의식해서 리눅스 가상 머신을 관리하지 않아도 됩니다.

그림 3.1.1 하이퍼 V를 사용한 도커 구성

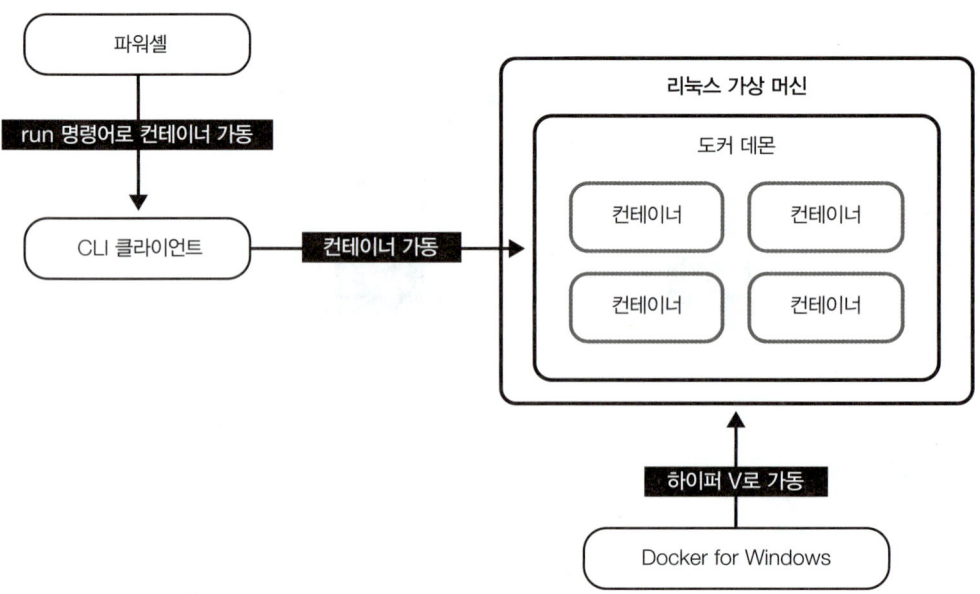

그림 3.1.2 WSL 2를 사용한 도커 구성

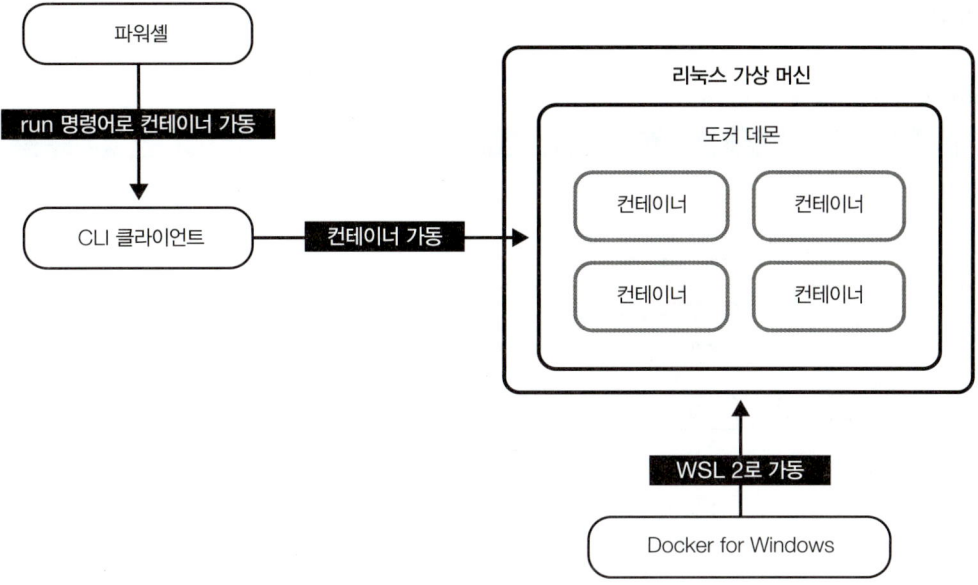

CLI 클라이언트를 사용하는 입장에서는 거의 차이가 없습니다.

● **Docker for Windows의 WSL 2 설정 확인하기**

하이퍼 V와 WSL 2 어느 쪽을 사용해서 리눅스 가상 머신을 가동할지 Docker for Windows GUI 애플리케이션에서 설정할 수 있습니다. 애플리케이션 상단의 바퀴 모양 아이콘을 클릭해서 설정 화면을 열고 [General] 화면의 [Use the WSL 2 based engine]이 체크되어 있는지 확인합니다.

화면 3.1.3 WSL 2 이용 확인

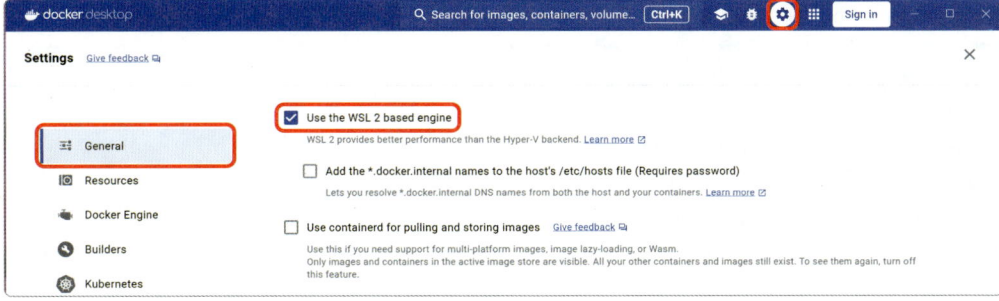

이어서 [Resources] > [WSL integration] 화면에서 [Enable integration with my default WSL distro]가 체크되어 있는지 확인합니다.

화면 3.1.4 WSL integration 활성화 확인

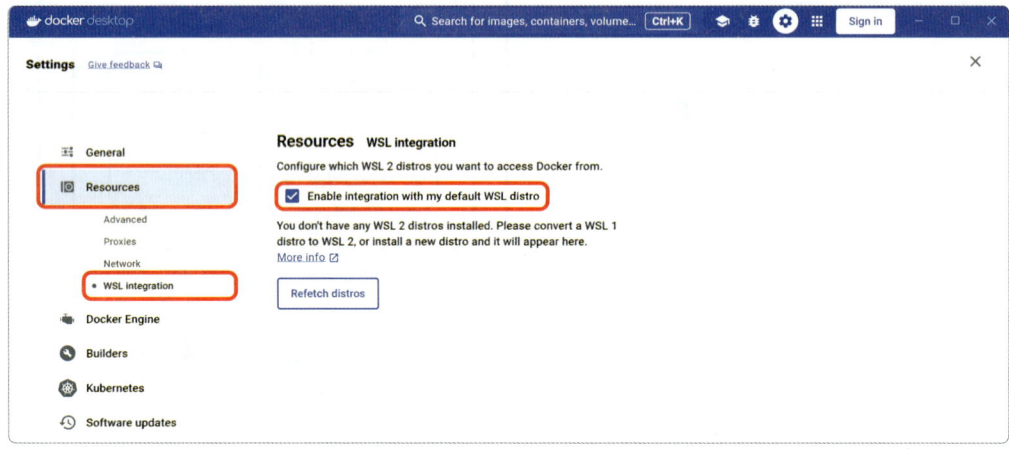

● WSL 2로 우분투를 가동해서 Bash로 도커 조작하기

`docker --version` 명령어 실행에 성공했으면 도커 사용에 필요한 최소한의 준비가 끝났지만 파워셸이나 GitBash는 조작하기 조금 불편할 수 있습니다. 파워셸은 `find`나 `grep` 같은 리눅스 명령어가 없고 GitBash는 책에 등장하는 일부 명령어를 그대로 실행할 수 없습니다. 따라서 대신에 WSL 2의 우분투로 Bash를 이용하는 방법을 소개합니다.

파워셸이나 GitBash 같은 셸에서 `wsl --list --verbose`를 실행하면 다운로드할 수 있는 리눅스 배포판을 확인할 수 있습니다. * 표시가 있는 배포판이 기본 배포판입니다. 따로 변경하지 않았으면 우분투가 기본값입니다.

터미널 3.1.2 파워셸에서 배포판 확인하기

```
PS C:\Users\docker> wsl --list --verbose
  NAME                    STATE       VERSION
* Ubuntu-20.04            Running     2
  docker-desktop-data     Running     2
  docker-desktop          Running     2
```

* 마크가 우분투에 붙어 있는 것을 확인했으면 wsl 명령어를 실행합니다. 우분투 가상 머신에 접속해서 Bash를 이용할 수 있습니다. 우분투 Bash에서도 docker 명령어를 사용할 수 있는지 확인합니다.

터미널 3.1.3 파워셸에서 우분투에 접속해서 docker 명령어 확인하기

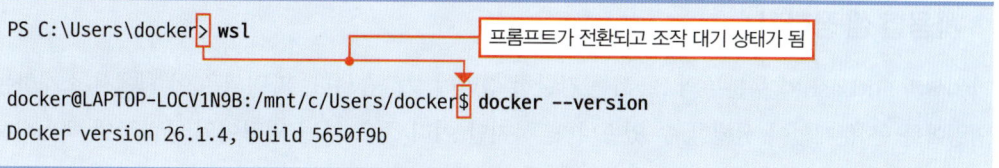

조금 복잡해졌으므로 우분투를 [그림 3.1.2]에 추가합니다.

그림 3.1.3 WSL 2를 사용한 도커 구성(우분투 이용)

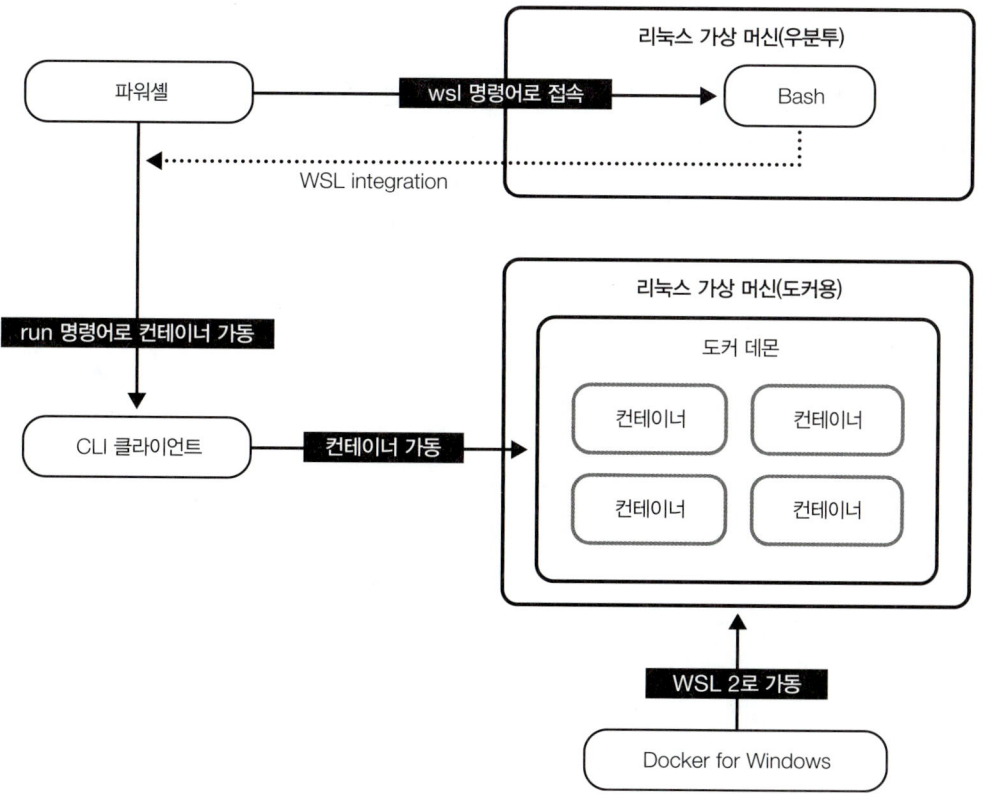

Docker for Windows에서 가동한 도커 컨테이너가 동작하는 리눅스 가상 머신과 wsl 명령어로 접속한 우분투는 서로 다른 가상 머신입니다. 서로 다른 가상 머신인데 우분투에서 도커 명령어를 사용할 수 있는 것은 [화면 3.1.4]에서 설정한 WSL integration 설정 덕분입니다.

● 사용할 셸 정하기

파워셸과 GitBash와 우분투의 Bash를 간단히 정리해 보겠습니다. 파워셸은 이 책에서 소개하는 명령어를 큰 문제없이 실행할 수 있습니다. 하지만 여러 줄로 나뉜 명령어의 줄바꿈에 백슬래시(\)를 사용할 수 없으므로 백쿼터(`)로 바꿔야 합니다. 또한 `grep` 같은 리눅스 명령어를 사용할 수 없습니다.

GitBash는 대부분의 리눅스 명령어를 실행할 수 있지만 `docker` 명령어의 대화형 조작이나 /를 포함한 명령어의 컨테이너 가동 등을 실행할 수 없습니다. 대화형으로 조작하는 명령어 앞에 반드시 `winpty` 명령어를 지정하거나 자동으로 `winpty`를 실행하는 설정이 필요합니다.

WSL 2 우분투에서 Bash를 사용하면 완전한 리눅스 호환 환경을 사용할 수 있으므로 추천하지만 구성이 조금 복잡합니다. 자신의 취향에 따라 골라서 선택하기 바랍니다.

3.2

맥OS에서 도커 사용하기

Docker for Mac을 사용한 도커 설치 방법을 간단히 설명합니다. 이 책의 내용은 다음과 환경 구성을 기반으로 동작을 확인했습니다.

- Docker for Mac(인텔 칩)
- Docker for Mac(애플 실리콘 칩)

● Docker for Mac(도커 데스크톱) 설치하기

Docker for Mac은 도커 공식 홈페이지(`https://docs.docker.com/desktop/install/mac-install/`)에서 다운로드할 수 있습니다. 구글 등의 검색 엔진에서 'install docker for mac'으로 검색하면 찾을 수 있습니다. 자신의 컴퓨터 CPU 종류에 맞게 애플 실리콘 또는 인텔을 선택해서 DMG 파일을 다운로드합니다.

화면 3.2.1 Docker for Mac 다운로드

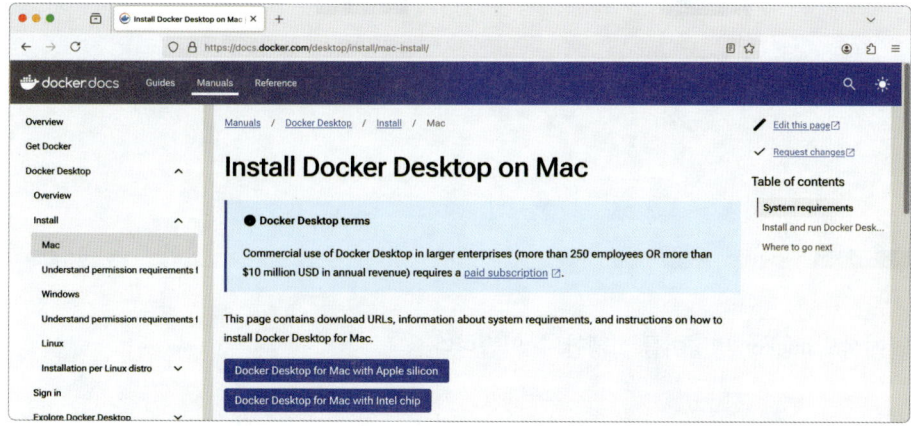

화면 3.2.2 도커 애플리케이션을 Applications(애플리케이션) 폴더에 복사하기

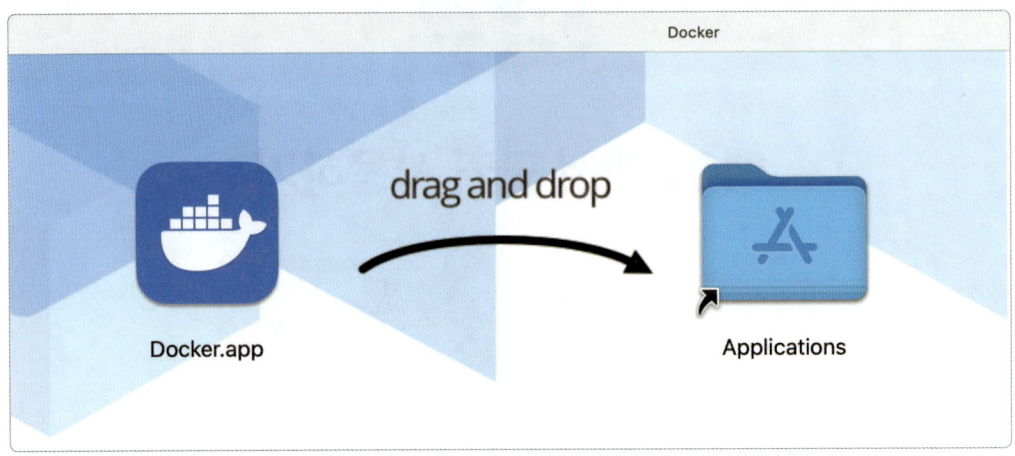

설치가 끝나면 Docker라는 GUI 애플리케이션(도커 데스크톱)을 실행할 수 있습니다.

화면 3.2.3 Docker for Mac 실행

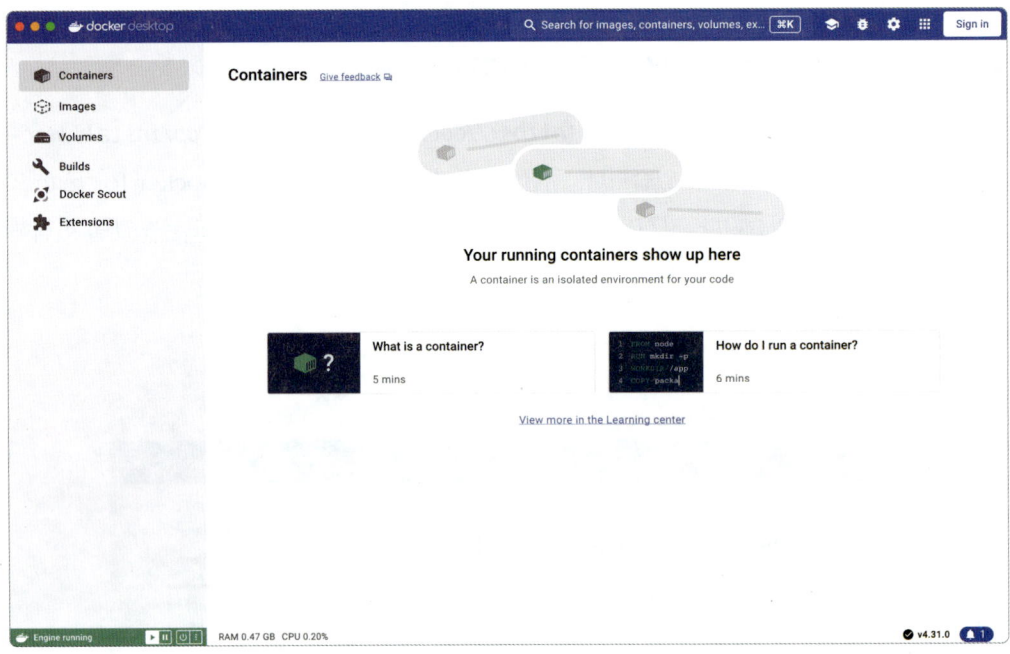

또한 터미널에서도 docker 명령어를 실행할 수 있습니다.

터미널 3.2.1 docker 명령어 확인하기

```
$ docker --version
Docker version 26.1.4, build 5650f9b
```

docker 명령어를 실행할 수 있으면 설치 성공입니다.

● **애플 실리콘 맥의 도커 문제**

이 책에서는 인텔 칩의 맥OS를 인텔 맥, 애플 실리콘의 맥OS를 애플 실리콘 맥이라고 부릅니다. 1장에서 호스트 OS의 CPU 아키텍처가 가동할 컨테이너에 영향을 준다고 설명했습니다.

그림 3.2.1 컨테이너 아키텍처는 리눅스 가상 머신 아키텍처와 연동

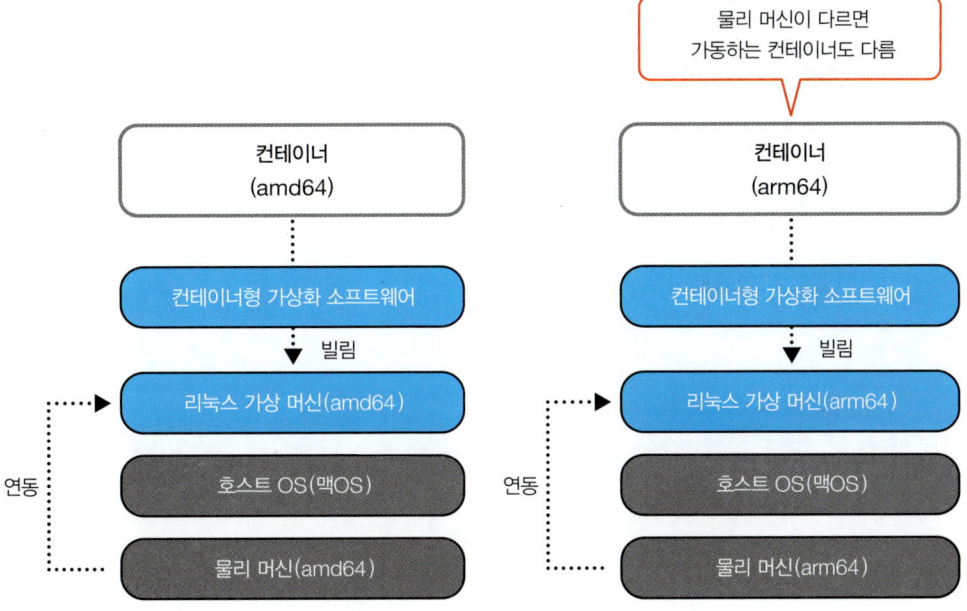

Docker for Mac은 설치할 때 인텔 맥과 애플 실리콘 맥 중에서 선택합니다. 그에 따라서 리눅스 커널의 아키텍처도 정해집니다. 하지만 도커 허브 등에서 배포하는 이미지 중에는 어떤 아키텍처는 지원하지 않아서 이미지에 따라서 컨테이너 가동에 문제가 발생합니다. 이런 문제는 에러 내용과 대응 방법이 이미지에 따라 달라지므로 이 책에선 상세한 대응 방법을 다루지 않겠습니다.

> **Point** 여러 아키텍처가 공존하는 팀에서의 대응 방법은 31장에서 설명하고, 컨테이너 가동에 실패할 때 기본 대응 방침은 32장에서 설명합니다.

COLUMN

인텔 맥과 애플 실리콘 맥 확인하기

사용하는 맥이 어떤 CPU 아키텍처인지 확인하려면 화면 왼쪽 위에 있는 사과 마크()를 클릭해서 나오는 '이 Mac에 관하여'(About This Mac)를 선택합니다.

화면 3.2.4 이 Mac에 관하여

애플 실리콘 맥이라면 칩셋 항목에 Apple M1처럼 표기됩니다. 인텔 맥이라면 프로세서 항목에서 Intel 단어를 확인할 수 있습니다.

4장

도커 기본과 대원칙

도커를 이해하는 요령의 첫 번째는 프로세스에 주목하기이고, 두 번째는 컨테이너와 이미지와 도커파일의 3가지 핵심 요소를 잘 파악하는 것입니다. 이러한 접근 방식을 의식하며 학습하면 이해 속도와 정확성을 크게 향상시킬 수 있습니다.

이 장에서는 이런 요소와 함께 명령어 구성을 전체적으로 파악할 수 있는 명령어 치트 시트를 설명합니다.

앞으로 책을 보다가 잘 이해가 안 되는 내용이 있다면 다시 4장으로 돌아와서 확인하면 됩니다.

4.1 명령어와 프로세스

● **명령어와 옵션**

이 책에서 명령어라고 하면 리눅스 명령어를 뜻합니다. 리눅스 명령어는 키보드로 입력해서 리눅스를 조작하는 명령을 말하고 다음과 같은 명령어가 있습니다.

명령어	동작
ls	파일 목록을 표시합니다.
mkdir	디렉터리를 작성합니다.
cp	파일을 복사합니다.
mv	파일을 이동합니다.

각 명령어에는 각자의 옵션이 있으며, 옵션 사용 방식에 따라 명령어 동작을 세세하게 조절할 수 있습니다. 예를 들어 ls 명령어는 -l 옵션으로 상세 정보를 추가로 표시하고, -r 옵션으로 역순으로 표시할 수 있습니다. 이런 옵션은 동시에 여러 개 지정도 가능해서 -l -r 또는 -lr 형식으로 지정하면 상세 정보를 추가해서 역순으로 표시할 수 있습니다. cp 명령어도 -r 옵션이 있지만 ls의 -r과 쓰임새가 달라서 디렉터리를 통째로 복사하는 옵션입니다. 리눅스에는 수많은 명령어가 있고 명령어마다 옵션도 상당히 많습니다.[1]

---

[1] 역자주_ 리눅스에서 ls 명령어 설명서를 보려면 man ls를 실행합니다. 이처럼 man <조사하고 싶은 명령어>를 실행하면 해당 명령어의 상세한 도움말을 볼 수 있습니다.

● **프로세스**

책에서 프로세스process라고 하면 리눅스 프로세스를 뜻합니다. 리눅스 프로세스는 리눅스에서 동작 중인 프로그램을 말하고 OS가 관리합니다. 명령어를 실행하면 프로세스가 생성되고 할 일이 끝나면 프로세스가 종료됩니다. 예를 들어 ls 명령어를 실행하면 파일 목록을 표시하는 프로그램이 구동되고 이 프로세스는 OS가 관리합니다.

그림 4.1.1 명령어와 프로세스

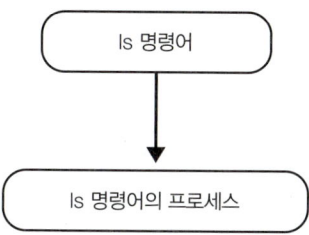

ls 명령어는 파일 목록을 표시하는 명령어이므로 표시가 끝나면 프로세스는 역할을 다하고 종료됩니다. ls 명령어 시작부터 끝날 때까지 순식간에 끝나므로 ls 프로세스를 눈으로 확인하는 것은 조금 어렵지만 이렇듯 모든 명령어 조작에 따라 프로세스가 생성되고 사라집니다.

명령어는 실행하면 곧바로 끝나는 종류뿐만 아니라 bash 명령어나 top 명령어처럼 직접 정지하기 전에는 계속해서 동작하는 종류도 있습니다. bash 명령어는 셸을 구동하는 명령어로 exit를 입력할 때까지 자유롭게 계속 조작할 수 있습니다. top 명령어는 프로세스를 표시하는 명령어로 Ctrl + C로 정지할 때까지 일정한 간격으로 실행 중인 프로세스 목록을 실시간으로 표시합니다. 이런 종류의 명령어를 실행해서 생성된 프로세스는 명령어를 종료하기 전까지 계속 존재합니다.

그림 4.1.2 프로세스 종료

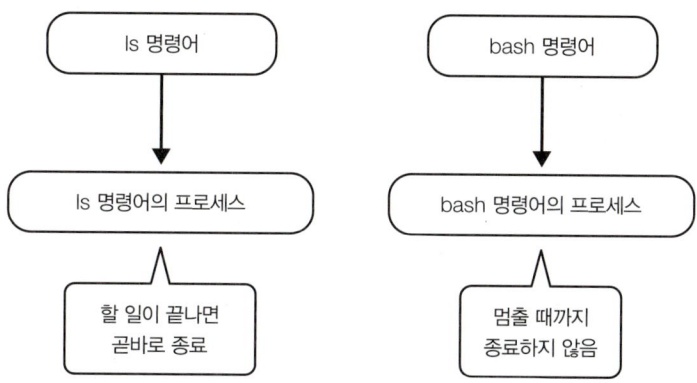

데이터베이스 서버인 MySQL 서버나 웹서버인 Nginx 서버도 마찬가지입니다. `mysqld` 명령어나 `nginx` 명령어로 서버를 가동하면 프로세스가 생성되고 정지할 때까지 계속 존재합니다.

그림 4.1.3 MySQL과 Nginx 프로세스

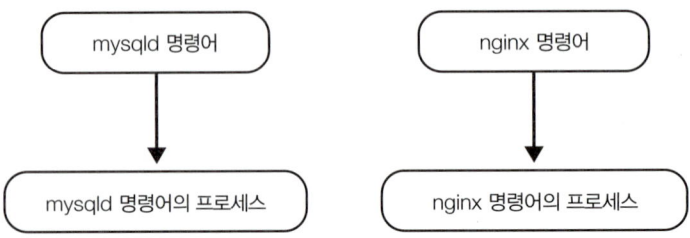

도커를 익힐 때 명령어와 프로세스에 주목하는 습관이 무척 중요합니다. 처음 등장하는 명령어는 그때마다 설명하므로 이 책을 볼 때 프로세스를 조금 더 의식하면서 살펴보기 바랍니다.

● **프로세스의 부모 자식 관계**

프로세스는 프로세스 생성 순서로 부모 자식 관계를 만들 수 있습니다. `bash`에서 `top`을 실행한다면 bash 프로세스를 바탕으로 top을 실행하는 자식 프로세스가 생성됩니다. 반대로 bash도 자신의 상위에 있는 어떤 프로세스의 자식입니다. 대부분의 프로세스는 이렇게 어떤 프로세스의 자식이 됩니다.

하지만 OS를 가동할 때 생성된 최초 프로세스는 부모 프로세스가 존재하지 않습니다. 최초 프로세스는 다른 모든 프로세스를 가동하는 역할을 담당합니다. OS에 따라 다르지만 `init`, `systemd`, `launchd` 명령어에서 생성됩니다.

그림 4.1.4 프로세스의 부모 자식 관계

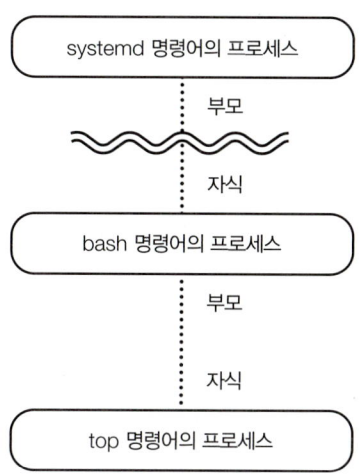

● **프로세스 ID**

OS는 프로세스 관리 목적으로 프로세스 ID라는 식별 번호를 프로세스에 배정합니다. ps 명령어로 현재 실행 중인 프로세스를 표시할 수 있습니다. 윈도우나 맥OS의 터미널 애플리케이션(이후 호스트머신의 터미널로 표시합니다)에서 ps 명령어를 실행해 보기 바랍니다. 옵션을 지정하지 않고 가장 단순한 목록을 표시합니다.

터미널 4.1.1 호스트머신에서 프로세스 확인하기

```
$ ps
  PID   TTY       TIME    CMD
17981   ttys000   0:00.62 -bash
 4495   ttys001   0:00.27 -bash
```
이 열이 프로세스 ID

예제는 호스트머신이 2개의 bash를 가동 중이라서 2개의 프로세스가 표시됩니다. PID열에 표시된 17981과 4495는 bash 프로세스의 프로세스 ID입니다. 프로세스 ID는 중복되지 않게 배정하므로 똑같은 명령어를 실행해도 같은 값이 되지 않습니다. 하지만 앞서 소개한 모든 프로세스의 부모가 되는 systemd 등의 프로세스 ID는 언제나 1입니다. 책에서는 프로세스 ID1을 특별하게 **PID1**으로 표기합니다. 모든 프로세스는 부모를 거슬러 올라가면 PID1에 도달합니다. 도커 컨테이너는 이런 PID1에 주목하면 이해가 쉬워집니다.

4.2 컨테이너

● **컨테이너는 명령어를 실행할 영역**

도커 컨테이너는 어떤 명령어 하나를 실행하려고 호스트머신에 작성된 영역입니다. 영역이란 프로세스나 파일 등이 호스트머신이나 다른 컨테이너의 영향을 받지 않도록 독립된 범위를 말하는데, 실행할 명령어 1개당 컨테이너 1개를 작성합니다.

그림 4.2.1 컨테이너는 호스트머신에 작성된 독립적인 영역

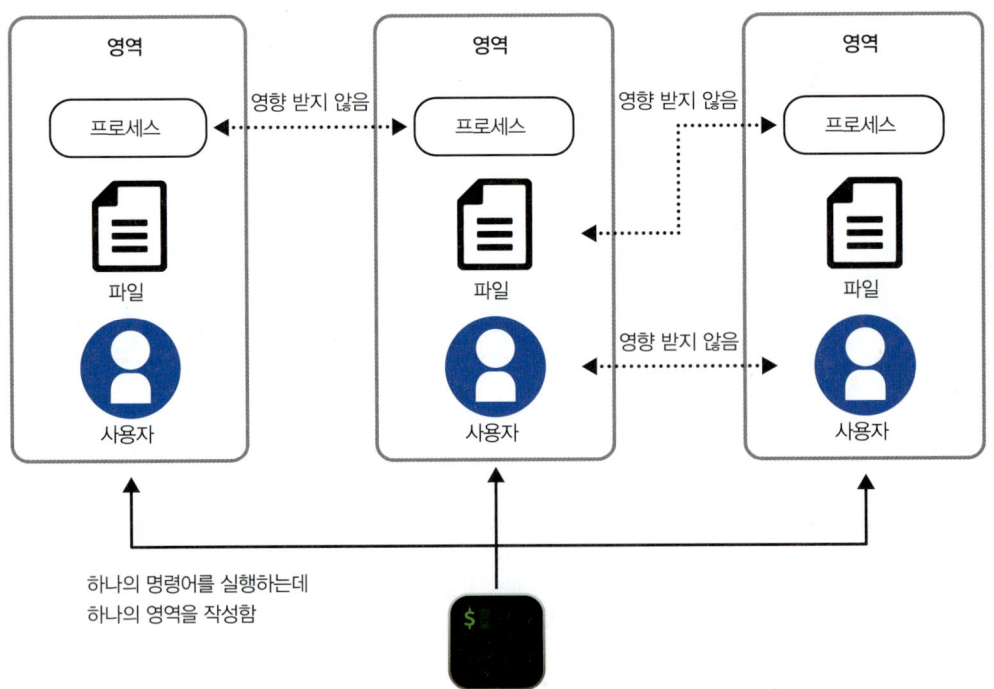

각 컨테이너 내부의 프로세스와 파일은 호스트머신과 다른 컨테이너에 영향을 주지 않습니다. 따라서 안심하고 컨테이너를 실행할 수 있습니다. 1장에서 배운 대로 컨테이너는 게스트 OS를 포함하지 않아서 가볍고 무척 빠르게 가동할 수 있습니다. 도커는 컨테이너를 작성하는데 리눅스의 네임스페이스Namespace, cgroups, chroot 기능을 조합해서 이용합니다. 이런 조합은 도커가 등장하기 전에 존재했고 딱히 새로운 기술도 아닙니다. 하지만 컨테이너와 이미지 형태로 이런 기술을 조합해서 다루기 쉽게 만든 것이 도커입니다.

책에서는 네임스페이스, cgroups, chroot의 자세한 내용은 설명하지 않습니다. 도커가 기존 기능을 잘 응용해서 영역을 작성하는 기술인 것만 알아도 책을 보는 데 아무런 문제 없습니다.

● 컨테이너, 명령어, PID1

컨테이너 존재 목적은 명령어 실행이므로, 아주 간단한 ls 명령어를 실행할 때도 컨테이너를 만듭니다. 도커라면 뭔가 어려운 느낌이지만 ls 명령어라니 어쩐지 간단한 느낌이지요?

그림 4.2.2 ls 명령어를 실행하는 컨테이너

호스트머신에서 ls 명령어를 실행하면 systemd 명령어에서 만들어진 PID1으로부터 상당히 멀어진 자식 프로세스를 생성합니다. 하지만 컨테이너에서 ls 명령어를 실행하면 컨테이너 내부의 ls 명령어 프로세스 자체가 PID1이 됩니다. 마찬가지로 컨테이너에서 top 명령어를 실행하면 컨테이너 내부의 top 명령어 프로세스가 PID1이 되고 계속 실행 중인 상태가 됩니다. 그렇다면 1대의 호스트머신에 PID1이 여러 개 존재하는 상태가 되겠지만, 충돌 없이 여러 PID1이 공존하도록 관리하는 것이 도커의 역할입니다.

그림 4.2.3 컨테이너와 PID1

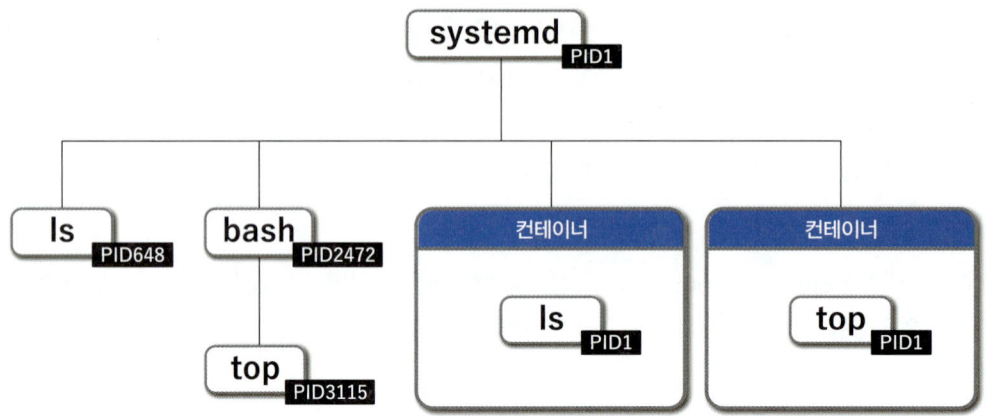

PID1과 마찬가지로 각 컨테이너의 파일과 사용자 등도 컨테이너 내부에서만 유효하므로, 이름이 같은 파일 또는 사용자가 다른 컨테이너에 존재해도 서로 영향을 주지 않습니다.

● **컨테이너의 특징**

컨테이너의 주요 특징을 소개합니다. 여기서 다루는 특징은 도커 컨테이너뿐만 아니라 2장에서 설명한 OCI 컨테이너에도 해당됩니다. 또한, 이미지에 대한 언급은 OCI 이미지를 의미합니다.

1. 컨테이너는 이미지에서 작성됩니다.
2. 각 컨테이너는 서로 독립적입니다.
3. 컨테이너는 컨테이너 런타임이 있으면 어디에서나 작동합니다.

첫 번째 특징으로, 이미지에서 컨테이너를 만든다는 점은 OCI 컨테이너의 대원칙입니다. 얼마나 많은 컨테이너를 가동하거나 그 어떤 환경에서 컨테이너를 가동하더라도 반드시 컨테이너는 이미지에서 작성됩니다.

그림 4.2.4 첫 번째 특징

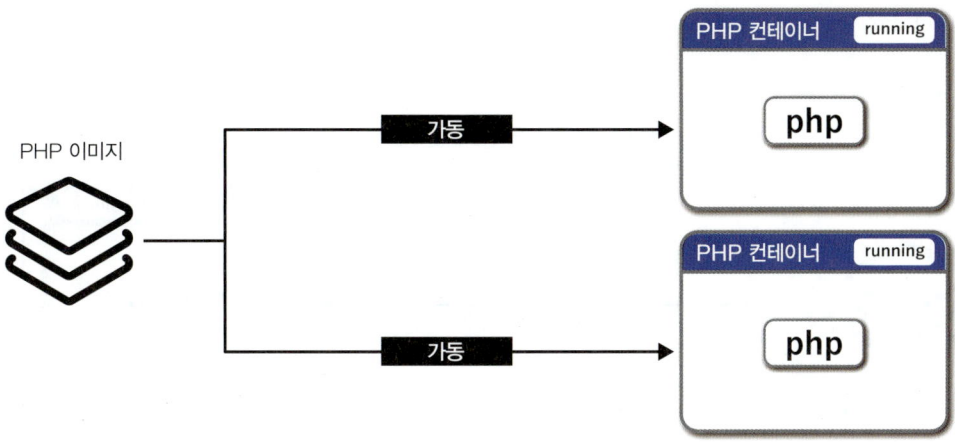

두 번째 특징으로, 각 컨테이너는 서로 독립적이라서 컨테이너를 가동할 때 걱정거리가 줄어듭니다. 1대의 호스트머신에 서로 다른 버전의 MySQL 컨테이너를 동시에 실행하더라도 아무런 문제가 없습니다. 어떤 컨테이너에서 실수로 파일을 삭제하더라도 다른 컨테이너에 영향을 주는 일도 없습니다.

그림 4.2.5 두 번째 특징

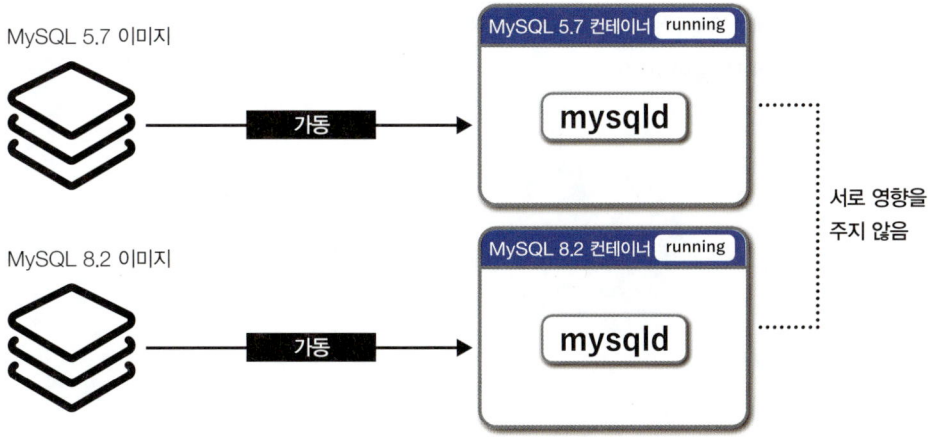

세 번째 특징으로, 컨테이너는 컨테이너 런타임이 있으면 어디에서나 작동하기 때문에 팀 개발이나 배포할 때 특히 빛을 발합니다. 컨테이너 런타임을 설정했다면 윈도우와 맥OS 어느 쪽에서도

컨테이너를 쓸 수 있습니다. 아마존 웹 서비스나 구글 클라우드 플랫폼 같은 클라우드 서비스도 마찬가지로 컨테이너 런타임으로 컨테이너를 실행하면 됩니다.

그림 4.2.6 세 번째 특징

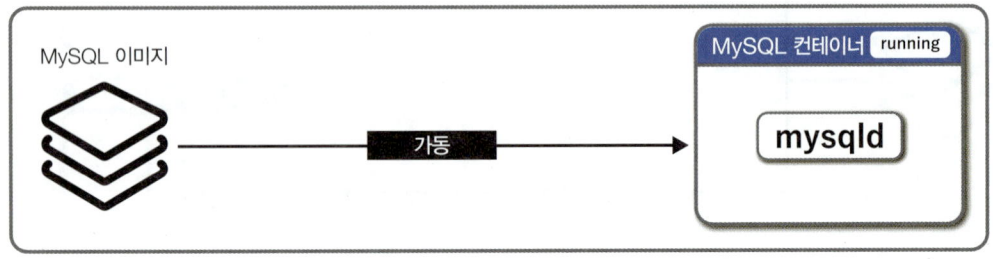

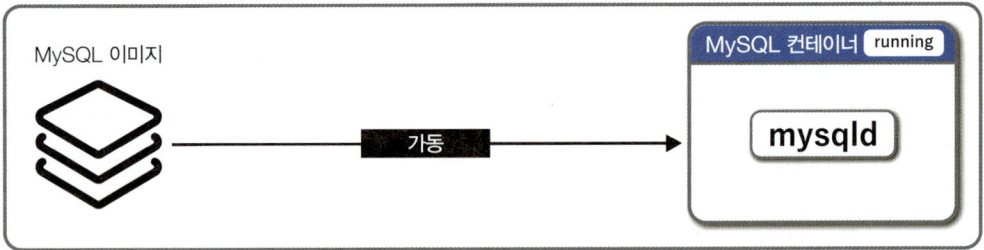

2부와 5부에서 컨테이너의 구체적인 조작 방법을 배우고, 6부에서 여러 컨테이너를 사용한 로컬 개발 환경 구축 방법 예제를 설명합니다.

4.3

이미지

● 이미지 특징

이미지는 컨테이너 실행에 필요한 패키지를 말하고, 다수의 레이어^{layer}로 구성됩니다. 각 레이어는 tar 아카이브 파일입니다. 다음은 대략적인 PHP 이미지 레이어 구성입니다.

그림 4.3.1 이미지 특징

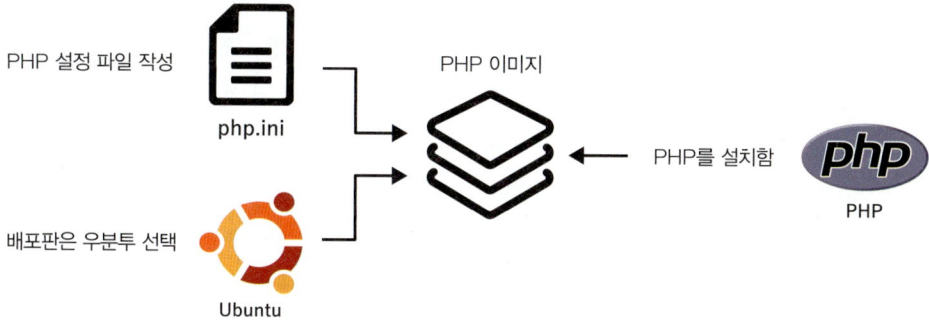

리눅스 배포판, PHP 설치, PHP 설정 파일 작성, 이런 하나하나가 레이어가 되고 여러 레이어를 하나로 쌓아서 이미지를 구성합니다. 각 레이어는 tar 아카이브 파일이 되고, 리눅스의 /etc나 /var 같은 디렉터리를 포함한 레이어, PHP 명령어를 포함한 레이어, PHP 설정 파일만 포함한 레이어 등이 존재합니다. 이미지는 이런 파일을 모아서 하나의 파일 시스템처럼 다룹니다(그림 4.3.2 참조).

그림 4.3.2 레이어와 파일 시스템

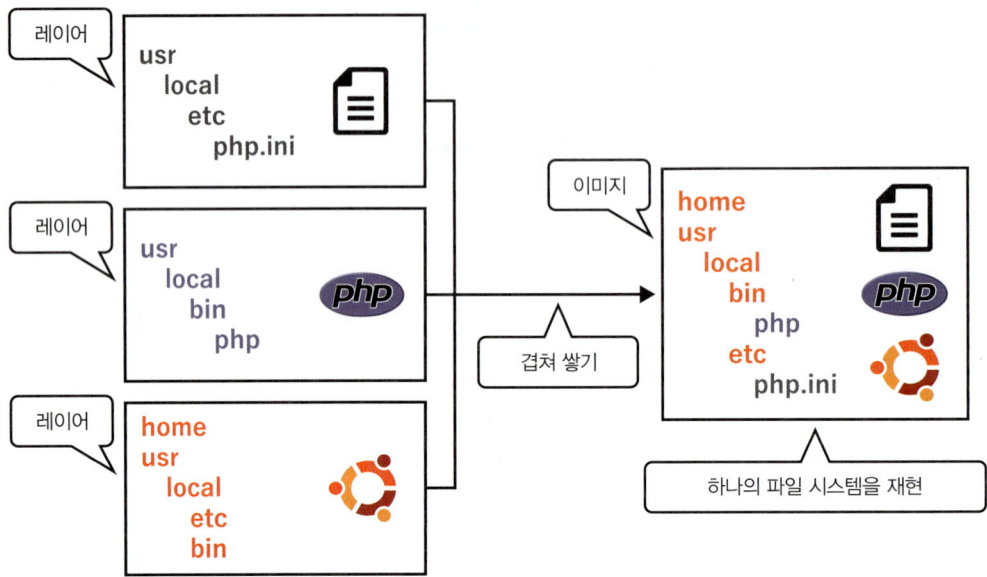

레이어는 이미지끼리 공유할 수 있습니다. 예를 들어 우분투 레이어와 PHP 레이어 위에 설정 파일이 서로 다른 레이어를 올리면 설정 파일만 달라진 여러 이미지가 만들어집니다. 우분투 레이어에 루비 레이어를 쌓으면 같은 리눅스 배포판으로 서로 다른 언어 실행용 환경을 작성할 수 있습니다. 레이어를 공유할 수 있기 때문에 많은 이미지를 저장하더라도 실제로 차지하는 디스크 용량은 새로운 레이어에 필요한 만큼만 늘어납니다. 또한 이런 기존 레이어를 바탕으로 이미지도 간단히 확장할 수 있습니다(그림 4.3.3 참조).

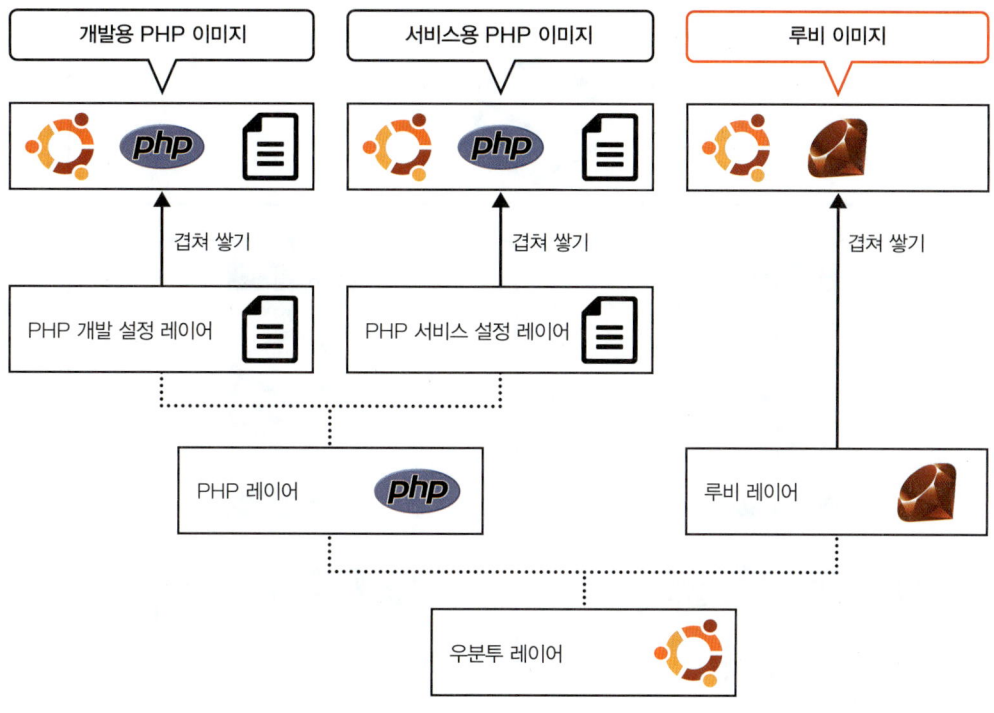

그림 4.3.3 레이어 공유

3부에서 이미지의 자세한 내용과 구체적인 조작 방법을 배웁니다.

● 이미지 공유하기

컨테이너는 이미지에서 만든다는 대원칙을 생각하면, 같은 컨테이너를 가동하려면 같은 이미지를 공유하면 됩니다. 이미지는 도커 허브 같은 레지스트리 서비스에 공개되므로 이용할 때 호스트머신에 다운로드해서 사용합니다.

그림 4.3.4 이미지를 공유해서 같은 컨테이너 가동하기

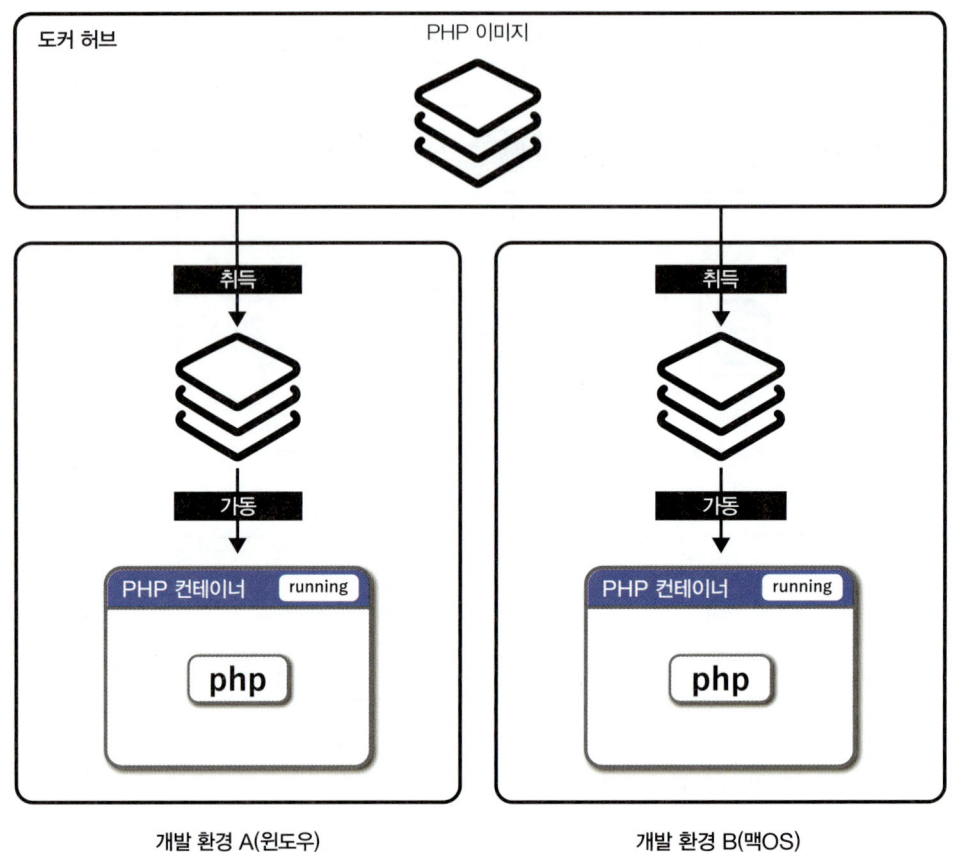

사용하는 이미지를 통일하면 간단히 똑같은 개발 환경을 구축할 수 있습니다.

4.4 도커파일

● 도커파일 특징

도커파일Dockerfile은 이미지에 레이어를 추가하는 설정 파일입니다. 도커파일은 일반적으로 확장자 없이 파일명으로 Dockerfile을 사용합니다. 레지스트리 서비스에 공개된 이미지가 원하는 용도에 맞지 않다면 도커파일을 활용해서 간단히 스스로 이미지를 작성할 수 있습니다.

그림 4.4.1 도커파일로 베이스 이미지를 확장해서 독자적인 이미지 작성하기

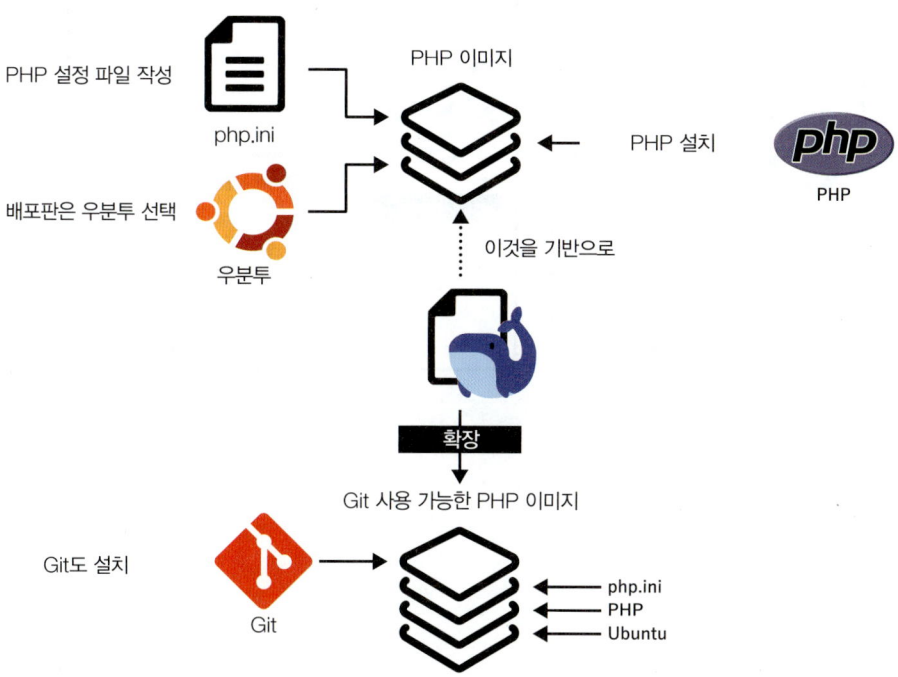

도커파일은 텍스트 파일이므로 깃Git으로 일반 텍스트 파일과 같은 방법으로 공유할 수 있습니다. 기본(베이스) 이미지는 도커 허브에서 가져오고, 도커파일은 깃허브 등에서 가져오면 딴 머신 환경에서도 직접 만든 이미지를 사용한 환경을 구축할 수 있습니다.

그림 4.4.2 이미지와 도커파일을 공유해서 같은 컨테이너 가동하기

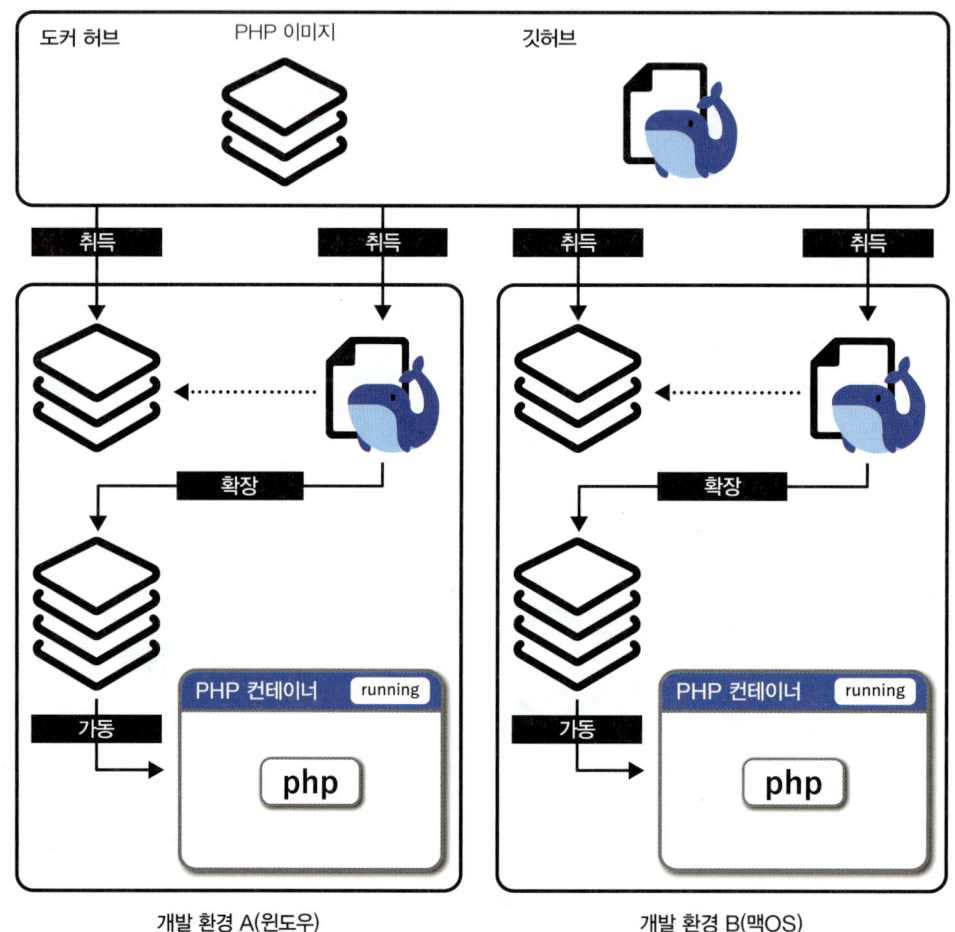

개발 환경 A(윈도우)　　　　　　　　　　개발 환경 B(맥OS)

4부에서 도커파일의 구체적인 작성법을 배워봅니다.

4.5 명령어 기초 지식

도커 명령어는 `docker version`처럼 docker 뒤에 오는 명령어와 `docker container run`처럼 조작 대상을 지정하는 서브 명령어로 이어지는 명령어가 있습니다. `docker container` 같은 서브 명령어는 2017년에 출시된 v1.13부터 등장했습니다. 그전에는 대부분 명령어가 docker 명령어 바로 뒤에 어떤 명령을 쓰는 `docker run` 같은 명령어 체계였지만, docker 이후의 명령어가 너무 많아져서 정리가 필요했습니다. 예를 들어 `docker run`은 `docker container run`으로 `docker container` 아래로 재배치되었습니다. `docker run`이나 `docker build` 형식보다 `docker container run`과 `docker image build` 쪽이 목적이 명확하고 알기 쉽습니다. 기존 명령어도 계속 사용할 수 있지만, 책에서는 조작 대상이 명확한 새로운 명령어 형식으로 설명합니다.

도커 명령어가 너무 많아서 익숙해지기 전에는 설명서나 명령어 목록을 그냥 멍하게 보고 있을 수 밖에 없습니다. 각 장의 자세한 명령어 설명에 들어가기 전에, 대표적인 3가지 명령어를 살펴보면서 명령어 문법을 이해하는 방법과 그림을 통해서 정리하는 방법을 소개합니다. 이 책에 실린 명령어 문법은 모두 도커 공식 문서(`https://docs.docker.com/reference/#command-line-interfaces-clis`)에서 인용했습니다.

● 컨테이너 가동하기

docker container run [OPTIONS] IMAGE [COMMAND] [ARG...]는 이미지에서 컨테이너를 가동하는 명령어 형식입니다. IMAGE처럼 대문자로 표시한 항목은 필수 항목입니다. [COMMAND]처럼 대괄호로 감싼 대문자 항목은 임의 항목입니다. [ARG...]처럼 ...가 있는 항목은 공백 문자를 구분자로 써서 여러 값을 나열한다는 의미입니다. 앞으로 처음 등장하는 도커 명령어를 각 절에서 자세히 설명하므로 지금은 생략합니다.

run은 docker container 아래에 있는 명령어이므로 조작 대상이 컨테이너라고 바로 알 수 있고, 매개변수parameter에 IMAGE가 있으니 이미지를 바탕으로 가동한다고 알 수 있습니다. 이 명령어를 그림으로 표현하면 [그림 4.5.1]이 됩니다.

그림 4.5.1 이미지에서 컨테이너를 가동하는 명령어

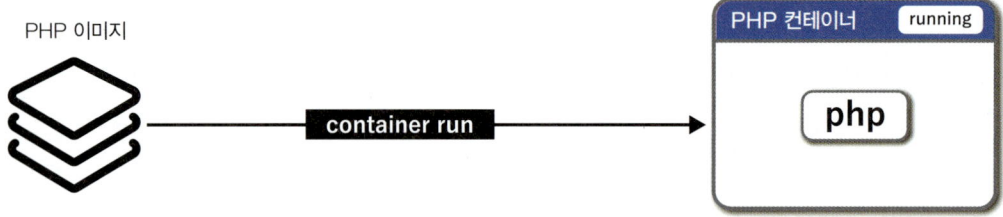

2부와 5부 전체에서 container run과 자주 사용하는 [OPTIONS], [COMMAND] [ARG...]를 설명합니다.

● 가동 중인 컨테이너에 명령하기

docker container exec [OPTIONS] CONTAINER COMMAND [ARG...] 명령어 형식으로 가동한 컨테이너에 명령을 보냅니다. container run과 마찬가지로 docker container에 속한 명령어로, 매개변수는 CONTAINER이므로 컨테이너를 지정한다고 알 수 있습니다. 이 명령어를 그림으로 표현하면 [그림 4.5.2]입니다.

그림 4.5.2 컨테이너를 지정해서 컨테이너에 명령하는 명령어

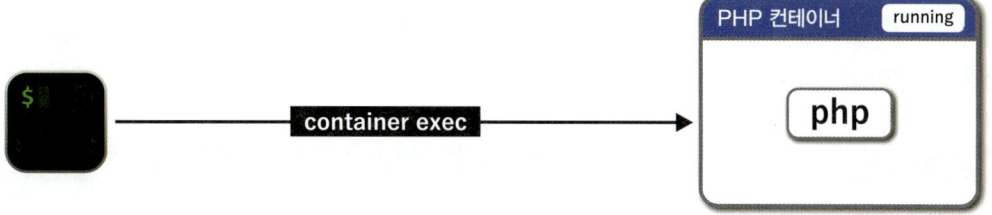

11장에서 매개변수로 CONTAINER를 받는 명령어 container exec와 container logs를 설명합니다.

● **이미지 작성하기**

docker image build [OPTIONS] PATH | URL | - 명령어 형식으로 도커파일에서 이미지를 작성합니다. |는 논리합(or) 조건을 의미해서 PATH, URL, - 중 하나를 지정하라는 뜻이며, 이 명령어는 docker image에 속한 명령어이므로 조작 대상은 이미지입니다. 이 명령어를 그림으로 그리면 [그림 4.5.3]입니다.

그림 4.5.3 도커파일에서 이미지를 작성하는 명령어

3부에서 대표적인 이미지 관련 명령어를 설명하고 4부에서 image build와 도커파일을 설명합니다.

● 기타 명령어

그 외에도 다음 표에 있는 4가지 서브 명령어를 설명합니다. 이런 서브 명령어에는 또 다시 4가지 종류의 명령어가 있습니다.

서브 명령어	관련 목차
container	2부, 5부
image	3부
volume	5부
network	5부

명령어	설명
ls	목록을 표시합니다.
inspect	상세 내용을 표시합니다.
rm	대상을 삭제합니다.
prune	사용하지 않는 대상을 전부 삭제합니다.

책에서 설명하는 서브 명령어(container, image 등)에는 공통된 하위 명령어(ls, prune 등)가 있습니다. 따라서 어떤 서브 명령어 실행에 문제가 생겼다면 일단 ls로 상태를 확인하고, 사용이 끝나면 prune으로 청소하는 방식으로 통일성 있는 조작 방법을 제공합니다.

> **요점 정리**
> - ☑ 컨테이너는 명령어를 실행할 목적으로 만듭니다.
> - ☑ 컨테이너는 이미지에서 작성합니다.
> - ☑ 컨테이너로 실행된 명령어의 프로세스는 컨테이너 내부에서 PID1이 됩니다.
> - ☑ 컨테이너 내부의 프로세스나 파일은 컨테이너 외부에 영향을 주지 않습니다.
> - ☑ 이미지는 단일 파일이 아니라 레이어(tar 아카이브 파일)의 집합입니다.
> - ☑ 도커파일은 이미지에 레이어를 추가하는 설정 파일입니다.

4.6

명령어 치트 시트

다음은 4가지 종류의 서브 명령어에 속한 모든 명령어와 docker의 대표적인 명령어를 [그림 4.6.1]에 정리했습니다. **같은 색의 명령어**는 같은 서브 명령어에 속한 것입니다. 컨테이너 관련 명령어는 종류가 많아서 보기 편하도록 3가지 그룹으로 나눴습니다.

그림 4.6.1 명령어 목록

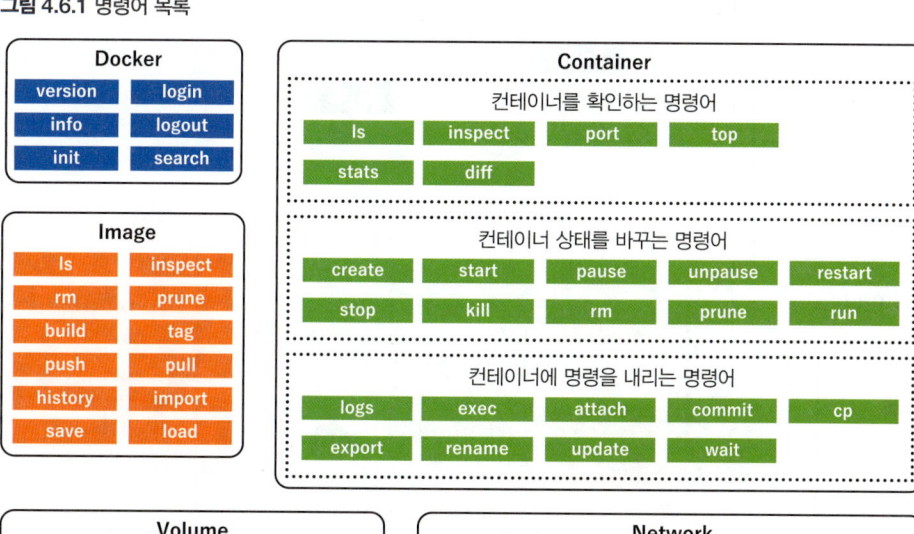

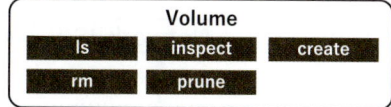

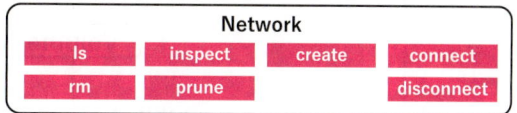

4가지 종류의 서브 명령어에 속한 명령어 개요는 해당 명령어를 소개하는 각 부의 첫 번째 장에서 간단히 설명하지만 모든 명령어를 설명하지 않습니다. 이렇게 많은 명령어를 전부 외우지 않더라

도 도커를 충분히 활용할 수 있으므로 안심하세요. [그림 4.6.2]는 명령어 조작 대상과 매개변수에 주목하여 정리한 명령어 치트 시트입니다.

그림 4.6.2 명령어 치트 시트

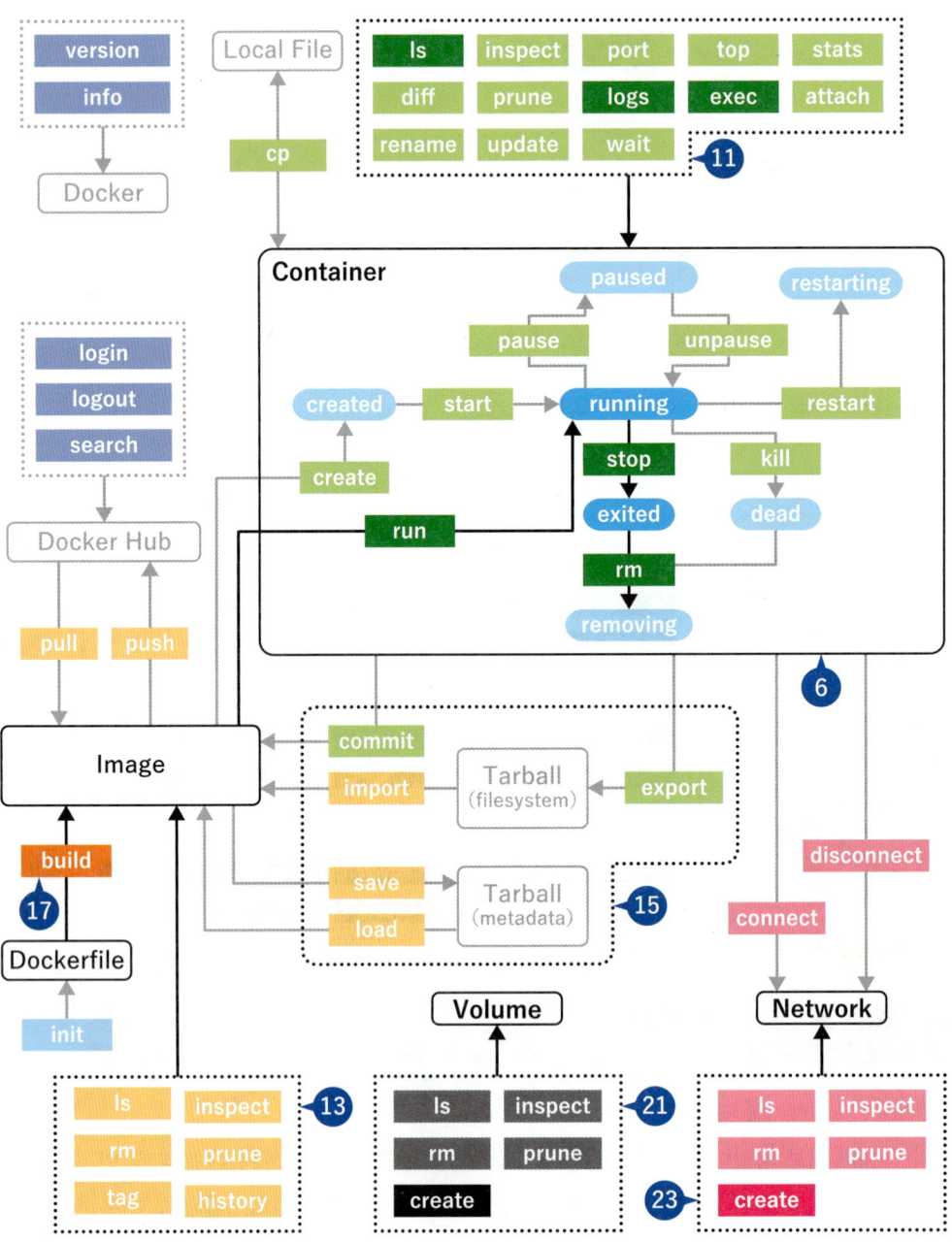

자주 쓰지 않는 명령어는 흐린 색으로 표시했고 풍선의 숫자는 이 책에서 설명하는 장을 뜻합니다. 컨테이너 설명 부분을 보면 상태status를 표현하는 **하늘색 둥근 모서리 상자**는 컨테이너가 어떻게 상태 전이하는지 전체 흐름을 파악할 수 있습니다. 컨테이너 상태는 모두 7가지 종류이지만 상태 전이는 그 중에서 중요한 exited와 running 상태만 골라서 간략화했습니다.

2부

도커 컨테이너 활용법

컨테이너의 기초를 배우고 활용 사례를 통해 컨테이너를 다루는 방법을 익힙니다. 명령어의 의미를 그림으로 정리하면서 조작을 더 명확히 이해할 수 있도록 구성했습니다. 2부를 잘 학습하면 도커에 대한 이해도가 크게 향상되어, 그동안 느꼈던 답답함이 대부분 해결될 것입니다.

2부의 각 장은 개별적으로 이해할 수 있게 구성되어 있습니다. 도커 사용 중 실행 방법이 헷갈릴 때 언제든지 다시 펼쳐서 확인하기 바랍니다.

5장

컨테이너 기초 지식

2부에서는 수많은 컨테이너를 가동했다가 한 번 사용한 후에 버립니다. 컨테이너가 제대로 실행되었는지 확인도 하지 않거나 실행에 실패하더라도 종료된 이유도 모른 채로 넘어간다면, 아무리 책에서 설명하는 명령어를 복사해서 실행하더라도 이해할 수 없습니다. 시작하기 전에 잠시 도커 기초 지식을 배워봅시다. 프로세스를 축으로 컨테이너 상태를 인식할 수 있다면 도커가 쉽게 느껴질 것입니다.

5.1 컨테이너 상태와 프로세스

● 컨테이너 정지와 PID1 종료는 한 세트

4장에서 설명한 것처럼 컨테이너는 명령어 실행이 목적이므로, 컨테이너를 가동할 때 반드시 어떤 명령어를 실행합니다. 컨테이너 내부에서 실행되는 해당 명령어의 프로세스는 컨테이너 내부에서 PID1로 다룹니다. 이 PID1은 컨테이너와 운명을 함께 합니다. 컨테이너를 정지하면 PID1은 종료되고, PID1이 종료되면 컨테이너는 정지합니다. PID1에 주목하면 컨테이너 상태를 명확하게 파악할 수 있습니다.

● 컨테이너 상태

컨테이너에는 다음과 같은 7가지 상태가 있습니다.

상태	설명	설명
created	컨테이너가 작성되었습니다.	PID1은 아직 존재하지 않습니다. 책에서 '작성됨'으로 표기
running	컨테이너가 가동되었습니다.	PID1은 실행 중입니다. 책에서 '가동 중'으로 표기
paused	컨테이너가 일시 정지되었습니다.	PID1은 정지됩니다. 책에서 '정지 중'으로 표기
restarting	컨테이너가 재시작되었습니다.	재시작 완료 후에 자동으로 running으로 되돌아갑니다.
exited	컨테이너가 종료되었습니다.	PID1은 존재하지 않습니다. 책에서 '종료됨'으로 표기

상태	설명	설명
dead	컨테이너 종료에 실패했습니다.	PID1은 존재하지 않습니다. running으로 돌아가지 않습니다.
removing	컨테이너가 삭제되었습니다.	완료 후 자동으로 완전히 사라집니다.

restarting과 removing은 조작 과정에서 잠깐 경유하는 상태로, 터미널 조작할 때 신경 쓰지 않아도 됩니다. dead는 종료에 실패했을 때만 발생하고 완전히 삭제하는 방법 외에는 대응 방법이 없습니다. 이 절에서는 가동 중 상태를 중심으로 남은 4가지 상태를 PID1과 함께 설명하겠습니다.

그림 5.1.1 컨테이너 상태와 프로세스

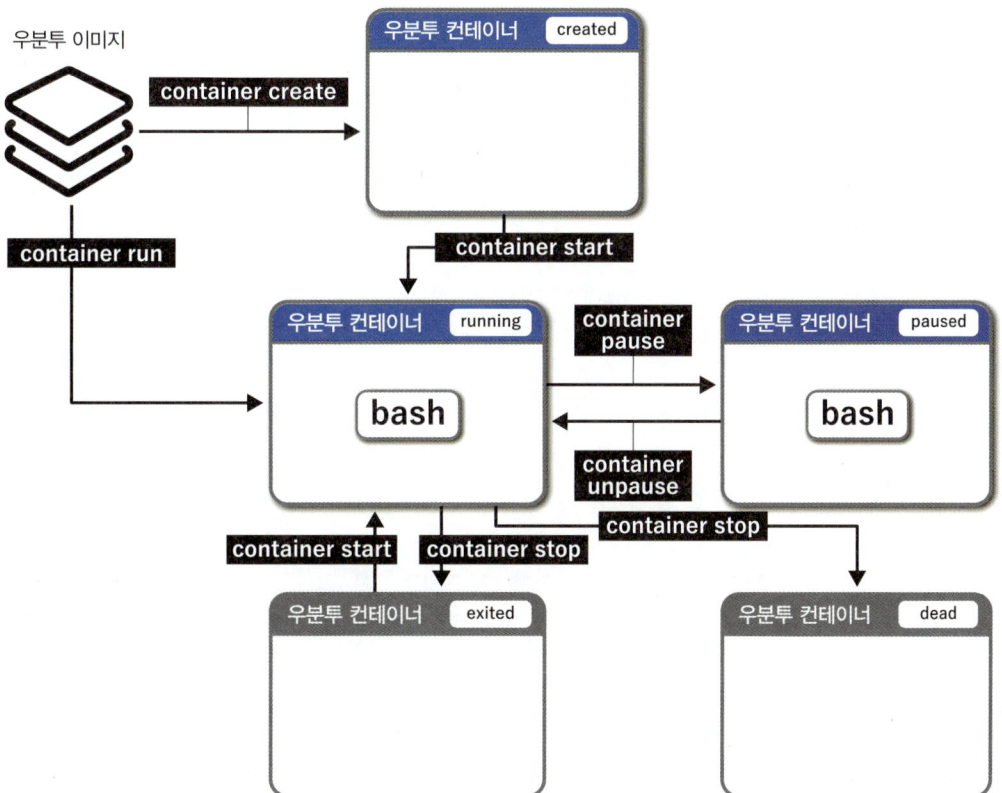

컨테이너 그림 안에 있는 문자열은 해당 컨테이너에서 실행한 명령어의 PID1을 뜻합니다. [그림 5.1.1]은 우분투 컨테이너를 가동하면 컨테이너 내부의 PID1은 bash 프로세스가 된다는 것을 나타냅니다.

작성됨(created) 시점에는 PID1이 아직 존재하지 않습니다. 가동 중(running)이 되면 명령어가 실행되고 PID1이 생성됩니다. 컨테이너가 종료됨(exited) 상태가 되면 PID1도 종료됩니다.

PID1이 실행되지 않은 작성됨 상태는 딱히 쓸모가 없으므로 대부분의 컨테이너 작성은 한 번에 가동 중 상태까지 진행하는 `container run`을 사용합니다. 종료됨 상태에서 `container start`로 가동 중으로 되돌리는 조작과 정지 중(paused) 상태를 `container unpause`로 가동 중으로 되돌리는 조작은 비슷해 보여도 PID1을 다루는 방법이 다릅니다. 정지 중에서 복귀하면 기존의 PID1이 재개되지만, 종료됨 상태에서 복귀는 PID1을 재가동합니다. 이렇게 컨테이너 사용법은 다양하지만 필자는 정지 상태로 두거나 종료됨 상태를 가동 중으로 돌려가며 쓴 적이 없습니다. 컨테이너는 금방 가동할 수 있으니까 필요할 때 만들고 사용이 끝나면 지우면 된다는 마음으로 늘 가동 중 상태로 씁니다.

우선 가동 중과 종료됨 상태를 이해했으면 도커를 충분히 활용할 수 있으므로 책에서는 가동 중과 종료됨 상태만 설명합니다.

5.2 컨테이너 명령어

다음은 docker container 아래의 모든 명령어입니다.

명령어	설명	해설	비고
ls	목록을 표시합니다.	6장	기존 명령어는 ps
inspect	상세 정보를 표시합니다.	–	–
port	컨테이너 포트 매핑 상황을 표시합니다.	–	ls로도 일부 확인 가능
top	컨테이너에서 실행 중인 프로세스를 표시합니다.	–	–
stats	컨테이너 리소스 정보를 표시합니다.	–	–
diff	컨테이너 내부에서 변경된 파일 목록을 표시합니다.	–	–
create	컨테이너를 작성합니다.	–	상태가 created가 됨
start	컨테이너를 가동합니다.	–	상태가 running이 됨
pause	컨테이너 내부의 프로세스를 모두 일시 정지합니다.	–	상태가 paused가 됨
unpause	컨테이너 일시 정지를 해제합니다.	–	상태가 running이 됨
restart	컨테이너를 재가동합니다.	–	상태가 restarting이 됨
stop	컨테이너를 정지합니다.	6장	상태가 exited가 됨
kill	컨테이너를 강제 정지합니다.	–	stop과 다르게 강제 종료합니다.
rm	컨테이너를 삭제합니다.	6장	상태가 removing이 됨
prune	모든 정지 중인 컨테이너를 삭제합니다.	–	상태가 removing이 됨
run	새로운 컨테이너로 명령어를 실행합니다.	6장, 7장, 8장, 9장, 10장, 21장, 22장 23장	상태가 running이 됨 create + start + attach에 해당

명령어	설명	해설	비고
logs	컨테이너 로그를 표시합니다.	11장	-
exec	가동 중인 컨테이너에 명령어를 실행합니다.	11장	컨테이너 내부에서 새로운 명령어를 실행합니다. 이 명령어의 프로세스는 PID1이 아니고 exec 종료와 PID1의 종료는 관계없습니다.
attach	터미널 입출력을 컨테이너 프로세스에 연결합니다.	-	PID1에 접속합니다.
commit	컨테이너에서 이미지를 작성합니다.	15장	기본적으로 도커파일 이용을 추천합니다.
cp	호스트머신과 컨테이너 사이에 파일을 복사합니다.	-	-
export	컨테이너를 tar로 출력합니다.	15장	파일을 포함한 컨테이너를 tar로 만듭니다. 기본적으로 도커파일 이용을 추천합니다.
rename	컨테이너 이름을 변경합니다.	-	run --name으로 가동할 때 지정 가능
update	컨테이너 설정을 변경합니다.	-	-
wait	컨테이너가 정지할 때까지 기다리고 종료 코드를 표시합니다.	-	stop과 다르게 정지시키지 않습니다.

> **요점 정리**
>
> ☑ 컨테이너를 가동하면 실행된 명령어 프로세스가 컨테이너 내부에서 PID1이 됩니다.
>
> ☑ 컨테이너를 정지하면 PID1은 종료됩니다.
>
> ☑ PID1이 종료되면 컨테이너도 종료됩니다.
>
> ☑ 컨테이너 상태는 7가지 종류가 있지만 가동 중 상태를 중심으로 몇 종류만 이해하면 충분합니다.
>
> ☑ 컨테이너 상태는 PID1 상태와 묶어서 이해하면 됩니다.

COLUMN

참조 문서를 확인하자#1 – 도커 문서(Docker Docs)

인터넷 검색 엔진에서 docker docs를 검색하면 도커 문서 사이트에 접속할 수 있습니다. 도커 문서의 참조Reference에서 각종 명령어와 파일의 상세한 참고 내용을 확인할 수 있습니다.

화면 5.2.1 도커 문서 페이지

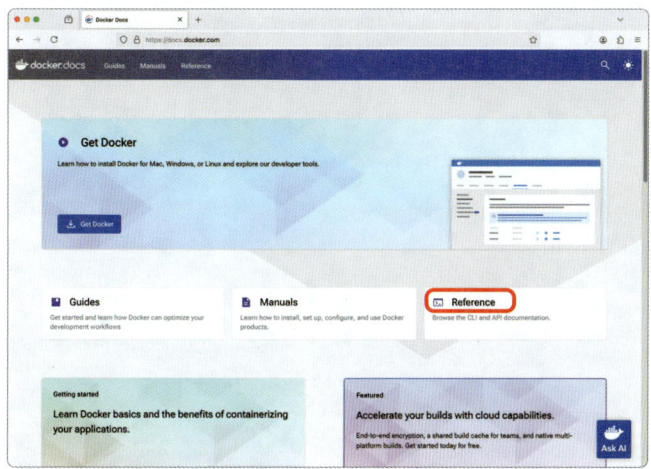

화면 5.2.2 도커 문서 참조 페이지

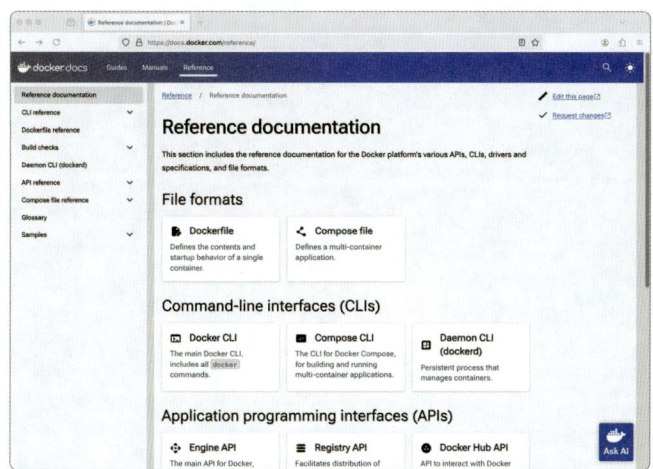

앞으로 몇몇 COLUMN에서 참조 페이지를 보는 방법을 소개합니다. 적극적으로 활용해 보기 바랍니다.

6장

컨테이너 기본 조작

이 장에서는 컨테이너 가동, 목록 확인, 정지와 삭제 방법을 배웁니다. 컨테이너 가동이 얼마나 쉬운지 알게 되면 분명히 이것저것 해보고 싶어질 것입니다.

컨테이너 가동하기
container run

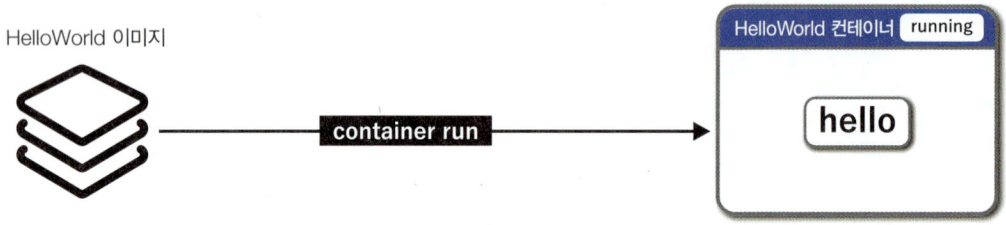

● **명령어 설명**

컨테이너 가동은 container run으로 실행합니다.

```
$ docker container run [OPTIONS] IMAGE [COMMAND] [ARG...]
```

이 장에서는 [OPTIONS]와 [COMMAND] [ARG...]는 다루지 않습니다.

● **HelloWorld 컨테이너 가동하기**

도커에도 프로그래머라면 누구나 아는 Hello World 예제가 있습니다. 처음 가동할 컨테이너는 HelloWorld 컨테이너로 합시다. container run의 IMAGE 매개변수에 컨테이너 기반이 될 이미지를 지정합니다. 이번에 사용하는 이미지는 HelloWorld 이미지로, 명령어에는 hello-world를 지정합니다. HelloWorld 이미지는 컨테이너 가동 시 hello라는 명령어를 실행하도록 작성되어 있고 컨테이너를 가동하면 문자열을 표시합니다.

처음 등장하는 도커 명령어와 복잡한 명령어는 문법과 입력 내용을 비교하며 각각 매개변수가 무엇을 뜻하는지 정리합니다.

문법	`$ docker container run [OPTIONS] IMAGE     [COMMAND] [ARG...]`
입력	`$ docker container run           hello-world`

명령어가 정리됐으면 호스트머신에서 터미널을 열고 [터미널 6.1.1]의 명령어를 실행해 봅시다.

터미널 6.1.1 호스트머신에서 컨테이너 가동하기

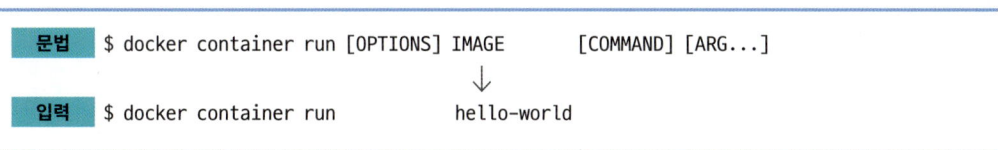

Hello from Docker!라고 표시되면 HelloWorld 컨테이너 가동은 성공입니다. 4장에서 설명한 대원칙처럼 컨테이너는 반드시 이미지에서 생성합니다. [터미널 6.1.1] 명령어는 HelloWorld 이미지에서 HelloWorld 컨테이너를 가동했습니다.

앞으로 아무리 복잡한 container run이 나오더라도 컨테이너는 이미지에서 만든다는 도커의 대원칙은 절대로 변하지 않습니다.

● 우분투 컨테이너 가동하기

[터미널 6.1.1]에 흥미가 있으면 docker run -it ubuntu bash도 실행해 보라고 출력됩니다. 어떤 명령어인지 정리해서 실행해 봅시다. 우선 docker run은 기존 명령어 방식으로, 옵션과 실행 결과는 새로운 명령어 docker container run과 동일합니다. run 이하를 비교해 보면 IMAGE 매개변수에 ubuntu를 지정하고 [OPTIONS]와 [COMMAND]도 지정한 것을 알 수 있습니다.

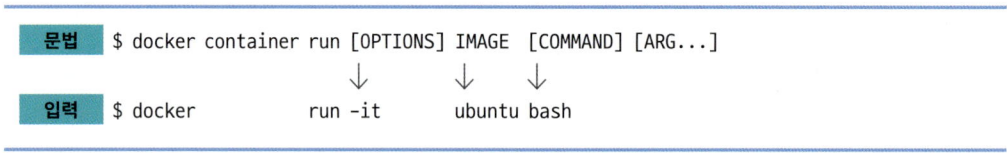

Point [OPTIONS]의 -it는 8장, [COMMAND]는 7장에서 설명합니다. 지금은 이대로 실행해 봅시다.

터미널 6.1.2 호스트머신에서 컨테이너 가동

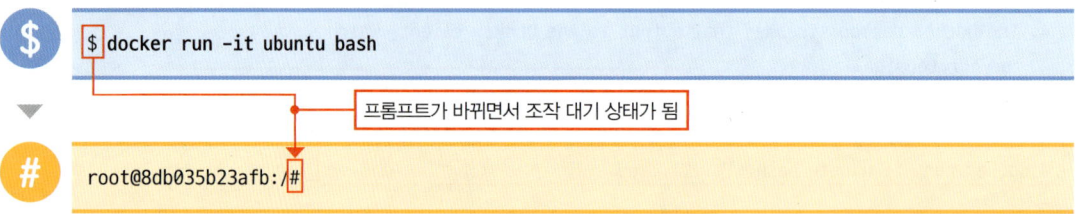

HelloWorld 컨테이너 실행 결과와 다르게 프롬프트가 전환되고 조작 대기 상태가 됩니다.

프롬프트가 #로 표시되면 터미널에서 우분투 컨테이너를 조작할 수 있습니다. 우분투 컨테이너에서 몇 가지 리눅스 명령어를 실행해 봅시다. whoami는 현재 사용자명을 확인하는 명령어입니다. head는 파일의 첫 몇 줄을 표시하는 명령어로 -n 4는 몇 줄을 표시할지(여기서는 4줄) 지정하는 옵션입니다. /etc/os-release는 OS 정보가 기록된 파일입니다. echo는 문자열이나 변수값을 표시하는 명령어로 $SHELL은 현재 사용하는 셸을 가리키는 변수입니다.

터미널 6.1.3 우분투 컨테이너를 가동한 터미널에서 리눅스 명령어 실행하기

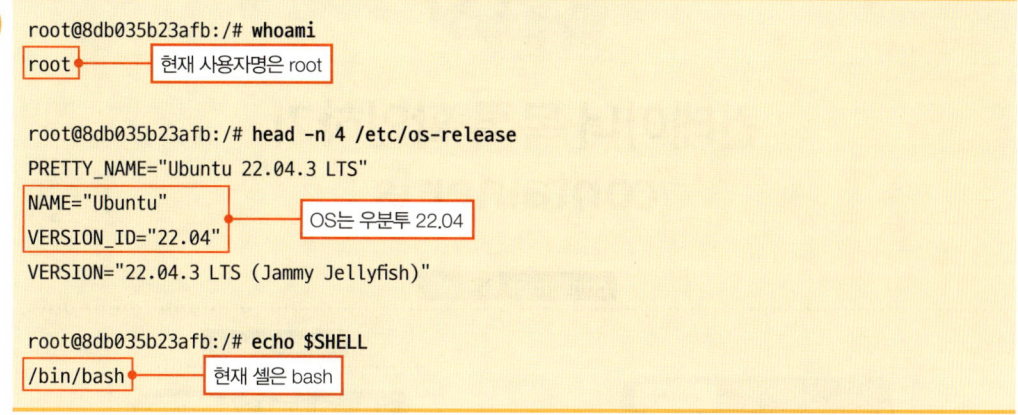

컨테이너는 명령어 실행을 위해서 호스트머신에 있는 영역이지만, 도커가 우분투 이미지를 사용해서 마치 OS가 있는 것처럼 쓸 수 있습니다. 우분투 이미지로 가동한 우분투 컨테이너를 마치 우분투를 설치한 머신인 것처럼 조작할 수 있습니다.[1]

우분투 컨테이너는 계속 사용하므로 터미널을 그대로 두고(Ctrl + C 등으로 정지하지 않음) 다음 설명으로 넘어갑시다. 컨테이너는 장이 끝날 때마다 정리하므로 안심하기 바랍니다.

---

[1] 역자주_ 실제 실행 결과는 책과 다를 수 있습니다. 버전 정보는 실행 시점의 최신 버전이 표시됩니다.

6.2 컨테이너 목록 확인하기
container ls

● **명령어 설명**

컨테이너 목록 확인은 container ls를 사용합니다.

```
$ docker container ls [OPTIONS]
```

이 장에서 다루는 [OPTIONS]는 다음과 같습니다.

짧은 옵션	긴 옵션	의미	용도
-a	--all	모든 컨테이너를 표시합니다.	가동 중 이외의 컨테이너도 확인합니다.

● **가동 중인 컨테이너 목록 확인하기**

우분투 컨테이너를 조작하는 터미널을 그대로 열어 두고 다른 터미널을 열어서 컨테이너 목록을 확인해 봅시다.

터미널 6.2.1 호스트머신의 새로운 터미널에서 컨테이너 목록 확인하기

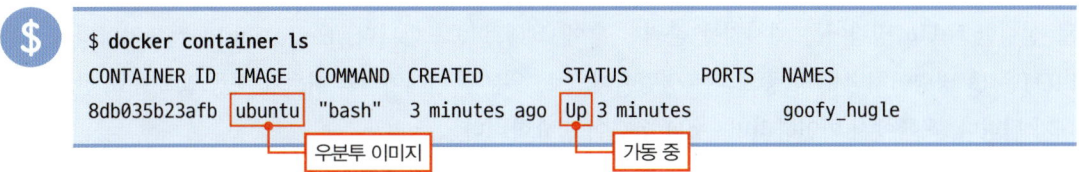

표시된 정보는 다음과 같습니다.

항목	설명
CONTAINER ID	컨테이너 ID(무작위)
IMAGE	이미지
COMMAND	PID1의 명령어
CREATED	작성 시간
STATUS	상태
PORTS	공개 포트(9장에서 설명)
NAMES	컨테이너명(무작위)

CONTAINER ID와 NAMES는 실행할 때마다 바뀌는 무작위로 정해진 값입니다. IMAGE와 STATUS 항목을 보면 우분투 컨테이너가 가동 중인 것을 알 수 있습니다.

● **모든 컨테이너 목록 확인하기**

container ls에 --all 옵션을 지정하면 가동 상태 이외의 컨테이너도 확인할 수 있습니다.

터미널 6.2.2 모든 컨테이너 목록 확인

```
$ docker container ls --all
CONTAINER ID   IMAGE      중략    STATUS              중략
8db035b23afb   ubuntu     중략    Up 47 minutes       중략
```

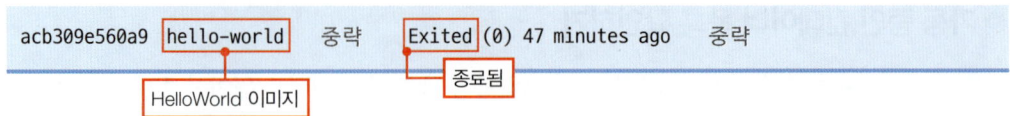

가동 중인 우분투 컨테이너 외에도 이미 종료된 HelloWorld 컨테이너도 확인할 수 있습니다.

5장에서 설명한 것처럼 컨테이너 상태와 PID1 상태는 연동됩니다. HelloWorld 컨테이너가 PID1로 실행한 hello 명령어는 메시지를 출력한 후에 그대로 종료합니다. HelloWorld 컨테이너의 PID1은 ls 명령어처럼 금방 종료되는 명령어이므로, 우분투 컨테이너와 다르게 자동으로 종료 상태가 됩니다. 목록에서 확인하려면 --all 옵션이 필요합니다.

> **Point** 컨테이너에서 임의의 명령어를 실행하는 방법은 7장에서 다루고, 컨테이너를 가동하면 실행되는 명령어를 확인하는 방법은 13장에서 설명합니다.

6.3

컨테이너 정지하기
container stop

● **명령어 설명**

컨테이너 정지는 container stop을 사용합니다.

```
$ docker container stop [OPTIONS] CONTAINER [CONTAINER...]
```

이 장에서 다루는 [OPTIONS]는 없습니다.

[CONTAINER...]는 선택 사항으로 여러 컨테이너를 지정할 수 있다는 의미인데, CONTAINER [CONTAINER...]는 하나 이상의 컨테이너를 지정하라는 뜻입니다. 이렇게 컨테이너를 나열하면 한꺼번에 정지할 수 있습니다.

6장 컨테이너 기본 조작 99

● 가동 중인 우분투 컨테이너 정지하기

`container stop`은 `container run`과 다르게 `CONTAINER` 매개변수에 컨테이너를 지정합니다. 컨테이너를 지정하려면 컨테이너 ID 또는 컨테이너명이 필요합니다. 둘 다 `container ls`에서 확인할 수 있으므로 우선 우분투 컨테이너 값을 확인해 봅시다.

터미널 6.3.1 우분투 컨테이너의 컨테이너 정보 확인하기

```
$ docker container ls
CONTAINER ID   IMAGE    중략   Names
8db035b23afb   ubuntu   중략   goofy_hugle
     └── 컨테이너 ID 확인
```

컨테이너 ID는 `8db035b23afb`이고 컨테이너명은 `goofy_hugle`입니다(무작위 값이므로 여러분이 실행한 결과는 다를 수 있습니다).

`CONTAINER` 지정은 컨테이너 ID나 컨테이너명 어느 쪽이든 가능하므로 컨테이너 ID로 정지해 봅시다.

터미널 6.3.2 우분투 컨테이너 정지하기(컨테이너 ID 지정)

```
$ docker container stop 8db035b23afb      # 완료될 때까지 10초 정도 걸릴 수 있음
```

`container stop`이 완료되면 우분투 컨테이너에서 `bash`를 조작하던 프롬프트가 호스트머신의 프롬프트로 되돌아옵니다. 모든 컨테이너 목록을 확인해서 우분투 컨테이너가 `Exited`인지 살펴봅시다.

터미널 6.3.3 컨테이너 목록 확인하기

```
$ docker container ls --all
CONTAINER ID   IMAGE         중략   STATUS                     중략
8db035b23afb   ubuntu        중략   Exited (137) 11 seconds ago   중략
acb309e560a9   hello-world   중략   Exited (0) 51 minutes ago    중략
                                     └── 종료됨
```

COLUMN

기존 명령어와 새로운 명령어의 호환성 문제

`docker container ls`의 기존 명령어는 `docker ls`가 아니라 `docker ps`입니다.

기존 명령어와 새 명령어 중 일부는 조직명이 일치하지 않는 경우가 있지만, 다음 3가지만 기억하면 됩니다.

새로운 명령어	기존 명령어
docker container ls	docker ps
docker image ls	docker images
docker image rm	docker rmi

6.4 컨테이너 삭제하기 container rm

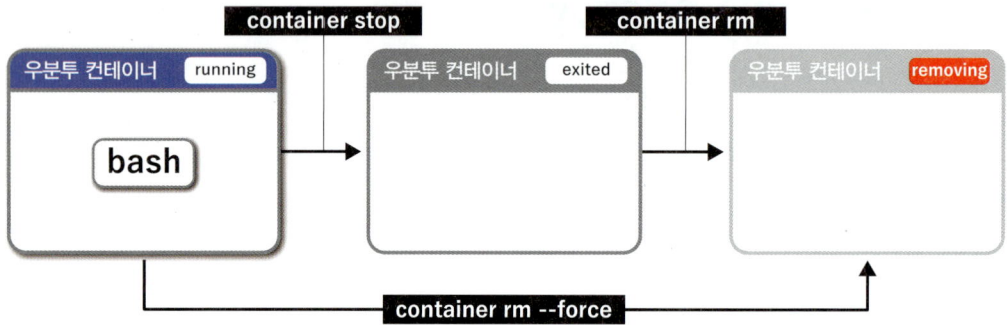

● 명령어 설명

컨테이너 삭제는 container rm을 사용합니다.

```
$ docker container rm [OPTIONS] CONTAINER [CONTAINER...]
```

이 장에서 다루는 [OPTIONS]는 다음과 같습니다. CONTAINER [CONTAINER...]는 container stop과 마찬가지로 하나 이상의 컨테이너를 지정한다는 의미입니다.

짧은 옵션	긴 옵션	의미	용도
-f	--force	가동 중인 컨테이너를 강제로 삭제합니다.	동시에 정지 및 삭제합니다.

● 정지 상태의 컨테이너 삭제하기

컨테이너를 정지해도 종료 상태로 계속 존재하는 것은 container ls로 확인했습니다. 이런 컨테이너를 삭제하려면 container rm을 사용합니다. container stop과 마찬가지로 container rm도 CONTAINER 매개변수에 컨테이너를 지정합니다. 종료 상태로 남은 HelloWorld 컨테이너와 우분투 컨테이너를 삭제합니다. 컨테이너가 2개이므로 하나는 컨테이너 ID 지정으로 삭제하고 다른 하나는 컨테이너명 지정으로 삭제해 봅시다.

터미널 6.4.1 컨테이너 정보를 확인해서 컨테이너 정지하기

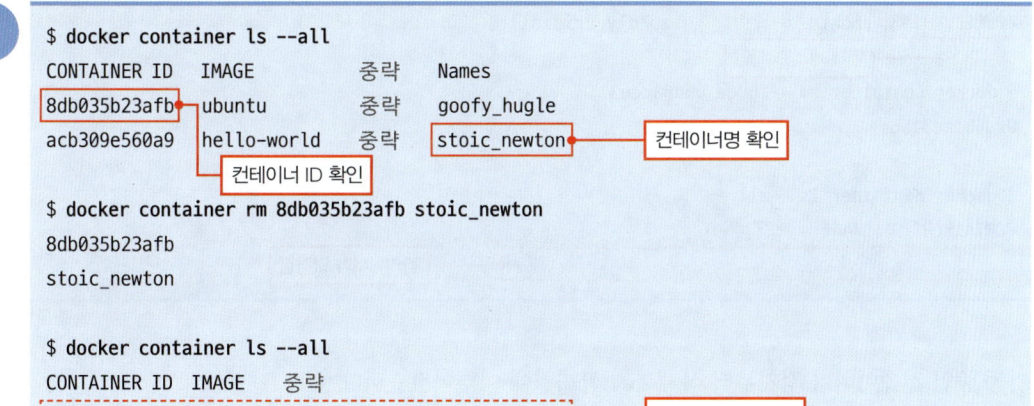

이렇게 해서 완전히 컨테이너 이용이 끝났습니다.

● 가동 중인 컨테이너 강제 삭제하기

그런데 컨테이너를 종료하면 어차피 지울 건데 컨테이너는 왜 이렇게 중간 과정(종료됨)을 거치는지 모르겠다는 분도 있을 것입니다. 실제로 필자는 종료됨 상태를 가동 중으로 돌려 본 적이 거의 없습니다. 다시 쓰고 싶어지면 그냥 컨테이너를 만들어도 충분하기 때문입니다. 이러한 사용 방식이라면 container stop + container rm에 해당하는 container rm --force를 기억하면 됩니다. 가동 중인 컨테이너를 한 번에 삭제할 수 있습니다.

실습을 위해 다시 우분투 컨테이너를 가동하고 해당 터미널을 그대로 열어 둡니다.

터미널 6.4.2 우분투 컨테이너 가동

```
$ docker run -it ubuntu bash
```

새로운 터미널을 열어서 컨테이너 ID를 확인하고 컨테이너를 강제 삭제합니다.

터미널 6.4.3 가동 중인 컨테이너 강제 삭제하기

```
$ docker container ls --all
CONTAINER ID   IMAGE    중략    Names
00d68cce3158   ubuntu   중략    wizardly_driscoll
         └─ 컨테이너 ID 확인

$ docker container rm --force 00d68cce3158
00d68cce3158

$ docker container ls --all
CONTAINER ID   IMAGE   중략
                                  ┄┄┄┄ 컨테이너가 없어짐
```

가동 중인 컨테이너가 정지부터 삭제까지 한꺼번에 이루어졌습니다.

COLUMN

새로운 명령어와 기존 명령어의 사용법 구분

이 책은 알아보기 쉽도록 모든 조작을 새로운 명령어 방식으로 통일했지만, container ls나 container rm --force를 매번 입력하려면 조금 번거롭습니다.

보통은 ps나 rm -f처럼 기존 명령어 + 짧은 옵션을 자주 사용합니다. 작업 절차서나 스크립트처럼 다른 사람도 봐야 한다면 새로운 명령어 + 긴 옵션으로 작성하고, 개인적인 용도라면 기존 명령어 + 짧은 옵션을 사용합니다.

7장

루비 컨테이너로 인라인 실행하기

이 장에서는 컨테이너에서 실행할 명령어를 지정하는 방법을 배웁니다. 컨테이너를 자유롭게 사용하는 첫걸음입니다. 또한 가동과 정지를 반복할 때 편리한 몇 가지 옵션도 소개합니다. 조금씩 컨테이너 조작법에 익숙해지기 바랍니다.

컨테이너 가동 시 임의의 처리 실행하기
container run [COMMAND]

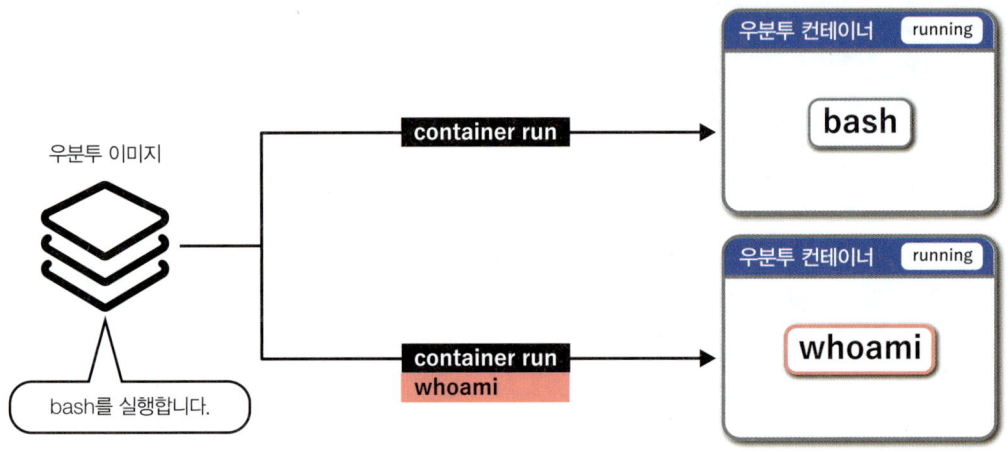

● **명령어 설명**

컨테이너에서 실행하고 싶은 명령어를 지정하려면 container run의 [COMMAND] [ARG...]를 지정합니다.

```
$ docker container run [OPTIONS] IMAGE [COMMAND] [ARG...]
```

[ARG...]는 임의의 매개변수를 지정할 수 있다는 의미이고 [COMMAND] [ARG...] 부분은 명령어 하나와 임의의 매개변수를 지정한다는 뜻입니다.

● 이미지에 따라 정해진 컨테이너 가동 시 명령어

container run의 [COMMAND]를 지정하지 않고 컨테이너를 가동하면 이미지에 따라 미리 정해진 명령어가 실행됩니다. 우분투 컨테이너는 bash로 정해져 있으므로 실제로는 6장에서 실행한 다음 명령어는 bash를 지정하지 않아도 똑같은 결과가 됩니다.

터미널 7.1.1 우분투 컨테이너 가동하기(bash 지정)

```
$ docker run -it ubuntu bash
```

터미널 7.1.2 우분투 컨테이너 가동하기(bash 미지정)

```
$ docker run -it ubuntu
```

Point 이미지에 따라 정해진 명령어를 확인하는 방법은 13장에서 설명합니다.

container run의 [COMMAND]를 지정하면 같은 우분투 이미지라도 다른 명령어를 실행하는 컨테이너를 가동할 수 있습니다.

6장의 우분투 컨테이너에서 실행한 whoami와 head 명령어를 컨테이너를 가동할 때 실행해 봅시다. IMAGE 매개변수 이후의 값은 첫 번째가 [COMMAND]로, 그 이후는 [ARG...]로 해석됩니다.

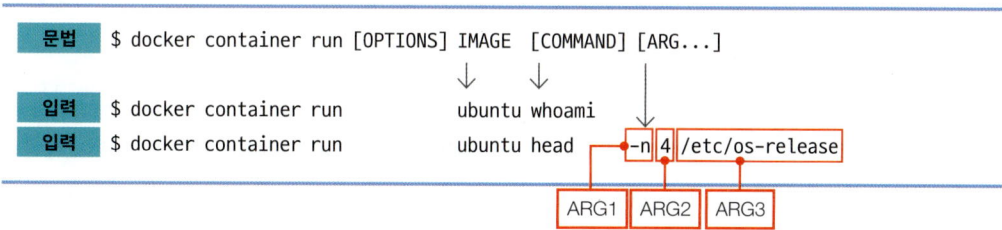

Point -it는 8장에서 설명합니다.

터미널 7.1.3 우분투 컨테이너에 명령어 지정해서 가동하기

```
$ docker container run ubuntu whoami
root
```

터미널 7.1.4 우분투 컨테이너에 명령어 지정해서 가동하기

```
$ docker container run ubuntu head -n 4 /etc/os-release
PRETTY_NAME="Ubuntu 22.04.3 LTS"
NAME="Ubuntu"
VERSION_ID="22.04"
VERSION="22.04.3 LTS (Jammy Jellyfish)"
```

우분투 컨테이너에서 원하는 처리가 실행되었습니다. 컨테이너 내부 조작과 마찬가지로 -n 이후의 옵션도 생각한 대로 동작했습니다.

● **루비 컨테이너로 인라인 실행하기**

bash를 실행할 수 있는 우분투 컨테이너인데 일부러 whoami 같은 명령어를 사용하는 것은 별 의미가 없지만, 같은 이미지라도 다른 일을 시킬 수 있다는 점은 무척 중요한 내용입니다. 예를 들어 루비 이미지는 irb 명령어를 실행합니다. irb 명령어는 루비의 대화형 환경 실행 명령어로 irb 환경에서 루비 코드를 입력하면 곧바로 코드를 실행한 결과를 표시합니다. 다른 언어에도 irb와 비슷한 명령어가 있습니다. 책에서는 이런 실행 환경을 대화형 셸이라고 부릅니다. 루비에는 irb 외에도 ruby 명령어가 있고 ruby main.rb처럼 지정해서 루비 스크립트 파일을 실행합니다. 또한 ruby 명령어는 파일을 실행하는 기능 이외에도 -e 옵션과 함께 텍스트를 지정하면 해당 텍스트를 루비 코드로 해석해서 실행하는 기능이 있습니다. ruby -e 'print 40 + 2'를 실행하면 42가 표시됩니다. 이렇게 텍스트를 직접 실행하는 방식을 인라인[inline] 실행이라고 부릅니다.

Point 대화형 셸을 조작하려면 [OPTIONS] 지정도 필요합니다. 이에 대한 자세한 내용은 8장에서 다룰 예정입니다. 루비 파일을 실행하려면 컨테이너 내부에 루비 파일이 필요하며, 관련 방법은 22장에서 설명합니다.

그러면 루비 이미지로 루비 인라인 실행을 실습해 봅시다. 루비 이미지는 ruby입니다. 이 이미지는 기본값이 irb 실행이므로 인라인 실행을 하려면 [COMMAND]에 ruby를 지정합니다. 인라인 실행하고 싶은 일과 내용을 ruby 명령어에 전달하도록 -e 'print 40 + 2'를 [COMMAND] 다음에 [ARG...]로 지정합니다.

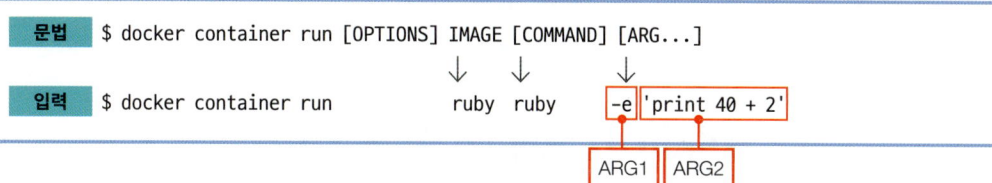

터미널 7.1.5 루비 컨테이너를 가동해서 루비를 인라인 실행하기

```
$ docker container run ruby ruby -e 'print 40 + 2'
42
```

호스트머신에 루비를 설치하지 않더라도 원하는 루비 코드를 실행할 수 있습니다. 조금씩 도커로 할 수 있는 일이 늘어나고 있습니다.

다음 장으로 넘어가기 전에 컨테이너를 편리하게 사용할 수 있는 2가지 옵션을 소개합니다.

7.2 컨테이너에 이름 붙이기
container run --name

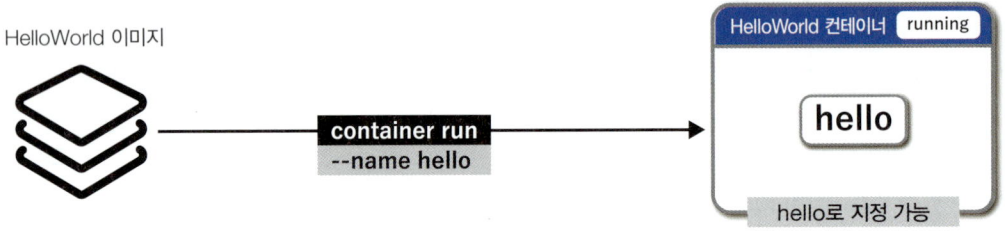

● 옵션 설명

이 장에서 다루는 container run의 [OPTIONS]은 다음과 같습니다.

짧은 옵션	긴 옵션	의미	용도
-	--name	컨테이너명을 지정합니다.	원하는 이름을 붙입니다.

● 컨테이너 이름을 직접 결정하기

컨테이너를 삭제하려면 컨테이너 ID 또는 컨테이너명을 지정하는데 무작위로 정해진 값이라 사용하기 전에 확인 작업이 필요합니다. 지금 상태로는 조금 쓰기 불편하니 컨테이너명을 직접 정해 봅니다. container run의 --name 옵션을 사용해서 HelloWorld 컨테이너에 hello라는 이름을 붙여 봅시다.

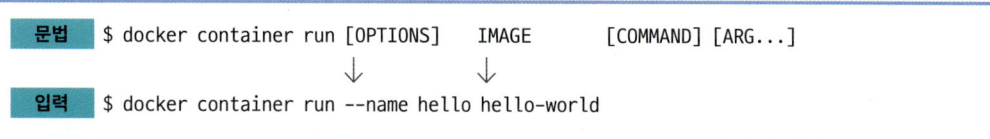

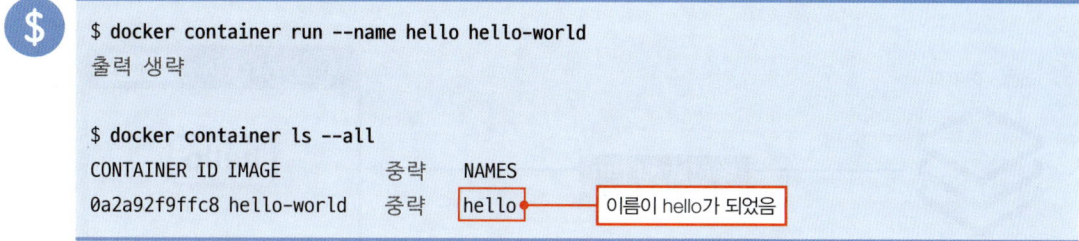

터미널 7.2.1 컨테이너명을 지정해서 컨테이너 가동하기

```
$ docker container run --name hello hello-world
출력 생략

$ docker container ls --all
CONTAINER ID  IMAGE           중략   NAMES
0a2a92f9ffc8  hello-world     중략   hello     이름이 hello가 되었음
```

컨테이너 목록을 확인해 보면 NAMES에서 hello를 확인할 수 있습니다.

이제 당연히 hello 컨테이너명을 사용해서 컨테이너를 삭제할 수 있습니다. --name 옵션을 지정하면 매번 무작위로 정해진 값을 확인하지 않아도 원하는 컨테이너를 쉽게 지정할 수 있습니다. 앞으로 책에서는 기본적으로 --name 옵션을 지정합니다.

터미널 7.2.2 컨테이너명을 사용해서 컨테이너 삭제하기

```
$ docker container rm hello
hello
```

7.3 컨테이너 정지 시 자동으로 삭제하기 container run --rm

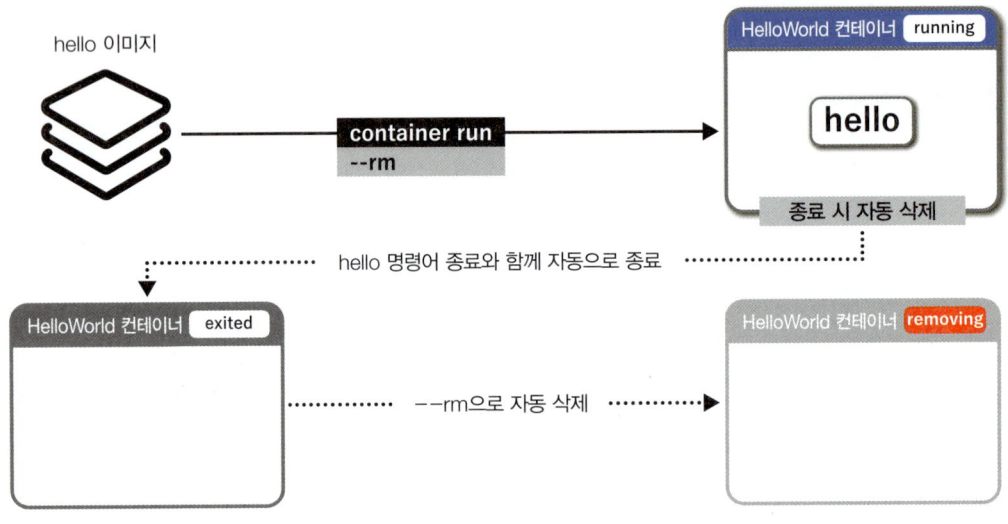

● 옵션 설명

이 장에서 다루는 container run의 [OPTIONS]는 다음과 같습니다.

짧은 옵션	긴 옵션	의미	용도
-	--rm	종료된 컨테이너를 자동으로 삭제합니다.	컨테이너를 남기지 않습니다.

● 컨테이너명 중복과 종료된 컨테이너의 자동 삭제

--name에 hello를 지정해서 HelloWorld 컨테이너를 가동하는 명령어를 두 번 반복해서 실행해 보면 오류가 발생할 것입니다.

터미널 7.3.1 컨테이너명을 지정해서 컨테이너 실행

```
$ docker container run --name hello hello-world
docker: Error response from daemon: Conflict.
The container name "/hello" is already in use by container
"0a2a92f9ffc806200e69a61983a1563f6c5b89753494ffaa7672a1a2ae8a7e10".
You have to remove (or rename) that container to be able to reuse that name.
See 'docker run --help'.
```

→ hello라는 컨테이너명은 이미 사용 중이라는 오류 메시지

두 번째 실행한 컨테이너 가동은 hello라는 컨테이너명은 이미 사용 중이라는 오류 메시지 표시와 함께 실패합니다. 첫 번째 실행한 hello 컨테이너는 hello 명령어 종료와 함께 자동으로 종료됐지만 아직 삭제되지 않았습니다. 이러한 hello 컨테이너를 아직 사용할 가능성이 있으므로 도커는 새로운 hello라는 이름의 컨테이너를 만들 수 없다고 알립니다. 따라서 재사용할 생각이 없는 컨테이너는 그대로 두면 방해가 되므로 `container run`의 --rm 옵션으로 종료된 컨테이너를 자동으로 삭제하게 만듭니다. hello 컨테이너는 일단 그대로 두고 새로운 컨테이너를 가동합니다. 컨테이너명은 hello2로 하고 --rm 옵션을 지정합니다.

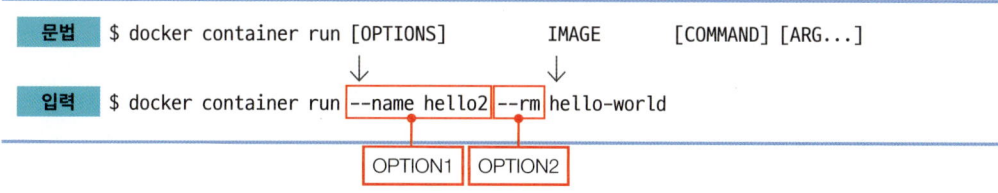

터미널 7.3.2 컨테이너명과 자동 삭제를 지정해서 컨테이너 가동하기

```
$ docker container run --name hello2 --rm hello-world
출력 생략
```

HelloWorld 이미지에서 실행하는 hello 명령어는 ls와 마찬가지로 텍스트를 출력하고 종료합니다. 컨테이너 PID1이 종료했으므로 컨테이너는 종료됨 상태입니다. 그리고 --rm 옵션이 있으

므로 container rm을 하지 않아도 자동으로 컨테이너가 삭제됩니다.

container ls --all을 실행해도 hello2는 존재하지 않고 [터미널 7.3.2] 명령어는 몇 번이고 반복해서 실행할 수 있습니다. --name 옵션을 지정한다면 --rm 옵션도 같이 사용하면 좋습니다. 앞으로 책에서는 기본적으로 --rm 옵션도 지정합니다.

Point hello 컨테이너가 아직 남아 있으므로 container rm hello로 청소합시다.

8장

파이썬 대화형 셸을 가동해서 컨테이너와 소통하기

이 장에서는 컨테이너를 대화형 모드로 조작하는 방법을 배웁니다. 컨테이너를 대화형 모드로 조작할 수 있으면 간단히 bash를 실행해서 컨테이너 내부를 알아보거나 프로그래밍 언어 실행 환경을 준비할 수 있습니다.

8.1

컨테이너를 대화형 모드로 조작하기
container run --interactive --tty

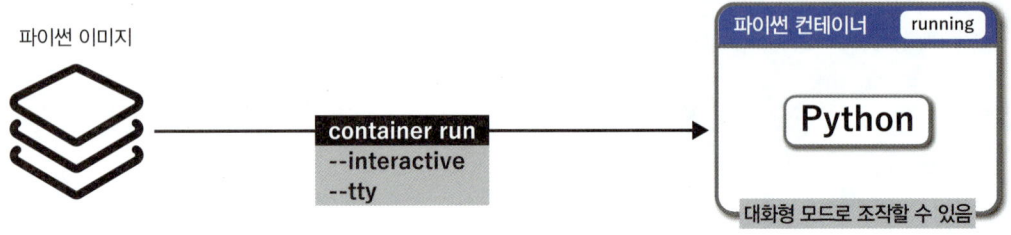

● 옵션 설명

이 장에서 다루는 container run의 [OPTIONS]는 다음과 같습니다.

짧은 옵션	긴 옵션	의미	용도
-i	--interactive	컨테이너 표준 입력에 연결합니다.	컨테이너를 대화형 모드로 조작합니다.
-t	--tty	유사 터미널을 배정합니다.	컨테이너를 대화형 모드로 조작합니다.

● 컨테이너와 소통하기

지금까지 실행한 HelloWorld 컨테이너나 루비를 인라인 실행(ruby -e)한 루비 컨테이너는 컨테이너에서 어떤 값이 즉시 출력됐습니다. 하지만 bash나 루비 대화형 셸(irb)처럼 입력을 기다렸다가 어떤 내용을 입력하면 결과를 출력하는 대화형 조작을 컨테이너에서 하고 싶을 때도 있습니다.

컨테이너를 대화형 모드로 조작하려고 사용하는 container run 옵션이 --interactive와 --tty

입니다. --interactive 옵션은 컨테이너에 키보드로 문자를 입력하려면 필요합니다. 지정하지 않으면 ls 명령어 등을 컨테이너에 전할 수 없습니다. --tty 옵션은 컨테이너를 터미널에서 조작하려면 필요합니다. 지정하지 않으면 프롬프트의 # 등이 표시되지 않고 Ctrl + C, 커서 키 등도 제대로 작동하지 않습니다. 대화형 모드로 조작하려면 --interactive와 --tty를 함께 사용합니다. 파이썬 이미지에서 파이썬 대화형 셸을 컨테이너로 실행해 봅시다. 파이썬 이미지는 python입니다. 실행하려는 명령어는 python3입니다. [COMMAND]에 지정하고, 컨테이너를 자동 삭제하는 --rm 옵션과 대화형 조작 관련 --interactive와 --tty 옵션을 지정합니다.

명령어를 정리했으면 컨테이너를 가동합니다. 가동에 성공했으면 프롬프트가 >>>로 표시되고 파이썬 코드를 입력해서 Enter 키를 누르면 파이썬을 실행할 수 있습니다.

대화형 셸을 종료하려면 exit()를 실행합니다.

터미널 8.1.1 파이썬 컨테이너로 파이썬 대화형 셸 가동하기

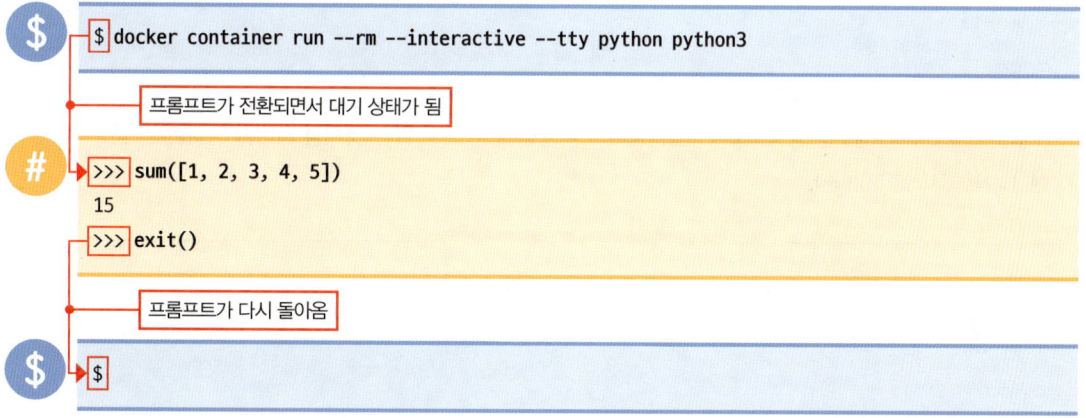

파이썬을 호스트머신에 설치하지 않아도 자유롭게 대화형 모드로 조작할 수 있습니다.

COLUMN

짧은 옵션과 긴 옵션

`--interactive`처럼 하이픈 2개와 여러 문자로 구성된 형식을 긴 옵션 long option 이라고 부릅니다. 한편, `-i`처럼 하이픈 하나와 단어 하나로 구성된 형식을 짧은 옵션 short option 이라고 합니다.

긴 옵션은 의미가 명확하다는 장점이 있고, 짧은 옵션은 여러 옵션을 합쳐서 지정할 수 있다는 장점이 있습니다. 그리고 옵션에는 정해진 순서가 없으므로 다음의 옵션 지정은 모두 같은 결과가 됩니다.

- `--interactive --tty`
- `-t -i`
- `--tty --interactive`
- `-it`
- `-i -t`
- `-ti`

이제 `docker run -it ubuntu` 의미도 이해할 수 있게 되었습니다.

6장의 COLUMN '새로운 명령어와 기존 명령어의 사용법 구분'에서 말한 것처럼 의미가 명확한 긴 옵션을 사용해서 설명합니다.

COLUMN

참조 문서를 확인하자#2 - 도커 문서의 명령어 참조

도커 문서의 도커 CLI 참조 페이지를 보면 도커 명령어 목록을 확인할 수 있습니다.

화면 8.1.1 명령어 목록(https://docs.docker.com/reference/cli/docker)

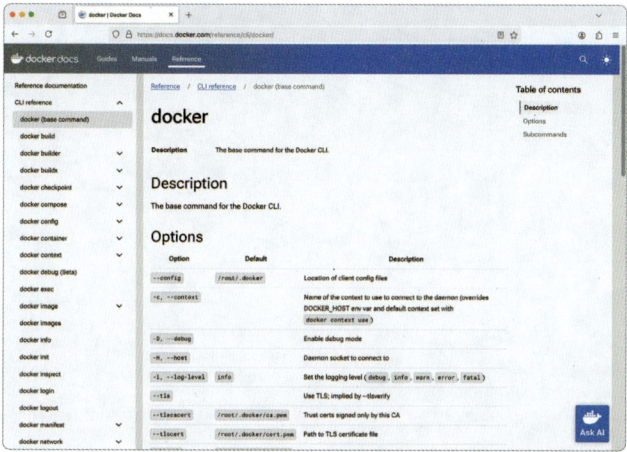

각 명령어의 상세 페이지에서는 옵션 외에도 자세한 설명과 실행 예를 확인할 수 있습니다. 예를 들어 docker rm 페이지는 종료된 컨테이너를 전부 삭제하는 한 줄 명령어One-liners 등이 있어서 재미있게 읽을 수 있습니다.

화면 8.1.2 명령어 상세 페이지(https://docs.docker.com/reference/cli/docker/container/rm/)

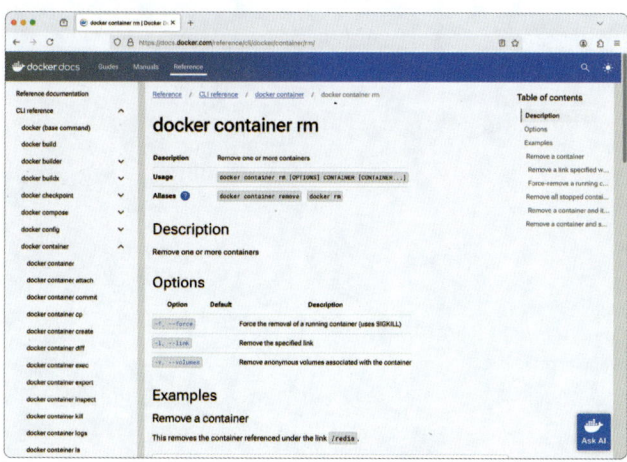

9장

Nginx 서버를 가동해서
브라우저에서 접속하기

이 장에서는 컨테이너로 가동한 서버에 호스트머신에서 접속하는 방법을 배웁니다. 컨테이너에 호스트머신에서 접속할 수 있으면 브라우저나 프로그램 등 평소에 사용하는 도구에서도 컨테이너를 이용할 수 있습니다.

9.1

컨테이너 포트 공개하기
container run --publish

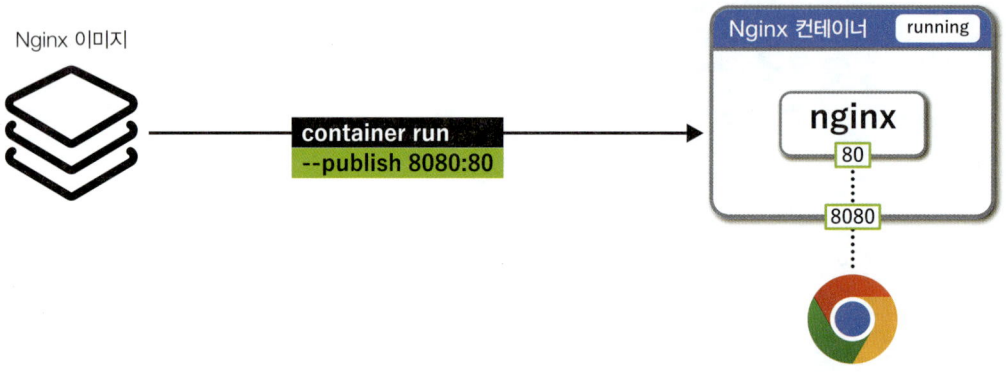

● 옵션 설명

이 장에서 다루는 `container run`의 [OPTIONS]는 다음과 같습니다.

짧은 옵션	긴 옵션	의미	용도
-p	--publish	컨테이너 포트를 호스트머신에 공개합니다.	컨테이너 내부 프로세스에 접속합니다.

● Nginx 컨테이너를 가동해서 포트 공개하기

기본적으로 컨테이너는 호스트머신과 격리된 환경이므로 호스트머신에서 컨테이너 내부 프로세스에 접근할 수 없습니다. 하지만 그렇다면 웹시스템을 개발할 때 호스트머신의 브라우저에서 컨테이너 내부에서 실행 중인 서버를 작동하는지 확인할 수 없습니다. 따라서 해결책으로 컨테이너는 --publish 옵션으로 임의의 포트를 호스트머신의 포트에 매핑mapping해서 공개할 수 있습니다.

Nginx 이미지 nginx를 사용해서 Nginx 서버를 가동하고 브라우저에서 접속해 봅시다. --pub lish는 **호스트머신의 포트 번호:컨테이너의 포트 번호** 형식으로 지정합니다. 컨테이너 내부의 포트 번호는 접속하고 싶은 Nginx 서버의 포트 번호가 됩니다. Nginx 서버는 따로 지정하지 않으면 80번 포트를 사용하므로 80이 됩니다. 호스트머신의 포트 번호는 직접 정합니다. 이번에는 8080번을 사용해 봅시다. 컨테이너와 호스트머신에서 포트 번호가 같으면 명령어를 정리할 때 혼란스러울 수 있으므로 서로 다른 포트 번호로 매핑했습니다. 반드시 8080번을 써야 하는 것은 아니므로 만약 8080번을 쓸 수 없다면 1080번이나 8081번 등 다른 포트 번호를 사용합시다. 이 장에서는 포트 지정 옵션이 --publish 8080:80이라고 가정합니다.

터미널 9.1.1 컨테이너를 가동해서 80 포트를 호스트머신의 8080번 포트에 매핑하기

```
$ docker container run --rm --publish 8080:80 nginx
중략
2024/07/16 23:18:25 [notice] 1#1: start worker processes    ← 이렇게 출력되는지 확인
```

터미널에 start worker processes라고 출력되면 Nginx 서버가 가동된 것입니다. 브라우저에서 *http://localhost:8080*에 접속하면 Welcome to nginx! 화면이 뜰 것입니다.

화면 9.1.1 브라우저에서 Nginx 접속하기

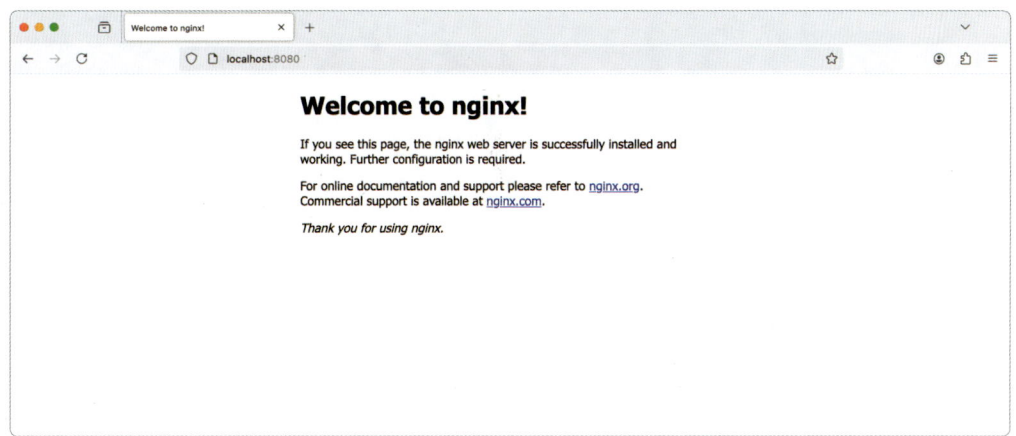

● 가동 중인 컨테이너 포트 정보 확인하기

가동 중인 컨테이너가 어떤 포트를 공개했는지 확인하거나 포트 매핑 정보를 확인하고 싶을 때 container ls로 확인할 수 있습니다. Nginx 컨테이너를 가동한 상태로 컨테이너 목록을 확인해 봅시다.

터미널 9.1.2 컨테이너 목록 확인하기

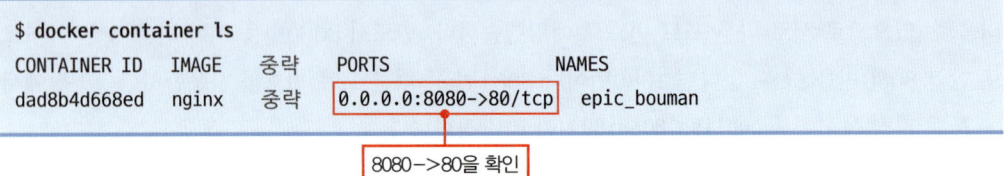

8080->80을 확인할 수 있습니다. 확인이 끝났으면 Nginx 컨테이너를 Ctrl + C로 정지합니다.

10장

MySQL 서버를 백그라운드로 가동하기

이 장에서는 컨테이너 가동 옵션을 추가로 몇 가지 더 배웁니다. 환경 변수를 지정하면 컨테이너에 매개변수를 넘길 수 있어서 용도에 맞게 유연히 컨테이너를 가동할 수 있습니다. 백그라운드로 컨테이너를 가동하면 컨테이너를 가동할 때마다 터미널을 열지 않아도 됩니다.

컨테이너 환경 변수 설정하기
container run --env

● 옵션 설명

이 장에서 다루는 container run의 [OPTIONS]는 다음과 같습니다.

짧은 옵션	긴 옵션	의미	용도
-e	--env	컨테이너 환경 변수를 설정합니다.	가동할 컨테이너에 매개변수를 전달합니다.

● MySQL 서버 가동하기

데이터베이스 서버는 개발 환경을 구축할 때 자주 컨테이너로 만드는 대상입니다. 이 장에서는 MySQL 서버를 컨테이너로 가동해 봅시다. container run에 지정하는 내용을 정리했습니다.

지정	보충 설명
--name db	컨테이너명을 db로 지정합니다.
--rm	컨테이너 정지 시 자동으로 삭제합니다.
mysql	MySQL 이미지

준비한 명령어로 실행해 보면 오류가 발생합니다.

터미널 10.1.1 MySQL 컨테이너 가동하기(실패)

```
$ docker container run --name db --rm mysql
중략
    You need to specify one of the following as an environment variable:
    - MYSQL_ROOT_PASSWORD
    - MYSQL_ALLOW_EMPTY_PASSWORD
    - MYSQL_RANDOM_ROOT_PASSWORD
```

다음 환경 변수 중 하나를 지정하라는 의미

다음 환경 변수 중 하나를 지정하라는 오류 메시지가 출력됩니다.

> **Point** 환경 변수는 OS 기능 중 하나로, 다양한 프로세스에서 참조할 수 있는 공통 변수입니다. 프로세스는 환경 변수에서 데이터를 취득하거나 값에 따라 동작을 변경할 수 있습니다.

컨테이너는 환경 변수를 지정할 수 있으며, MySQL과 같은 일부 이미지는 컨테이너 실행 시의 동작을 환경 변수로 제어할 수 있습니다. 어떤 환경 변수를 지정할 수 있는지는 이미지에 따라 달라서 따로 확인합니다. MySQL 이미지는 오류 메시지에서 제시하는 3가지 종류 환경 변수 중에 하나를 골라 지정합니다.

환경 변수명을 보면 알 수 있겠지만 3가지 종류 환경 변수는 각각 루트 사용자의 암호를 지정, 루트 사용자 암호 없음, 루트 사용자 암호가 무작위를 의미합니다. 이번에는 루트 사용자 암호를 지정하는 방식을 선택해 봅시다. container run으로 환경 변수를 지정하려면 --env 옵션 뒤에 변수명=값 형식으로 변수를 지정합니다. container run에 지정할 내용을 다시 정리해 봅시다. 그런데 컨테이너 포트를 공개하지 않으면 호스트머신에서 컨테이너에 접속할 수 없습니다. MySQL 컨테이너를 가동하더라도 외부에서 접속할 수 없다면 의미가 없으므로 --publish 옵션도 지정해 봅시다.

지정	보충 설명
--name db	컨테이너명을 db로 지정합니다.
--rm	컨테이너 정지 시 자동으로 삭제합니다.
--env MYSQL_ROOT_PASSWORD=secret	변수명은 오류 메시지에서 제시한 방법 중에서 사용하고, 값은 임의로 secret을 지정합니다.

지정	보충 설명
--publish 3306:3306	MySQL 서버는 3306번 포트를 사용합니다. 호스트머신도 같은 포트 번호를 매핑합니다.
mysql	MySQL 이미지

다시 컨테이너를 가동해 봅시다. 명령어가 상당히 길어졌으므로 요소별로 백슬래시(\)로 줄바꿈합니다.

> **Point** 책에서는 보기 편하도록 \ 위치를 맞췄지만 실행할 때 이렇게 맞추지 않아도 됩니다. 줄바꿈 없이 전부 한 줄로 입력해도 됩니다. 윈도우의 파워셸을 사용하는 분이라면 백슬래시(\) 대신에 백쿼터(`)를 사용합니다.

터미널 10.1.2 MySQL 컨테이너 가동하기

```
$ docker container run              \
  --name db                         \
  --rm                              \
  --env MYSQL_ROOT_PASSWORD=secret  \
  --publish 3306:3306               \
  mysql
중략
2024-07-17T00:41:20.030921Z 0 [System] [MY-015015] [Server] MySQL Server - start.
중략
```

출력 내용 확인

MySQL Server - start.가 표시되면 MySQL 서버 실행 성공입니다. container run을 실행한 터미널은 MySQL 서버 가동 중에는 조작할 수 없으므로 새로운 터미널을 열어서 다음에 설명하는 조작을 실행합니다.

● MySQL 서버에 접속하기

호스트머신에서 MySQL CLI 클라이언트로 컨테이너의 MySQL 서버에 접속해 봅시다.

> **Point** 만약 호스트머신에 mysql 명령어가 설치되어 있지 않다면 앞으로 계속해서 사용하므로 설치하기 바랍니다. mysql 명령어를 윈도우 파워셸에서 사용하는 방법, 윈도우 WSL 2 우분투에서 사용하는 방법과 맥OS에서 사용하는 방법을 간단히 소개합니다. 어떤 특정한 버전을 설치하려면 개별적으로

대응하기 바랍니다.

윈도우를 사용하는 분이라면 MySQL 사이트(*https://dev.mysql.com/downloads/mysql/*)에서 설치 파일을 다운로드합니다. 등록하라는 화면이 뜨더라도 **[No thanks, just start my download.]**를 선택하면 등록하지 않아도 다운로드할 수 있습니다.[1]

터미널 10.1.3 파워셸에서 설치 상태 확인하기

```
$ PS C:\Users\docker> mysql --version
C:\Program Files\MySQL\MySQL Server 8.2\bin\mysql.exe
Ver 8.2.0 for Win64 on x86_64 (MySQL Community Server - GPL)
```

만약 mysql 명령어를 발견하지 못했다는 오류가 발생하면 [터미널 10.1.3] 결과를 참고해서 경로 설정을 확인하기 바랍니다.

윈도우 WSL 2에서 우분투를 이용하시는 분은 apt 명령어로 설치할 수 있습니다.

터미널 10.1.4 WSL 2 우분투에서 MySQL CLI 클라이언트 설치하기

```
$ apt update
$ apt install -y mysql-client
$ mysql --version
mysql Ver 8.0.35-0ubuntu0.20.04.1 for Linux on x86_64 ((Ubuntu))
```

맥OS는 brew 명령어[2]로 설치할 수 있습니다.

터미널 10.1.5 맥OS에서 MySQL CLI 클라이언트 설치하기

```
$ brew install mysql-client
$ mysql --version
mysql Ver 8.1.0 for macos13.3 on arm64 (Homebrew)
```

---

1 역자주_ 책에서 사용하는 버전과 다르더라도 실습 당시 최신 버전을 선택해서 설치하면 문제없습니다.
2 역자주_ 맥OS에서 각종 프로그램을 손쉽게 설치, 관리할 수 있는 패키지 관리 애플리케이션입니다. *https://brew.sh/ko/*

mysql 명령어로 접속하려면 다음 정보가 필요합니다. 옵션을 정리해서 명령어를 만들어 봅시다.

지정	보충 설명
--host=127.0.0.1	로컬 서버를 지정합니다.
--port=3306	--publish 3306:3306으로 정한 호스트머신 쪽의 포트 번호 3306번은 MySQL 서버의 기본 포트이므로 생략 가능합니다.
--user=root	루트 사용자 외에는 작성하지 않았으므로 root를 지정합니다.
--password=secret	--env MYSQL_ROOT_PASSWORD=secret에서 정한 값입니다.

터미널 10.1.6 MySQL 컨테이너의 MySQL 서버에 접속하기

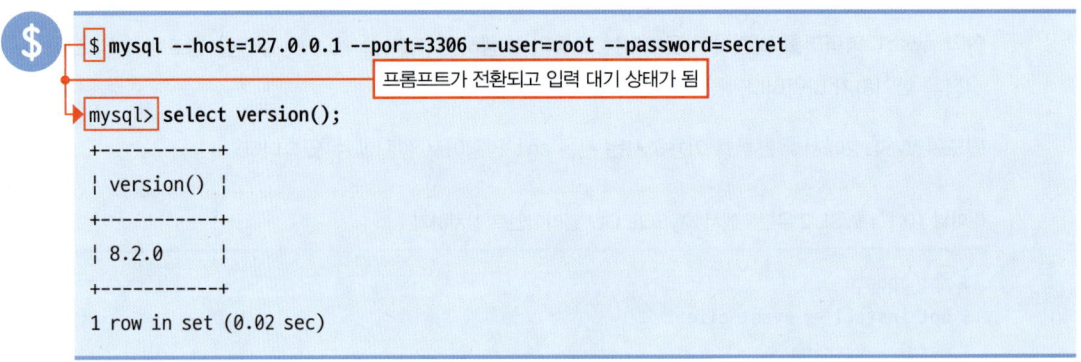

```
$ mysql --host=127.0.0.1 --port=3306 --user=root --password=secret
                           프롬프트가 전환되고 입력 대기 상태가 됨
mysql> select version();
+-----------+
| version() |
+-----------+
| 8.2.0     |
+-----------+
1 row in set (0.02 sec)
```

컨테이너의 MySQL 서버에 접속해서 쿼리를 실행할 수 있었습니다. MySQL 서버를 막 가동했으므로 테이블뿐만 아니라 데이터베이스나 사용자도 존재하지 않아서 버전 정보를 확인하는 정도밖에 할 일이 없습니다.

가동되는 것을 확인했으므로 MySQL 서버를 일단 정지합니다. --name 설정이 있으므로 db로 컨테이너를 지정할 수 있습니다.

터미널 10.1.7 MySQL 컨테이너 정지하기

```
$ docker container stop db
```

● MySQL 서버를 가동해서 사용자와 데이터베이스 작성하기

그저 MySQL 서버를 실행하기만 해서는 도움도 안 되고 재미도 없겠지요? MySQL 이미지는 지정한 환경 변수에 따라 다양한 설정을 할 수 있습니다. 이 기능을 이용해서 컨테이너 가동 시 사용자와 데이터베이스가 작성되도록 지정해 봅시다.

컨테이너 가동 시에 지정하는 환경 변수는 앞에서 사용한 MYSQL_ROOT_PASSWORD를 포함한 총 4가지입니다. 어떤 값을 지정할지 직접 정할 수 있습니다. 이 MySQL 컨테이너는 이 장에서 설명 용도로만 사용하므로 적당히 값을 지정해 봅시다.

변수명	용도	값
MYSQL_ROOT_PASSWORD	루트 사용자의 암호	secret
MYSQL_USER	지정한 사용자를 작성합니다.	app
MYSQL_PASSWORD	작성한 사용자의 암호	pass1234
MYSQL_DATABASE	지정한 데이터베이스를 작성합니다.	sample

여러 환경 변수를 지정한다면 --env를 반복해서 지정합니다. 명령어가 상당히 길어졌지만 앞에서 사용한 명령어에 환경 변수 3가지를 추가해서 다시 한번 가동해 봅시다.

터미널 10.1.8 MySQL 컨테이너 가동하기

```
$ docker container run                        \
  --name db                                   \
  --rm                                        \
  --env MYSQL_ROOT_PASSWORD=secret            \
  --env MYSQL_USER=app                        \
  --env MYSQL_PASSWORD=pass1234               \
  --env MYSQL_DATABASE=sample                 \
  --publish 3306:3306                         \
  mysql
중략
2024-07-17T00:52:40.030921Z 0 [System] [MY-015015] [Server] MySQL Server - start.
중략
```

다시 정리한 mysql 접속 정보로 명령어를 만들어서 MySQL 서버에 접속해 봅시다.

지정	보충 설명
--host=127.0.0.1	앞 예제와 같습니다.
--port=3306	앞 예제와 같습니다.
--user=app	--env MYSQL_USER=app에서 정한 값입니다.
--password=pass1234	--env MYSQL_PASSWORD=pass1234에서 정한 값입니다.
sample	--env MYSQL_DATABASE=sample에서 정한 값입니다.

터미널 10.1.9 MySQL 컨테이너의 MySQL 서버에 접속하기

```
$ mysql --host=127.0.0.1 --port=3306 --user=app --password=pass1234 sample

mysql> select current_user();
+----------------+
| current_user() |
+----------------+
| app@%          |
+----------------+
1 row in set (0.01 sec)
```

app 사용자로 접속되었습니다. 환경 변수를 지정하니 MySQL 컨테이너에 지시를 전달할 수 있습니다.

Point 컨테이너를 가동할 때 테이블도 작성하는 방법은 26장에서 설명합니다.

접속을 확인했으므로 이 컨테이너도 정지합시다.

터미널 10.1.10 MySQL 컨테이너 정지하기

```
$ docker container stop db
```

컨테이너를 백그라운드로 실행하기
container run --detach

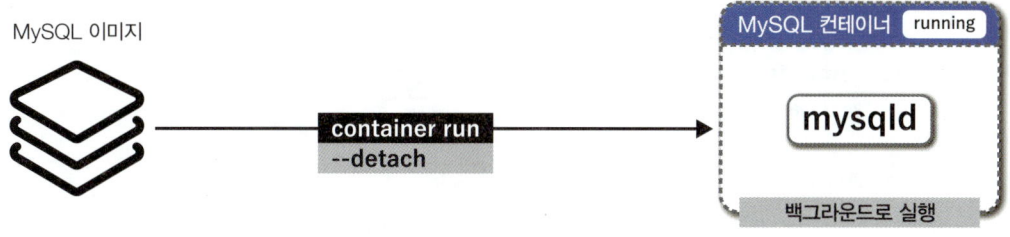

● **옵션 설명**

이 장에서 다루는 container run의 [OPTIONS]는 다음과 같습니다.

짧은 옵션	긴 옵션	의미	용도
-d	--detach	표준 입출력을 분리합니다.	백그라운드에서 실행합니다.

● **컨테이너를 가동할 때마다 터미널을 바꾸지 않는 방법**

우분투 컨테이너에서 실행한 bash 명령어나 파이썬 컨테이너에서 실행한 대화형 셸과 다르게, Nginx 컨테이너나 MySQL 컨테이너는 가동하면 터미널에서 더 이상 조작하지 않습니다. 이렇게 조작할 필요 없이 가동되면 끝인 컨테이너는 container run의 --detach 옵션으로 백그라운드에서 실행하면 편리합니다.

방금 실행한 [터미널 10.1.8] 명령어에 --detach를 추가해서 실행해 봅시다.

터미널 10.2.1 MySQL 컨테이너 가동하기(--detach 추가)

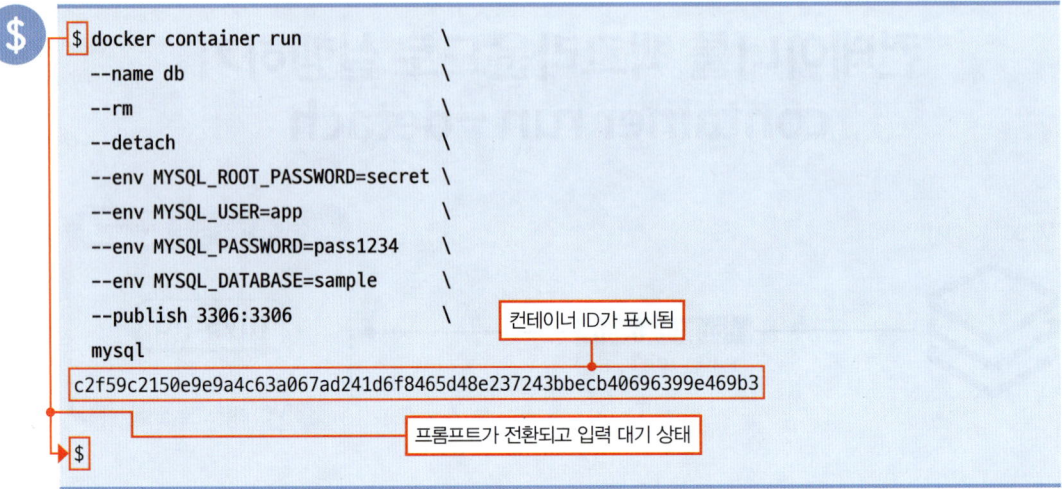

--detach 옵션을 지정하면 컨테이너는 백그라운드로 실행되고 호스트머신의 터미널에는 가동한 컨테이너 ID가 표시됩니다. --detach 옵션 덕분에 MySQL 서버의 출력 내용만 보면서 터미널을 조작할 수 없는 상황을 피할 수 있습니다.

> **Point** 백그라운드로 실행 중인 컨테이너 출력을 확인하는 방법은 11장에서 설명합니다.

--detach 옵션을 활용하면 새로운 터미널을 열지 않아도 컨테이너를 가동하면서 mysql 명령어로 접속하거나 container stop으로 정지할 수 있습니다. 다만, 컨테이너 ID만 출력되므로 컨테이너 가동 실패 여부를 알 수 없다는 문제가 있습니다. 필자는 --detach를 제외한 나머지 옵션이 정상 적으로 동작하는 것을 확인한 후에 --detach 옵션을 붙여서 실행하는 편입니다.

백그라운드 가동을 확인했으므로 이제 컨테이너를 정지합니다. 컨테이너 정지나 --rm 옵션으로 자동 삭제는 --detach 옵션을 지정해도 변함없습니다.

터미널 10.2.2 MySQL 컨테이너 정지하기

```
$ docker container stop db
```

COLUMN

터미널 조작 가능 여부로 가동 성공 여부를 판단하지 않기

container run 실행 후 터미널 조작 여부나 container ls로 컨테이너 존재 여부로 컨테이너가 정상인지 판단하는 것은 틀린 방법으로, 도커를 잘못 이해하는 원인입니다. 컨테이너와 PID1 관계에 주목하면 올바른 확인 방법을 알 수 있습니다.

지금까지의 경우를 복습해 봅시다. 다음 조작은 모두 container run의 올바른 사용법이며 컨테이너 가동에도 성공합니다.

조작(주요 부분)	PID1	실행 직후의 터미널	container ls
run -it ubuntu bash	실행 중	컨테이너의 bash를 조작	표시됨
run ubuntu whoami	즉시 종료됨	호스트머신 조작 가능	표시되지 않음
run nginx	실행 중	Nginx 출력이 계속됨	표시됨
run --detach nginx	실행 중	호스트머신 조작 가능	표시됨

같은 우분투 이미지라도 대화형 모드의 bash 명령어와 즉시 종료하는 whoami 명령어는 실행 직후 상태가 다릅니다. whoami 명령어를 실행한 컨테이너는 정상 가동 및 종료하면 container ls를 실행해도 표시되지 않습니다. container ls --all로 종료된 컨테이너를 확인해도 --rm 옵션(자동 삭제)이 있다면 여전히 확인할 수 없습니다. 같은 Nginx 이미지라도 역시 --detach 유무에 따라 터미널 상태가 다릅니다. 따라서 컨테이너를 가동 후 바로 container ls로 확인하거나, Nginx 컨테이너 가동 후 터미널 출력을 확인하는 것은 올바른 방법이 아닙니다.

오류가 발생하는 경우를 정리해 봅시다. MySQL 이미지에 환경 변수를 지정하지 않으면 이 장에서 확인한 것처럼 컨테이너 가동에 실패합니다.

조작(주요 부분)	PID1	실행 직후의 터미널	container ls
run mysql	생성 실패	오류 표시	확인되지 않음
run --detach mysql	생성 실패	정상 상태와 마찬가지로 컨테이너 ID만 표시	확인되지 않음

--detach 옵션을 사용하면 터미널에서 오류 출력 확인이 안되므로, 컨테이너 가동 상태를 대충 보지 말고 PID1에 주목해서 컨테이너가 어떤 상태인지 어떤지 잘 생각해야 합니다.

만약 혼란스럽다면 --rm이나 --detach 옵션을 제외하거나 container ls --all을 계속 실행해 보면서 천천히 컨테이너 상태를 정리해 보기 바랍니다.

11장

PostgreSQL 서버를 가동해서 이것저것 확인해 보기

이 장에서는 컨테이너를 대상으로 명령어를 설명합니다. container logs를 사용하면 백그라운드로 실행한 컨테이너의 오류 메시지를 확인할 수 있습니다. container exec는 container run 만큼이나 자주 사용하는 중요 명령어로, 컨테이너에서 원하는 명령어를 실행할 수 있습니다.

컨테이너 출력 확인하기
container logs

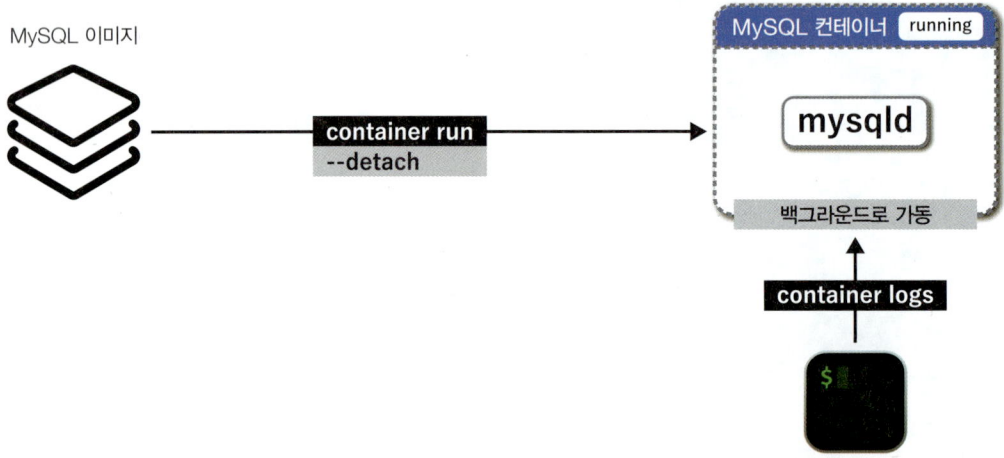

● **명령어 설명**

컨테이너 출력 확인은 container logs로 합니다.

```
$ docker container logs [OPTIONS] CONTAINER
```

이 장에서 다루는 [OPTIONS]는 다음과 같습니다.

짧은 옵션	긴 옵션	의미	용도
-f	--follow	파일 마지막 부분을 실시간으로 표시합니다.	로그를 계속 확인합니다.

● 백그라운드로 가동한 컨테이너 출력 확인하기

10장에서 배운 컨테이너 백그라운드 실행은 컨테이너 출력을 확인할 수 없는 문제가 있습니다. 백그라운드 실행과 에러 발생이 겹쳤을 때 어떻게 해야 하는지 고의로 오류를 발생시켜서 배워 봅시다. 우선 백그라운드로 컨테이너를 가동합니다. Nginx 서버나 MySQL 서버는 이미 실행하는 방법을 알고 있으니 이번에는 PostgreSQL 서버를 가동해 봅시다.

가동 명령어를 정리해 봅니다.

지정	보충 설명
--name db	컨테이너명을 db로 지정합니다.
--rm	컨테이너 정지 시 자동으로 삭제합니다.
--detach	백그라운드로 가동합니다.
--publish 5432:5432	PostgreSQL 서버는 5432번 포트로 가동합니다. 호스트머신 쪽도 같은 번호에 매핑합니다.
postgres	PostgreSQL 이미지

처음 실행할 때는 --rm과 --detach 지정 없이 컨테이너가 문제없이 가동하는지 직접 확인하는 것이 좋겠지만, 기존에 입력한 명령어 이력을 재사용해서 일부만 수정하다 보면 발생하기 쉬운 실수입니다.

터미널 11.1.1 PostgreSQL 컨테이너를 백그라운드로 가동하기(실패)

```
$ docker container run \
  --name db          \
  --rm               \
  --detach           \
  --publish 5432:5432 \
  postgres
7489f262a29a960428a2e104eea87b9fc4e6ae48916049445e02680f064f196d

$
```

10장의 MySQL 컨테이너 가동에 실패했던 경험을 생각하면 어느 정도 예상할 수 있겠지만, 이 명령은 PostgreSQL 컨테이너 가동에 실패합니다. PostgreSQL 이미지도 반드시 필요한 환경 변수가 있습니다. 하지만 --detach 옵션 때문에 컨테이너 출력을 터미널에서 확인할 수 없고 --rm 옵션으로 컨테이너는 자동 삭제되므로 정보가 남지 않아서 오류 내용을 확인할 방법이 없습니다. 익숙하지 않은 이미지를 사용한다면 처음에는 --detach 옵션과 --rm 옵션을 동시에 지정하지 않도록 주의합시다.

컨테이너가 사라지면 아무것도 확인할 수 없으므로 --rm 옵션을 지우고 다시 가동해 봅시다.

터미널 11.1.2 PostgreSQL 컨테이너를 백그라운드로 가동하기(--rm 삭제)

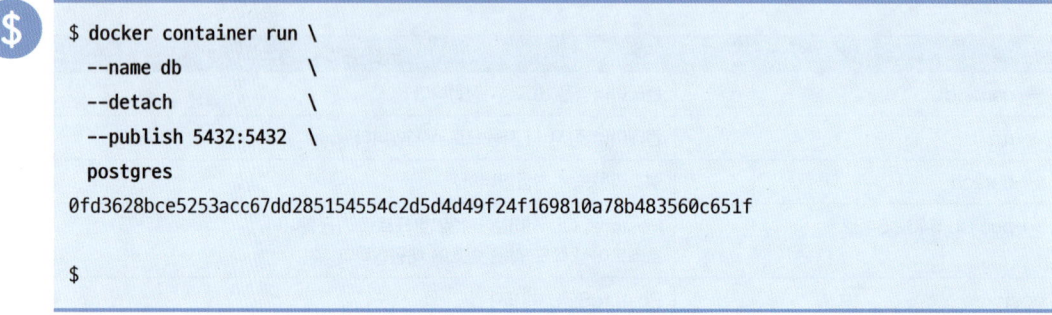

--rm 옵션이 없으면 컨테이너는 종료됨 상태로 남습니다. 이 컨테이너의 출력을 container logs 로 확인해 봅시다. CONTAINER 매개변수에 컨테이너를 지정합니다. --name 옵션으로 이름을 붙였으므로 db를 지정할 수 있습니다.

터미널 11.1.3 PostgreSQL 컨테이너 출력 확인하기

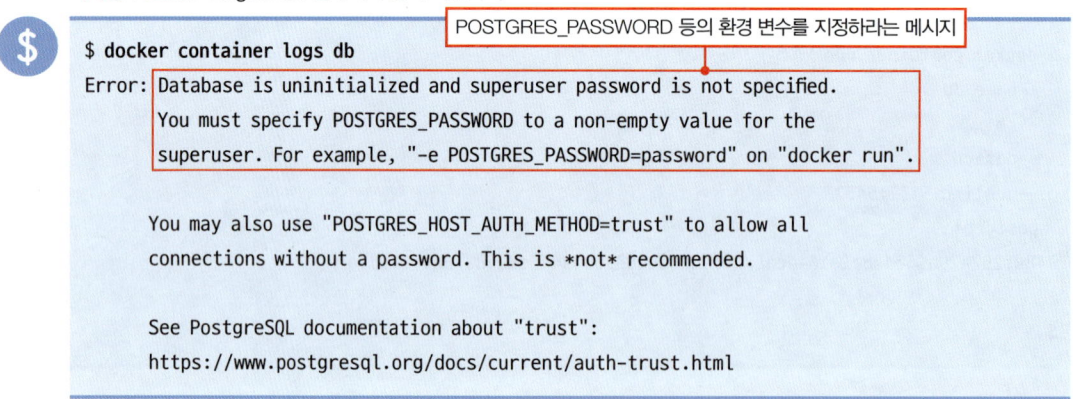

10장의 MySQL 컨테이너와 마찬가지로 오류가 발생했습니다. POSTGRES_PASSWORD 등의 환경 변

수를 지정하라는 오류 메시지가 출력되므로 --env 옵션을 추가해서 다시 실행해 봅시다. 그런데 --rm 없이 컨테이너를 가동했으므로 컨테이너명에 주의해야 합니다. 이름이 db인 컨테이너를 삭제하거나 다른 이름을 사용합니다. 이 책에서는 db 컨테이너를 삭제합니다.

터미널 11.1.4 PostgreSQL 컨테이너를 백그라운드로 가동하기(--env 추가)

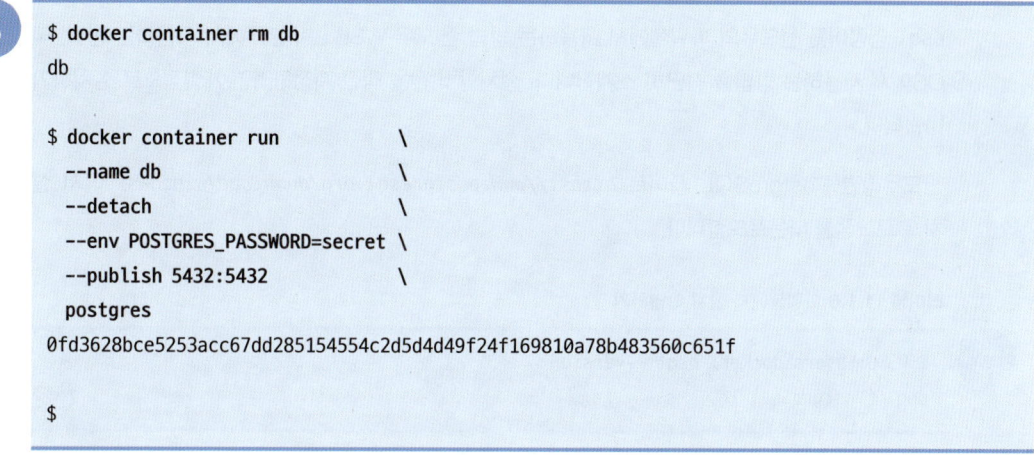

이번에는 컨테이너가 제대로 가동된 것을 container logs로 확인할 수 있습니다.

터미널 11.1.5 PostgreSQL 컨테이너 출력 확인하기

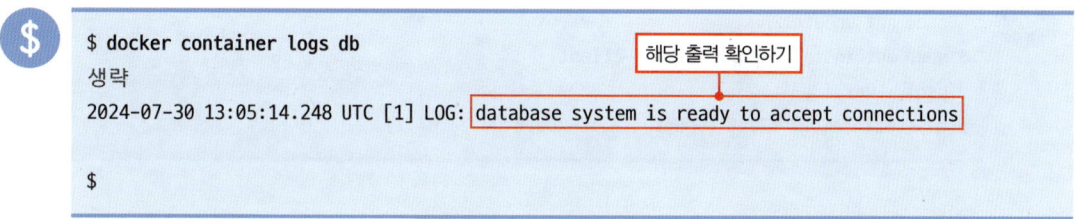

container logs로 확인할 수 있는 출력은 --detach 옵션을 지정하지 않았을 때 터미널에 표시되는 정보와 동일합니다. 하지만 운영 자동화 등 때문에 항상 --detach 옵션 없이 컨테이너를 재가동할 수 있다는 보장이 없으며, 실행 시 보고 싶은 출력이 가동할 때의 오류 메시지가 아닐 수도 있습니다. 따라서 백그라운드로 가동한 컨테이너를 멈출 필요 없이 출력 내용을 확인하는 container logs는 기억해두면 좋습니다.

● 실시간으로 출력 내용 확인하기

PostgreSQL 컨테이너는 잘못된 쿼리를 실행하면 오류를 표준 출력에 출력합니다. 호스트머신의 `psql` 명령어를 사용해서 PostgreSQL 서버에 접속해서 확인해 봅시다.

> **Point** `mysql` 명령어와 마찬가지로 호스트머신에 `psql` 명령어가 없으면 설치합니다.
>
> `psql` 명령어를 윈도우의 파워셸에서 사용하는 방법, 윈도우 WSL 2 우분투에서 사용하는 방법, 맥OS에서 사용하는 방법을 간단히 소개합니다. 설치할 버전을 직접 지정하려면 개별적으로 설치하기 바랍니다.
>
> 윈도우라면 PostgreSQL 사이트(*https://www.postgresql.org/download/windows/*)에서 설치 프로그램을 다운로드합니다.

터미널 11.1.6 파워셸에서 설치 확인하기

```
$ PS C:\Users\docker> psql --version
psql (PostgreSQL) 16.1
```

윈도우 WSL 2에서 우분투를 이용하는 분은 `apt` 명령어로 설치할 수 있습니다.

터미널 11.1.7 WSL 2 우분투에서 PostgreSQL CLI 클라이언트 설치하기

```
$ sudo apt update
$ sudo apt install -y postgresql-client
$ psql --version
psql (PostgreSQL) 12.16 (Ubuntu 12.16-0ubuntu0.20.04.1)
```

맥OS는 `brew` 명령어로 설치할 수 있습니다.

터미널 11.1.8 맥OS에서 PostgreSQL CLI 클라이언트 설치하기

```
$ brew install libpq
$ brew link --force libpq
$ psql --version
psql (PostgreSQL) 16.0
```

psql 명령어로 접속하려면 다음 정보가 필요합니다. 옵션을 정리하고 명령어를 조합해 봅시다.

지정	보충 설명
--host=127.0.0.1	로컬 서버를 지정합니다.
--port=5432	--publish 5432:5432로 정한 호스트머신의 포트 번호 5432번은 PostgreSQL 서버의 기본 포트값이므로 생략 가능합니다.
--username=postgres	다른 사용자를 작성하지 않았으므로 postgres를 지정합니다.
암호 프롬프트: secret	--env POSTGRES_PASSWORD=secret으로 정한 값 명령어가 아니라 입력 내용이 표시되지 않는 프롬프트에서 입력합니다.

터미널 11.1.9 PostgreSQL 컨테이너의 PostgreSQL 서버에 접속하기

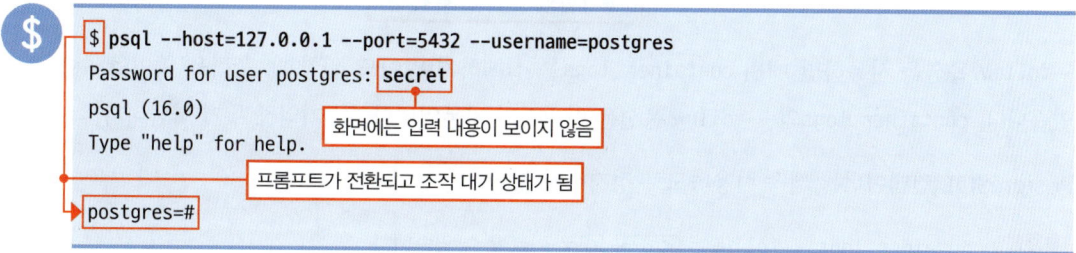

PostgreSQL 서버에 접속했으면 일부러 오류가 발생하는 명령어를 실행해서 container logs 출력 내용을 확인해 봅시다.

터미널 11.1.10 PostgreSQL의 CLI 클라이언트에서 잘못된 쿼리 실행

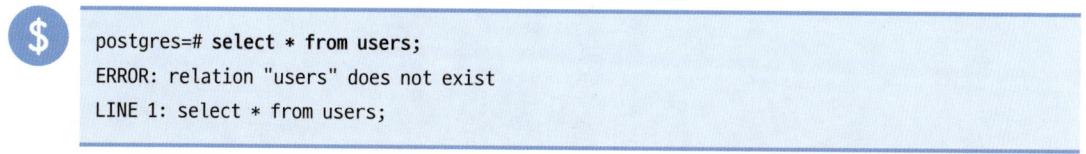

터미널 11.1.11 PostgreSQL 컨테이너 출력 확인하기

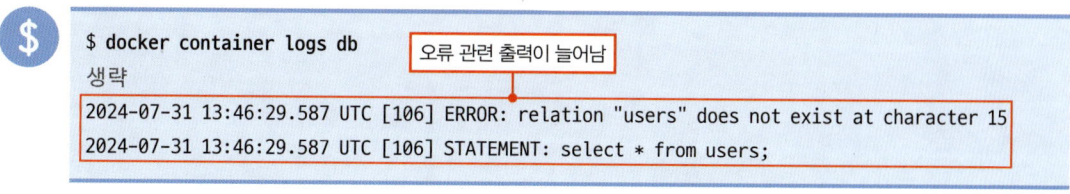

오류가 발생하면 출력이 늘어나므로 container logs를 실행할 때마다 출력되는 내용은 바뀝니다. 이렇게 계속해서 출력을 확인하고 싶다면 container logs에 --follow 옵션을 사용해서 출력을 자동 갱신할 수 있습니다.

터미널 11.1.12 PostgreSQL 컨테이너 출력 계속 확인하기

```
$ docker container logs --follow db
생략
2024-07-31 13:46:29.587 UTC [106] ERROR: relation "users" does not exist at character 15
2024-07-31 13:46:29.587 UTC [106] STATEMENT: select * from users;
2024-07-31 13:53:43.562 UTC [106] ERROR: column "version" does not exist at character 8
2024-07-31 13:53:43.562 UTC [106] STATEMENT: select version;
```

오류가 발생하면 자동으로 출력됨

--follow 옵션을 사용하면 매번 container logs를 실행하지 않아도 원할 때 출력을 확인할 수 있습니다. container logs와 --follow 옵션은 디버깅의 기본입니다. 꼭 기억해 두기 바랍니다.

PostgreSQL 컨테이너는 계속 사용하므로 정지하지 않습니다.

Point container logs --follow는 Ctrl + C로 종료할 수 있습니다.

가동 중인 컨테이너에 명령하기
container exec

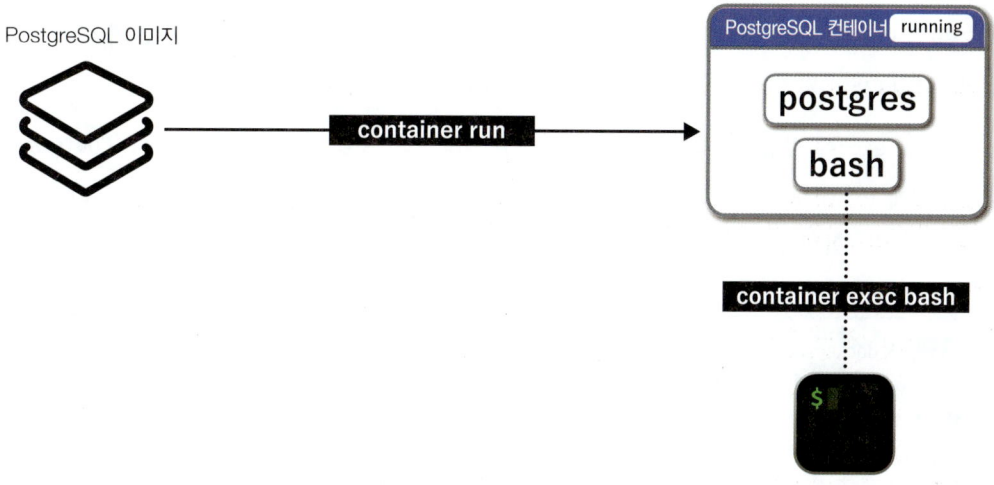

● 명령어 설명

가동 중인 컨테이너에서 새로운 명령어를 실행하려면 container exec를 사용합니다.

```
$ docker container exec [OPTIONS] CONTAINER COMMAND [ARG...]
```

이 장에서 다루는 [OPTIONS]는 다음과 같습니다.

짧은 옵션	긴 옵션	의미	용도
-i	--interactive	컨테이너 표준 입력에 접속합니다.	컨테이너를 대화형으로 조작합니다.
-t	--tty	유사 터미널을 배정합니다.	컨테이너를 대화형으로 조작합니다.

● 가동 중인 컨테이너에 명령어 실행하기

container exec를 사용하면 가동 중인 컨테이너에 새로운 명령어를 실행할 수 있습니다. 예를 들어 가동 중인 PostgreSQL 컨테이너에서 head 명령어를 실행해서 /etc/os-release 파일을 보고 컨테이너의 OS를 확인할 수 있습니다.

container exec에 지정하는 내용을 정리하고 컨테이너에서 명령어를 실행해 봅시다. CONTAINER 매개변수에 PostgreSQL 컨테이너명으로 db를, COMMAND [ARG...]에 head -n 4 /etc/os-release를 지정합니다.

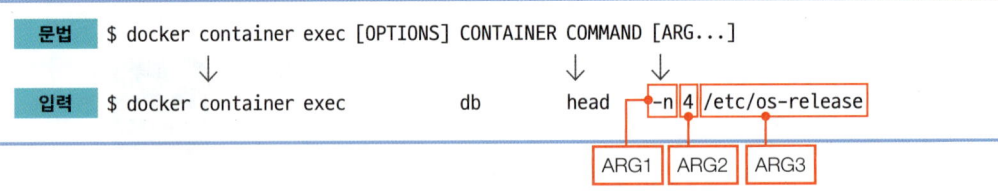

터미널 11.2.1 가동 중인 PostgreSQL 컨테이너 OS 확인하기

```
$ docker container exec db head -n 4 /etc/os-release
PRETTY_NAME="Debian GNU/Linux 12 (bookworm)"
NAME="Debian GNU/Linux"
VERSION_ID="12"
VERSION="12 (bookworm)"
```

PostgreSQL 컨테이너에서 head 명령어를 실행할 수 있습니다. OS는 데비안 12이고 bookworm은 버전 12의 코드네임입니다.

● container exec와 container run 차이점

'head 실행은 container run에서 하면 되지 않나?'라는 의문이 들 수 있습니다. 하지만 container run과 container exec는 결정적인 차이가 있습니다. container run은 컨테이너를 가동해서 컨테이너에서 PID1을 생성하는 반면에, container exec는 PID1이 이미 존재하는 컨테이너에 새로운 프로세스를 실행합니다.

그림 11.2.1 container run

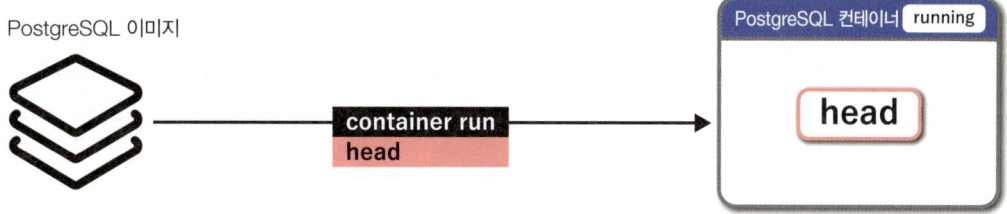

그림 11.2.2 container exec

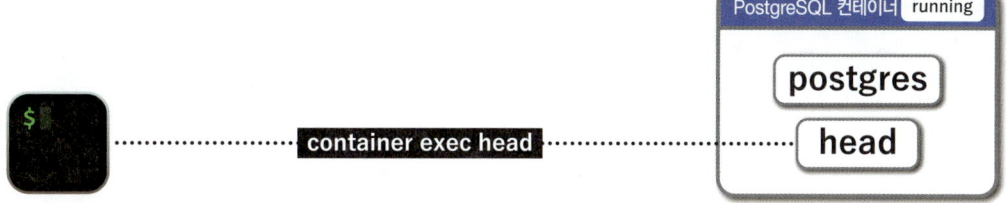

PostgreSQL 컨테이너에서 container run으로 head 명령어를 실행하면 postgres 명령어 실행 대신에 head 명령어를 실행해서 PostgreSQL 서버는 실행되지 않습니다.

container exec와 container run 차이는 문법을 비교하면 알기 쉽습니다.

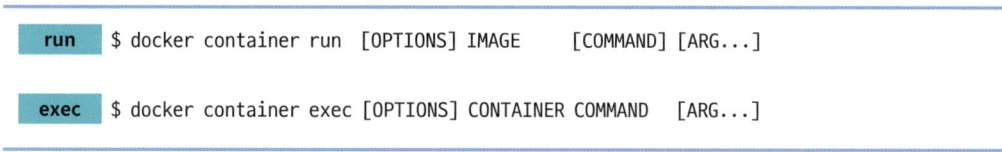

container run 매개변수는 IMAGE이지만 container exec는 CONTAINER로 컨테이너를 지정합니

다. 또한 container exec는 COMMAND 지정이 필수입니다. 이렇게 문법을 보면 컨테이너를 대상으로 반드시 명령어를 지정한다는 것을 알 수 있습니다.

● 가동 중인 컨테이너에 bash 실행하기

head를 실행해서 가동 중인 PostgreSQL 컨테이너의 OS가 데비안이라고 확인했습니다. 하지만 터미널에서 조작할 때와 다르게 head 뒤에 오는 파일명을 탭 키로 자동 완성할 수 없고, cd나 ls를 실행하면서 직접 입력해서 작업하고 싶을 때가 있습니다.

그럴 때에는 container exec가 컨테이너에서 실행할 명령어로 bash를 지정합니다. 가동 중인 PostgreSQL 컨테이너에서 bash 명령어를 실행해 봅시다. container exec도 대화형 조작하려면 --interactive와 --tty 지정이 필요합니다.

터미널 11.2.2 가동 중인 PostgreSQL 컨테이너에 bash 실행하기

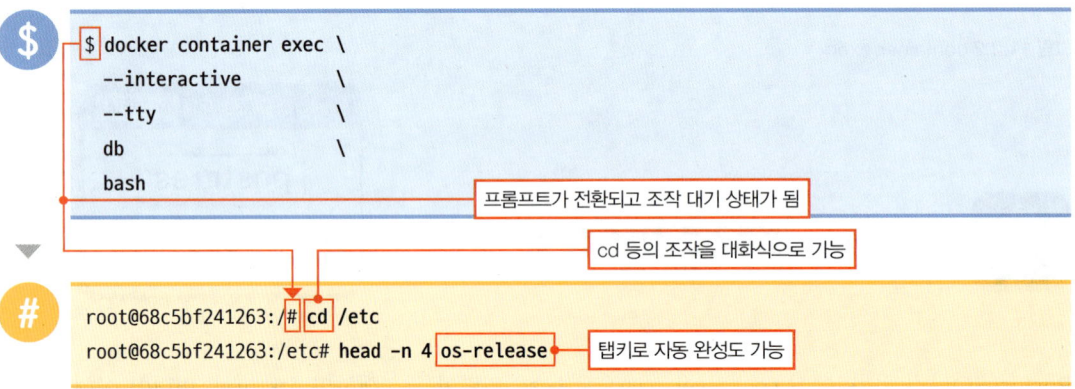

가동 중인 컨테이너를 bash로 자유롭게 조작할 수 있으면 설정 파일을 확인하거나 원하는 파일 내용을 확인할 수 있습니다. container exec는 container run 만큼이나 자주 사용하는 중요한 명령어입니다. 잘 이해해서 활용해 봅시다.

> **Point** 이제 docker container stop db로 컨테이너를 정지해도 됩니다.

● 컨테이너에 SSH로 접속한다는 오해

[터미널 11.2.2]의 bash 조작은 마치 리눅스 서버에 SSH로 접속한 것 같은 실행 환경을 제공합니다. 하지만 실제로는 ssh가 아니라 bash셸을 실행한 것입니다. 도커 컨테이너는 SSH로 접속하지 않습니다. 필자도 도커 초보자일 때 컨테이너 내부를 알고 싶어서 "docker 컨테이너 ssh" 등을 알아본 적이 있는데 이는 잘못된 생각입니다. 지금 와서 생각해 보면 호스트형 가상화와 컨테이너형 가상화 차이를 알지 못한 채 과거의 경험을 무리하게 도커에 적용한 실수입니다. 가동 중인 컨테이너를 마음대로 조작하고 싶으면 `container exec`로 `bash` 명령어를 실행합니다.

SSH로 접속하는 방법도 없진 않지만, SSH 자체의 작동 확인이 필요한 경우 등을 제외하면 의미가 없습니다. SSH 서버 `sshd`를 가동하면 컨테이너 구축의 복잡도가 늘어나고 무엇보다 보안에 빈틈이 생길 수 있습니다.

11.3 PostgreSQL 서버에 접속하는 방법 정리하기

container exec는 중요 명령어지만 책에서는 container run에 비해 예제 수가 적으므로 퀴즈 형식으로 정리해 보겠습니다.

3가지 종류의 명령어와 그림을 살펴보고 어떤 명령어가 어떤 그림에 해당하는지 생각해 보기 바랍니다(db라는 이름으로 PostgreSQL 컨테이너가 가동 중이라고 가정합니다).

터미널 11.3.1 PostgreSQL 컨테이너의 PostgreSQL 서버에 접속하기

```
$ docker container exec --interactive --tty db \
psql --host=127.0.0.1 --port=5432 --username=postgres
```

```
postgres=#
```

터미널 11.3.2 PostgreSQL 컨테이너의 PostgreSQL 서버에 접속하기

```
$ docker container exec --interactive --tty db bash
root@88d3b2367ecb:/# psql --host=127.0.0.1 --port=5432 --username=postgres
```

```
postgres=#
```

터미널 11.3.3 PostgreSQL 컨테이너의 PostgreSQL 서버에 접속하기

```
$ psql --host=127.0.0.1 --port=5432 --username=postgres
postgres=#
```

그림 11.3.1 PostgreSQL 서버에 psql 명령어로 접속하기

그림 11.3.2 PostgreSQL 서버에 psql 명령어로 접속하기

그림 11.3.3 PostgreSQL 서버에 psql 명령어로 접속하기

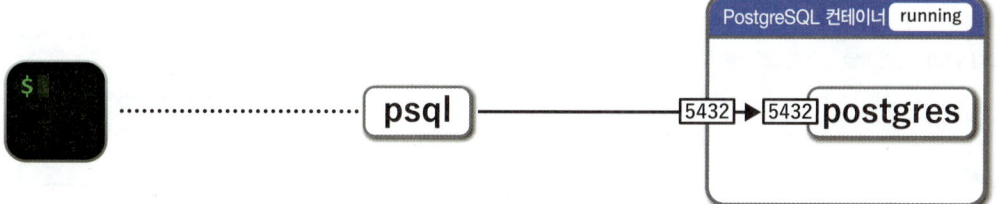

정리하는 요령은 문법에 따라 요소를 분해하는 방법과 psql 명령어를 실행하는 곳이 어디인지(호스트머신, 컨테이너) 생각해 보는 방법입니다.

정답은 나온 순서 그대로입니다. [터미널 11.3.1] = [그림 11.3.1], [터미널 11.3.2] = [그림 11.3.2], [터미널 11.3.3] = [그림 11.3.3]이 서로 쌍입니다. 프로세스를 중심으로 생각하면 정확하게 파악할 수 있습니다.

다음은 간단하게 3가지 방식의 장점과 단점을 소개합니다.

방식	장점	단점
11.3.1	접속 정보가 호스트머신의 터미널 이력에 남아서 나중에 재사용하기 좋습니다.	COMMAND [ARG...] 부분의 탭 자동 완성이 불가능합니다.
11.3.2	컨테이너 내부에서 bash와 psql을 왔다 갔다 하면서 편하게 사용할 수 있습니다.	psql 명령어 실행 이력은 컨테이너와 함께 사라지므로 긴 호스트명 등을 반복해서 지정할 때 불편합니다.
11.3.3	호스트머신에서 직접 접속하므로 GUI 애플리케이션 등 다른 접속에 응용할 수 있습니다.	- 호스트머신에 psql 명령어 설치가 필요합니다. - 포트 공개도 필요합니다.

마지막 문제입니다. 다음 명령어를 실행하면 어떻게 될지 생각해 봅시다.

터미널 11.3.4 [문제] 다음 명령어를 실행하면 어떻게 되는가?

```
$ docker container run --interactive --tty postgres \
psql --host=127.0.0.1 --port=5432 --username=postgres
```

이 명령어는 컨테이너를 새롭게 가동해서 PID1으로 psql 명령어를 실행합니다. 이 컨테이너는 PID1이 postgres(서버)에서 psql(클라이언트)로 바뀌게 되므로 PostgreSQL 서버는 가동되지 않습니다. 따라서 127.0.0.1에 접속할 수 없어서 오류를 출력하고 container run 실행은 실패합니다.

그림 11.3.4 [터미널 11.3.4] 그림 풀이

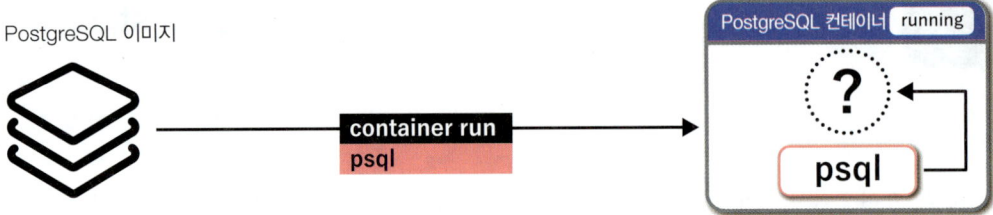

container run과 container exec는 헷갈리기 쉬우므로 일단 프로세스를 중심으로 정리해 보기 바랍니다.

COLUMN

비슷하지만 다른 것#1 – container exec와 container attach와 container run

재차 말하지만 container exec는 가동 중인 컨테이너에서 PID1이 아닌 새로운 프로세스를 실행합니다. container exec로 생성된 프로세스 종료와 컨테이너 상태는 서로 관계없습니다.

비슷한 명령어인 container attach 명령어는 컨테이너 PID1의 입출력을 호스트머신 터미널 입출력에 연결합니다. --detach를 사용해서 백그라운드로 가동한 컨테이너에 container attach를 실행하면 --detach 옵션이 없을 때와 똑같은 상태가 됩니다. container attach는 PID1에 접속하므로 연결 중인 터미널에서 Ctrl + C를 실행하면 PID1에 종료 시그널을 전달합니다. PID1이 종료되면 컨테이너도 종료합니다.

Nginx 컨테이너 등을 Ctrl + C로 정지하는 것을 생각하면 container attach도 container run과 비슷합니다. 실제로 container run은 container create + container start + container attach에 해당하는 명령어입니다.

보통은 container run으로 한 번에 컨테이너를 가동하기 때문에 container attach를 실행할 일은 없겠지만, 컨테이너를 더 잘 이해할 수 있도록 한 번쯤은 써보기 바랍니다.

3부

도커 이미지 활용법

먼저 이미지 기초를 학습한 후, 사례를 통해 이미지를 다루는 방법을 배워 봅시다. 컨테이너와 마찬가지로 이미지 조작 명령어도 그림으로 정리하면서 자신 있게 조작할 수 있도록 해 봅시다.

3부의 각 장은 개별적으로 이해할 수 있게 구성되었습니다. 만약 작업 중 이해가 되지 않는 부분이 있다면 언제든 다시 펼쳐 확인하시기 바랍니다.

12장

이미지의 기본 내용

3부에서는 이미지 목록 확인과 도커 허브에서 취득, 이미지를 다른 곳으로 옮기는 방법을 배웁니다. 이미지를 제대로 다룰 수 있도록 이미지 지정 방법과 구조를 이해해 봅시다.

왜 이미지 조작을 이해해야 하는가?

컨테이너는 이미지에서 작성하고 사용이 끝나면 삭제합니다. 컨테이너는 호스트머신 및 다른 컨테이너와 독립된 환경이므로, 컨테이너에서 일어난 변경은 컨테이너 외부에 영향을 주지 않습니다. 이 말은 컨테이너의 설정 파일 수정이나 부족한 모듈 설치가 해당 컨테이너에서만 존재하다가 컨테이너 삭제와 함께 사라진다는 의미입니다.

그림 12.1.1 컨테이너 변경은 다른 컨테이너에 반영되지 않음

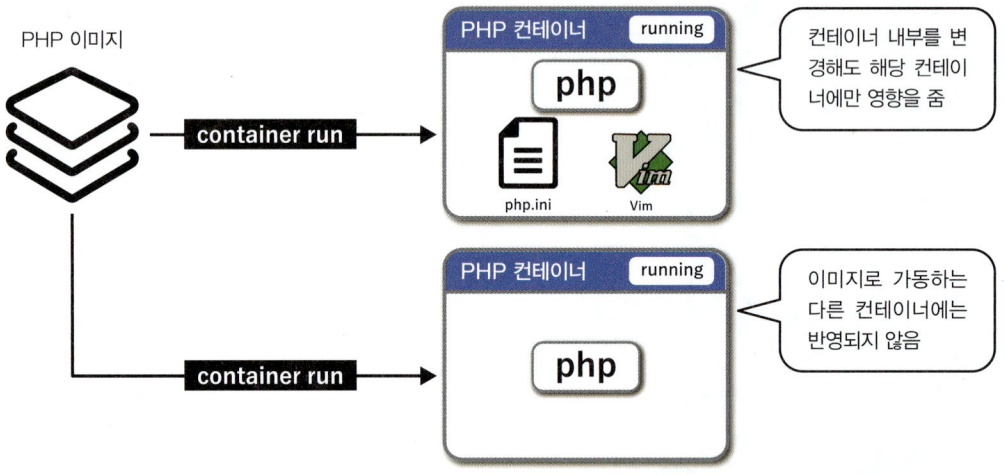

앞으로 가동할 모든 컨테이너에 변경을 반영하려면 컨테이너가 아니라 이미지를 변경해야 합니다.

그림 12.1.2 이미지 변경은 모든 컨테이너에 반영됨

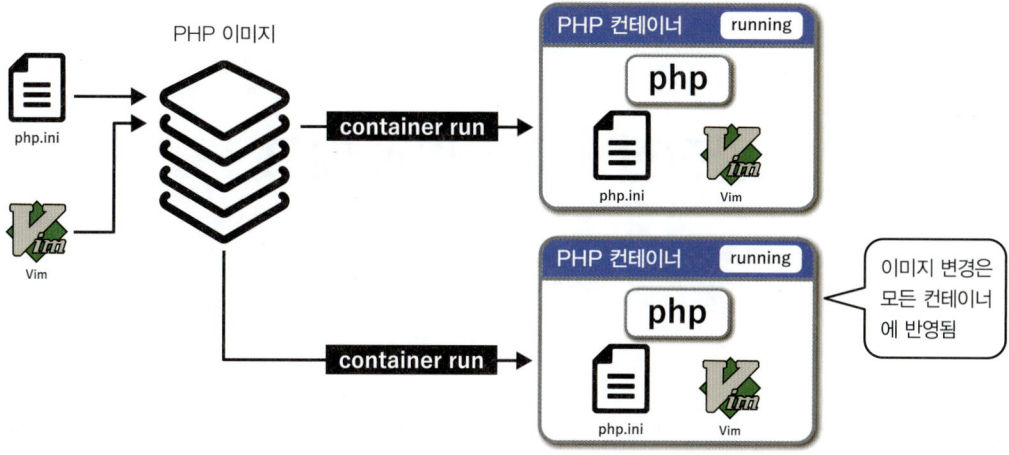

도커 허브에 있는 이미지는 범용적인 이미지므로 그대로 사용하면 프로젝트 용도의 세부적인 내용에 맞지 않을 수 있습니다. 이런 차이를 메울 수 있도록 이미지를 직접 확장하는 기술이 반드시 필요합니다.

3부에서 이미지 조작 기초를 배우고, 4부에서 도커파일로 이미지 확장하는 방법을 배웁니다.

완전한 이미지명과 태그

완전한 이미지명은 몇 가지 요소로 구성되고, 다음과 같은 형태로 표현합니다.[1] 지금까지 본 도커 명령어 문법과 마찬가지로 대괄호로 감싼 요소는 생략할 수 있습니다.

```
[HOST[:PORT_NUMBER]/]PATH
```

[HOST]는 레지스트리 서비스의 호스트명이고 [PORT_NUMBER]는 포트 번호입니다. [HOST]를 생략하면 도커 허브를 뜻하는 docker.io를 지정한 것과 같습니다. PATH는 /를 기준으로 다시 몇 요소로 나뉘는데, 도커가 지원하는 요소는 다음 2가지 종류입니다.

```
[NAMESPACE/]REPOSITORY
```

[NAMESPACE]는 조직이나 사용자 명칭으로 생략하면 도커 공식을 의미하는 library를 지정한 것과 같습니다. REPOSITORY는 필수 요소로, 지금까지 container run의 IMAGE에 지정한 ubuntu나 mysql 등은 REPOSITORY 부분에 해당합니다.

완전 이미지명full image name에 이어서 [:TAG]라는 임의 항목을 지정할 수 있습니다. [TAG]는 이미지의 버전이나 파생을 나타내는 식별자이며, 생략하면 latest를 지정한 것과 같습니다.

---

[1] 도커 홈페이지 *https://docs.docker.com/reference/cli/docker/image/tag/*

그림 12.2.1 완전 이미지명과 태그

```
        완전 이미지명                              태그
[HOST[:PORT_NUMBER]/][NAMESPACE/]REPOSITORY[:TAG]
                     PATH
```

책에서 이용하는 이미지는 모두 도커 허브에서 가져오기 때문에 [HOST[:PORT_NUMBER]/]를 지정하지 않습니다. 평소에 주의할 부분은 주로 REPOSITORY와 [:TAG] 2가지입니다.

● latest 태그 이용 시 주의점

2부에서 실행한 container run은 IMAGE 지정할 때 ubuntu나 mysql만 썼습니다. [:TAG]를 생략했으므로 실제로 사용하는 이미지는 ubuntu:latest, mysql:latest와 같습니다. 2부에서는 컨테이너 설명에 집중했으므로 [:TAG]는 생략하고 latest 이미지를 이용했습니다. 하지만 실제로 시스템을 구축한다면 latest는 추천하지 않습니다. 다음의 우분투를 예로 생각해 봅시다. 우분투 버전은 2022년 3월 시점과 2023년 11월 시점에 다음과 같습니다.

종류	2022년 3월	2023년 11월
개발 중	22.04	24.04
최신 릴리스(버전)	21.10	23.10
장기 지원(Long Term Support)	20.04	22.04

우분투 이미지는 최신 LTS 버전에 latest 태그를 붙이는 방침이라서 2022년 3월의 latest는 20.04, 2023년 11월의 latest는 22.04가 됩니다. 이렇듯 latest 태그가 가리키는 버전은 시간이 지나면 바뀌므로 latest 태그로 컨테이너를 실행하면 버전이 달라질 수 있어서 재현성이 떨어집니다. 똑같이 image pull ubuntu 명령어로 취득한 이미지라도 실행한 날짜에 따라 전혀 다른 이미지가 되는 문제도 있습니다(그림 12.2.2 참조).

새로운 팀 멤버가 오거나 운영 중인 컨테이너 수가 늘어나는 등 처음 구축한 후로 시간이 지나 다시 해당 환경을 구축하는 경우도 적지 않습니다. 이런 위험을 피하기 위해 [:TAG]는 생략하지 않고 버전을 명시하는 것이 좋습니다.

이 책에서 3부 이후부터는 반드시 [:TAG]를 지정합니다.

Point 리포지터리에 존재하는 태그를 알아보는 방법은 14장에서 설명합니다.

그림 12.2.2 latest 태그의 위험성

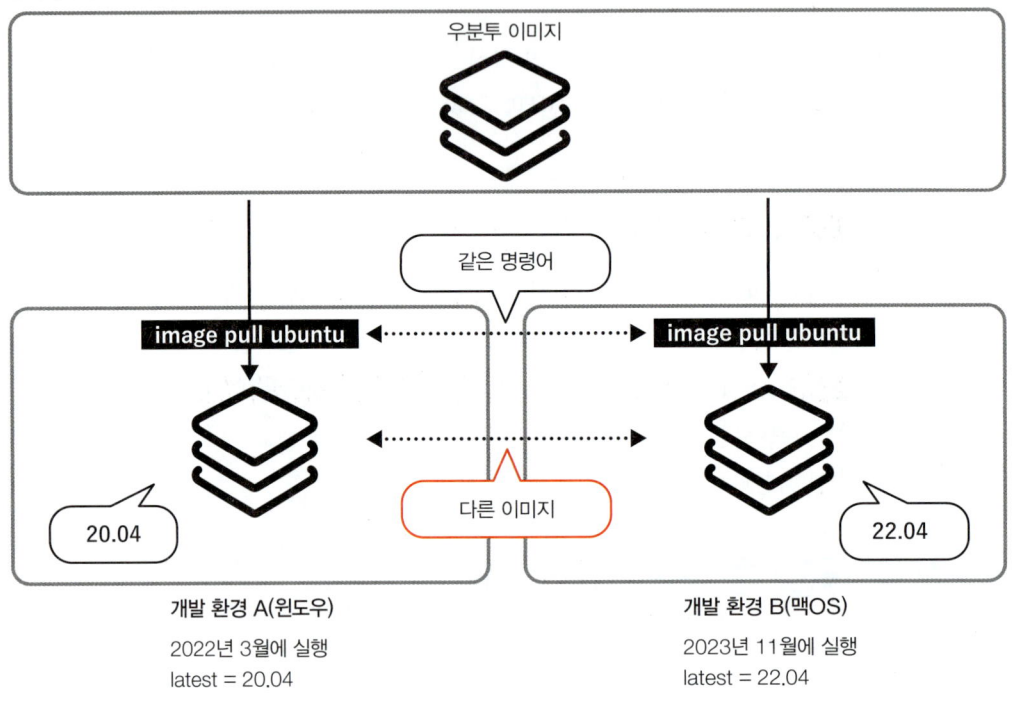

12.3 레이어와 메타데이터

4장에서 설명한 레이어를 기억하나요? 이미지는 레이어라는 tar 아카이브 파일을 겹쳐서 만든 것으로, 레이어에 있는 파일을 중첩해서 하나의 파일 시스템으로 만든다는 내용이었습니다.

그림 12.3.1 레이어와 파일 시스템

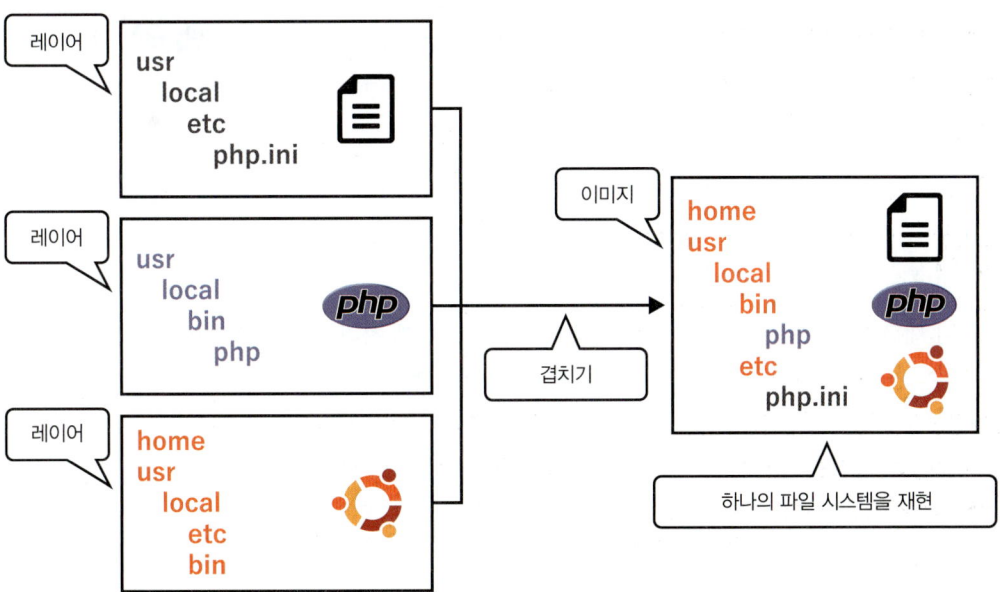

이제부터 컨테이너 레이어와 메타데이터를 설명합니다.

● 컨테이너 레이어

이미지 레이어는 모두 읽기 전용이지만, 컨테이너로 가동할 때 컨테이너 레이어라는 쓰기 가능 레이어가 최상위에 만들어집니다. 이에 반해 컨테이너 레이어 이외의 읽기 전용 레이어는 이미지 레이어라고 합니다. 컨테이너에서 라이브러리를 설치하거나 설정 파일을 변경할 수 있는 것은 이런 쓰기 가능 컨테이너 레이어가 존재하기 때문입니다.

그림 12.3.2 이미지 레이어와 컨테이너 레이어

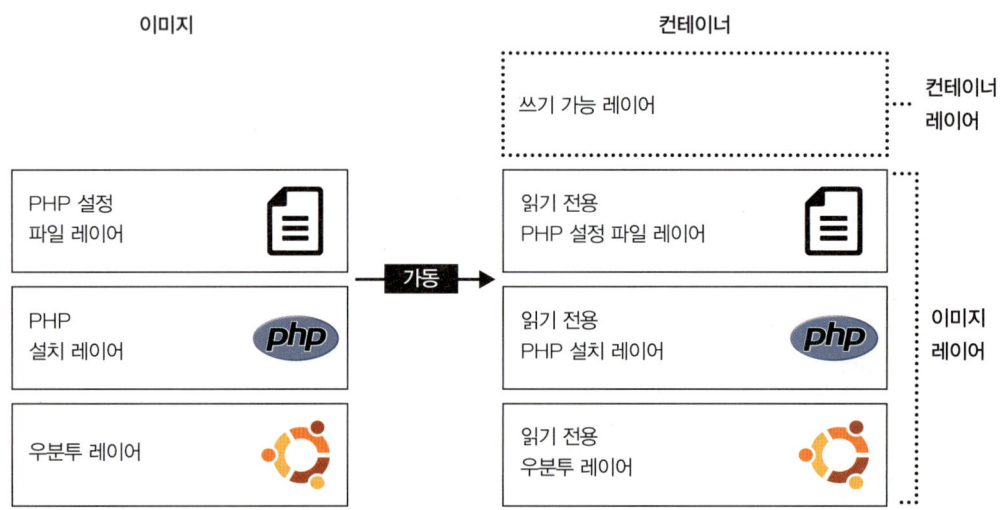

컨테이너 레이어는 컨테이너를 가동할 때마다 만들어지고 컨테이너를 종료할 때 삭제됩니다. 컨테이너 내부에서 발생한 변경 내용은 해당 컨테이너와 함께 사라지고 다른 컨테이너에 영향이 없는 것도, 컨테이너에 있는 파일을 삭제해도 이미지에 영향을 주지 않는 것은 이러한 구조 덕분입니다.

● 메타데이터

이미지에는 레이어와 별도로 메타데이터^{metadata} 정보가 있습니다. 환경 변수나 컨테이너로 가동할 때 기본 명령어 등은 메타데이터에 저장합니다. 메타데이터는 겹쳐서 파일 시스템을 변경하는 레이어와 다르게 이미지 전체의 속성입니다.

그림 12.3.3 레이어와 메타데이터

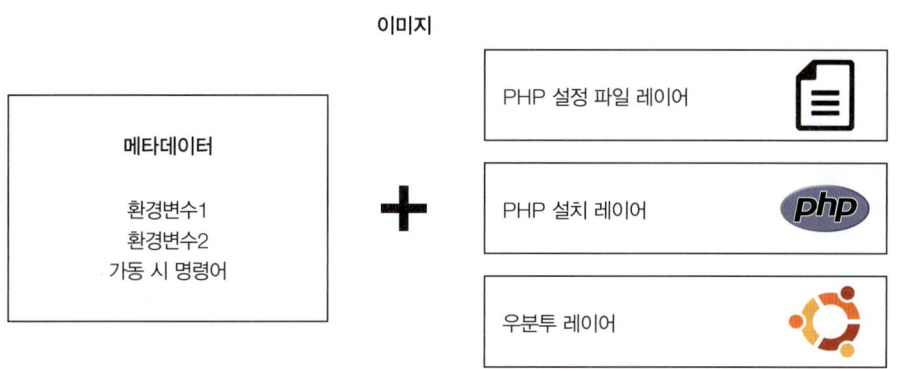

12.4 이미지 명령어

다음은 docker image의 모든 명령어입니다.

명령어	설명	해설	비고
ls	목록을 표시합니다.	13장	기존 명령어는 images
inspect	상세 정보를 표시합니다.	13장	–
rm	이미지를 삭제합니다.	–	기존 명령어는 rmi
prune	미사용 이미지를 모두 삭제합니다.	–	–
build	도커파일에서 이미지를 만듭니다.	17장	–
tag	이미지에 태그를 붙입니다.	–	–
pull	레지스트리에서 이미지를 취득합니다.	13장	docker container run도 가능
push	레지스트리에 이미지를 송신합니다.	–	–
history	이미지 이력을 표시합니다.	–	–
import	tar에서 이미지를 만듭니다.	15장	container export로 작성한 tar에서 이미지를 만듭니다. 기본적으로 도커파일 이용을 추천합니다.
save	이미지를 tar로 출력합니다.	15장	메타데이터를 포함한 이미지를 tar로 만듭니다. 기본적으로 도커파일 이용을 추천합니다.
load	tar에서 이미지를 만듭니다.	15장	image save로 작성한 tar에서 이미지를 만듭니다. 기본적으로 도커파일 이용을 추천합니다.

COLUMN

참조 문서를 확인하자#3 - --help 옵션의 명령어 목록

docker container --help를 실행하면 docker container의 명령어 목록이 표시됩니다. --help 옵션은 도커 문서보다 간소한 설명을 표시합니다. 외워두면 무척 편리합니다.

터미널 12.4.1 docker container의 명령어 목록 표시

```
$ docker container --help

Usage:  docker container COMMAND

Manage containers

Commands:
  attach      Attach local standard input, output, and error streams to a running
container
  commit      Create a new image from a container's changes
  cp          Copy files/folders between a container and the local filesystem
  create      Create a new container
  diff        Inspect changes to files or directories on a container's filesystem
  exec        Execute a command in a running container
  export      Export a container's filesystem as a tar archive
  inspect     Display detailed information on one or more containers
  kill        Kill one or more running containers
  logs        Fetch the logs of a container
  ls          List containers
  pause       Pause all processes within one or more containers
  port        List port mappings or a specific mapping for the container
  prune       Remove all stopped containers
  rename      Rename a container
  restart     Restart one or more containers
  rm          Remove one or more containers
  run         Create and run a new container from an image
  start       Start one or more stopped containers
  stats       Display a live stream of container(s) resource usage statistics
  stop        Stop one or more running containers
  top         Display the running processes of a container
  unpause     Unpause all processes within one or more containers
  update      Update configuration of one or more containers
```

```
  wait        Block until one or more containers stop, then print their exit codes

Run 'docker container COMMAND --help' for more information on a command.
```

요점 정리

- ☑ 모든 컨테이너에 반영하고 싶은 변경은 이미지를 변경합니다.
- ☑ 완전한 이미지명은 [HOST[:PORT_NUMBER]/]PATH 형식입니다.
- ☑ PATH는 [NAMESPACE/]REPOSITORY로 나뉩니다.
- ☑ 완전 이미지명 뒤에 [:TAG]를 지정할 수 있습니다.
- ☑ latest 태그는 실제로 시스템 구축한다면 이용하지 않는 편이 좋습니다.
- ☑ 이미지를 가동하면 쓸 수 있는 컨테이너 레이어가 최상위에 만들어집니다.
- ☑ 이미지는 메타데이터가 있습니다.

13장

이미지 기본 조작

이 장에서는 호스트머신에 있는 이미지를 확인하는 명령어와 레지스트리 서비스에서 이미지를 취득하는 명령어를 배웁니다. 이미지 기본 조작을 익히고 다양한 이미지를 살펴봅시다.

이미지 목록 확인하기
image ls

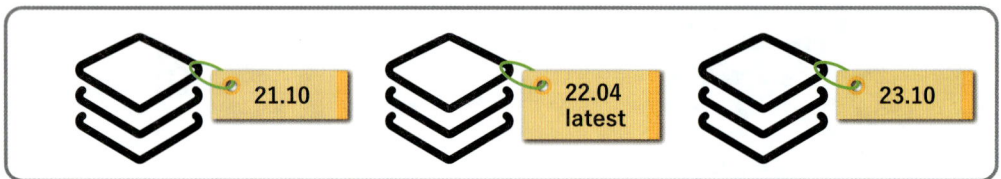

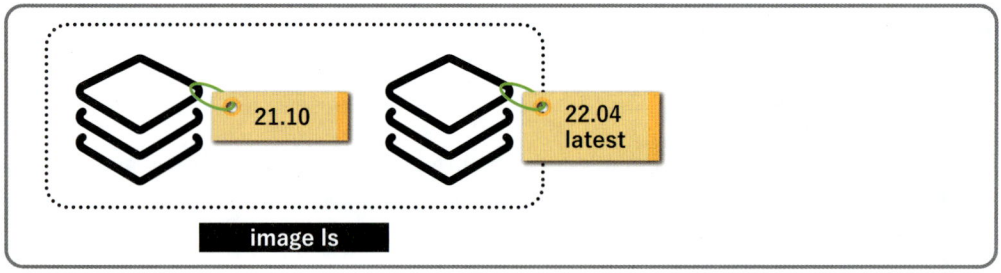

● 명령어 설명

호스트머신에 존재하는 이미지 목록은 `image ls`로 확인합니다.

```
$ docker image ls [OPTIONS] [REPOSITORY[:TAG]]
```

이 장에서 다루는 [OPTIONS]는 없습니다.

[REPOSITORY[:TAG]]는 리포지터리와 태그가 모두 생략할 수 있는 항목을 뜻하고, 또한 태그만 생략할 수도 있다는 뜻입니다.

● 호스트머신에 존재하는 이미지 목록 확인하기

호스트머신에 존재하는 이미지 목록은 `image ls`로 확인할 수 있습니다. 실행해 보면 지금까지 가동한 컨테이너 이미지가 표시됩니다.

터미널 13.1.1 이미지 목록 확인하기

```
$ docker image ls
REPOSITORY    TAG      IMAGE ID       CREATED       SIZE
hello-world   latest   b038788ddb22   4 weeks ago   9.14kB
nginx         latest   12ef77b9fab6   2 weeks ago   192MB
php           latest   7b9819563edc   2 weeks ago   526MB
postgres      latest   96f08c06113e   6 weeks ago   438MB
python        latest   3153418322d5   4 weeks ago   1.02GB
ruby          latest   38a960b8c8ec   2 weeks ago   993MB
ubuntu        latest   6a47e077731f   2 months ago  69.2MB
```

지금까지 이용한 IMAGE

REPOSITORY 열을 보면 지금까지 실행한 `container run`의 `IMAGE`에 지정한 이미지를 확인할 수 있습니다. [:TAG]는 모두 생략했으므로 전부 latest입니다.

이미지 취득하기
image pull

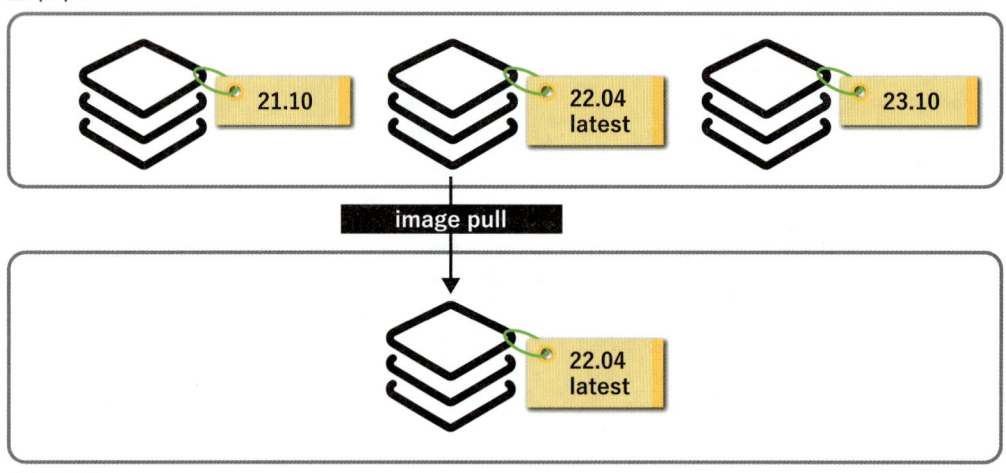

● 명령어 설명

이미지 레지스트리에서 이미지를 가져오려면 `image pull`을 실행합니다.

```
$ docker image pull [OPTIONS] NAME[:TAG|@DIGEST]
```

이 장에서 다루는 [OPTIONS]는 없습니다.

● 다양한 우분투 이미지 취득하기

몇 가지 우분투 이미지를 취득해 봅시다. 지정할 [:TAG]는 23.10과 22.04 그리고 latest입니다. 출력 내용을 잘 보면 REPOSITORY와 [:TAG] 이외에도 생략했던 부분이 표시되는 것을 알 수 있습니다.

터미널 13.2.1 우분투 23.10 이미지 취득하기

```
$ docker image pull ubuntu:23.10
23.10: Pulling from library/ubuntu
f906b88252ef: Pull complete
Digest: sha256:4c32aacd0f7d1d3a29e82bee76f892ba9bb6a63f17f9327ca0d97c3d39b9b0ee
Status: Downloaded newer image for ubuntu:23.10
docker.io/library/ubuntu:23.10
```

HOST / NAMESPACE / REPOSITORY / TAG

터미널 13.2.2 우분투 22.04 이미지 취득하기

```
$ docker image pull ubuntu:22.04
22.04: Pulling from library/ubuntu
f906b88252ef: Pull complete
Digest: sha256:2b7412e6465c3c7fc5bb21d3e6f1917c167358449fecac8176c6e496e5c1f05f
Status: Downloaded newer image for ubuntu:22.04
docker.io/library/ubuntu:22.04
```

터미널 13.2.3 우분투 latest 이미지 취득하기

```
$ docker image pull ubuntu:latest
latest: Pulling from library/ubuntu
f906b88252ef: Pull complete
Digest: sha256:2b7412e6465c3c7fc5bb21d3e6f1917c167358449fecac8176c6e496e5c1f05f
Status: Image is up to date for ubuntu:latest
docker.io/library/ubuntu:latest
```

호스트머신의 이미지가 늘어났으니 다시 한번 이미지 목록을 확인해 봅시다. image ls는 [REPOSITORY]를 지정해서 표시 대상을 한정할 수 있습니다. 지금처럼 동일한 리포지터리에서 태그가 다른 이미지를 비교할 때 편리합니다.

터미널 13.2.4 우분투 이미지 목록 확인하기

```
$ docker image ls ubuntu
```

터미널 13.2.5 이미지 목록 중 우분투 관련만 출력

```
$ docker image ls ubuntu
REPOSITORY   TAG      IMAGE ID       CREATED       SIZE
ubuntu       23.10    3f9cf3a31fbf   2 weeks ago   93.2MB
ubuntu       22.04    e343402cadef   3 weeks ago   69.2MB
ubuntu       latest   e343402cadef   3 weeks ago   69.2MB
```
취득한 3개의 태그를 확인 가능 / ID가 동일

이미지 3개가 보입니다. 또한 IMAGE ID 열을 보면 22.04와 latest가 모두 e343402cadef입니다. 2023년 11월 기준으로 이미지 ID e343402cadef에 22.04와 latest 태그가 있지만, 우분투 24.04 개발이 완료되면 latest 태그는 새로운 버전으로 바뀝니다.[1]

12장 설명대로 ubuntu:22.04처럼 명시적으로 표기해서 구축합시다.

--- COLUMN ---

container run과 image pull

설명하진 않았지만 지금까지 가동한 컨테이너 이미지가 호스트머신에 존재하는 것은 container run이 image pull도 하기 때문입니다. container run에서 호스트머신에 존재하지 않는 IMAGE를 지정하면 우선 image pull이 실행되고 그후에 컨테이너가 가동됩니다. 새로운 이미지로 실행한 container run 출력을 자세히 살펴보면 image pull과 똑같은 출력이 포함되어 있을 것입니다.

터미널 13.2.6 CentOS 이미지를 container run하기

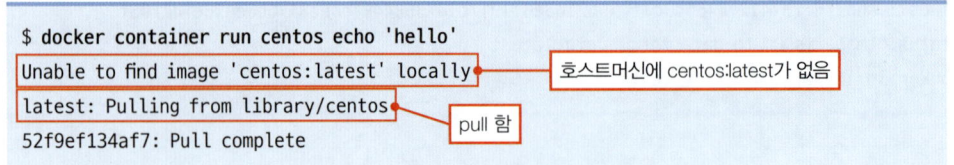

---

[1] 역자주_ 2024년 6월 18일에 24.04가 릴리스되서 latest 태그는 24.04와 같은 이미지입니다.

```
Digest: sha256:a27fd8080b517143cbbbab9dfb7c8571c40d67d534bbdee55bd6c473f432b177
Status: Downloaded newer image for centos:latest
hello
```
← container run 결과

이미지 상세 내용 확인하기
image inspect

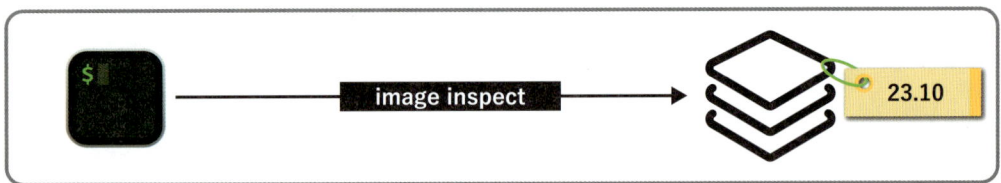

● **명령어 설명**

호스트머신에 존재하는 이미지 상세 내용은 `image inspect`로 확인합니다.

```
$ docker image inspect [OPTIONS] IMAGE [IMAGE...]
```

이 장에서 다루는 `[OPTIONS]`는 없습니다.

`IMAGE [IMAGE...]` 부분은 반드시 하나 이상의 이미지를 지정한다는 뜻입니다.

● 이미지의 컨테이너 가동 시 명령어 알아보기

루비 3.2.2 이미지를 취득해서 image inspect로 이미지 상세 내용을 자세히 알아봅시다. image pull과 image inspect에 지정할 IMAGE는 ruby:3.2.2입니다.

터미널 13.3.1 루비 3.2.2 이미지 취득하기

```
$ docker image pull ruby:3.2.2
3.2.2: Pulling from library/ruby
Digest: sha256:2ea3ea1ae3f38af78f3dff246218ab2cba8adbc060a9ea5a87e8fe5329138746
Status: Downloaded newer image for ruby:3.2.2
docker.io/library/ruby:3.2.2
```

터미널 13.3.2 루비 3.2.2 이미지 상세 내용 표시하기

```
$ docker image inspect ruby:3.2.2
[
    {
        "Id": "sha256:38a960b8c8ec1d8e463a545f57f774481a3699    생략
태그→ "RepoTags": [
            "ruby:3.2.2",
            "ruby:latest"
        ],
        생략
        "Config": {
            생략
환경 변수→ "Env": [
                "PATH=/usr/local/bundle/bin:/usr/local/sbin:    생략
                "LANG=C.UTF-8",
                "RUBY_MAJOR=3.2",
                "RUBY_VERSION=3.2.2",
                "RUBY_DOWNLOAD_SHA256=4b352d0f7ec384e332e3e4    생략
                "GEM_HOME=/usr/local/bundle",
                "BUNDLE_SILENCE_ROOT_WARNING=1",
                "BUNDLE_APP_CONFIG=/usr/local/bundle"
            ],
기동 시 명령어→ "Cmd": [
                "irb"
            ],
            생략
```

```
        },
        생략
    }
]
```

JSON 형식으로 수많은 정보가 출력되지만 여기서는 RepoTags, Config.Env, Config.Cmd의 세 부분만 설명합니다. RepoTags는 해당하는 이미지에 붙은 태그 배열입니다. 방금 취득한 ruby:3.2.2는 2부에서 이용한 ruby:latest와 똑같은 이미지라는 것을 알 수 있습니다. 다만, latest 태그는 계속 바뀌므로 루비 이미지의 새로운 버전이 공개되면 ruby:3.2.2만 남게 됩니다. Config는 해당 이미지에서 컨테이너를 가동하면 어떤 컨테이너가 되는지 나타내는 항목입니다. Config.Env에서 컨테이너에 설정된 환경 변수를 확인할 수 있습니다. Config.Cmd는 `container run`으로 [COMMAND]를 지정하지 않았을 때 기본 명령어가 `irb`(루비 대화형 셸)인 것을 확인할 수 있습니다.

그렇다면 이 이미지에서 컨테이너를 가동해서 확인해 봅시다. 우선 환경 변수를 살펴봅니다. `container run`의 [COMMAND]를 `printenv RUBY_VERSION`으로 지정해서 가동합니다. `printenv`는 환경 변수 값을 표시하는 명령어입니다.

터미널 13.3.3 루비 3.2.2 컨테이너 가동하기

```
$ docker container run --rm ruby:3.2.2 printenv RUBY_VERSION
3.2.2
```
image inspect의 Config.Env와 같음

`image inspect`의 Config.Env로 확인한 환경 변수가 컨테이너에 정의되어 있습니다. 다음으로는 `container run`으로 [COMMAND]를 생략했을 때 가동 시 명령어를 확인해 봅시다. 이번에는 [COMMAND]를 지정하지 않고 가동합니다. 대화형 셸 `irb`가 실행되므로 `--interactive`와 `--tty` 옵션을 잊지 말고 지정합시다.

터미널 13.3.4 루비 3.2.2 컨테이너 가동하기

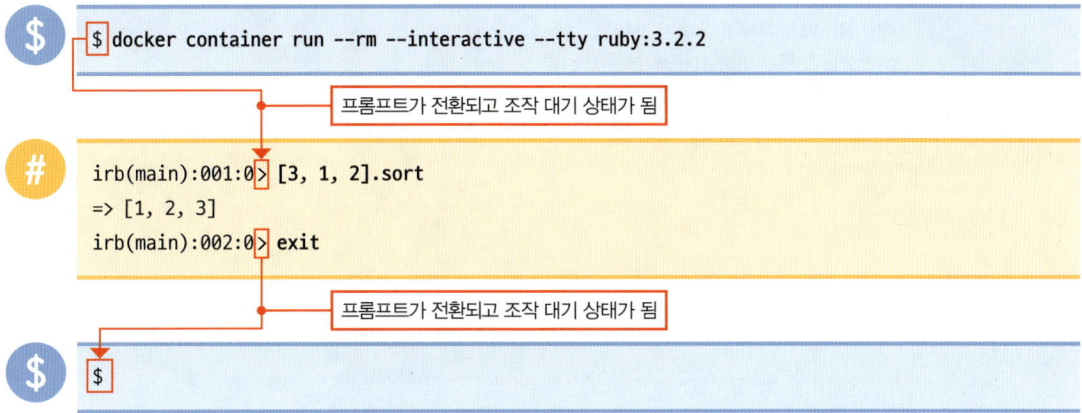

Config.Cmd대로 irb가 실행되었습니다.

COLUMN

Config와 ContainerConfig

[터미널 13.3.2]에서 지면 관계상 생략했지만 image inspect[2] 결과는 Config와 동일한 계층에 ContainerConfig 요소가 있습니다. ContainerConfig는 해당 이미지를 작성한 컨테이너 정보이므로 이미지로 컨테이너 가동에는 아무런 관계가 없습니다.

터미널 13.3.5 ContainerConfig와 Config 차이(발췌)

```
$ docker image inspect mysql:8.2.0
[
    {
        "ContainerConfig": {
            "Env": null,
            "Cmd": null,
                생략
        },
        "Config": {
            "Env": [
                "PATH=/usr/local/sbin:/usr/local/bin:/usr/sbin:     생략
                "GOSU_VERSION=1.16",
```

---

[2] 역자주_ docker CLI 버전에 따라 COLUMN에서 소개하는 ContainerConfig 내용이 표시되지 않을 수 있습니다. 주의하기 바랍니다.

```
                "MYSQL_MAJOR=innovation",
                "MYSQL_VERSION=8.2.0-1.el8",
                "MYSQL_SHELL_VERSION=8.2.1-1.el8"
            ],
            "Cmd": [
                "mysqld"
            ],
                생략
        },
                생략
    }
]
```

ContainerConfig와 Config는 다소 차이가 있으므로 컨테이너 사용 시 Config 쪽을 참조한다고 기억하기 바랍니다.

14장

다른 버전의 MySQL 서버 가동하기

이 장에서는 스스로 이미지를 찾는 방법을 배웁니다. 어떤 버전으로 컨테이너를 가동할지 자유롭게 선택할 수 있으면 프로젝트에 맞는 환경을 준비할 수 있습니다.

도커 허브에서 이미지 찾기

도커 허브에서 이미지를 찾아봅시다. 이미지는 도커 데스크톱이나 도커 명령어로도 찾을 수 있지만, 이 책에서는 웹브라우저를 사용하는 예를 소개합니다. 필자는 평소에도 이미지를 찾을 때 웹브라우저를 사용합니다. 도커파일 내용을 깃허브GitHub에서 확인하거나 웹브라우저 번역 기능도 사용할 수 있고 탭을 여러 개 열어서 비교할 수 있기 때문입니다.

웹브라우저로 도커 허브를 조작하면서 MySQL 서버 버전 8.0 계열을 컨테이너로 가동해 봅시다. 도커 허브(*https://hub.docker.com*)는 구글 같은 검색 엔진에서 'docker hub'를 검색해서 간단히 접속할 수 있습니다. 도커 허브는 로그인하지 않아도 사용할 수 있습니다. [화면 14.1.1]에 있는 검색창에서 'mysql'을 검색해 봅시다.

화면 14.1.1 도커 허브 페이지

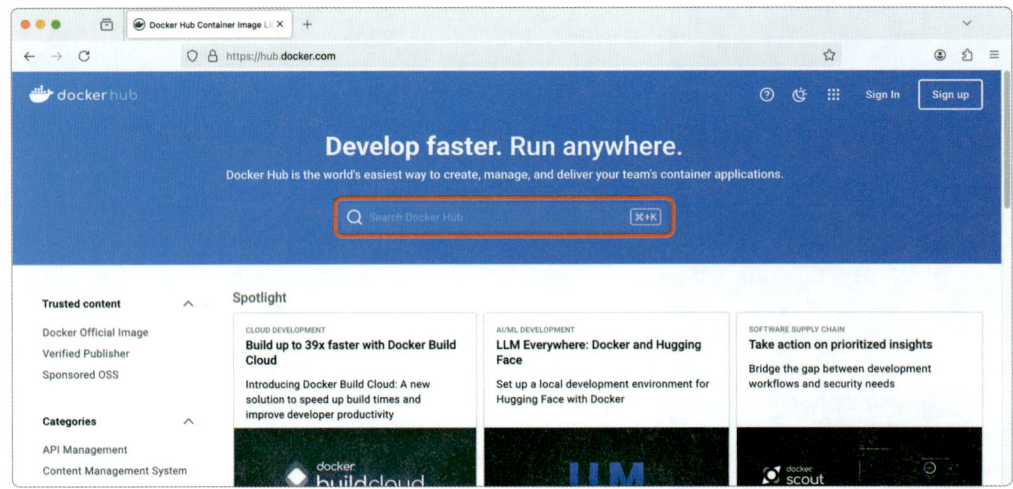

> **Point** 도커 허브 계정은 29장에서 설명합니다.

[화면 14.1.2]는 mysql 리포지터리 화면이고 그 아래에 관련성이 높은 다른 리포지터리가 표시됩니다. MySQL 로고와 리포지터리명 옆에 Docker Official Image 뱃지가 달려 있습니다. 이 뱃지가 붙어 있는 리포지터리 이미지가 도커 허브 공식 이미지입니다.

화면 14.1.2 mysql 검색 결과

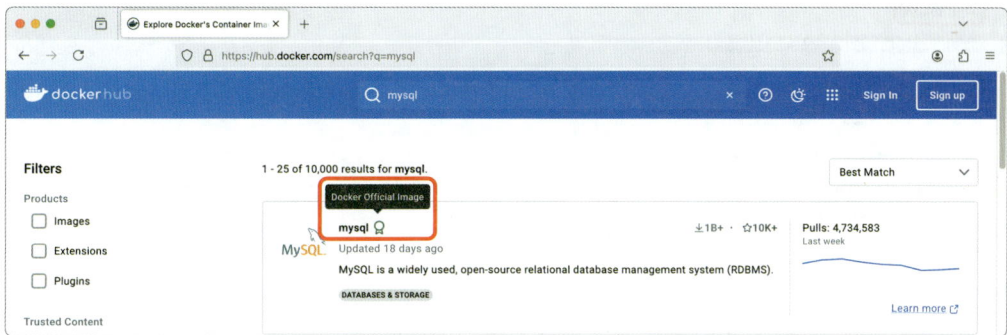

제일 위에 있는 mysql 리포지터리를 선택하면 [화면 14.1.3]처럼 [Overview] 탭과 [Tags] 탭을 볼 수 있습니다. [Overview] 탭은 어떤 도커파일로 이미지를 만들었는가 관련 정보, 사용법, 설정과 같은 이미지 전체 개요가 담겨 있습니다.

화면 14.1.3. 리포지터리 개요

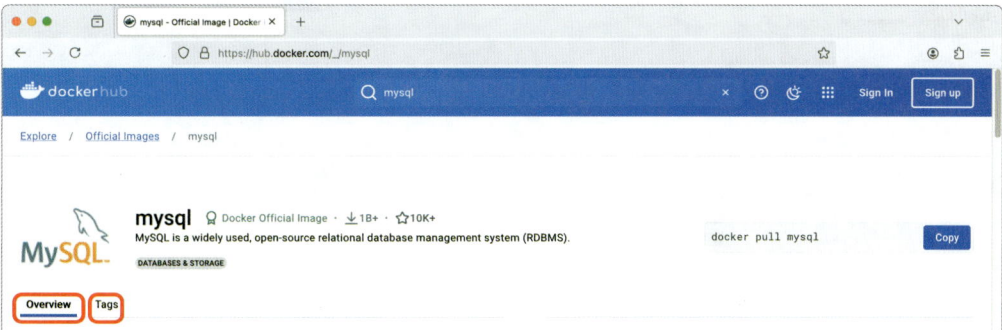

[Overview] 탭을 [화면 14.1.4]처럼 Environment Variables 항목까지 스크롤하면 10장에서 이용한 환경 변수 설명도 확인할 수 있습니다.

화면 14.1.4 환경 변수 설명

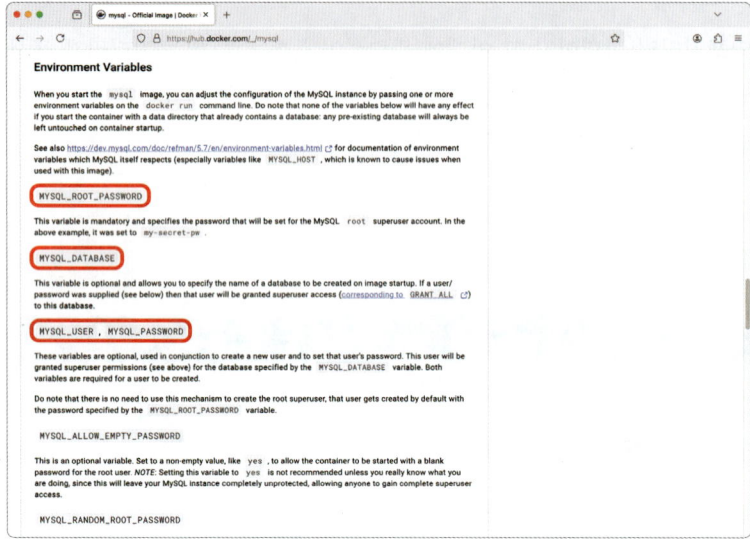

[화면 14.1.5]는 [Tags] 탭입니다. mysql 리포지터리에서 태그를 검색할 수 있습니다.

화면 14.1.5 태그 검색 화면

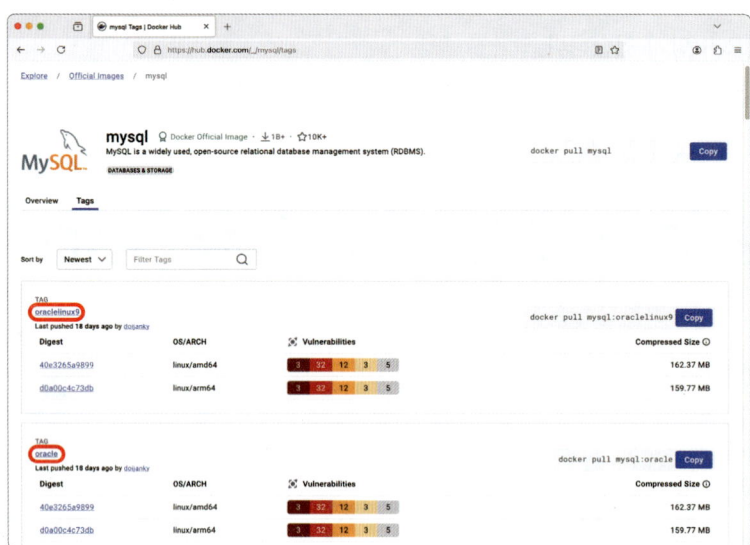

[화면 14.1.6]은 8.0으로 검색해서 Z - A 순서로 정렬한 결과입니다. 스크롤해서 확인하면 8.0 중에는 8.0.39가 최신입니다. 8.0.39 외에도 8.0.39-debian과 8.0.39-oracle도 검색됩니다.

화면 14.1.6 8.0 검색 결과

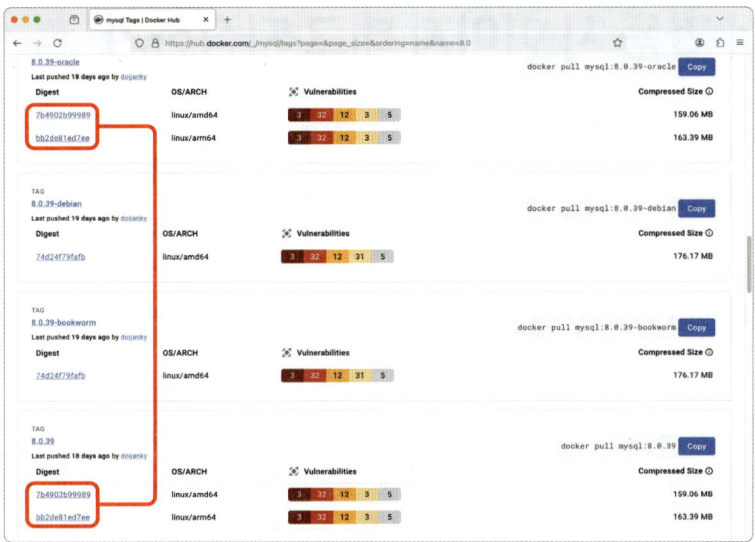

MySQL 이미지 태그의 하이픈 뒤는 이미지 베이스가 되는 리눅스 배포판을 뜻합니다. 모두 버전은 8.0.39이지만 8.0.39-debian은 데비안, 8.0.39-oracle은 오라클 리눅스용 이미지가 됩니다. 또한 이미지의 해시(Digest) 값이 8.0.39와 8.0.39-oracle이 일치하므로 태그는 달라도 서로 같은 이미지입니다.

배포판을 명시하지 않은 8.0.39이 오라클 리눅스이고 8.1에는 -debian이 없으므로, 이번에는 8.0.39를 이용합니다. 이미지를 찾는 기본적인 흐름은 이렇습니다.

14.2

컨테이너 가동 시 이미지 태그 지정하기

● MySQL 8.0.39 컨테이너 가동하기

이용할 MySQL 이미지 태그를 8.0.39로 정했으므로 곧바로 컨테이너를 가동해 봅시다. 결정한 태그는 container run의 IMAGE에 사용합니다. 12장에서 설명한 [REPOSITORY:[TAG]] 형식을 떠올려 보기 바랍니다. 이번에는 mysql:8.0.39가 됩니다. 컨테이너명은 db1이고 자동 제거나 백그라운드 실행을 지정하고 최소한 필요한 환경 변수와 포트 공개를 지정합니다. 지정한 옵션의 상세 내용이 기억나지 않는다면 10장을 다시 확인합니다.

터미널 14.2.1 MySQL 8.0.39 이미지 가동하기

```
$ docker container run          \
  --name db1                    \
  --rm                          \
  --detach                      \
  --env MYSQL_ROOT_PASSWORD=secret \
  --publish 3306:3306           \
  mysql:8.0.39     ← 태그 명시
f3381a793951813607b5ca9b8871732c6dbf64780f2d360079f95d2bb5d3ac3a
```

컨테이너가 가동되면 접속해서 MySQL 서버 버전을 확인합니다.

터미널 14.2.2 MySQL 컨테이너의 MySQL 서버에 접속하기

```
$ mysql --host=127.0.0.1 --port=3306 --user=root --password=secret
         프롬프트가 전환되고 조작 대기 상태가 됨
mysql> select version();
```

```
+-----------+
| version() |
+-----------+
| 8.0.39    |
+-----------+
1 row in set (0.00 sec)
```

도커 허브에서 검색한 태그를 컨테이너 가동할 때 지정하면 원하는 버전의 MySQL 서버를 가동할 수 있습니다. 도커 컨테이너를 잘 활용하면 필요한 MySQL 서버 버전이 바뀔 때마다 재설치하는 작업에서 해방입니다.

● MySQL 8.4.2 컨테이너 가동하기

db1이라고 이름 붙인 MySQL 8.0.39 컨테이너를 그대로 두고 2024년 8월 현재 8.x 버전대 최신인 MySQL 8.4계 컨테이너를 가동해 봅시다. 같은 방식으로 8.4를 검색하면 8.4-oracle, 8.4.2-oracle, 8.4.2 등이 검색됩니다. 모두 동일한 다이제스트(Digest)이므로 똑같은 이미지입니다.

화면 14.2.1 8.4 검색 결과

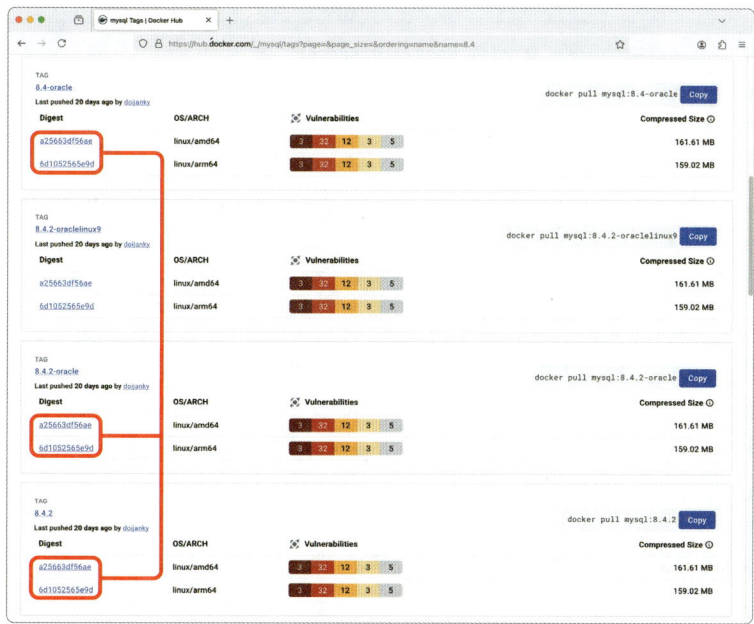

지금은 동일하지만 만약 새로운 8.4.3 버전이 나오면 8.4-oracle은 새로운 이미지로 바뀝니다. latest 뿐만 아니라 8.4 같은 버전 지정은 이용 시기에 따라 실제로 사용되는 이미지가 바뀔 수 있으므로 시간이 지나도 문제가 생기지 않도록 상세 버전인 `mysql:8.4.2`를 지정해 봅시다.

컨테이너명은 충돌하지 않도록 db2로 하고 `IMAGE`는 `mysql:8.4.2`를 지정합니다. 호스트머신의 3306번 포트는 이미 db1에서 사용하므로 충돌을 피해서 호스트머신의 3307번 포트에 매핑합니다.

터미널 14.2.3 MySQL 8.4.2 이미지 가동하기

```
$ docker container run                    \
  --name db2                              \
  --rm                                    \
  --detach                                \
  --env MYSQL_ROOT_PASSWORD=secret        \
  --publish 3307:3306                     \
  mysql:8.4.2         ← 태그 명시
d62c601e6ab46a4b031cecc8a2813dcd45d928423cd9b2d00c84412028dc1f67
```

컨테이너가 가동되면 접속해서 MySQL 서버 버전을 확인합니다. db1 접속 때와 다르게, 포트 번호는 3307입니다.

터미널 14.2.4 MySQL 컨테이너의 MySQL 서버에 접속하기

```
$ mysql --host=127.0.0.1 --port=3307 --user=root --password=secret
                    프롬프트가 전환되고 조작 대기 상태가 됨
mysql> select version();
+-----------+
| version() |
+-----------+
| 8.4.2     |
+-----------+
1 row in set (0.02 sec)
```

MySQL 8.0.39를 가동하면서 MySQL 8.4.2도 가동할 수 있습니다. 필요에 따라 원하는 버전을 실행할 수 있고 동시에 공존할 수도 있습니다.

Point 이제 컨테이너는 삭제해도 됩니다. `docker container stop db1 db2`로 정지합니다.

15장

vi를 설치한 우분투 이미지를 작성하고 공유하기

이 장에서는 컨테이너와 이미지에서 이미지를 작성하는 방법을 배웁니다.
이미지 공유는 도커파일을 추천하지만, 지금 배우는 방법은 백업이나 디버깅할 때 활용할 수 있습니다. 컨테이너와 이미지를 더 잘 이해하도록 몇 가지 조작 방법을 정리해 봅시다.

컨테이너에 vi 설치하기

● 컨테이너 준비

이 장에서는 컨테이너를 변경하고 이미지로 공유하는 방법을 설명합니다. 준비 작업으로 우분투 컨테이너에 vi 명령어를 설치합니다. 패키지 설치는 apt 명령어를 사용합니다. 우선 apt update 로 의존 관계 정보를 업데이트하고 apt install로 원하는 패키지 최신판을 설치합니다. vi 명령어의 패키지명은 vim입니다. apt 명령어는 패키지를 설치할 때 Do you want to continue? [Y/n] 표시로 설치 확인을 요청하므로 Y 키를 눌러줘야 합니다. 컨테이너를 가동하고 apt 명령어를 실행해 봅시다. 앞으로 계속 조작하므로 컨테이너명을 myubuntu로 붙입시다. 대화형 조작이므로 --interactive와 --tty도 지정합니다. 우분투 이미지는 22.04를 사용합니다.

터미널 15.1.1 우분투 컨테이너를 가동하고 vi 명령어 설치하기

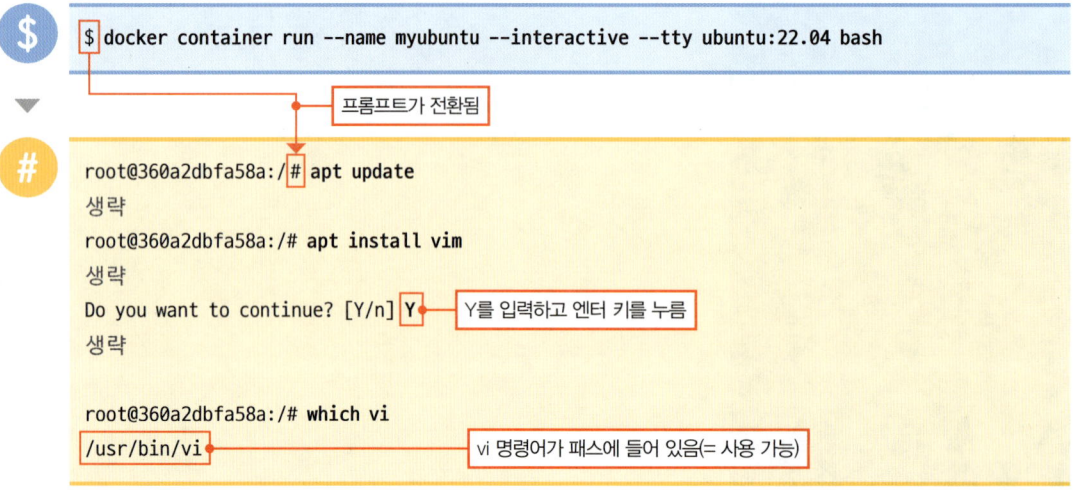

이제 myubuntu 컨테이너는 vi 명령어를 사용할 수 있습니다. 이 장을 공부하는 동안 myubuntu 컨테이너는 계속 실행해 둡니다. 우선 12장 복습입니다. myubuntu 컨테이너를 가동한 상태로 새로운 우분투 컨테이너를 가동해서 vi 명령어를 사용할 수 있는지 which 명령어로 확인합니다.

이 컨테이너는 확인이 끝나면 바로 정리할 생각이므로 --name 대신에 --rm을 지정합니다.

터미널 15.1.2 새로운 우분투 컨테이너를 가동해서 vi 명령어 확인하기

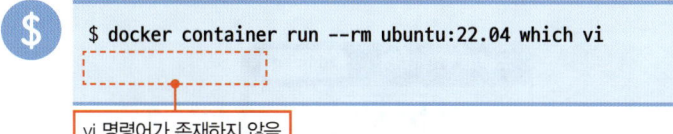

vi 명령어가 존재하지 않음

컨테이너의 파일 변경은 컨테이너 레이어에서 일어나고, 컨테이너 레이어는 컨테이너를 가동할 때마다 만들어집니다. 따라서 두 번째로 가동한 우분투 컨테이너는 vi 명령어가 존재하지 않습니다.

그림 15.1.1 이미지 레이어와 컨테이너 레이어

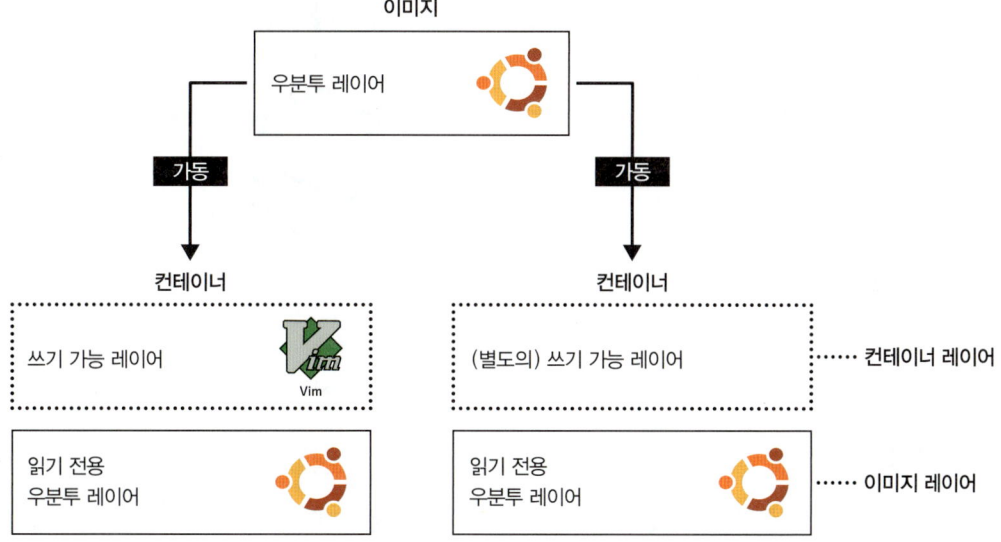

컨테이너 이미지화하기
container commit

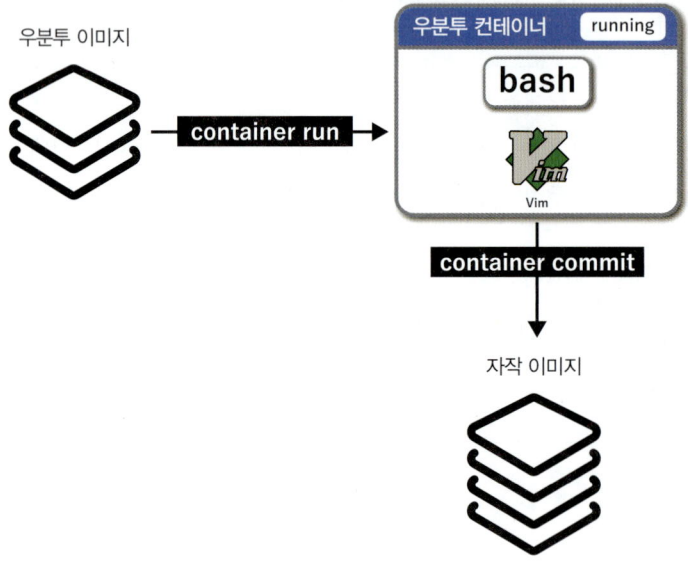

● 명령어 설명

컨테이너에서 이미지를 작성하려면 container commit을 사용합니다.

```
$ docker container commit [OPTIONS] CONTAINER [REPOSITORY[:TAG]]
```

이 장에서 다루는 [OPTIONS]는 없습니다.

● 컨테이너에서 이미지 작성하기

container commit을 사용하면 컨테이너에서 이미지를 만들 수 있습니다. container에 속한 명령어라는 점이 중요한데 컨테이너에서 발생한 파일 시스템 변경을 포함한 이미지를 작성합니다.

CONTAINER에는 조금 전에 가동한 myubuntu 컨테이너를 지정합니다. [REPOSITORY[:TAG]] 부분을 지정하지 않으면 만들어진 이미지를 다루기 어려우므로 vi-ubuntu 리포지터리의 commit 태그로 이미지를 만듭시다.

터미널 15.2.1 컨테이너에서 이미지 작성하기

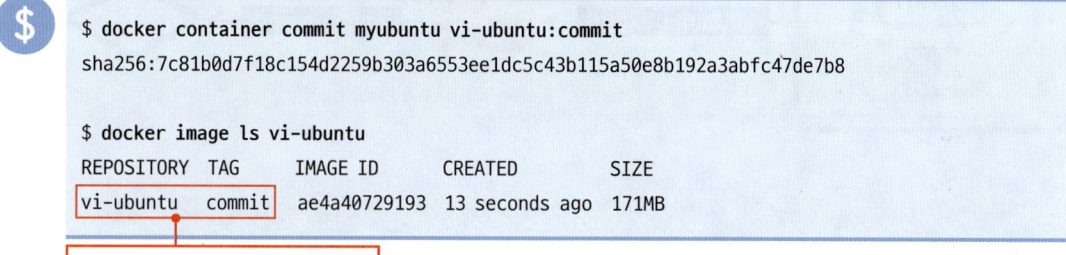

vi-ubuntu:commit 이미지가 작성됐습니다. 가동해서 vi 명령어를 사용할 수 있는지 확인해 봅시다.

터미널 15.2.2 작성한 이미지에서 컨테이너를 가동해서 vi 명령어 확인하기

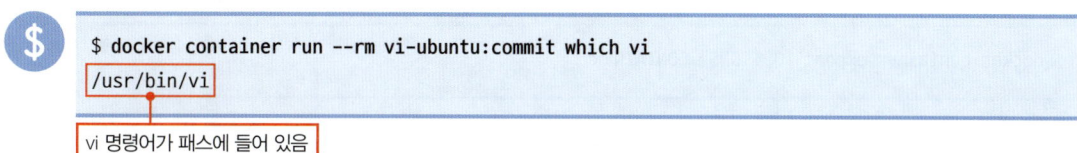

container commit은 파일(vi 명령어도 파일입니다)을 포함한 컨테이너를 이미지로 작성합니다. 따라서 vi를 쓸 수 있는 vi-ubuntu:commit 이미지가 되었습니다.

컨테이너를 tar로 이미지화하기
container export + image import

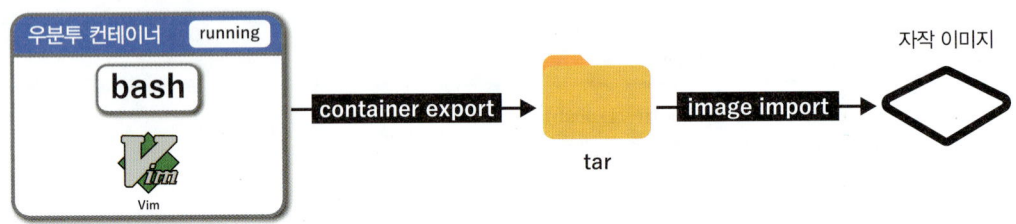

● **명령어 설명**

컨테이너에서 tar 아카이브 파일 작성은 container export를 사용합니다.

```
$ docker container export [OPTIONS] CONTAINER
```

이 장에서 다루는 docker container export의 [OPTIONS]는 다음과 같습니다.

짧은 옵션	긴 옵션	의미	용도
-o	--output	출력 대상 파일명	파일로 저장합니다.

container export로 작성한 tar 아카이브 파일에서 이미지를 작성하려면 `image import`를 실행합니다.

```
$ docker image import [OPTIONS] file|URL| - [REPOSITORY[:TAG]]
```

이 장에서 다루는 `docker image import`의 [OPTIONS]는 없습니다.

● **컨테이너에서 tar 만들기**

이미지는 레이어가 되는 tar 아카이브 파일의 집합으로, .img 같은 단일 파일이 아닙니다. `container commit`은 컨테이너에서 이미지를 만들지만, 만들어진 이미지는 일반 파일과 다르게 깃(Git)으로 관리하거나 파일 저장소에 업로드할 수 없습니다. 따라서 이런 문제가 있을 때에는 `container export`를 이용합니다. `container export`로 myubuntu 컨테이너를 tar 아카이브 파일로 만들어 봅시다. `--output`으로 파일명을 지정합니다.

터미널 15.3.1 컨테이너에서 tar 아카이브 파일 작성하기

```
$ docker container export --output export.tar myubuntu

$ ls
export.tar
```
tar 아카이브 파일 확인

컨테이너에서 export.tar를 작성했습니다.

● **tar에서 이미지 만들기**

`container export`로 작성한 tar 아카이브는 `image import`로 이미지처럼 읽어 올 수 있습니다. file 매개변수에 방금 작성한 export.tar를 지정합니다. 만들어진 이미지는 vi-ubuntu 리포지터리의 import 태그를 지정합니다.

터미널 15.3.2 tar 아카이브 파일에서 이미지 작성하기

```
$ docker image import export.tar vi-ubuntu:import
sha256:563900e4ab196754b92ced6b6c5f914725784272f9df7ae26dbc6df678d0eb56

$ docker image ls vi-ubuntu
REPOSITORY   TAG      IMAGE ID       CREATED          SIZE
vi-ubuntu    import   7ef5fabc3205   5 seconds ago    170MB
vi-ubuntu    commit   ae4a40729193   36 minutes ago   171MB
```

→ vi-ubuntu:import 이미지가 만들어짐

vi-ubuntu 계열에 vi-ubuntu:import 이미지가 추가되었습니다. 가동해서 vi 명령어를 사용할 수 있는지 확인해 봅시다.

터미널 15.3.3 작성한 이미지로 컨테이너를 가동해서 vi 명령어 확인하기

```
$ docker container run --rm vi-ubuntu:import which vi
/usr/bin/vi
```

→ vi 명령어가 패스에 들어 있음

이 방법으로도 vi 명령어를 사용할 수 있습니다. tar 아카이브 파일은 일반 파일과 같은 방식으로 조작해서 다른 기기에 옮길 수 있습니다.

> **Point** myubuntu 컨테이너는 이제 삭제해도 됩니다.

● container commit과 container export + image import 차이

tar 아카이브 파일을 경유하는 점을 제외하면 container commit과 container export + image import는 같아 보입니다. 하지만 각 방법은 큰 차이가 있는데, 레이어 수와 메타데이터 취급 방식이 다릅니다.

container export + image import로 작성한 이미지는 레이어가 하나입니다. 또한, 이미지 메타데이터가 모두 사라집니다. 예를 들어 컨테이너 가동 시에 실행할 기본 명령어는 메타데이터로 관리하므로 vi-ubuntu:import를 가동할 때 [COMMAND]를 생략하면 오류가 발생합니다. 이런 차이점은 container commit은 컨테이너 레이어를 새로운 이미지 레이어로 바꾸는 조작이라고 생각하면 알기 쉽습니다.

그림 15.3.1 container commit 정리

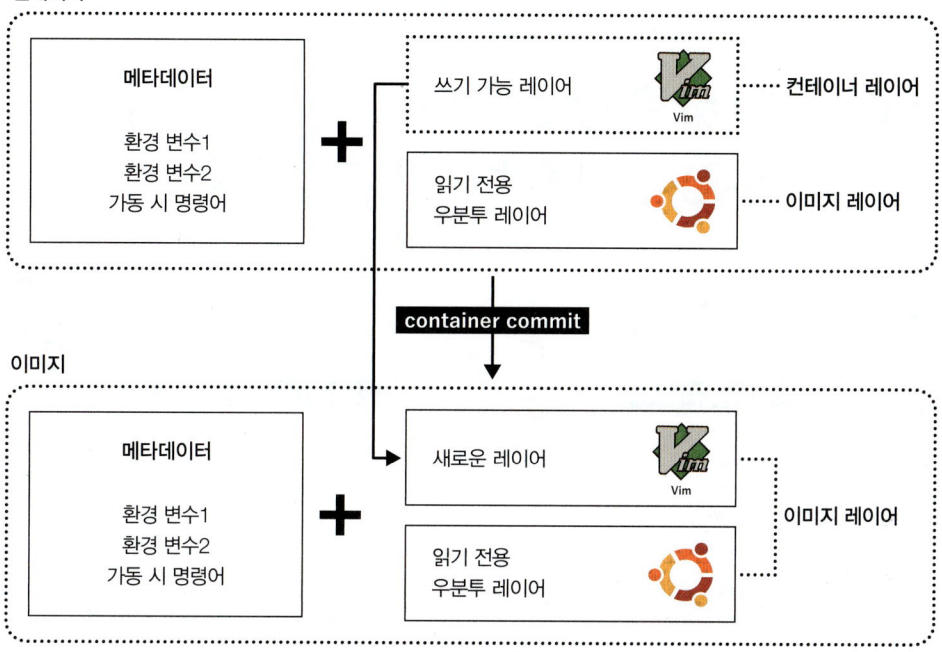

container export는 중첩된 파일 시스템을 하나로 합치는 조작입니다.

그림 15.3.2 container export + image import 정리

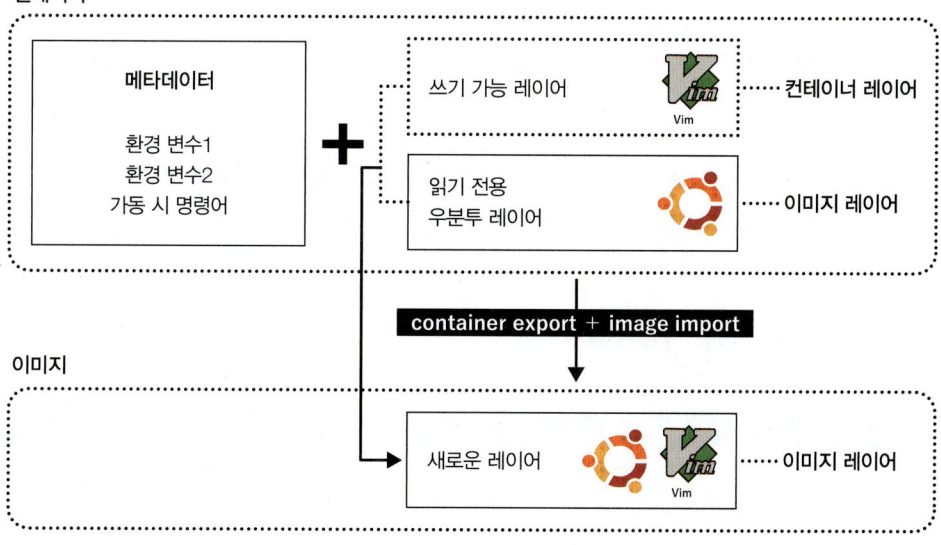

이미지를 tar로 만들고 다시 이미지화하기
image save + image load

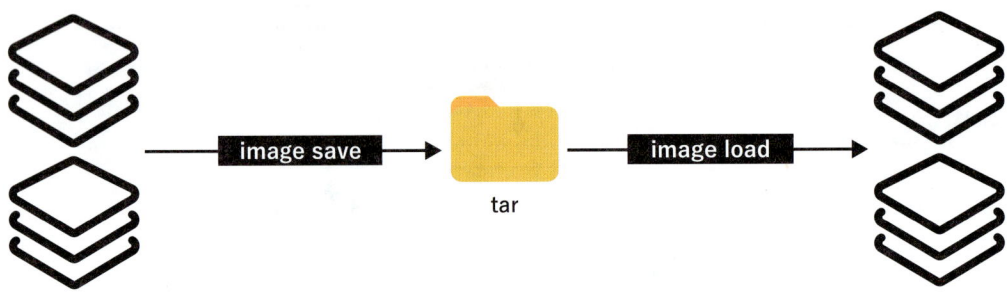

● 명령어 설명

이미지에서 tar 아카이브 파일 작성은 `image save`로 합니다.

```
$ docker image save [OPTIONS] IMAGE [IMAGE...]
```

[IMAGE...]는 다수의 이미지를 임의로 지정할 수 있다는 의미로 IMAGE [IMAGE...]는 적어도 하나 이상의 이미지를 지정하라는 뜻입니다. 여러 이미지를 나열해서 지정하면 한꺼번에 저장할 수 있다는 의미입니다.

이 장에서 다루는 [OPTIONS]는 다음과 같습니다.

짧은 옵션	긴 옵션	의미	용도
-o	--output	출력 대상 파일명	파일로 저장합니다.

image save로 작성한 tar 아카이브 파일에서 이미지 작성은 image load로 합니다.

```
$ docker image load [OPTIONS]
```

이 장에서 다루는 [OPTIONS]는 다음과 같습니다.

짧은 옵션	긴 옵션	의미	용도
-i	--input	입력 파일명	파일에서 작성합니다.

● 이미지에서 tar 만들기

image import와 비슷한 명령어로 image load가 있습니다. 두 명령어는 모두 tar 아카이브 파일에서 이미지를 만드는 명령어이지만, image load가 다루는 tar 아카이브 파일은 image save로 작성한 것입니다. container export와 다르게 image save는 image 하위 명령어이므로 tar 아카이브 파일을 작성하는 기준이 컨테이너가 아니라 이미지라고 알 수 있습니다.

ubuntu:22.04 이미지를 image save로 tar 아카이브 파일로 만들어 봅시다. --output으로 파일명을 지정합니다.

터미널 15.4.1 이미지에서 tar 아카이브 파일 작성하기

```
$ docker image save --output save.tar ubuntu:22.04

$ ls
export.tar  save.tar    ← tar 아카이브 파일 확인
```

이미지에서 save.tar가 작성되었습니다.

● tar에서 이미지 만들기

이미지를 다른 머신에 옮겼을 때와 비슷한 상황이 되도록, 호스트머신에서 ubuntu:22.04 이미지를 일단 삭제합니다.

터미널 15.4.2 우분투 22.04 이미지 삭제하기

```
$ docker image rm ubuntu:22.04
Untagged: ubuntu:22.04

$ docker image ls ubuntu:22.04
REPOSITORY    TAG    IMAGE ID    CREATED    SIZE
```
삭제되었음

ubuntu:22.04가 존재하지 않는 것을 확인했으면 save.tar를 image load로 이미지로 가져옵니다. --input 옵션에 방금 전에 작성한 save.tar를 지정합니다.

터미널 15.4.3 tar 아카이브 파일에서 이미지 작성하기

```
$ docker image load --input save.tar
Loaded image: ubuntu:22.04

$ docker image ls ubuntu:22.04
REPOSITORY    TAG      IMAGE ID        CREATED        SIZE
ubuntu        22.04    e343402cadef    7 weeks ago    69.2MB
```
ubuntu:22.04 이미지가 만들어짐

ubuntu:22.04 이미지가 다시 생겼습니다. 직접 해 보면 알 수 있지만 이 절의 조작에는 컨테이너가 전혀 등장하지 않습니다. image save와 image load는 컨테이너가 아니라 이미지를 다루는 명령어이므로, vi-ubuntu처럼 vi 명령어를 사용할 수 있는 이미지가 만들어지는 것은 아닙니다. 하지만 container export와 다르게 image save는 이미지 메타데이터나 태그 정보를 완전하게 저장합니다. image load에 리포지터리와 태그를 지정하지 않아도 ubuntu:22.04 이미지로 복원되었습니다.

● image save + image load 사용 목적

image save + image load의 목적은 이미지를 tar 아카이브 파일로 만들어서 파일 시스템을 활용해서 이미지 백업이나 이동에 사용하는 것입니다. 또한 image save는 IMAGE [IMAGE...]으로 한 번에 여러 이미지를 지정할 수 있습니다. image save는 여러 이미지를 지정해도 하나의 tar 아카이브 파일을 작성하고, image load는 하나의 tar 아카이브 파일에 포함된 다수의 이미지를 복원

할 수 있습니다. 이미지 주고받기에 특화된 명령어입니다.

COLUMN

참조 문서를 확인하자#4 – --help 옵션으로 명령어 상세 설명 보기

`docker image ls --help`를 실행하면 명령어 상세 설명이 표시됩니다.

터미널 15.4.4 docker image ls 명령어 상세 설명 표시하기

```
$ docker image ls --help

Usage:  docker image ls [OPTIONS] [REPOSITORY[:TAG]]

List images

Aliases:
  docker image ls, docker image list, docker images

Options:
  -a, --all         Show all images (default hides intermediate images)
      --digests     Show digests
  -f, --filter filter   Filter output based on conditions provided
      --format string   Format output using a custom template:
                    'table':            Print output in table format with column headers (default)
                    'table TEMPLATE':   Print output in table format using the given Go template
                    'json':             Print in JSON format
                    'TEMPLATE':         Print output using the given Go template.
                    Refer to https://docs.docker.com/go/formatting/ for more information about formatting output with templates
      --no-trunc    Don't truncate output
  -q, --quiet       Only show image IDs
```

옵션이나 매개변수 문법 외에도 기존 명령어 대응도 확인할 수 있습니다. `image ls`는 필터를 지정하거나 출력 형태를 바꿀 수 있는 것을 알 수 있습니다.

옵션을 잠깐 확인하고 싶을 때 간단히 표시하는 --help 옵션을 자주 사용합니다. 기억해 두면 편리합니다.

4부

도커파일 활용법

도커 허브 등의 레지스트리 서비스에 공개된 이미지는 범용적이라 최소한의 기능과 설정 범위로 한정됩니다. 하지만 실제로 이용하려면 추가 모듈 설치나 독자적인 설정 파일 배치가 필요합니다. 도커파일을 사용해서 이미지 확장을 해봅시다.

4부를 잘 이해하면 로컬 개발 환경 구축에 문제없을 수준으로 도커파일 구조를 익혀서 직접 도커파일을 작성할 수 있습니다.

4부의 각 장은 개별적으로 이해할 수 있게 구성되었습니다. 만약 작업 중 이해가 되지 않는 부분이 있다면 언제든 다시 펼쳐서 확인하기 바랍니다.

16장

도커파일 기초

4부에서는 도커파일을 활용한 이미지 확장 방법을 배웁니다. 이 장에서는 도커파일 문법을 설명하기 전에 이미지와 레이어 개념을 다시 정리하고 도커파일이 무엇을 하는지 그 분위기를 파악하는 것이 목표입니다. 그러면 이후의 장에서 어떤 조작을 하는지 원활하게 이해할 수 있습니다.

도커파일이 필요한 이유

14장에서 container commit과 image import를 배우며 이미지를 옮기는 방법을 익혔습니다. tar 아카이브 파일을 주고받아 다른 머신이나 팀 멤버와 이미지를 공유할 수 있지만, 큰 단점이 있습니다. tar 파일만으로는 이미지의 내용을 바로 알 수 없습니다. 예를 들어, PHP를 설치하고 설정 파일 작업을 완료한 이미지라고 알려주지 않으면 파일만 보고는 내용을 알 수 없습니다. 또한, tar 파일을 만드는 과정이 수작업이라 재현성도 없습니다. 같은 파일을 다시 만들려면 작업자의 기억에 의존해 PHP 설치 방법과 설정을 반복해야 합니다. 이런 문제를 해결하기 위해 자작 이미지는 보통 tar 파일 대신 도커파일Dockerfile로 공유합니다. 도커파일에 이미지 확장 방법을 기록하면 어떤 변경을 했는지 명확히 알 수 있고, 동일한 절차로 동일한 이미지를 작성할 수 있습니다.

그림 16.1.1 tar 아카이브 파일과 도커파일 차이

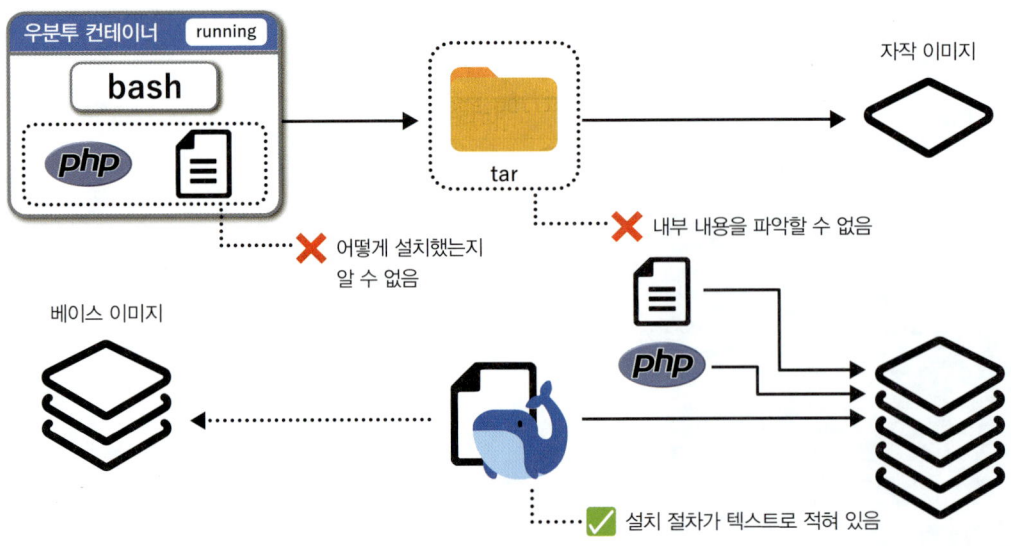

16.2 도커 허브의 레이어 정보 해석하기

도커파일 작업 방법을 다루기 전에, 루비 이미지를 사용해서 레이어 정보를 확인하는 방법을 설명합니다. 도커파일이 어떻게 레이어 정보를 관리하는지 살펴보기 바랍니다.

> **Point** 레이어가 무엇인지 잊었다면 4장을, 메타데이터는 12장을 확인해 보세요.

● 깃허브에서 도커파일 확인하기

우선 도커 허브에서 ruby를 검색하고 루비 리포지터리의 [Overview] 탭을 열어 봅시다.

화면 16.2.1 도커 허브의 루비 리포지터리

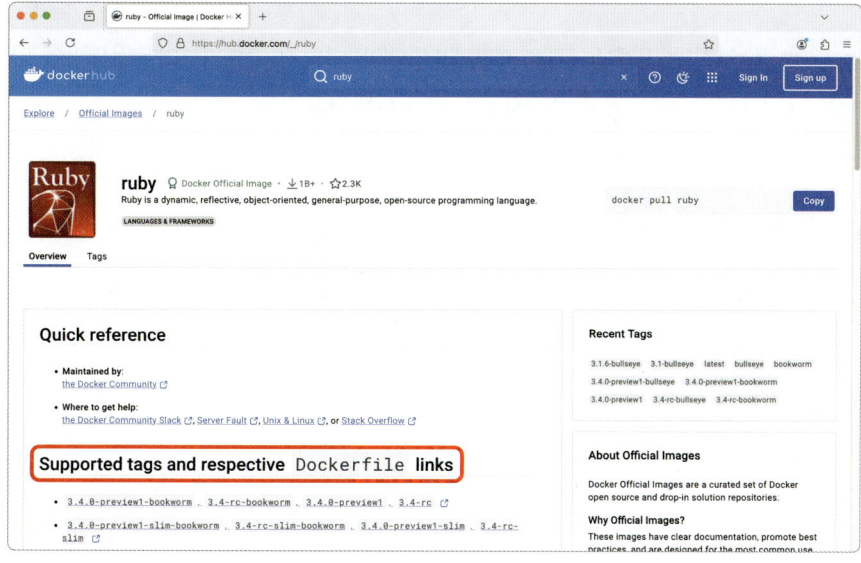

16 장 도커파일 기초 203

Supported tags and respective Dockerfile links 항목에 도커파일이 공개되어 있습니다.

2024년 8월 기준 latest인 3.3.4를 예로 살펴봅시다. 3.3.4 링크를 클릭해서 깃허브에 있는 ruby:3.3.4의 Dockerfile을 엽니다. 주석을 제외한 내용 중 일부 코드가 다음과 같습니다.

코드 16.2.1 ruby:3.3.4의 Dockerfile(발췌)

```
FROM buildpack-deps:bookworm
RUN set -eux; \
생략
ENV LANG C.UTF-8
ENV RUBY_VERSION 3.3.4
ENV RUBY_DOWNLOAD_URL https://cache.ruby-lang.org/pub/ruby/3.3/ruby-3.3.4.tar.xz
ENV RUBY_DOWNLOAD_SHA256 1caaee9a5a6befef54bab67da68ace8d985e4fb59cd17ce23c28d9ab04f4ddad
RUN set -eux; \
생략
ENV GEM_HOME /usr/local/bundle
ENV BUNDLE_SILENCE_ROOT_WARNING=1 \
    BUNDLE_APP_CONFIG="$GEM_HOME"
ENV PATH $GEM_HOME/bin:$PATH
RUN set -eux; \
    mkdir "$GEM_HOME"; \
    chmod 1777 "$GEM_HOME"
CMD [ "irb" ]
```

도커파일 전체는 120여 줄이지만, 명령은 FROM, RUN, ENV, CMD의 4가지 종류가 12개 정도밖에 없습니다. 루비 환경이 생각보다 간단하게 만들어지는 느낌을 받았나요?

● 도커 허브에서 이력 정보 확인하기

이미지 이력 정보를 확인합니다. 도커 허브로 돌아가서 [Tags] 탭에서 3.3.4를 검색해 봅시다.

화면 16.2.2 [Tags] 탭에서 검색하기

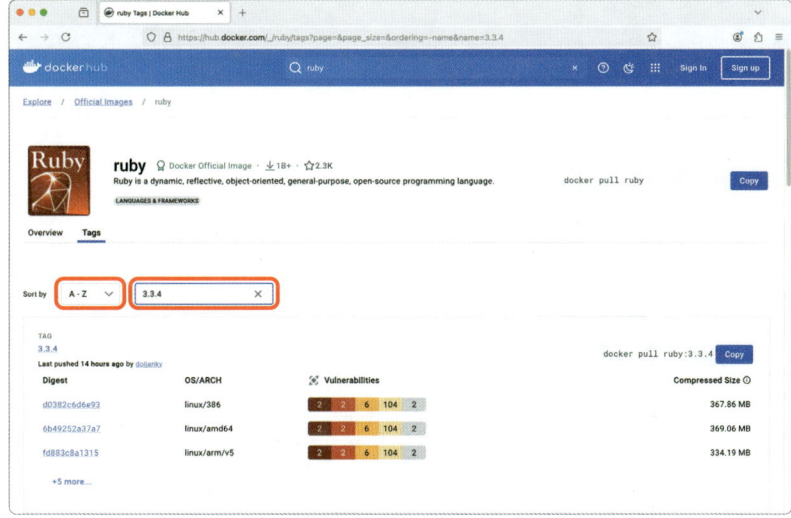

검색된 3.3.4를 열면 이미지 상세 정보 화면이 나옵니다. Image hierarchy나 Layers 같은 정보를 확인할 수 있습니다. Layers(16) 부분을 스크롤하면 16 항목 전부를 확인할 수 있습니다.

화면 16.2.3 이미지 상세 화면

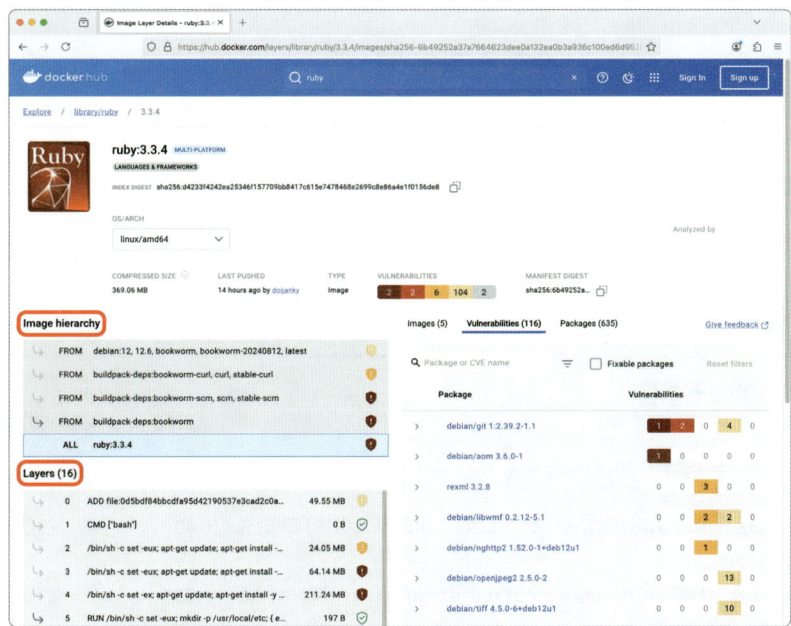

[화면 16.2.4]는 Layers 10 항목의 [Command] 탭을 확인한 모습입니다.

화면 16.2.4 [Command] 탭 확인

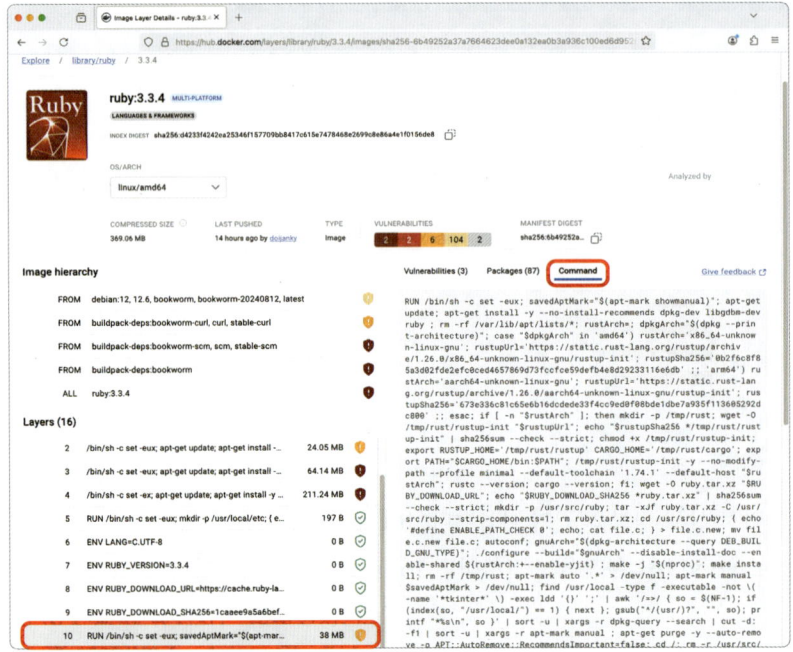

이렇게 도커 허브에서 이미지를 어느 정도 파악할 수 있습니다.

● 이력 정보, 레이어, 메타데이터

이러한 16개의 레이어 정보는 `image history` 명령어로도 확인할 수 있습니다.

터미널 16.2.1 루비 3.3.4 이미지의 히스토리

```
$ docker image history ruby:3.3.4
IMAGE          CREATED       CREATED BY                                      SIZE     COMMENT
84e874fe9fe2   5 weeks ago   CMD ["irb"]                                     0B
buildkit.dockerfile.v0
<missing>      5 weeks ago   RUN /bin/sh -c set -eux;  mkdir "$GEM_HOME";…   0B
buildkit.dockerfile.v0
<missing>      5 weeks ago   ENV PATH=/usr/local/bundle/bin:/usr/local/sb…   0B
buildkit.dockerfile.v0
```

<missing>	5 weeks ago	ENV BUNDLE_SILENCE_ROOT_WARNING=1 BUNDLE_APP…	0B buildkit.dockerfile.v0
<missing>	5 weeks ago	ENV GEM_HOME=/usr/local/bundle	0B buildkit.dockerfile.v0
<missing>	5 weeks ago	RUN /bin/sh -c set -eux; savedAptMark="$(a…	70.8MB buildkit.dockerfile.v0
<missing>	5 weeks ago	ENV RUBY_DOWNLOAD_SHA256=1caaee9a5a6befef54b…	0B buildkit.dockerfile.v0
<missing>	5 weeks ago	ENV RUBY_DOWNLOAD_URL=https://cache.ruby-lan…	0B buildkit.dockerfile.v0
<missing>	5 weeks ago	ENV RUBY_VERSION=3.3.4	0B buildkit.dockerfile.v0
<missing>	5 weeks ago	ENV LANG=C.UTF-8	0B buildkit.dockerfile.v0
<missing>	5 weeks ago	RUN /bin/sh -c set -eux; mkdir -p /usr/loca…	45B buildkit.dockerfile.v0
<missing>	5 weeks ago	/bin/sh -c set -ex; apt-get update; apt-ge…	560MB
<missing>	5 weeks ago	/bin/sh -c set -eux; apt-get update; apt-g…	183MB
<missing>	5 weeks ago	/bin/sh -c set -eux; apt-get update; apt-g…	48.5MB
<missing>	5 weeks ago	/bin/sh -c #(nop) CMD ["bash"]	0B
<missing>	5 weeks ago	/bin/sh -c #(nop) ADD file:e81dd8b32e45ea6e7…	139MB

반면에 `image inspect`로 확인한 JSON의 RootFS.Layers는 7개입니다.

터미널 16.2.2 루비 3.3.4 이미지의 inspect

```
$ docker image inspect ruby:3.3.4
[
생략
      "RootFS": {
        "Type": "layers",
        "Layers": [
          "sha256:cedb364ef937c7e51179d8e514bdd98644bac5fdc82a45d784ef91afe4bc647e",
          "sha256:f21c087a3964a446bce1aa4e3ec7cf82020dd77ad14f1cf4ea49cbb32eda1595",
          "sha256:20f026ae0a91ba4668a54b46f39853dd4c114a84cfedb4144ff24521d3e6dcb1",
          "sha256:f752cb05a39e65f231a3c47c2e08cbeac1c15e4daff0188cb129c12a3ea3049d",
          "sha256:6a6729352c7ff6da385f1ecf1565f8f8db5115151f1e40a0c5ae797803e35bd4",
          "sha256:8d5f0e3248f1e45b70ccd03924fe93bafe1c2fe27904846e4cb9dd2366c865ea",
          "sha256:3be1b8dc5d92fae6816851214731b1fe8a3c1ea2bb231a76ec429258988bf611"
```

```
            ]
        },
        "Metadata": {
            "LastTagTime": "0001-01-01T00:00:00Z"
        }
    }
]
```

OCI 표준 사양(OCI Image Specification)을 보면 RootFS는 파일 시스템을 변경하는 tar 아카이브 파일 정보, history는 메타데이터 설정을 포함한 이력의 나열입니다. history 정보는 예를 들어 ENV 명령처럼 파일 시스템을 변경하지 않는 항목은 empty_layer = true로 취급해서 RootFS에서는 대응하지 않습니다.[1]

도커 허브의 Layers 항목에 표시된 요소는 history에 해당하는 메타데이터 설정을 포함한 정보라고 보면 됩니다. ruby:3.3.4 이미지는 엄격한 의미의 레이어(파일 시스템 변경 내용이 담긴 tar 아카이브 파일)가 7개, 메타데이터 설정 9개를 포함해서 총 16개의 레이어가 있다고 정리할 수 있습니다.

이 책에서는 레이어는 파일 시스템을 변경하는 tar 아카이브 파일을 뜻해서 메타데이터는 포함하지 않는다고 정리합니다. 다만 history 정보에 한해서 편의상 레이어 또는 메타데이터 설정도 이력으로 부릅니다.

> 예시
> - 도커파일 명령은 이력을 남깁니다.
> - RUN 명령은 레이어를 만듭니다.
> - ENV 명령은 메타데이터를 만듭니다.

● 도커파일과 이력 정보 비교하기

도커파일과 이력 정보를 조금 자세히 비교해 봅시다. 도커파일의 FROM 이외의 명령은 명령 1개마다 이력 1개를 작성합니다. 따라서 [코드 16.2.1]의 ruby:3.3.4 도커파일은 FROM을 제외하고 11

---

[1] https://github.com/opencontainers/image-spec/blob/main/config.md#properties

줄이므로 이력도 11개를 만듭니다.

[화면 16.2.4]에서 확인한 이력 10의 [Command] 탭을 보기 바랍니다. [Command] 탭은 해당하는 이력을 작성한 명령어를 표시합니다.

코드 16.2.2 Command 탭(발췌)

```
RUN /bin/sh -c set -eux; savedAptMark="$(apt-mark showmanual)"; apt-get update; 생략
```

도커 허브의 Layers는 0부터 시작하므로 이력 10은 16건의 이력 중에서 위에서부터는 11번째, 밑에서부터 6번째가 됩니다. 도커파일도 마찬가지로 밑에서 6번째 명령과 비교해보면 내용이 일치합니다.

코드 16.2.3 도커파일(발췌)

```
RUN set -eux; \
  \
  savedAptMark="$(apt-mark showmanual)"; \
  apt-get update; \
  생략
```

다른 줄도 비교해보면 도커 허브의 밑에서부터 11개 이력(Layer 5~15)의 Command는 도커파일의 하위 11개 명령과 완전히 일치합니다. 그 위에 있는 5개의 이력은 FROM 내용입니다. FROM은 베이스 이미지를 지정하는 명령어로, FROM 명령 하나가 지정한 이미지에 있는 명령 전체와 같습니다.

[코드 16.2.1] 도커파일 첫 번째 줄을 확인하면 FROM buildpack-deps:bookworm입니다. 이것을 단서로 도커 허브에서 buildpack-deps 리포지터리를 찾아서 bookworm 태그의 도커파일을 봅시다(bookworm은 데비안 리눅스 배포판의 버전명입니다).

다음은 buildpack-deps:bookworm의 도커파일에서 발췌한 내용입니다.

코드 16.2.4 buildpack-deps:bookworm의 도커파일(발췌)

```
FROM buildpack-deps:bookworm-scm
RUN set -ex; \
  생략
```

RUN 명령으로 이력 하나를 추가하고 또다시 FROM을 확인할 수 있습니다. 대충 눈치챘을지도 모르겠지만 도커파일은 FROM을 사용해서 다른 이미지를 통째로 가져오는 방식으로 구현됩니다. 이렇게 FROM을 계속 따라가면 명령 16개를 확인할 수 있고 최종적으로 FROM scratch에 도달합니다. scratch 이미지는 가장 기본적인 이미지로, 거의 모든 이미지의 기반입니다(그림 16.2.1 참조).

도커 허브의 Image hierarchy나 Layers를 클릭하며 살펴보면 어디가 어떤 이미지에서 왔는지 확인할 수 있습니다(화면 16.2.5 참조). 이력(레이어와 메타데이터)과 도커파일의 관계를 잘 이해하셨는지요?

그림 16.2.1 도커파일의 FROM 연쇄

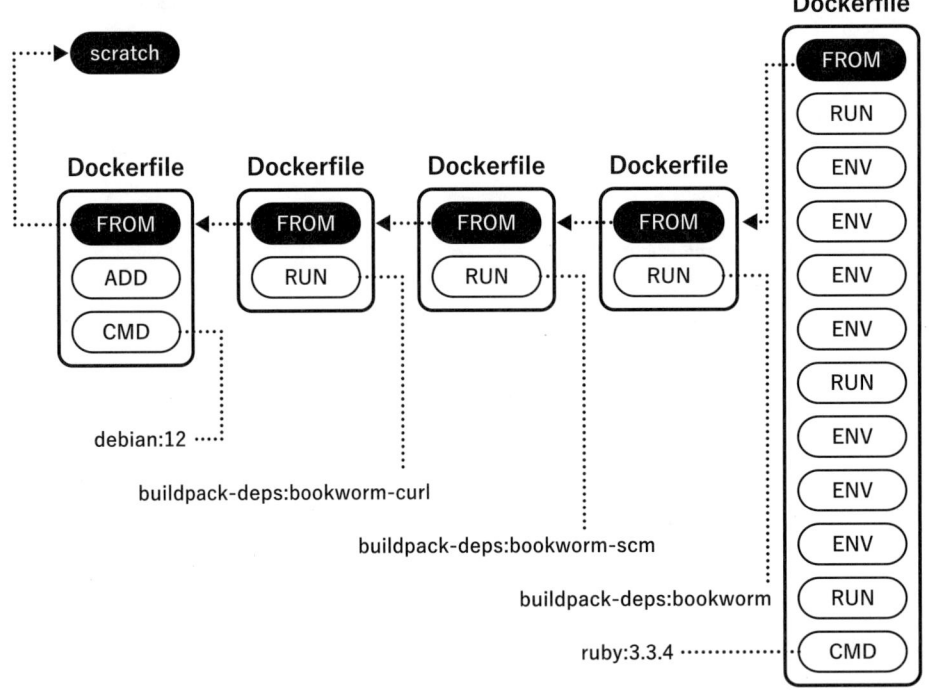

화면 16.2.5 각 도커파일의 범위 확인하기

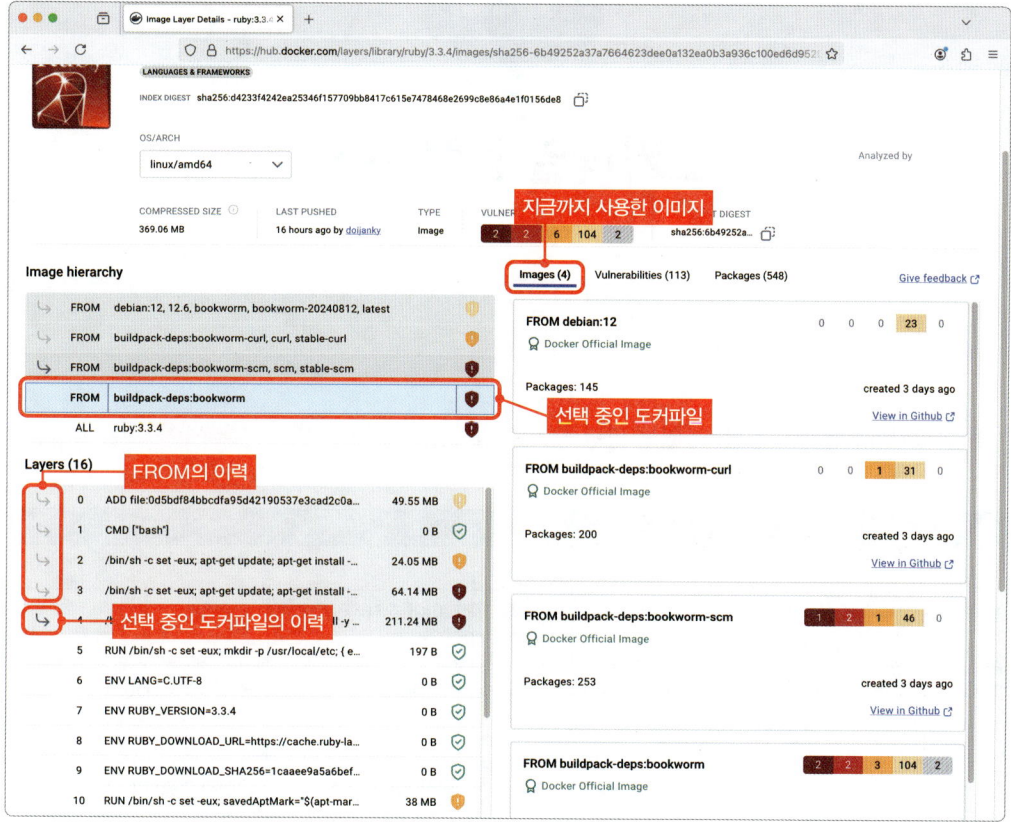

16.3 도커파일 명령 목록

다음은 도커파일에서 이용할 수 있는 명령 중 일부입니다.

명령	설명	해설	이 책에서 다루는 내용	비고
FROM	베이스 이미지를 지정합니다.	17장	–	–
RUN	명령어를 실행해서 레이어로 만듭니다.	17장	레이어 추가	–
ENV	이미지 환경 변수를 지정합니다.	18장	메타데이터 추가	비슷한 명령: ARG ENV는 이미지 빌드 시와 컨테이너 실행 시에 유효
ARG	이미지 빌드 시 변수를 정의합니다.	–	메타데이터 추가	비슷한 명령: ENV ARG는 이미지 빌드 시에만 유효
COPY	호스트머신의 파일을 이미지에 복사합니다.	18장	레이어 추가	비슷한 명령: ADD COPY는 간단
ADD	호스트머신이나 인터넷 파일을 이미지에 추가합니다.	–	레이어 추가	비슷한 명령: COPY ADD는 기능이 많음
ENTRYPOINT	컨테이너 가동 시 실행할 명령어를 지정합니다.	–	메타데이터 추가	비슷한 명령: CMD ENTRYPOINT는 컨테이너 가동 시 변경 안 됨
CMD	컨테이너 가동 시 실행할 명령어의 기본값을 지정합니다.	19장	메타데이터 추가	비슷한 명령: ENTRYPOINT CMD는 컨테이너 가동 시 유연하게 변경됨

전부는 아니지만 이 정도만 알면 충분히 도커파일을 읽고 쓸 수 있습니다.

요점 정리

- ☑ tar 아카이브 파일은 어떤 이미지인지 파악할 수 없습니다.
- ☑ 수작업 기반의 운영은 재현성이 없습니다.
- ☑ 도커파일을 사용한 이미지 확장은 명시적이고 재현성이 있습니다.
- ☑ 도커파일은 FROM으로 베이스 이미지를 지정해서 레이어와 메타데이터를 추가할 수 있습니다.

17장

vi를 사용할 수 있는 우분투 이미지 만들기

이 장에서는 모든 도커파일에서 반드시 사용하는 FROM 명령과 구축의 기본인 RUN 명령, 그리고 도커파일로 이미지를 빌드하는 명령어를 배웁니다.
기존 이미지에 원하는 변경을 추가하는 방법을 알아봅시다.

베이스 이미지 지정하기
FROM

● **명령 설명**

FROM 명령은 베이스 이미지를 지정합니다.

FROM [--platform=<platform>] <image> [AS <name>]

이 장에서는 <image>만 지정합니다.

● **FROM 명령과 베이스 이미지 선택하기**

도커파일의 FROM 명령은 기본이 되는 이미지를 지정합니다. 기본적으로 도커파일 첫 번째 줄은 FROM으로 시작하고 앞으로 이 이미지를 확장한다고 정의합니다. 따라서 도커파일을 작성하려면 우선 베이스 이미지를 정해야 하니까 도커 허브에서 찾아봅시다. 도커 허브에는 수많은 공식 리포지터리가 있습니다. 이미지를 찾을 때 우선 Docker Official Image(도커 공식 이미지)를 체크해서 공식 리포지터리를 찾습니다.

화면 17.1.1 공식 리포지터리부터 찾기

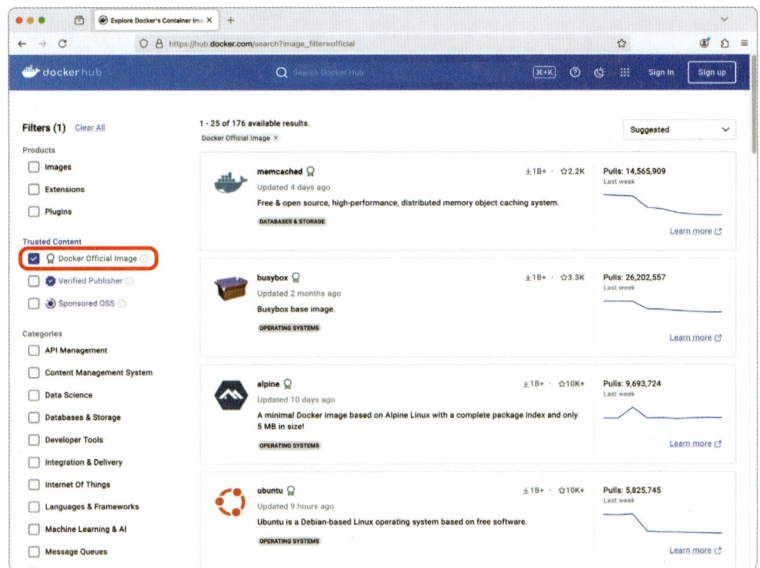

리포지터리는 작성하고 싶은 이미지에 가까운 것을 찾습니다. 예를 들어, PHP가 필요하면 PHP 리포지터리를 찾고, 데이터베이스 서버가 필요하면 MySQL 리포지터리 또는 PostgreSQL 리포지터리를 사용합니다. 이 장에서는 이미지 조작법을 배우는 것이 목적이므로 리눅스 배포판을 사용합니다.

어떤 리눅스 베이스 이미지를 사용할까 망설여진다면 우분투를 사용합시다. 우분투는 데비안 기반의 리눅스 배포판으로 널리 사용됩니다. 다른 장에서 사용한 PHP 이미지 등도 데비안 계열이고, 이 장에서 사용할 리포지터리는 공식 우분투 리포지터리로 정합니다.

그리고 다음에 정할 것은 태그입니다. 12장에서 설명한 대로 아무 생각 없이 latest 태그를 사용(또는 태그를 지정하지 않으면 자동으로 latest 사용)은 피해야 하므로 버전을 정해야 합니다. 버전을 정할 때 latest가 어떤 버전인지 확인하거나, 도커 허브가 아니라 우분투 사이트 등에서 장기 지원(LTS) 버전이 무엇인지 알아보면 좋습니다.

화면 17.1.2 도커 허브에서 latest 태그 확인하기

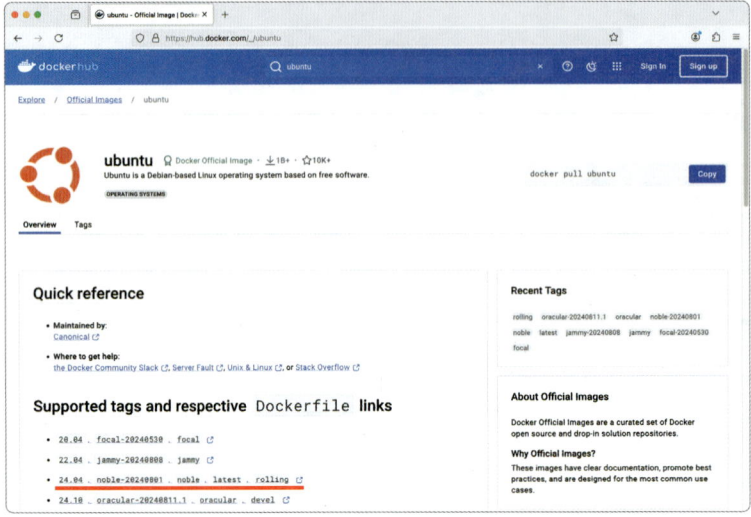

도커 허브에서 24.04 태그와 latest 태그가 같은 이미지입니다. 우분투 사이트를 확인해 봐도 2024년 8월(번역 시점) 현재 최신 장기 지원 버전은 24.04입니다. 따라서 버전은 24.04로 정합니다. 이미지 선택은 이런 식으로 진행합니다. 이번에 이용할 이미지는 ubuntu:24.04로 정했습니다.

● **첫 도커파일**

호스트머신의 적당한 곳에 디렉터리를 만들고 `Dockerfile` 파일을 작성합니다. 도커파일은 확장자를 붙이지 않고 `Dockerfile`을 관례적으로 사용합니다. `FROM`에는 `container run`이나 `image inspect`와 똑같이 `REPOSITORY[:TAG]` 형식으로 이미지를 지정합니다.

코드 17.1.1 FROM만 있는 도커파일

```
FROM ubuntu:24.04
```

이 도커파일은 이제부터 ubuntu:24.04를 확장하겠다는 선언으로 시작합니다. 아직 `FROM`밖에 적혀 있지 않아서 이 도커파일로 이미지를 만들어도 ubuntu:24.04와 똑같은 이미지가 될 뿐이지만, 일단은 여기서부터입니다. 이 장에서 `vi` 명령어를 설치하는 도커파일로 만들어 보겠습니다.

17.2 도커파일로 이미지 빌드하기 image build

● **명령어 설명**

도커파일에서 이미지를 빌드하려면 `image build`를 사용합니다.

```
$ docker image build [OPTIONS] PATH | URL | -
```

이 장에서 다루는 [OPTIONS]는 다음과 같습니다.

짧은 옵션	긴 옵션	의미	용도
-f	--file	도커파일을 지정합니다.	도커파일을 구분해서 사용합니다.
-t	--tag	작성한 이미지에 태그를 붙입니다.	의미 그대로입니다.

|는 또는(or)을 의미하고 PATH나 URL 또는 - 중에 어느 하나를 반드시 지정하라는 뜻입니다. 책에서는 PATH만 설명합니다.

● 도커파일로 이미지 빌드하기

앞에서 작성한 Dockerfile을 저장하고 `image build`로 이미지를 빌드해 봅시다. 태그를 지정하지 않고 빌드하면 만들어진 이미지가 무작위의 이미지 ID가 되어서 사용하기 불편하므로 `--tag`로 태그를 붙입니다. 리포지터리와 태그는 직접 정하는데 완성 이미지를 고려해서 my-ubuntu:24.04로 정합니다.

PATH | URL | - 매개변수는 컨텍스트context라고 하고 빌드할 때 참조할 파일 위치를 지정합니다. PATH로 디렉터리 경로를 지정하는 외에도, URL로 깃허브 리포지터리나 tar 아카이브 파일이 있는 URL을 지정하거나 -로 텍스트를 지정할 수 있습니다. 이번에는 Dockerfile 이외에 필요한 파일이 없으므로 현재 디렉터리를 뜻하는 .을 사용합니다.

`--file`은 도커파일 경로를 지정하는 옵션인데 컨텍스트에 Dockerfile[1] 파일명의 도커파일은 생략할 수 있습니다. 정리하면 실행할 명령어는 다음과 같습니다.

지정	보충 설명
--tag my-ubuntu:24.04	빌드한 이미지에 태그를 붙입니다.
PATH로 . 지정	빌드에 사용할 파일이 있는 장소를 지정합니다. 지정한 경로에 Dockerfile이 있다면 --file은 생략 가능합니다.

문법 `$ docker image build [OPTIONS]        PATH | URL | -`
            ↓   ↓
입력 `$ docker image build --tag my-ubuntu:24.04 .`

터미널 17.2.1 도커파일로 이미지 빌드하기

```
$ docker image build --tag my-ubuntu:24.04 .
[+] Building 8.1s (5/5) FINISHED                           docker:desktop-linux
 => [internal] load build definition from Dockerfile
 => => transferring dockerfile: 55B
 => [internal] load metadata for docker.io/library/ubuntu:24.04
 => [internal] load .dockerignore
```

---

1 역자주_ 도커파일은 도커 이미지 빌드하는 데 사용하는 스크립트 형식의 파일을 의미. Dockerfile은 실제로 사용하는 파일명 그 자체입니다.

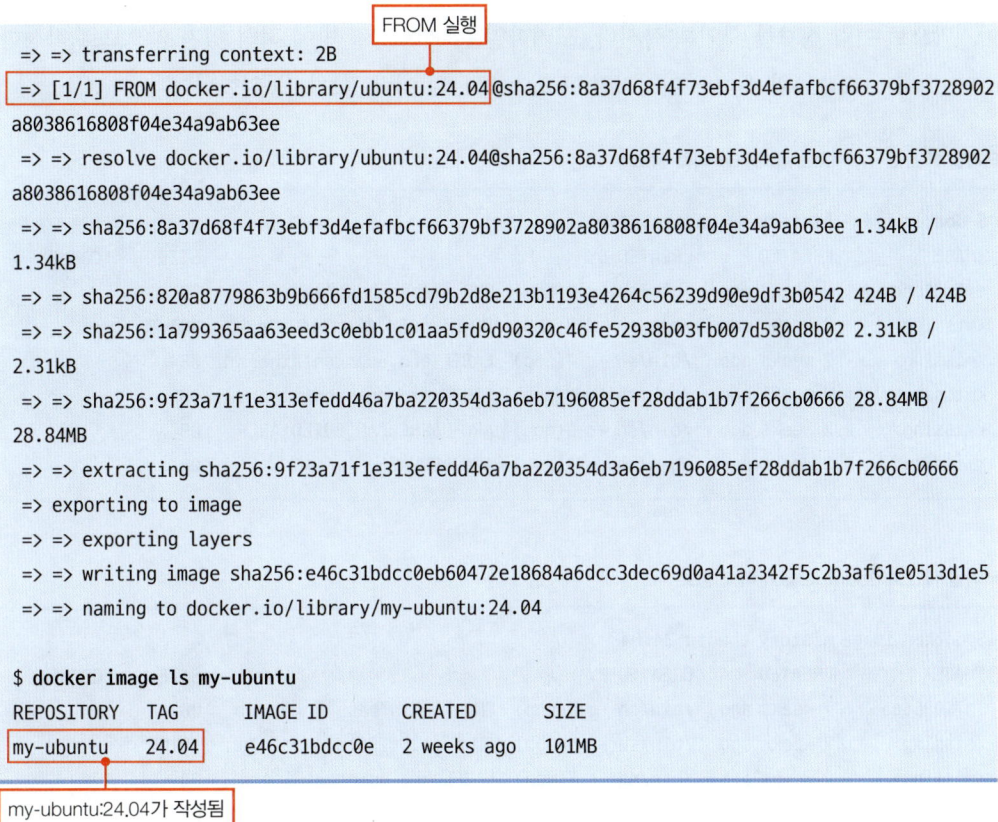

아직 vi 명령어는 사용할 수 없지만 빌드한 my-ubuntu:24.04 이미지로 컨테이너를 가동해 봅시다.

터미널 17.2.2 my-ubuntu:24.04 이미지로 컨테이너 가동하기

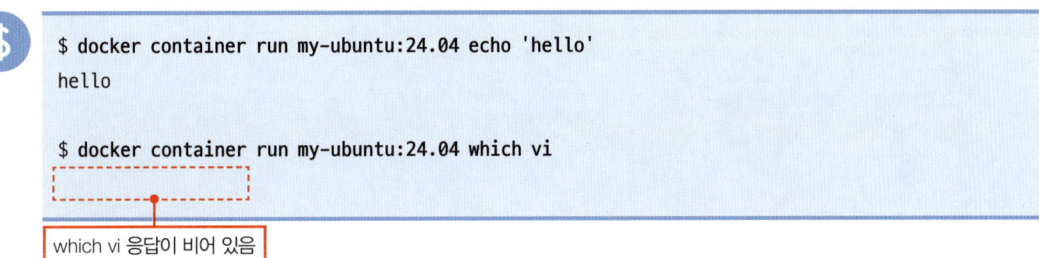

도커 허브에서 취득한 이미지와 마찬가지로, 직접 만든 도커파일로 빌드한 이미지도 컨테이너가 가동됩니다. 그런데 가동하면서 which vi로 vi 명령어 경로를 확인했지만 설치되어 있지 않아서 역시 아무것도 표시되지 않습니다.

마지막으로 이력 정보를 확인해 봅시다. 도커파일은 FROM 명령 밖에 적혀 있지 않으므로 작성한 my-ubuntu:24.04와 베이스 이미지인 ubuntu:24.04 이력 정보는 동일합니다.

터미널 17.2.3 my-ubuntu:24.04 이력 정보

```
$ docker image history my-ubuntu:24.04
IMAGE          CREATED        CREATED BY                                       SIZE      COMMENT
e46c31bdcc0e   2 weeks ago    /bin/sh -c #(nop)  CMD ["/bin/bash"]             0B
<missing>      2 weeks ago    /bin/sh -c #(nop)  ADD file:154285ca3d49a142b…   101MB
<missing>      2 weeks ago    /bin/sh -c #(nop)  LABEL org.opencontainers.…   0B
<missing>      2 weeks ago    /bin/sh -c #(nop)  LABEL org.opencontainers.…   0B
<missing>      2 weeks ago    /bin/sh -c #(nop)  ARG LAUNCHPAD_BUILD_ARCH      0B
<missing>      2 weeks ago    /bin/sh -c #(nop)  ARG RELEASE                   0B
```

터미널 17.2.4 ubuntu:24.04 이력 정보

```
$ docker image history ubuntu:24.04
IMAGE          CREATED        CREATED BY                                       SIZE      COMMENT
1a799365aa63   2 weeks ago    /bin/sh -c #(nop)  CMD ["/bin/bash"]             0B
<missing>      2 weeks ago    /bin/sh -c #(nop)  ADD file:154285ca3d49a142b…   101MB
<missing>      2 weeks ago    /bin/sh -c #(nop)  LABEL org.opencontainers.…   0B
<missing>      2 weeks ago    /bin/sh -c #(nop)  LABEL org.opencontainers.…   0B
<missing>      2 weeks ago    /bin/sh -c #(nop)  ARG LAUNCHPAD_BUILD_ARCH      0B
<missing>      2 weeks ago    /bin/sh -c #(nop)  ARG RELEASE                   0B
```

명령어를 실행해서 레이어 확정하기 RUN

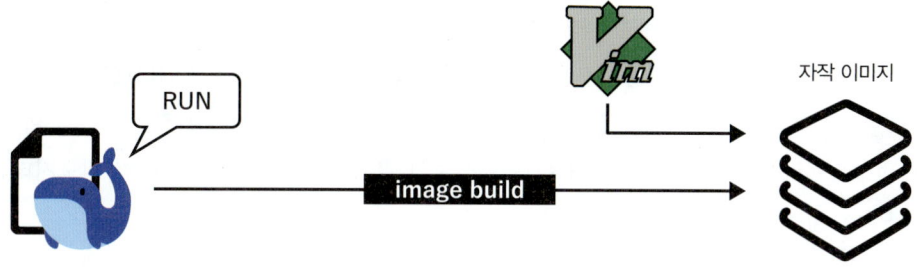

● **명령 설명**

RUN 명령은 새로운 레이어에서 명령어를 실행해서 그 결과를 다시 레이어로 확정합니다.

```
RUN <COMMAND>
```

● **RUN 명령으로 vi 명령어 설치하기**

RUN 명령은 리눅스 명령어를 실행하고 그 결과를 레이어로 확정합니다. 15장에서 vi 명령어를 설치할 때 `apt update`와 `apt install vim`을 사용했는데 이번에 실행할 명령어는 조금 다릅니다. [코드 17.3.1]을 확인해 봅니다.

코드 17.3.1 vi 명령어를 설치하는 Dockerfile

```
FROM ubuntu:24.04

RUN apt-get update
RUN apt-get install -y vim
```

apt-get 명령어도 apt 명령어처럼 패키지를 관리하는 명령어입니다. apt는 apt-get의 래퍼[wrapper] 명령어로 좀 더 사용자가 쓰기 편한 명령어입니다. 예를 들어 기본으로 색상을 사용해서 출력하거나 진행 표시줄[progress bar]이 있는 등의 차이가 있습니다. 다만 더 좋은 유저 인터페이스를 위해서 하위 호환성을 해치는 업데이트가 있을 수 있다고 매뉴얼에 명시되어 있으므로, 스크립트에서 이용한다면 apt-get을 추천합니다. 실제로 도커 허브의 공식 도커파일을 보면 어떤 리포지터리를 보더라도 apt-get을 이용합니다.

또 하나 다른 점은 install의 -y 옵션입니다. 이 옵션은 스크립트 실행 중에는 Do you want to continue? [Y/n]와 같은 대화형 조작을 할 수 없으므로 자동으로 y를 입력한 것처럼 동작하는 옵션입니다. 지금 본 것처럼 RUN 명령을 작성하려면 도커 지식뿐만 아니라 리눅스 지식도 필요합니다.

● 도커파일로 이미지 빌드하기

도커파일을 갱신했으므로 다시 빌드해 봅시다. FROM 밖에 없던 도커파일에 비해 빌드 시간이 조금 더 걸립니다.

터미널 17.3.1 도커파일로 이미지 빌드하기

```
$ docker image build --tag my-ubuntu:24.04 .
[+] Building 18.9s (7/7) FINISHED                           docker:desktop-linux
 => [internal] load build definition from Dockerfile
 => => transferring dockerfile: 104B
 => [internal] load metadata for docker.io/library/ubuntu:24.04
 => [internal] load .dockerignore
 => => transferring context: 2B
 => CACHED [1/3] FROM docker.io/library/ubuntu:24.04
 => [2/3] RUN apt-get update              ← apt-get update가 실행됨
 => [3/3] RUN apt-get install -y vim      ← apt-get install -y vim 실행됨
 => exporting to image
```

```
=> => exporting layers
=> => writing image sha256:cfb6102d30a78e7066e00212d5f1043d55a4307c14474fea2a9ce31b67e61753
=> => naming to docker.io/library/my-ubuntu:24.04
```

빌드한 my-ubuntu:24.04 이미지로 컨테이너를 가동해서 vi 명령어를 사용할 수 있는지 확인해 봅시다.

터미널 17.3.2 my-ubuntu:24.04 이미지로 컨테이너 가동하기

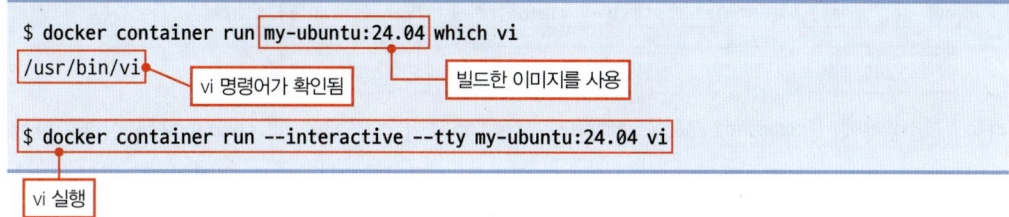

vi가 실행될 것입니다. 이렇게 vi를 사용할 수 있는 이미지가 만들어졌습니다.

Point vi 종료 방법은 :q + Enter 입니다.

컨테이너가 아니라 이미지에 vi 명령어를 설치했으니 앞으로 컨테이너를 가동할 때마다 vi 명령어를 설치할 필요가 없습니다. 도커파일을 사용한 이미지 확장이 어떤 방식인지 잘 이해하셨나요?

참고로 RUN이라는 단어 때문에 착각하기 쉽지만 RUN 명령은 `container run`과 서로 관계없습니다. RUN 명령에 지정한 명령어는 `image build` 할 때 실행됩니다. 착오가 없기 바랍니다.

COLUMN

갑자기 RUN 명령으로 리눅스 명령어를 써도 될까?

vi 명령어 설치는 무척 간단하며 실행 경험이 있으니 도커파일에 RUN 명령을 바로 사용했습니다. 지금처럼 아주 간단한 경우라면 곧바로 도커파일에 작성하기도 합니다.

하지만 실제로 사용한다면 갑자기 도커파일을 만드는 경우는 드물고 RUN 명령에 기록할 명령어 작성에 시행착오가 따르기 마련입니다. 필자는 도커파일을 작성할 때 우선 베이스 이미지 컨테이너를 가동해서 `bash`로 명령어를 이래저래 실행해서 잘 작동하는 명령어를 도커파일에 복사해서 작성합니다.

필자에게는 `image build` 실행은 RUN 명령에 적힌 명령어를 작동시킨다는 느낌보다, 복사해서 붙인 명령어에 실수가 없는지 최종 확인하는 느낌에 더 가깝습니다.

● RUN의 && 기호

책에서는 도커파일의 모범 사례를 그다지 깊이 다루지 않지만 RUN의 && 기호는 간단히 설명해 봅니다. 도커파일이나 이력 정보를 보면 RUN 명령의 리눅스 명령어가 빈번히 &&로 연결되어 있는 걸 볼 수 있습니다.

코드 17.3.2 RUN이 &&로 이어진 도커파일

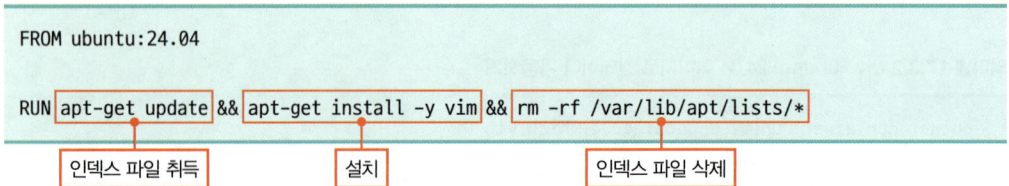

리눅스 명령어에서 command1 && command2는 command1이 성공했을 때 command2를 실행한다는 의미입니다. RUN은 명령 1개가 레이어 1개가 되므로 명령어를 전부 &&로 연결하면 아무리 많은 명령어를 실행해도 레이어 1개로 만들어집니다. 레이어를 합치는 이유 중 하나가 이미지 크기 줄이기입니다.

다음 도커파일은 [코드 17.3.2]와 동일한 명령어를 각각 RUN으로 분해한 것입니다.

코드 17.3.3 RUN을 한 줄씩 작성한 도커파일

```
FROM ubuntu:24.04

RUN apt-get update
RUN apt-get install -y vim
RUN rm -rf /var/lib/apt/lists/*
```

각 도커파일을 이미지로 빌드해서 이미지 크기를 비교해 봅시다. 도커파일을 각각 Dockerfile-1layer와 Dockerfile-3layers로 저장하고 my-ubuntu:1layer와 my-ubuntu:3layers로 빌드합니다. 파일명이 Dockerfile이 아니므로 `image build`의 `--file` 옵션으로 지정합니다.

터미널 17.3.3 빌드해서 이미지 크기 비교하기

```
$ docker image build --file Dockerfile-1layer --tag my-ubuntu:1layer .
생략
 => => naming to docker.io/library/my-ubuntu:1layer
```

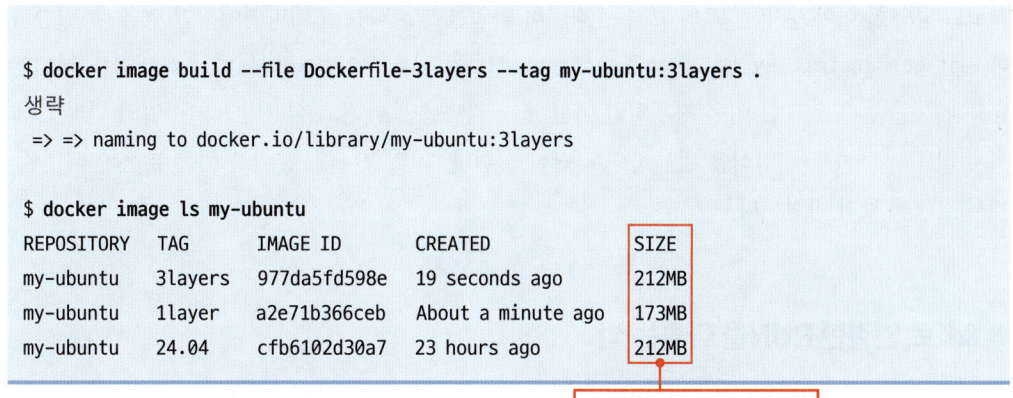

RUN을 하나로 합친 도커파일은 인덱스 파일 삭제까지 한 후에 레이어를 확정하므로 레이어에 인덱스 파일이 남지 않습니다. 하지만 RUN을 분할한 도커파일은 인덱스 파일을 작성한 순간이 레이어로 확정됩니다. 인덱스 파일은 최종적인 이미지에는 포함되지 않지만 이미지 크기는 tar 아카이브 파일 합계이므로 용량이 줄어들지 않습니다.

그림 17.3.1 레이어와 이미지 용량

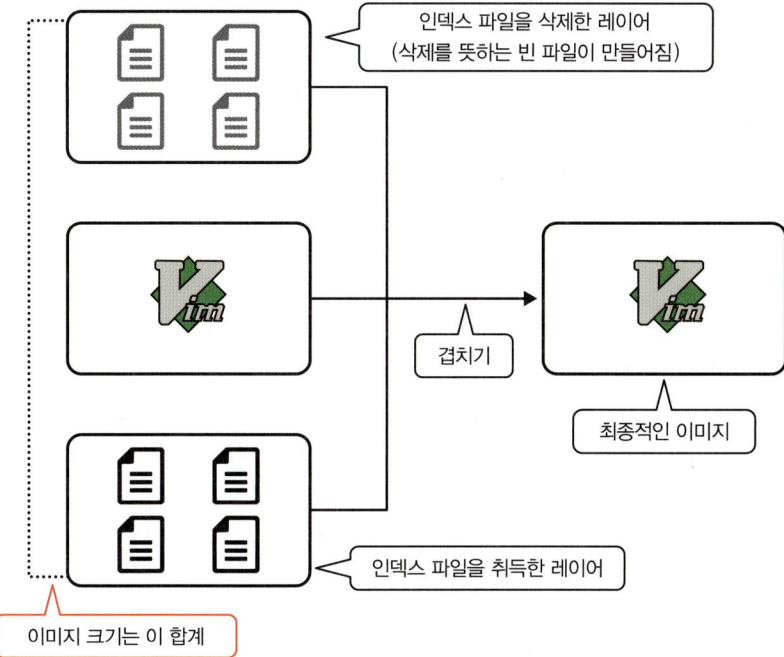

참고로 당연한 이야기지만, &&의 효과는 적절히 파일을 청소하는 도커파일에서만 얻을 수 있습니다. apt-get install -y git과 apt-get install -y vim을 어떤 레이어에서 하더라도 레이어 총용량은 같습니다. 또한 이번 경우처럼 어떤 조작 결과물만 남기고 싶다면 도커파일의 멀티 스테이지 빌드^{multi-stage builds} 방식을 활용하면 간단히 실현할 수 있습니다. 흥미가 있는 분은 인터넷 등에서 검색해 보기 바랍니다.

● &&로 연결한 RUN을 다루는 법

도커에 익숙하지 않거나 로컬 개발 환경 구축이 목적이라면 도커파일 튜닝에 너무 신경 쓰지 않아도 됩니다. 이미지 크기가 다소 커지더라도 호스트머신 용량을 조금 더 사용한다는 단점밖에 없습니다. 도커파일을 작성할 때 컨테이너를 가동해서 명령어를 실험해 보고 동작한 명령어를 한 줄씩 도커파일에 복사해서 RUN 명령으로 작성하는 것부터 시작해 봅시다.

익숙해지면 &&로 연결해서 이미지 용량을 줄이거나, 빌드 시 레이어 캐시를 알아보는 등 응용해서 활용해 봅시다.

18장

시간대와 로그 출력이 설정된 MySQL 이미지 만들기

이 장에서는 ENV와 COPY 명령으로 이미지를 확장하는 방법을 배웁니다. 도커 허브에 공개된 이미지는 기능은 충분하더라도 자신의 용도에 맞도록 상세한 설정이 필요합니다. 이 장에서 설명하는 명령을 사용해서 기존 이미지를 자신에게 맞게 조정하는 방법을 익혀 봅시다.

이미지 환경 변수 지정하기
ENV

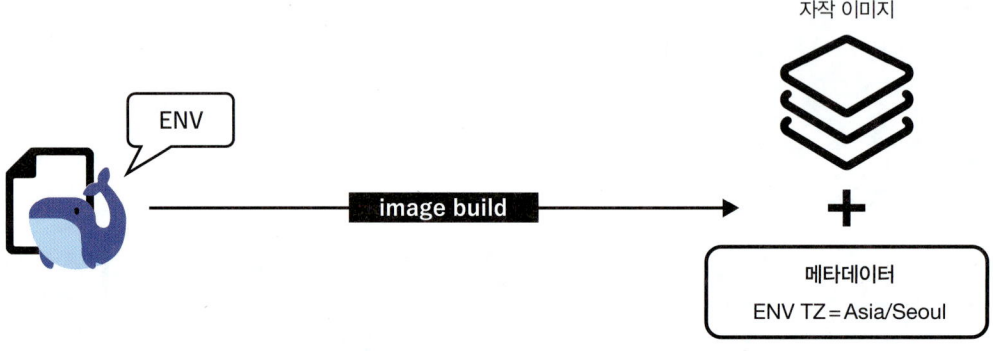

● **명령 설명**

ENV 명령은 메타데이터에 환경 변수를 추가합니다.

```
ENV <key>=<value> ...
```

● **MySQL 컨테이너의 시간대 확인하기**

MySQL 이미지에서 컨테이너를 가동하고 현재 시각을 확인해 봅시다. MySQL 컨테이너를 몇 번 가동해 봤는데 이제 옵션에 익숙해졌나요? 컨테이너명과 자동 삭제와 백그라운드 실행은 하던 대로 하고, 필수 환경 변수를 지정하고 호스트머신에서 접속할 포트 공개를 지정합니다. 사용하는 이미지는 2024년 8월 현재 latest 태그와 같은 9.0.1을 사용합니다.

터미널 18.1.1 MySQL 이미지에서 컨테이너 가동해서 현재 시각 확인하기

```
$ docker container run            \
    --name db                     \
    --rm                          \
    --detach                      \
    --env MYSQL_ROOT_PASSWORD=secret \
    --publish 3306:3306           \
    mysql:9.0.1
a9975055a48f82223cc33c2d8c89b024c2f63e83eba4066287022cf7fae4adb0

$ mysql --host=127.0.0.1 --port=3306 --user=root --password=secret
                             프롬프트가 전환되고 조작 대기 상태가 됨
mysql> select now();
+---------------------+
| now()               |
+---------------------+
| 2024-08-20 12:33:30 |  ← 한국 시간으로 오후 9시 33분이었으므로 9시간 차이
+---------------------+
1 row in set (0.00 sec)
```

select now() 결과가 한국 시간과 9시간 차이가 납니다. MySQL 서버 시간대 설정을 확인해 봅시다.

터미널 18.1.2 MySQL 서버 시간대 설정 확인하기

```
mysql> show variables like '%time_zone%';
+------------------+--------+
| Variable_name    | Value  |
+------------------+--------+
| system_time_zone | UTC    |
| time_zone        | SYSTEM |
+------------------+--------+
2 rows in set (0.01 sec)
```

system_time_zone | UTC는 MySQL 서버를 가동할 때 시스템 시간대가 UTC라는 뜻입니다. 도커 허브는 전세계에 공개되므로 배포된 서비스의 시간대가 한국(UTC+9시간) 시간대일 리가 없습니다. time_zone | SYSTEM은 MySQL 서버의 시간대가 시스템 시간대와 같다는 의미입니다.

시스템 시간대는 컴퓨터 시각을 어떤 지역 표준시에 맞출 것인가 정하는 설정으로, 환경 변수 TZ로 설정합니다. 새로운 터미널을 열고 container exec로 실행 중인 db 컨테이너의 환경 변수 TZ를 printenv로 확인해 봅시다.

터미널 18.1.3 MySQL 컨테이너 환경 변수 확인하기

```
$ docker container exec db printenv TZ
```
환경 변수 TZ가 설정되어 있지 않음

환경 변수 TZ는 설정되어 있지 않습니다. 따라서 이 컨테이너는 시스템 시간대가 UTC이고, MySQL 서버의 시간대는 시스템 시간대와 같은 설정이라고 알 수 있습니다. 이 MySQL 서버가 한국 표준시 KST(UTC+9시간)로 동작하도록 환경 변수 TZ를 설정해 봅시다.

Point db 컨테이너를 container stop db로 정지합니다.

● ENV 명령으로 환경 변수를 설정해서 시간대 변경하기

이미지에 환경 변수를 설정하려면 도커파일의 ENV 명령을 사용합니다. 다음처럼 Dockerfile을 만들어서 <key>=<value> 형식으로 환경 변수를 지정합니다. 환경 변수 TZ값은 Asia/Seoul입니다.

코드 18.1.1 환경 변수를 설정하는 Dockerfile

```
FROM mysql:9.0.1

ENV TZ=Asia/Seoul
```

Dockerfile을 저장했으면 image build로 빌드해서 이미지를 만들어 봅시다. 만들 이미지의 태그는 my-mysql 시리즈의 seoul로 지정합니다.

터미널 18.1.4 Dockerfile로 이미지 작성하기

```
$ docker image build --tag my-mysql:seoul .
```

빌드한 my-mysql:seoul 이미지로 컨테이너를 가동해서 현재 시각을 확인하니 KST가 되었습니다.

터미널 18.1.5 my-mysql:seoul 이미지로 컨테이너를 가동해서 현재 시각 확인하기

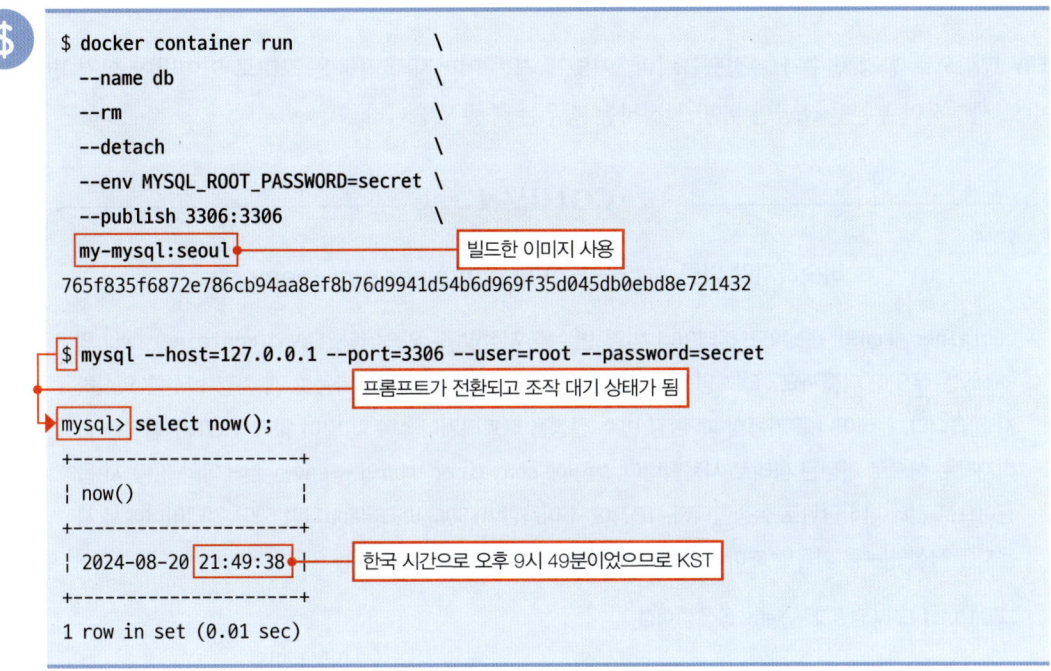

MySQL 서버의 시간대 설정을 확인해 봅시다.

터미널 18.1.6 MySQL 서버의 시간대 설정 확인하기

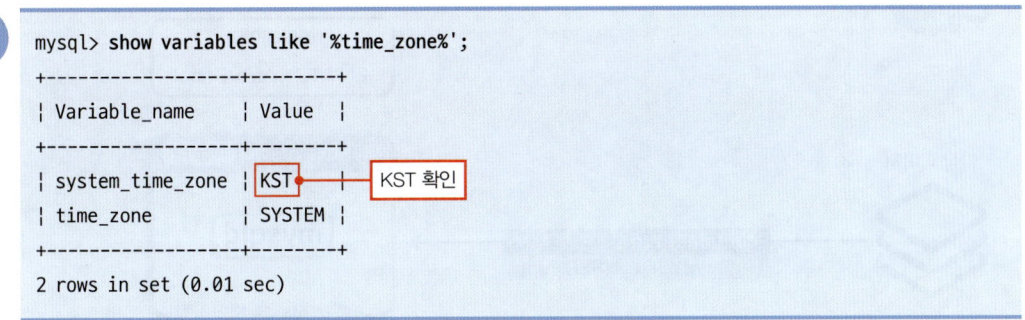

새로운 터미널을 열고 환경 변수 TZ도 확인합니다.

터미널 18.1.7 MySQL 컨테이너 환경 변수 확인하기

```
$ docker container exec db printenv TZ
Asia/Seoul          환경 변수 TZ가 설정됨
```

ENV 명령으로 환경 변수가 설정됐습니다. 이렇게 기존 이미지의 기능은 그대로 이어받아 환경 변수로 세부적인 부분을 조금만 바꿔 설정하는 경우는 종종 있습니다.

COLUMN

비슷하지만 다른 것#2 – ENV와 container run --env

container run의 --env도 컨테이너 환경 변수를 지정할 수 있습니다. ENV와 container run의 --env는 무엇이 다를까요? ENV 명령은 이미지에 설정하므로 컨테이너 가동할 때 환경 변수를 의식하지 않습니다. 컨테이너를 가동할 때 환경 변수 설정을 빠트리거나 실수할 일이 없고, KST가 설정된 이미지라는 식으로 확정된 형태로 사용합니다. 반면에 container run의 --env는 컨테이너 가동 시 옵션이므로 컨테이너 단위로 설정합니다. 10장에서 이용한 MYSQL_USER=app처럼 해당 컨테이너에서 사용자를 작성하는 등 가동할 때마다 유연하게 지정할 수 있습니다.

그림 18.1.1 ENV 명령과 --env 옵션 차이점

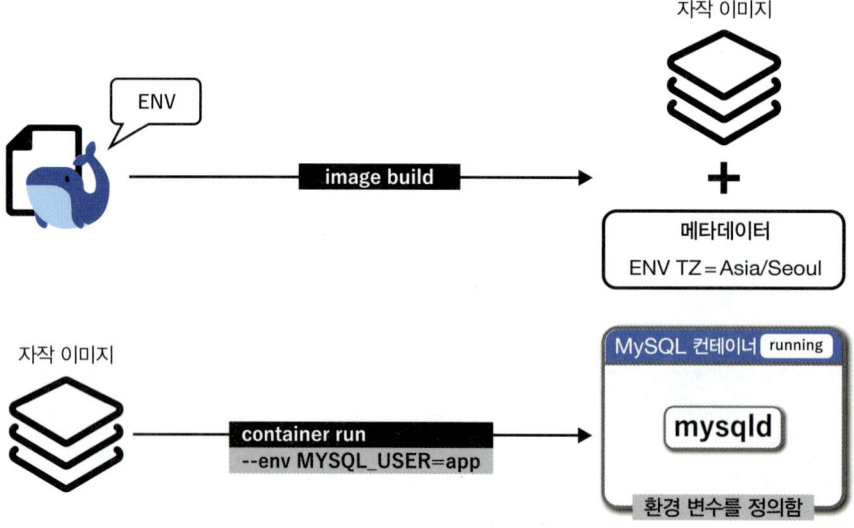

각자 무엇을 대상으로 조작하고 설정하는지 정리하는 것이 핵심입니다.

18.2 호스트머신의 파일을 이미지에 추가하기 COPY

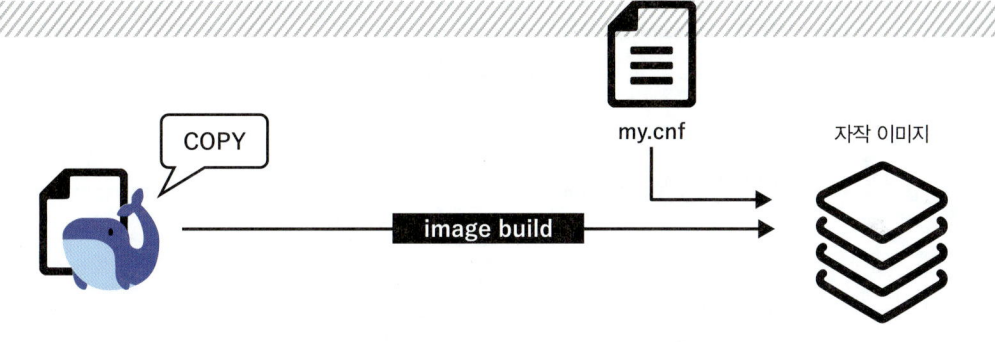

● 명령 설명

COPY 명령은 호스트머신의 파일을 이미지에 복사해서 레이어를 작성합니다.

```
COPY [--chown=<user>:<group>] [--chmod=<perms>] <src>... <dest>
```

이 장에서는 <src>... <dest>만 지정합니다. <src>...은 다수의 복사 원본 파일을 <dest>로 복사할 수 있다는 의미이지만, 책에서는 <src>를 여러 개 지정하는 경우는 설명하지 않습니다.

● 로그 출력 설정과 설정 파일

지금 가동한 MySQL 컨테이너는 쿼리를 실행해도 일반 쿼리 로그가 출력되지 않습니다. 불특정 다수의 요청이 발생하는 환경에서 일반 쿼리 로그를 출력하면 로그 파일 크기가 너무 커지기 때문에, 일반 쿼리 로그는 출력되지 않는 것이 기본 설정입니다. 하지만 개인이 사용하는 컨테이너라면 개발이나 디버깅에 유용하고, 로그 파일 크기는 다소 커지더라도 큰 문제가 아니므로 일반 쿼리 로그 출력을 활성화해 봅시다. 로그를 활성화하고 출력 대상을 설정하려면 MySQL 서버 설정 파일(`/etc/my.cnf`)을 작성합니다.

컨테이너에 설정 파일을 설치해야 하는데, 컨테이너 내부의 `vi` 명령어로 설정 파일을 만들면 해당 컨테이너에서만 쓰고 사라진다는 것을 이미 알고 있습니다.

그림 18.2.1 컨테이너 변경은 다른 컨테이너에 반영되지 않음

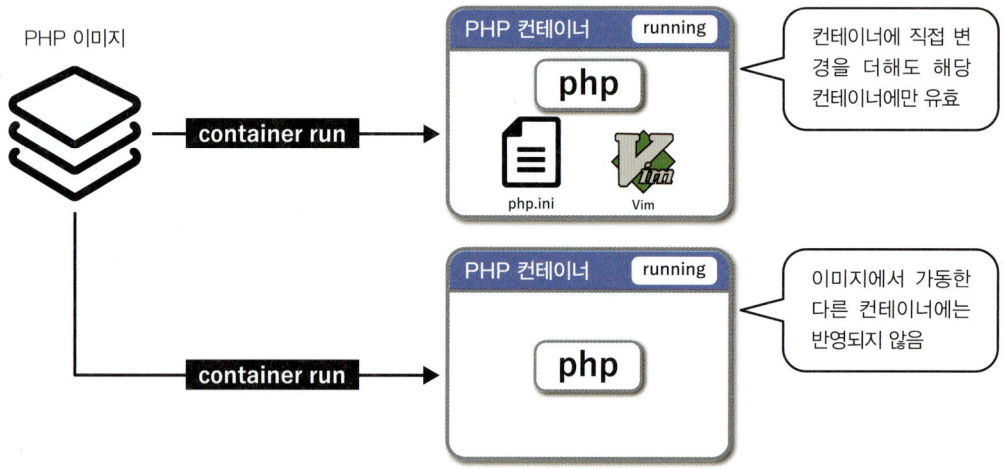

앞으로 가동할 모든 컨테이너에 설정 파일을 두고 싶다면 이미지에 설정 파일을 추가해야 합니다.

그림 18.2.2 이미지 변경은 모든 컨테이너에 반영됨

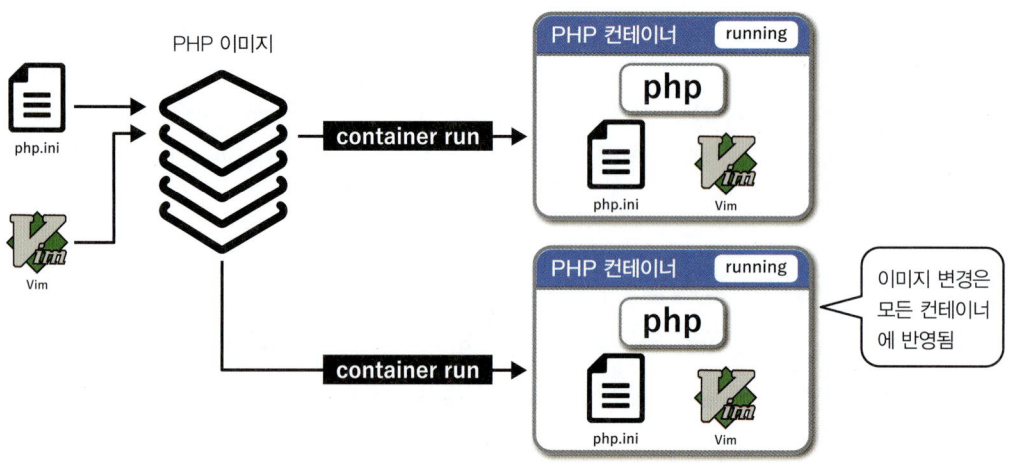

● COPY 명령으로 설정 파일을 추가하고 로그 출력 활성화하기

호스트머신에 MySQL 서버 설정 파일(my.cnf)을 만듭니다. general_log = 1은 일반 쿼리 로그를 활성화하는 설정, general_log_file = /var/log/query.log는 출력 대상 파일명 설정입니다.

코드 18.2.1 MySQL 서버 설정 파일(my.cnf)

```
[mysqld]
general_log      = 1
general_log_file = /var/log/query.log
```

이제 Dockerfile을 만듭니다. my.cnf와 같은 디렉터리에 작성합니다. COPY는 <src>... <dest> 형식으로 지정해서 호스트머신의 원본 파일을 이미지 내부에 복사합니다. 호스트머신의 상대 경로는 image build의 PATH | URL | - 매개변수로 지정한 컨텍스트가 기준점입니다. 이번에는 my.cnf와 Dockerfile을 같은 디렉터리에 작성했으니 PATH는 현재 디렉터리(.)를 지정합니다. 따라서 복사 원본 파일 경로는 ./my.cnf이며, 복사 대상은 /etc/my.cnf입니다.

코드 18.2.2 호스트머신의 파일을 복사하는 Dockerfile

```
FROM mysql:9.0.1

COPY ./my.cnf /etc/my.cnf
```

Dockerfile을 저장했으면 image build로 빌드해서 이미지를 만들어 봅시다. 만든 이미지의 태그는 my-mysql 시리즈의 log로 지정합니다.

터미널 18.2.1 Dockerfile로 이미지 작성하기

```
$ docker image build --tag my-mysql:log .
```

먼저 빌드한 my-mysql:log 이미지로 컨테이너를 가동해서 쿼리를 실행해서 확인해 봅니다.

터미널 18.2.2 my-mysql:log 이미지로 컨테이너를 가동해서 쿼리 실행 확인하기

```
$ docker container run                              \
    --name db                                       \
    --rm                                            \
    --detach                                        \
    --env MYSQL_ROOT_PASSWORD=secret                \
    --publish 3306:3306                             \
    my-mysql:log         ← 빌드한 이미지 사용
765f835f6872e786cb94aa8ef8b76d9941d54b6d969f35d045db0ebd8e721432

$ mysql --host=127.0.0.1 --port=3306 --user=root --password=secret
        ← 프롬프트가 전환되고 조작 대기 상태가 됨
mysql> select now();
+---------------------+
| now()               |
+---------------------+
| 2024-08-20 23:29:16 |
+---------------------+
1 row in set (0.01 sec)

mysql> exit
Bye
    ← 프롬프트가 전환됨
$
```

쿼리를 실행했으니 다음은 일반 쿼리 로그를 확인합니다. my.cnf에서 설정한 출력 대상 파일 /var/log/query.log를 확인합시다. 먼저 ls로 파일이 존재하는지 확인하고, tail -n 5로 파일 마지막 5줄을 확인합니다.

터미널 18.2.3 일반 쿼리 로그 확인하기

```
$ docker container exec db ls /var/log
mysqld.log
query.log    ← 설정한 경로에 일반 쿼리 로그가 생성됨

$ docker container exec db tail -n 5 /var/log/query.log    ← 일반 쿼리 로그 마지막 5줄 확인
```

```
)engine = 'performance_schema'
2024-08-20T23:29:09.708303Z    8 Connect    root@192.168.65.1 on  using SSL/TLS
2024-08-20T23:29:09.709005Z    8 Query      select @@version_comment limit 1
2024-08-20T23:29:16.711987Z    8 Query      select now()        ← 실행한 쿼리
2024-08-20T23:29:21.931225Z    8 Quit
```

my.cnf로 설정한 내용이 잘 반영되었습니다. 이렇게 COPY를 사용한 설정 파일 설치는 자주 등장하니 잘 기억하기 바랍니다.

COLUMN

도커파일 작성에 필요한 지식

RUN 명령에는 리눅스 명령어를 지정하므로 apt 명령어 사용법 같은 리눅스 명령어 지식이 필요합니다. ENV 명령으로 환경 변수 TZ를 지정할 때는 환경 변수나 시간대 관련 지식이 필요합니다. 그리고 이번에 설명한 COPY 명령은 my.cnf 내용이나 복사할 위치 등 MySQL 지식이 필요합니다.

도커로 어떤 컨테이너를 만들려면 도커 지식 이외에도 그 대상의 어떤 지식이 당연히 필요합니다. 도커 명령어를 실행했는데 오류가 발생해서 어떻게 해야 할지 잘 모르겠다면, 심호흡으로 긴장을 풀고 무엇을 확인해야 할지 잘 생각해 보기 바랍니다. 정신을 차려서 다시 살펴보면 도커와 관계없는 부분에 문제가 생긴 경우도 자주 있습니다. 디버깅 노하우는 7부에서 설명합니다.

COLUMN

참조 문서를 확인하자#5 – 도커 문서의 Dockerfile 참조 문서

도커 문서에는 명령어 참조 문서뿐만 아니라 도커파일 등의 파일 참조 문서도 있습니다. [화면 18.2.1]은 명령 목록 화면입니다.

화면 18.2.1 도커파일 명령 목록(https://docs.docker.com/reference/dockerfile)

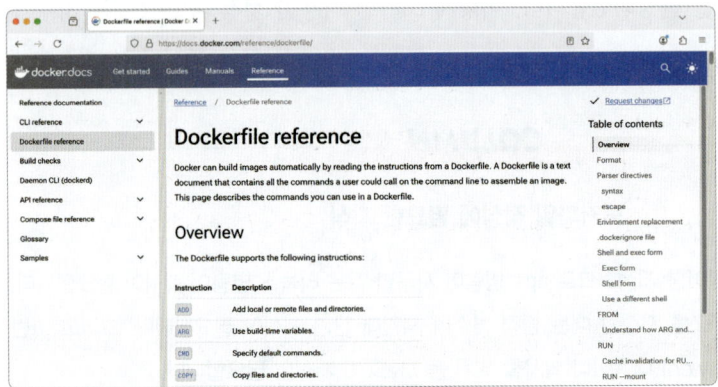

각 명령의 상세 화면에는 옵션과 각종 주의 사항을 확인할 수 있습니다.

화면 18.2.2 도커파일 명령 상세 화면(https://docs.docker.com/reference/dockerfile/#copy)

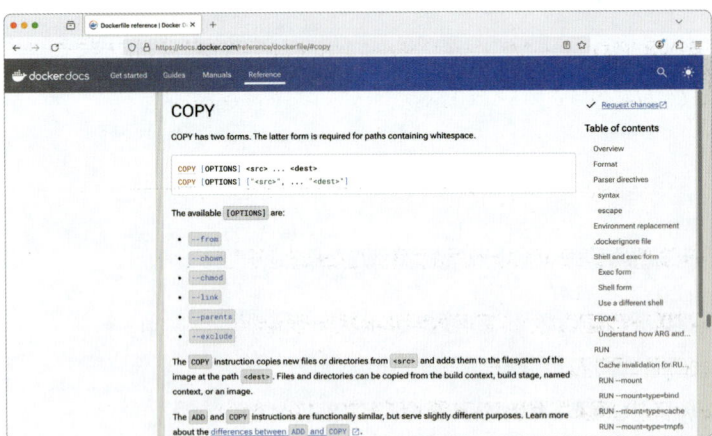

책에서는 다루지 않은 권한 설정 등에 흥미가 있는 분은 참조 문서를 확인해 보기 바랍니다.

19장

가동할 때 웹서버를 실행하는 파이썬 이미지 만들기

이 장에서는 컨테이너 가동 시 명령어를 변경하는 CMD 명령을 배웁니다.
사실은 지금까지 소개한 FROM, RUN, ENV, COPY 명령이면 최소한의 개발 환경을 구축할 수 있습니다. 마지막으로 CMD 명령을 배워서 사용하기 편한 이미지를 만들어 봅시다.

컨테이너 가동 시 명령어 지정하기 CMD

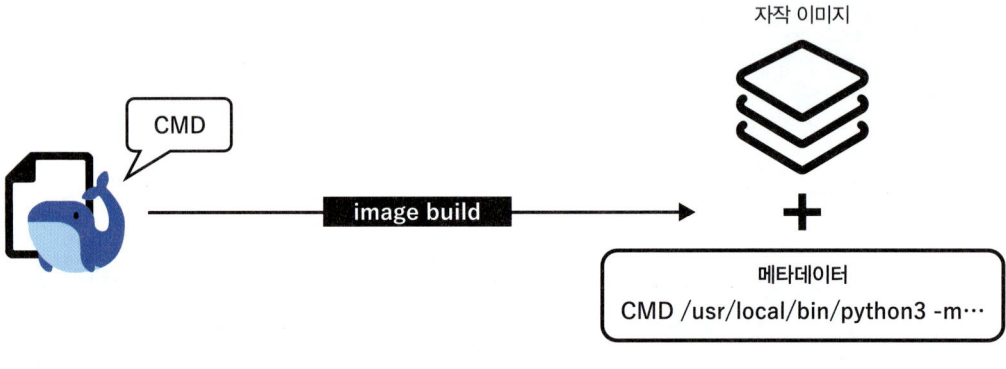

● **명령 설명**

CMD 명령은 메타데이터에 컨테이너 가동 시 명령어를 지정합니다.

```
CMD ["executable","param1","param2"]
```

[ ]는 배열인데 첫 번째 요소가 executable이 되고, 그 이후의 나머지 요소는 param으로 사용합니다. 배열이므로 param 개수는 임의입니다.

● **컨테이너 가동 시 명령어가 컨테이너의 기본 동작**

컨테이너 가동 시 명령어를 생략하면 해당 이미지의 기본 명령어가 실행됩니다. 예를 들어 MySQL 이미지는 `mysqld` 명령어로 MySQL 서버를 실행하고, Nginx 이미지는 `nginx` 명령어로 Nginx

서버를 실행합니다. 이렇게 특정 서비스를 실행하는 이미지는 컨테이너 목적이 명확합니다. MySQL 이미지를 사용하는 목적은 MySQL 서버 가동입니다. 반면에 프로그래밍 언어 이미지의 기본 명령어는 대화형 셸인 경우가 많습니다. 예를 들어 루비 이미지는 `irb` 명령어로 대화형 셸을 실행하고, 파이썬 이미지도 `python3` 명령어로 대화형 셸을 실행합니다. 대화형 셸을 실행하는 이유는 이미지 배포 시점에 실행할 소스 코드가 없고, 이미지 배포자는 컨테이너 가동 목적을 알 수 없기 때문입니다. 실제로 대화형 셸을 실행하려고 했을 수도 있겠지만 개발용 서버를 실행하거나 컴파일하려는 다른 목적도 있을 것입니다. 이때 이미지에 컨테이너 가동 시 명령어를 설정하는 명령이 `CMD`입니다.

● 파이썬 컨테이너를 웹서버로 사용하기

파이썬으로 웹서버를 가동해 봅시다. 이미지를 확장하기 전에 우선 파이썬 컨테이너를 조작해서 웹서버로 사용할 수 있는지 확인합니다. 웹서버라고 해도 컨테이너에서 웹프레임워크처럼 다양한 파일이 필요한 작동법은 아직 배우지 않았으므로, 간소하게 단순 정적 호스팅만 하는 웹서버를 가동합니다.

> **Point** 22장까지 따라가면 호스트머신의 파일을 컨테이너에서 실행할 수 있습니다. 그러면 다양한 파일을 사용해서 대규모 파이썬 웹프레임워크 등도 컨테이너로 실행할 수 있습니다.

파이썬으로 정적 호스팅을 하려면 `http.server` 모듈을 이용합니다. `python3` 명령어는 `-m` 옵션으로 모듈을 메인 구문으로 직접 실행할 수 있으므로, `python3 -m http.server`만 실행해도 웹서버를 가동할 수 있습니다. 가동할 서버의 포트 번호는 8000번입니다. 컨테이너명과 자동 삭제, 백그라운드 실행은 평소처럼 지정하고, 브라우저에서 접속할 포트 공개 옵션을 지정합니다. 이용할 파이썬 이미지 태그는 2024년 8월 현재 latest에 해당하는 3.12.5입니다.

터미널 19.1.1 파이썬 컨테이너로 웹서버 가동하기

```
$ docker container run              \
    --name web                      \
    --rm                            \
    --detach                        \
    --publish 8000:8000 python:3.12.5 \
    python3 -m http.server
d9e0edc456eae161fa3ad9a81988c0f20549ea6f3a51ec178b69010efe6e1ce0
```

브라우저에서 `http://localhost:8000`에 접속하면 파일 목록이 표시됩니다. 파일 목록이 표시되는 건 서버에 index.html 등의 HTML 파일이 존재하지 않기 때문인데, 지금은 웹서버 실행 확인만 되면 충분합니다.

화면 19.1.1 파일 목록

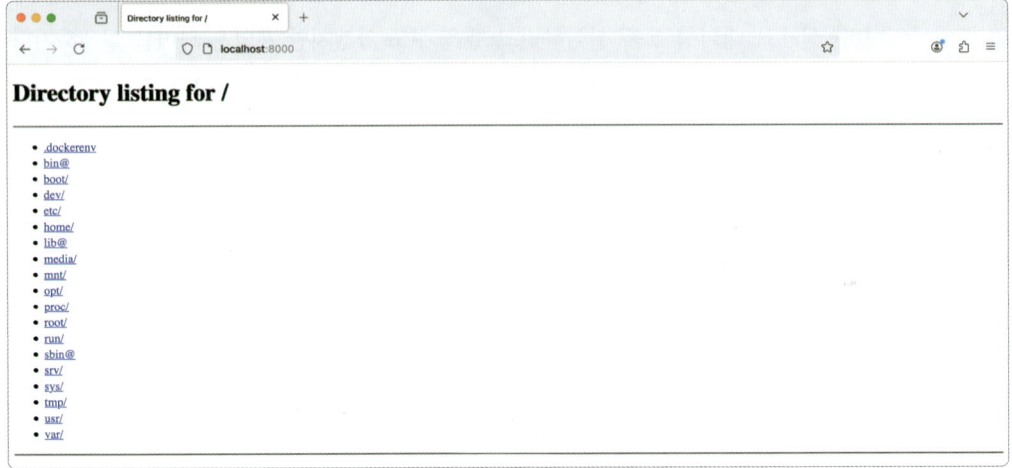

> **Point** web 컨테이너는 `container stop web`으로 정지합니다.

● CMD 명령으로 파이썬 컨테이너를 웹서버로 실행하기

파이썬 컨테이너에서 python3 명령어를 사용하면 웹서버를 실행할 수 있다고 알았습니다. 하지만 `container run`으로 매번 `python3 -m http.server`를 지정해야 합니다. 명령어를 잊을 수도 있고 무엇보다 입력이 귀찮습니다. 이미지마다 정해진 컨테이너 가동 시의 기본 명령어는 CMD 명령으로 변경할 수 있습니다. 명령어를 지정하지 않으면 웹서버를 실행하는 파이썬 이미지를 만들어 봅시다.

CMD 명령은 `["executable","param1","param2"]` 배열 형식으로 명령어를 지정합니다. 첫 번째 요소가 실행 가능한 명령어고 그 이후가 매개변수입니다. 이번에는 `python3 -m http.server`를 세 부분으로 나눠서 `["python3", "-m", "http.server"]` 형식으로 지정합니다. `"executable"`은 `$PATH`에 의존하지 않도록 절대 경로 사용이 추천되므로 도커파일을 만들기 전에 python3 명령어 경로를 확인해 봅시다.

터미널 19.1.2 python3 경로 확인하기

```
$ docker container run python:3.12.5 which python3
/usr/local/bin/python3          ← python3 명령어 경로 확인
```

python3 명령어 경로도 확인했으므로 Dockerfile을 작성해 봅시다.

코드 19.1.1 가동 시 명령어를 지정하는 Dockerfile

```
FROM python:3.12.5

CMD ["/usr/local/bin/python3", "-m", "http.server", "8000"]
```

Dockerfile을 저장했으면 image build로 빌드해서 이미지를 만듭시다. 만든 이미지의 태그는 my-python 계열의 web을 지정합니다.

터미널 19.1.3 Dockerfile로 이미지 작성하기

```
$ docker image build --tag my-python:web .
```

빌드한 my-python:web 이미지에서 명령어를 지정하지 않고 컨테이너를 가동하면 웹서버가 실행됩니다.

터미널 19.1.4 작성한 이미지 가동하기

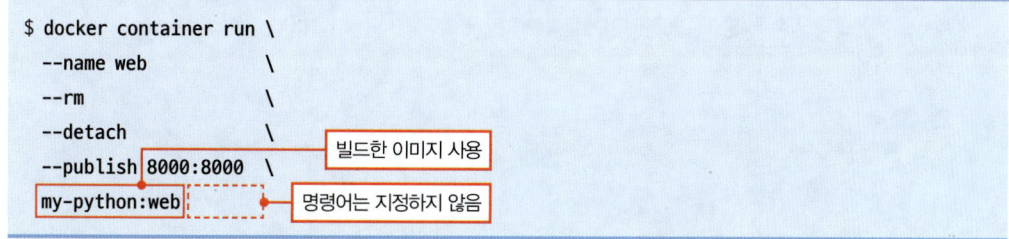

브라우저로 http://localhost:8000에 접속해서 똑같이 파일 목록이 표시되면 성공입니다(화면 19.1.1 참조). 이렇게 해서 my-python:web은 python:3.12.5와 동일한 레이어를 가지고 웹서버를 실행하는 이미지가 됩니다.

Point web 컨테이너는 container stop web으로 정지합니다.

5부

고급 도커 컨테이너 활용법

5부는 활용에 속하며 볼륨, 바인드 마운트, 네트워크 이용을 배웁니다. 이런 기능을 활용하면 컨테이너 파일이 사라지지 않도록 하거나, 호스트머신에서 에디터로 컨테이너의 파일을 편집하거나, 컨테이너끼리 통신할 수 있습니다. 5부를 잘 이해하면 컨테이너에서 파일을 자유롭게 다룰 수 있고 여러 컨테이너로 구성된 개발 환경을 구축할 수 있습니다.

5부의 각 장은 개별적으로 이해할 수 있게 구성되었습니다. 만약 작업 중 이해가 되지 않는 부분이 있다면 언제든 다시 펼쳐 확인하시기 바랍니다.

20장

볼륨과 네트워크 기초

5부는 볼륨과 네트워크를 활용한 컨테이너 이용 방법을 배웁니다. 이 장에서는 볼륨과 네트워크 기초 지식을 정리하고 그 개요와 필요성을 설명합니다.

볼륨

지금까지 살펴본 것처럼 컨테이너는 독립적이라서, 어떤 컨테이너에서 파일을 작성해도 다른 컨테이너에는 영향을 주지 않습니다. 또한 컨테이너를 삭제하면 같은 이미지에서 가동한 컨테이너라도 기존의 컨테이너 내부에서 작성한 파일은 복원되지 않습니다.

그림 20.1.1 컨테이너 변경은 다른 컨테이너에 영향을 주지 않음

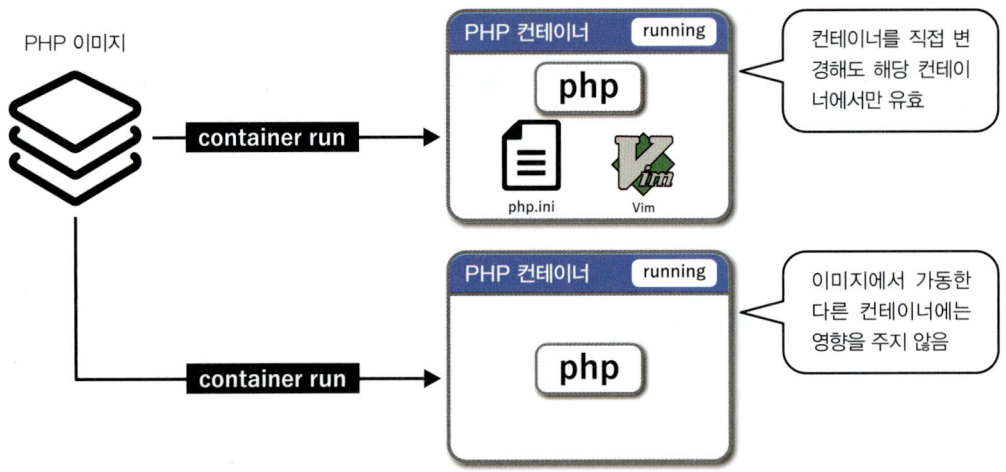

만약 웹서버의 접속 로그나 MySQL 서버 데이터 등을 컨테이너 종료 후에도 남겨 두려면 볼륨volume을 이용합니다. 볼륨은 도커 엔진의 스토리지로, 컨테이너의 지정한 디렉터리에 마운트mount해서 컨테이너 파일을 컨테이너 외부에 저장하는 구조 방식입니다. 마운트는 스토리지 등을 OS에 인식시켜서 이용할 수 있게 만드는 것입니다. 마운트의 구체적인 처리는 도커가 하기 때문에 마운트 대상만 정하면 바로 이용할 수 있습니다.

컨테이너를 삭제한 후에도 남기고 싶은 데이터는 볼륨에 보관하고, 다른 컨테이너를 가동할 때 동일한 볼륨을 마운트하면 새로운 컨테이너에서 데이터를 이어서 사용할 수 있습니다. 볼륨을 이용하면 데이터를 컨테이너 존재 여부에 상관없이 계속 보관할 수 있습니다.

그림 20.1.2 여러 컨테이너에서 볼륨 이용하기

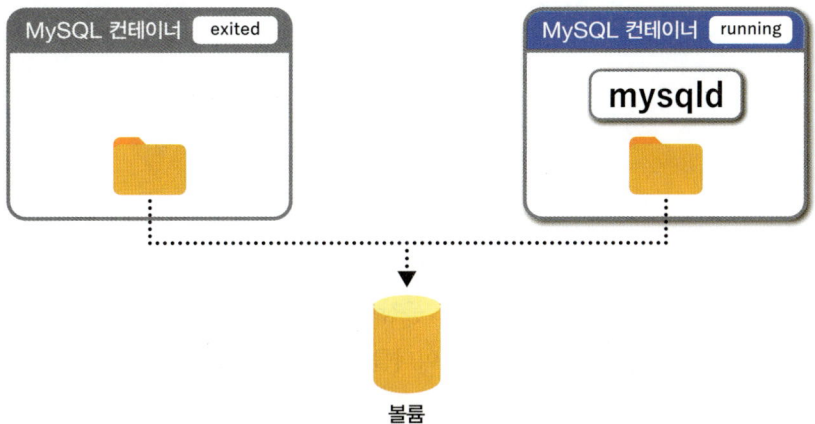

볼륨은 컨테이너를 가동하기 전에 미리 작성해서 컨테이너를 가동할 때 `container run`의 `--mount` 옵션으로 마운트해서 이용합니다.

● **볼륨 명령어**

`docker container`나 `docker image`와 마찬가지로 볼륨도 `docker volume` 하위 명령어가 존재합니다. 다음은 `docker volume` 아래의 모든 명령어입니다.

명령어	설명	해설
ls	목록을 표시합니다.	21장
inspect	상세 내용을 표시합니다.	–
create	볼륨을 작성합니다.	21장
rm	볼륨을 삭제합니다.	–
prune	모든 미사용 볼륨을 삭제합니다.	–

네트워크

PHP 프로그램이 MySQL 서버에 접속하는 것처럼, PHP 컨테이너에서 MySQL 컨테이너에 접속하는 동작은 도커를 사용한 개발 환경 구축할 때 자주 등장합니다. 컨테이너가 다른 컨테이너와 통신하려면 도커의 네트워크 기능을 이용합니다. 컨테이너를 가동할 때 네트워크를 지정하지 않으면 기본 네트워크에 자동으로 접속합니다.

● 네트워크 드라이버와 브릿지 네트워크

네트워크 드라이버는 도커의 네트워크 기능이 제공하는 가상 네트워크를 제어하는 소프트웨어로, 여러 종류가 존재합니다. 이용할 네트워크 드라이버를 전환해서 가상 네트워크 동작을 변경할 수 있는 방식입니다. 도커 공식 사이트는 이러한 기능을 플러거블pluggable이라고 합니다. 네트워크 드라이버에는 몇 가지 종류가 있는데 책에서는 브릿지 네트워크bridge network만 설명합니다. 브릿지 네트워크 드라이버는 네트워크를 작성할 때 네트워크 드라이버를 지정하지 않으면 기본으로 사용하는 드라이버로, 같은 도커 엔진에서 작동하는 컨테이너가 서로 통신할 때 이용합니다.

도커 엔진을 실행하면 기본 브릿지 네트워크default bridge network라는 브릿지 네트워크가 작성됩니다. 컨테이너를 가동할 때 네트워크를 지정하지 않은 컨테이너가 접속하는 기본 네트워크는 이 기본 브릿지 네트워크입니다.

그림 20.2.1 기본 브릿지 네트워크

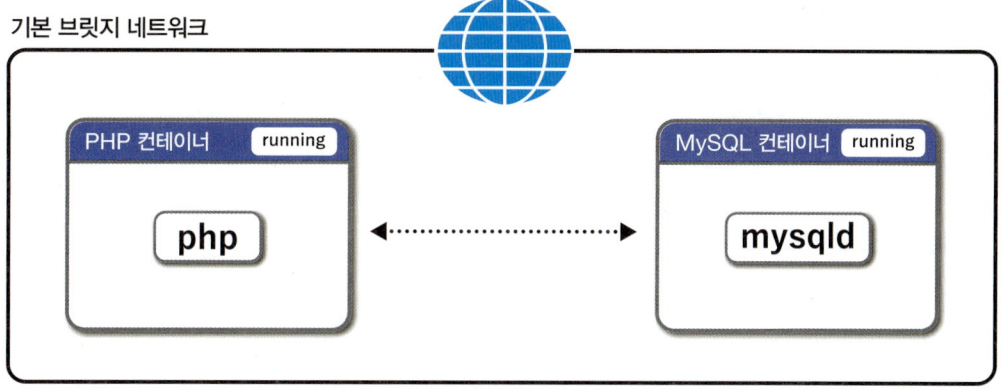

● 사용자 정의 브릿지 네트워크

기본 브릿지 네트워크 외에도 직접 작성한 브릿지 네트워크를 사용자 정의 브릿지 네트워크user-defined bridge network라고 부릅니다. 기본 브릿지 네트워크도 컨테이너끼리 통신할 수 있지만 몇 가지 이유 때문에 사용을 추천하지 않으므로, 사용자 정의 브릿지 네트워크를 이용하는 것이 좋습니다. 따라서 책에서는 컨테이너끼리 통신할 때 사용자 정의 브릿지 네트워크를 작성해서 이용합니다.

그림 20.2.2 사용자 정의 브릿지 네트워크

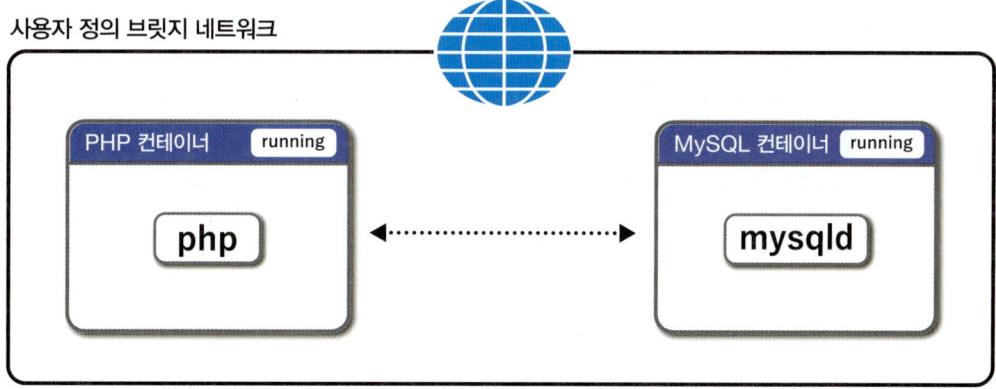

네트워크도 볼륨처럼 컨테이너를 가동하기 전에 미리 작성하고, 컨테이너를 가동할 때 container run의 --network로 지정해서 이용합니다. 볼륨과 다르게 network connect로 가동 중인 컨테이

20장 볼륨과 네트워크 기초 251

너를 네트워크에 접속시킬 수도 있지만, 책에서는 container run으로 가동할 때 지정하는 방법만 설명합니다.

> **Point** 기본 브릿지 네트워크를 활용한 컨테이너 통신은 23장에서 잠깐 다룹니다. 추천하지 않는 이유도 23장에서 설명합니다.

● **네트워크 명령어**

다음은 docker network 하위의 모든 명령어입니다.

명령어	설명	해설	보충 설명
connect	컨테이너를 네트워크에 접속합니다.	-	docker container run의 --network로 가동할 때 접속 가능
disconnect	네트워크에서 컨테이너를 접속 해제합니다.	-	-
ls	목록을 표시합니다.	23장	-
inspect	상세 내용을 표시합니다.	-	-
create	네트워크를 작성합니다.	23장	-
rm	네트워크를 삭제합니다.	-	-
prune	모든 미사용 네트워크를 삭제합니다.	-	-

> **요점 정리**
> ☑ 볼륨을 이용하면 컨테이너를 삭제한 후에도 데이터가 남아 있습니다.
> ☑ 네트워크를 이용하면 컨테이너끼리 통신할 수 있습니다.

21장

MySQL 컨테이너 데이터가 사라지지 않게 만들기

이 장에서는 컨테이너를 삭제하더라도 컨테이너 데이터가 사라지지 않는 방법을 배웁니다.
볼륨을 활용하면 컨테이너 내부에 액세스 로그나 동작 확인에 필요한 데이터가 남아 있도록 만들 수 있습니다. 다시 컨테이너를 가동했을 때 문제없이 개발을 이어갈 수 있게 해봅시다.

볼륨 작성하기
volume create

● 명령어 설명

볼륨 작성은 volume create로 합니다.

```
$ docker volume create [OPTIONS] [VOLUME]
```

이 장에서 다루는 [OPTIONS]는 다음과 같습니다.

짧은 옵션	긴 옵션	의미	용도
없음	--name	볼륨명을 지정합니다.	무작위 값을 피합니다.

● 볼륨 작성하기

볼륨을 작성하려면 volume create를 사용합니다. 컨테이너 가동의 컨테이너명이나 이미지 빌드의 태그와 마찬가지로 볼륨도 이름을 지정하지 않으면 무작위로 정해진 ID를 써야 하므로 조작 편의를 위해 직접 볼륨명을 지정합니다.

볼륨명은 --name 옵션과 [VOLUME] 매개변수로 지정할 수 있지만 의미가 서로 충돌해서 둘 중 하나만 지정할 수 있습니다. 어느 쪽을 사용해도 결과는 같으므로 책에서는 --name 옵션을 사용합니다. my-volume이라고 이름을 붙여 봅시다.

터미널 21.1.1 볼륨을 작성하고 확인하기

```
$ docker volume create --name my-volume
my-volume
$ docker volume ls
DRIVER    VOLUME NAME
local     my-volume
```
작성한 my volume 확인 가능

컨테이너 가동할 때 볼륨 마운트하기
container run --mount

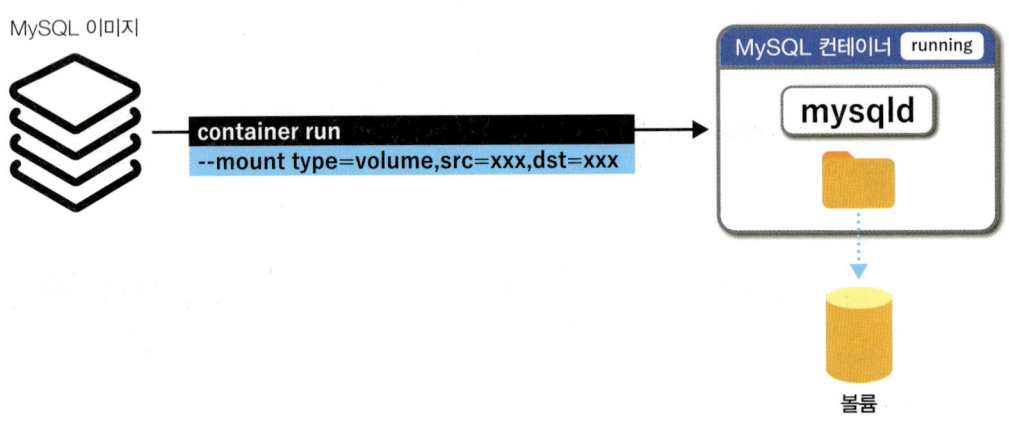

● 옵션 설명

이 장에서 다루는 container run의 [OPTIONS]은 다음과 같습니다.

짧은 옵션	긴 옵션	의미	용도
없음	--mount	마운트합니다.	컨테이너 내부의 원하는 디렉터리를 컨테이너 외부에 저장합니다.

● 작성한 볼륨을 우분투 컨테이너에 마운트하기

컨테이너를 삭제하더라도 데이터가 사라지지 않는 우분투 컨테이너를 가동해 봅시다. 이 장의 최종 목표는 데이터가 사라지지 않는 MySQL 컨테이너 가동입니다만, 먼저 간단한 우분투 컨테이너로 볼륨을 다룹니다. 작성한 볼륨을 컨테이너에 마운트하려면 container run의 --mount 옵션을 지정합니다. --mount는 <key>=<value> 형식의 설정을 ,로 구분한 나열을 지정합니다. <key>는 type, source, destination의 3가지입니다. 각각 다음과 같이 설정합니다.

<key>	<value>	보충 설명
type	volume	볼륨을 마운트한다면 volume
source	my-volume	마운트 원본 미리 작성한 볼륨명을 지정
destination	/my-work	마운트 대상 원하는 경로를 지정할 수 있으므로 /my-work 사용

container run의 --mount 옵션 외에는 이미 모두 설명한 옵션입니다. 컨테이너명을 ubuntu1로 하고 자동 삭제하도록 설정합니다. bash 명령어로 대화형 조작을 하도록 --interactive와 --tty를 지정하고, 최신 LTS 버전의 ubuntu:24.04 이미지로 컨테이너를 가동합니다.

터미널 21.2.1 볼륨을 마운트해서 우분투 컨테이너 가동하기

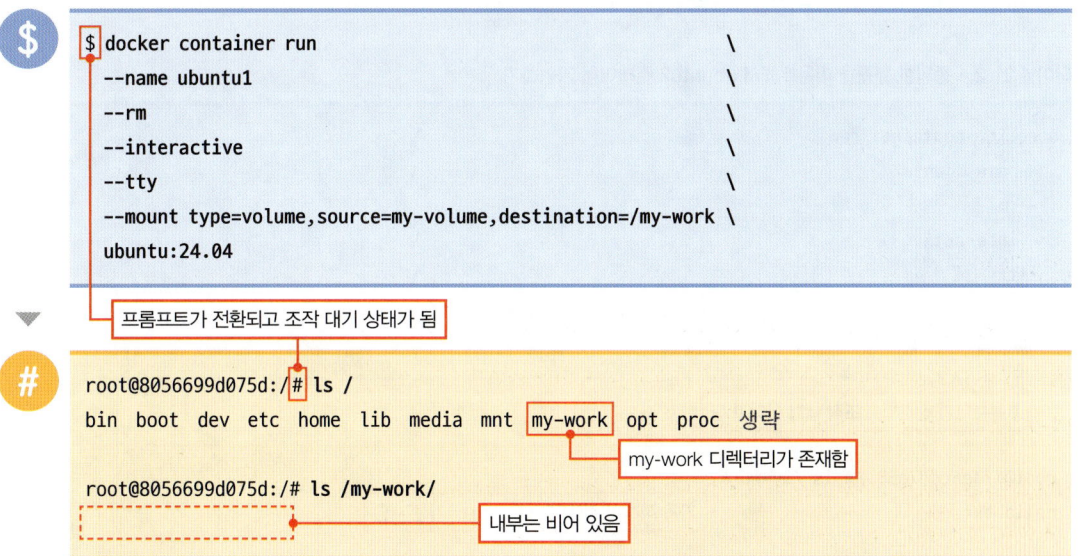

/my-work 디렉터리가 존재하는 것을 확인했습니다. 이 디렉터리에 파일을 작성해 봅시다. vi 명령어는 이미지에 설치되어 있지 않으므로 echo 명령어와 리다이렉트(>)로 적당한 텍스트 파일을 작성합니다.

터미널 21.2.2 /my-work 디렉터리에 텍스트 파일 작성하기

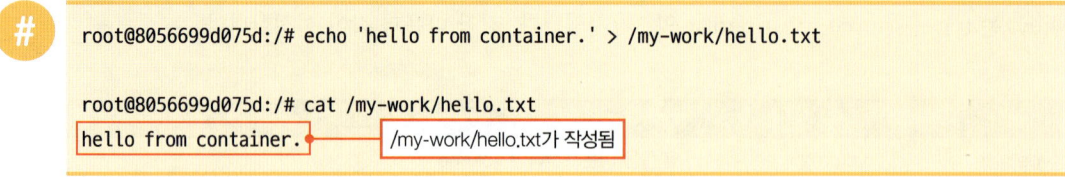

```
root@8056699d075d:/# echo 'hello from container.' > /my-work/hello.txt

root@8056699d075d:/# cat /my-work/hello.txt
hello from container.    /my-work/hello.txt가 작성됨
```

/my-work 디렉터리에 파일이 작성됩니다. ubuntu1 컨테이너를 삭제합니다.

터미널 21.2.3 ubuntu1 컨테이너 삭제하기

```
$ docker container stop ubuntu1
ubuntu1
```

새로운 ubuntu2 컨테이너를 가동해 봅시다. ubuntu1 컨테이너에 마운트했던 my-volume을 ubuntu2 컨테이너에도 똑같이 마운트합니다.

터미널 21.2.4 동일한 볼륨을 마운트해서 ubuntu2 컨테이너 가동하기

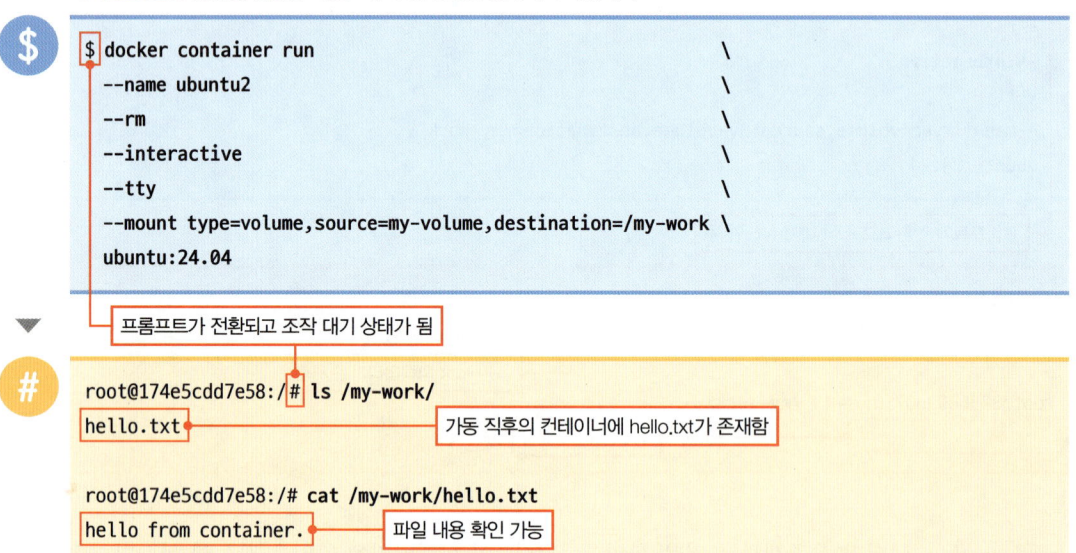

```
$ docker container run                                              \
    --name ubuntu2                                                  \
    --rm                                                            \
    --interactive                                                   \
    --tty                                                           \
    --mount type=volume,source=my-volume,destination=/my-work       \
    ubuntu:24.04
```
프롬프트가 전환되고 조작 대기 상태가 됨

```
root@174e5cdd7e58:/# ls /my-work/
hello.txt              가동 직후의 컨테이너에 hello.txt가 존재함

root@174e5cdd7e58:/# cat /my-work/hello.txt
hello from container.  파일 내용 확인 가능
```

가동했을 뿐인 ubuntu2 컨테이너에서 이미 삭제된 ubuntu1 컨테이너에서 작성했던 hello.txt를 확인할 수 있습니다.

Point ubuntu2 컨테이너도 이제 정지합니다. 작성한 my-volume은 더 이상 사용하지 않으므로 삭제한 다면 `volume rm my-volume`으로 삭제합니다.

● 새로운 볼륨을 작성해서 MySQL 컨테이너에 마운트하기

이제 MySQL 컨테이너로 가동한 MySQL 서버의 데이터가 남아 있도록 만들어 봅시다. 먼저 새로운 볼륨을 작성합니다. 앞에서 작성한 my-volume에는 hello.txt를 작성했으므로 새로운 MySQL 서버용 볼륨을 준비합니다. 볼륨명은 db-volume으로 지정합니다.

터미널 21.2.5 볼륨 작성하기

```
$ docker volume create --name db-volume
db-volume
```

MySQL 서버의 데이터를 남겨 두려면 MySQL 서버가 데이터를 보관하는 디렉터리에 볼륨을 마운트합니다. 기본 설정은 /var/lib/mysql 디렉터리에 데이터를 보관합니다.

Point 데이터 보관 장소는 18장에서 다룬 MySQL 설정 파일(/etc/my.cnf)에서 정의합니다. 관심 있는 분은 cat 명령어 등으로 설정 파일을 확인해 보기 바랍니다.

터미널 21.2.6 MySQL 설정 파일 확인하기

```
$ docker container run --rm mysql:8.4.2 cat /etc/my.cnf
[mysqld]
생략
datadir=/var/lib/mysql
생략
```

마운트하고 싶은 볼륨과 마운트 대상을 확인했으므로 --mount 옵션을 준비합니다.

⟨key⟩	⟨value⟩	보충 설명
type	volume	볼륨을 마운트한다면 volume
source	db-volume	마운트 원본 MySQL용 볼륨명 지정
destination	/var/lib/mysql	마운트 대상 알아본 데이터 저장 장소

옵션 개수가 많지만 container run의 --mount 옵션 외에는 이미 모두 설명한 옵션입니다. 컨테이너명은 db1, 자동 삭제와 백그라운드 실행을 설정합니다. 필수 환경 변수인 MYSQL_ROOT_PASSWORD와 데이터베이스 작성에 필요한 환경 변수 MYSQL_DATABASE를 지정합니다. 호스트머신에서 접속할 포트 공개도 설정합니다. 이미지는 8.4.2를 사용합니다. 명령어를 정리했으니 볼륨을 마운트해서 MySQL 컨테이너를 가동해 봅시다.

터미널 21.2.7 볼륨을 마운트해서 MySQL 컨테이너 가동하기

```
$ docker container run                                              \
  --name db1                                                        \
  --rm                                                              \
  --detach                                                          \
  --env MYSQL_ROOT_PASSWORD=secret                                  \
  --env MYSQL_DATABASE=sample                                       \
  --publish 3306:3306                                               \
  --mount type=volume,source=db-volume,destination=/var/lib/mysql   \
  mysql:8.4.2
32197213fd4732fdb21a18d1c7378527f9a752e9e5944b40df12c29770137d98
```

MySQL 컨테이너가 가동되면 MySQL 서버에 접속해 봅시다. 접속할 때 인증 정보와 sample 데이터베이스도 지정합니다. 접속되면 create table 문으로 user 테이블을 작성하고 insert 문으로 John과 Jane을 user 테이블에 추가합니다.

터미널 21.2.8 MySQL 서버에 접속해서 데이터 작성하기

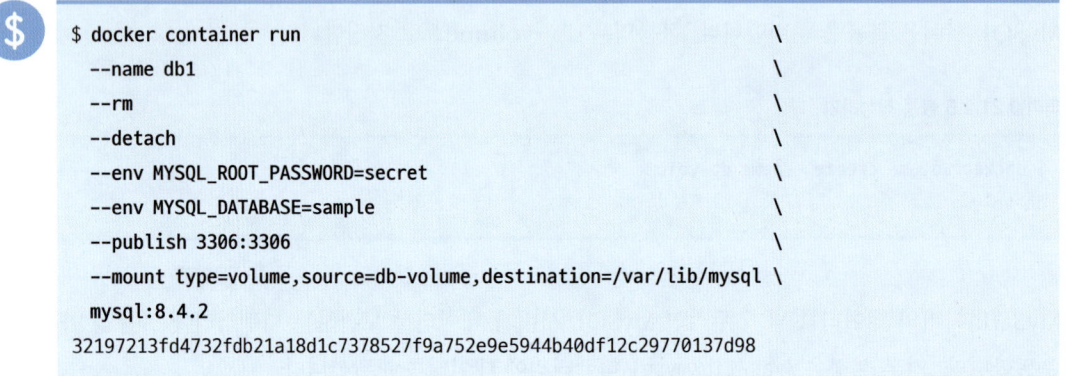

```
$ mysql --host=127.0.0.1 --port=3306 --user=root --password=secret sample
              프롬프트가 전환되고 조작 대기 상태가 됨
mysql> create table user ( id int, name varchar(32) );
Query OK, 0 rows affected (0.02 sec)

mysql> insert into user ( id, name ) values ( 1, 'John Doe' );
Query OK, 1 row affected (0.02 sec)

mysql> insert into user ( id, name ) values ( 2, 'Jane Doe' );
Query OK, 1 row affected (0.01 sec)

mysql> select * from user;
```

```
+------+----------+
| id   | name     |
+------+----------+
|    1 | John Doe |
|    2 | Jane Doe |
+------+----------+
2 rows in set (0.00 sec)

mysql> exit
Bye
$
```

프롬프트가 전환되고 조작 대기 상태가 됨

MySQL 서버에 데이터를 작성했으니 /var/lib/mysql에도 저장될 것입니다. 해당 디렉터리는 볼륨으로 마운트했으니 컨테이너 내부의 디렉터리가 아니라 볼륨에 데이터가 보관됩니다. 이제 확인을 위해 db1 컨테이너를 정지해 봅시다.

터미널 21.2.9 db1 컨테이너 정지하기

```
$ docker container stop db1
db1
```

새로운 db2 컨테이너를 가동해 봅시다. db1 컨테이너에 마운트했던 db-volume을 db2 컨테이너에도 같은 방법으로 마운트합니다. 볼륨명과 마운트 대상 지정은 db1 컨테이너 가동과 같지만, db2 컨테이너 가동에는 환경 변수가 필요하지 않습니다. 처음 실행한다면 환경 변수 `MYSQL_ROOT_PASSWORD` 등으로 컨테이너를 가동할 때 MySQL 서버 데이터를 작성하지만, 지금은 볼륨을 이용하므로 데이터는 이미 작성이 끝난 상태입니다. 볼륨 데이터를 그대로 사용하도록 환경 변수는 지정하지 않습니다.

터미널 21.2.10 같은 볼륨을 마운트해서 db2 컨테이너 가동하기

```
$ docker container run                \
    --name db2                        \
    --rm                              \
    --detach                          \
```

```
    --publish 3306:3306                                              \
    --mount type=volume,source=db-volume,destination=/var/lib/mysql \
    mysql:8.4.2
2dcbec822702c3363fba1cc306510d1b6d01a217dd2ddadc617eaff9d31d5d7c
```

볼륨을 이용하면 MySQL 서버 데이터가 같으므로 접속 정보도 똑같습니다. 막 실행한 db2 컨테이너에 John과 Jane이 있는지 확인해 봅시다.

터미널 21.2.11 MySQL 서버에 접속해서 데이터 확인하기

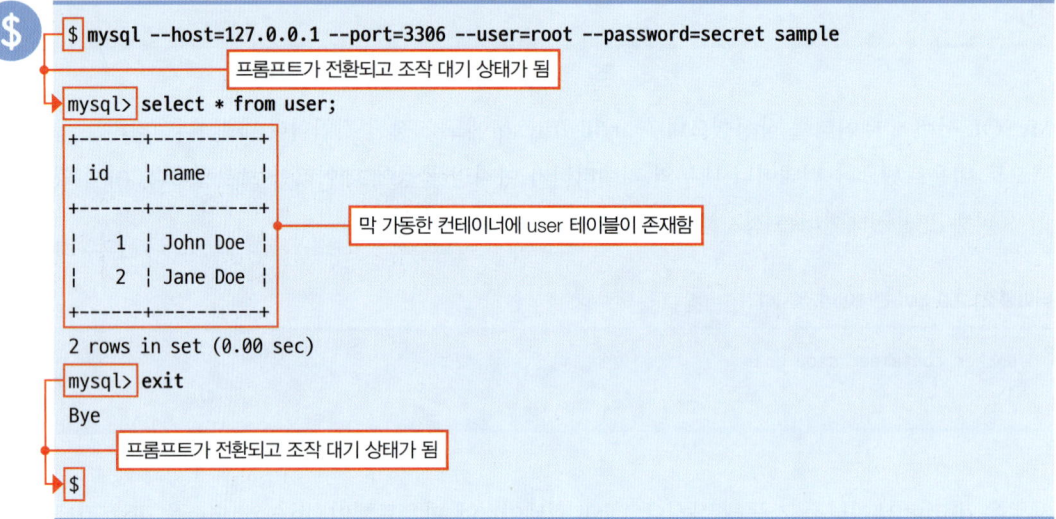

MySQL 서버 데이터가 그대로 남아 있습니다. MySQL 컨테이너 예제는 MySQL 서버 관련 지식이 필요해서 조금 쉽지 않았을 것입니다. 볼륨 동작 방식 그 자체를 보려면 간단한 우분투 컨테이너 예제도 좋습니다.

Point db2 컨테이너를 정지합시다.

22장

호스트머신에서 편집한 파일을 루비 컨테이너에서 실행하기

이 장에서는 호스트머신과 컨테이너 데이터를 동기화하는 방법을 배웁니다.
바인드 마운트를 활용하면 호스트머신에서 편집한 파일이 즉시 컨테이너에 반영됩니다. 호스트머신의 편집기로 코딩하고 컨테이너에서 실행하는 개발 환경을 만들 수 있습니다.

바인드 마운트 이용하기
container run --mount

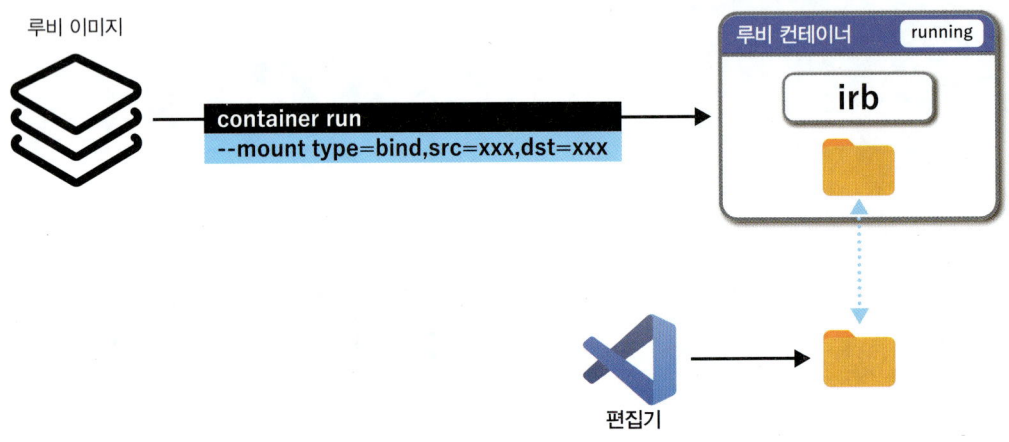

● 옵션 설명

바인드 마운트bind mount도 볼륨과 마찬가지로 container run의 --mount로 합니다. 이 장에 새롭게 등장하는 옵션은 없습니다.

● 바인드 마운트

21장에서 설명한 볼륨은 컨테이너 데이터를 컨테이너 외부에 저장하는 방식입니다. 볼륨 자체는 ls 명령어로 참조하거나 vi 명령어로 편집할 수 없고 볼륨 관리는 도커 엔진이 담당합니다. 반면에 바인드 마운트는 볼륨이 아니라 호스트머신의 디렉터리를 컨테이너에 마운트합니다. 바인드 마운트로 마운트한 디렉터리는 호스트머신과 컨테이너의 양쪽에서 참조, 편집할 수 있습니다. 바인드 마운트 방법을 쓰면 호스트머신의 편집기로 코딩하고 컨테이너에 동기화해서 실행해서 개발할 수 있습니다.

● 컨테이너에 바인드 마운트하기

루비 컨테이너에 호스트머신의 디렉터리를 바운드 마운트해서 가동합시다. 호스트머신에서 코딩한 루비 파일을 컨테이너에서 실행하는 방법을 체험합니다. 먼저 루비 파일을 작성합니다. 호스트머신에 디렉터리를 작성하고 다음과 같이 hello.rb를 작성합니다.

코드 22.1.1 루비 파일(hello.rb)

```
puts "hello from host-machine."
```

루비 컨테이너에서 실행할 루비 파일을 만들었으니 이제 `container run` 옵션을 정리합니다. 우선은 `--mount` 옵션입니다. 바인드 마운트 `--mount` 옵션도 볼륨 마운트처럼 〈key〉=〈value〉 형식으로 지정합니다. 사용하는 〈key〉도 똑같습니다. 〈key〉와 〈value〉는 다음 표와 같습니다.

〈key〉	〈value〉	보충 설명
type	bind	바인드 마운트라면 bind
source	"$(pwd)"	마운트 원본 pwd 명령어로 작업 디렉터리의 전체 경로 지정
destination	/my-work	마운트 대상 원하는 경로를 지정할 수 있으므로 /my-work 사용

루비 파일을 작성한 디렉터리를 컨테이너에 바인드 마운트하려면 source에 `pwd` 명령어로 작업 디렉터리의 전체 경로를 지정합니다. `pwd` 명령어는 `$()`로 감쌌기 때문에 `container run` 실행 직전에 실행되고 결과 값이 대입됩니다. 전체 경로에 공백 문자가 있을 수 있으므로 쌍따옴표(")로 감쌉니다.

남은 옵션과 매개변수를 정리합니다. `bash`로 컨테이너 내부 파일을 조작하도록 [COMMAND] 매개변수에 `bash`를 지정합니다. 그리고 `--interactive`와 `--tty`가 필요합니다. 컨테이너명은 ruby로 하고 자동 삭제도 지정합니다. 루비 파일과 옵션이 준비되었으니 컨테이너를 가동해 봅시다.

hello.rb 파일을 작성한 디렉터리에서 container run을 실행합니다.

터미널 22.1.1 바인드 마운트로 루비 컨테이너 가동하기

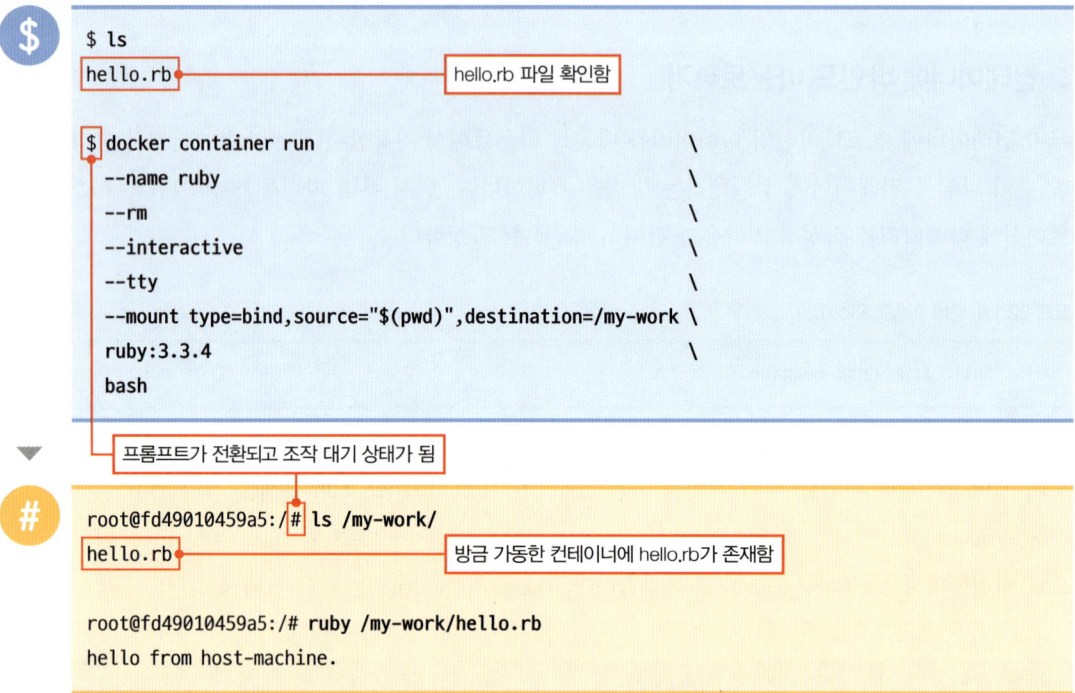

호스트머신에서 작성한 hello.rb를 루비 컨테이너에서 실행할 수 있습니다. 호스트머신에 루비를 설치하지 않아도 호스트머신에서 작성한 코드를 실행했습니다. 컨테이너에서 hello.rb를 삭제하면 호스트머신이 어떻게 되는지 확인해 봅시다.

터미널 22.1.2 컨테이너에서 hello.rb 삭제하기

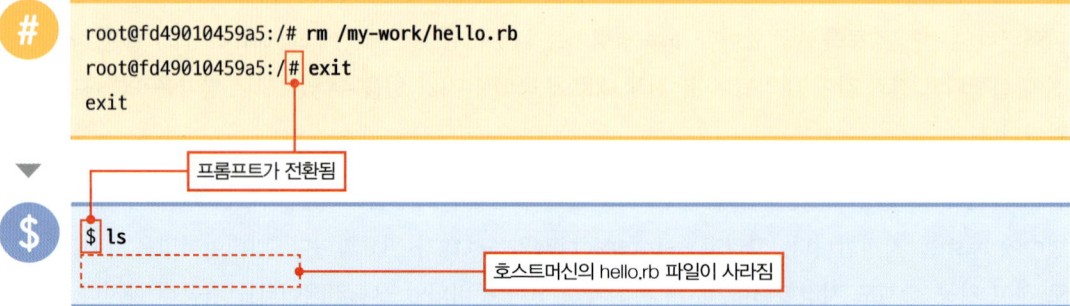

컨테이너에서 hello.rb 파일을 삭제하면 호스트머신에서도 사라집니다. 이렇게 바인드 마운트는 컨테이너 조작이 호스트머신에 영향을 주므로 주의하면서 이용합니다.

Point ruby 컨테이너는 정지해도 됩니다.

COLUMN

비슷하지만 다른 것#3 −−mount와 −−volume

container run에서 볼륨을 이용할 때 −−volume(−v) 옵션도 사용할 수 있습니다. 그런데 −−volume과 −−mount는 둘 다 마운트용 옵션이지만 몇 가지 다른 점이 있습니다.

−−volume은 3가지 항목을 :으로 구분해서 지정하는 형식입니다. 첫 번째는 볼륨명 또는 경로, 두 번째는 마운트 대상 디렉터리, 세 번째는 임의의 옵션입니다. −−mount와 다르게 type을 명시하지 않아도 첫 번째 항목에 볼륨을 지정하면 볼륨 마운트로 해석되고, 경로를 지정하면 바인드 마운트로 해석됩니다. 다음 표는 몇 가지 종류 예시입니다.

하고 싶은 일	지정 방법
볼륨 마운트	−−mount type=volume,source=my−volume,destination=/my−work
바인드 마운트	−−mount type=bind,source="$(pwd)",destination=/my−work
볼륨 마운트	−−volume my−volume:/my−work
바인드 마운트	−−volume "$(pwd)":/my−work

−−volume 옵션이 짧고 간결하지만 −−mount 옵션이 type 등을 명시적으로 지정해서 의미가 명확합니다. 또한 존재하지 않는 디렉터리를 마운트 원본으로 지정하면 −−mount 옵션은 오류가 발생하지만, −−volume 옵션은 호스트머신에 그 이름으로 디렉터리를 작성합니다. 입력 실수가 있어도 모른 채 원하지 않은 디렉터리가 작성되는 문제가 생길 수 있으므로, 실수가 있으면 오류가 발생하는 −−mount 옵션이 조금 더 안전합니다.

이런 이유로 책에서는 의미가 분명하고 안전한 −−mount 옵션으로 통일해서 설명합니다.

볼륨과 바인드 마운트의 차이점

21장에서 설명한 볼륨과 22장에서 설명한 바인드 마운트를 구분해서 사용하는 방법을 이해해 봅시다. 우선 이 둘은 컨테이너가 데이터를 동기화하는 대상이 다릅니다. 바인드 마운트는 호스트머신의 디렉터리를 컨테이너에 마운트하고, 볼륨은 도커 엔진이 관리하는 스토리지를 컨테이너에 마운트합니다. 컨테이너 내부에서 마운트 대상 디렉터리에 손상이 발생하면 바인드 마운트는 호스트머신에도 영향이 있지만, 볼륨 파손은 도커 엔진 내부에서만 영향을 줍니다. 또한 볼륨은 도커 엔진이 관리하기 때문에 호스트머신의 파일과 다르게 직접 조작할 수 없습니다.

그림 22.2.1 바인드 마운트와 볼륨 비교

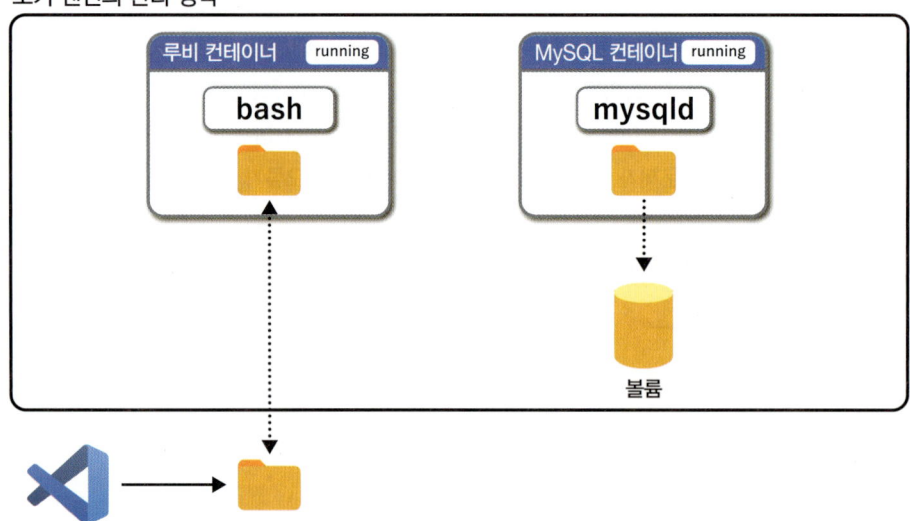

이런 이유로 볼륨은 컨테이너 데이터를 남기고 싶지만 직접 접근할 일도 없고, 파일이 어디에 있던지 관계없는 경우에 적합합니다. 대표적인 예로 21장에서 설명한 데이터베이스 서버의 데이터 보관 등에 해당합니다. 이렇듯 볼륨은 도커 엔진 관리해서 문제가 생겨도 호스트머신에 영향을 주지 않는다는 장점 덕분에 공식 사이트에서도 볼륨 이용 검토를 추천합니다.

반면에 바인드 마운트는 이 장에서 확인한 것처럼 호스트머신과 컨테이너에서 디렉터리를 공유할 수 있습니다. 호스트머신의 편집기로 파일을 편집해서 컨테이너에서 실행하는 개발 환경이라면 필수적인 방식입니다. 용도에 따라 적합한 방식을 선택할 수 있도록 특징과 위험성을 파악해 두기 바랍니다.

COLUMN

참조 문서를 확인하자#6 – 도커 문서 검색 박스

도커 문서 화면 오른쪽 위에 있는 검색 박스를 사용하면 팝업 메뉴로 페이지를 검색할 수 있습니다. volume이나 volume create를 검색하면 해당하는 키워드가 포함된 페이지가 검색됩니다.

화면 22.2.1 volume 검색 결과

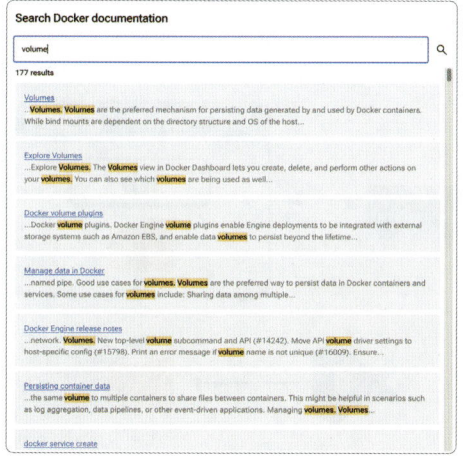

화면 22.2.2 volume create 검색 결과

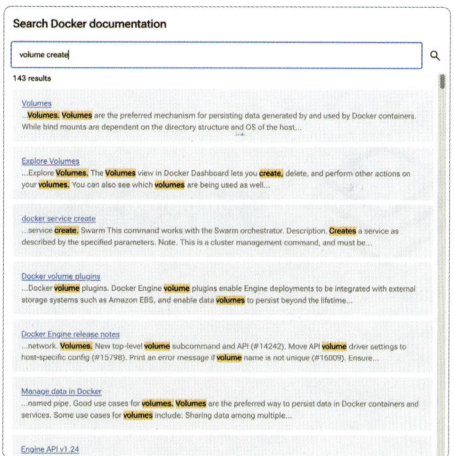

검색 기능은 무척 강력하기 때문에 적당히 단어를 입력하면 찾고 싶었던 페이지를 찾을 수 있을 것입니다. 잘 활용하기 바랍니다.

COLUMN

비슷하지만 다른 것#4 – 바인드 마운트와 COPY

호스트머신의 파일을 컨테이너 내부에 배치한다는 점에서 바인드 마운트와 도커파일의 COPY 명령이 비슷하다고 느꼈을지도 모릅니다. 하지만 잘 생각해 보면 둘은 완전히 다른 방식입니다. 바인드 마운트는 컨테이너에 마운트하지만, COPY 명령은 이미지에 파일을 복사합니다.

COPY 명령은 이미지에 파일을 복사하는 명령이므로, 미리 정한 설정 파일을 설치한 이미지로 정의해서 사용합니다. 반면에 바인드 마운트는 컨테이너에 원하는 소스 코드를 마운트하는 식으로 가동할 때마다 유연하게 지정합니다.

그림 22.2.2 바인드 마운트와 COPY 명령 비교

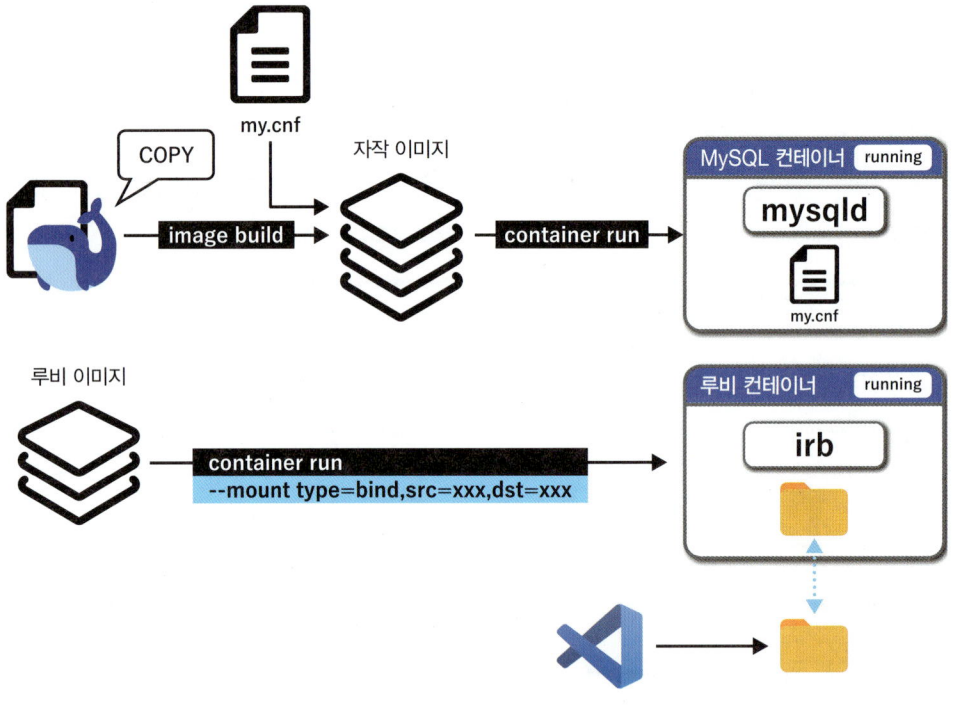

어떤 방식을 사용할지 상황에 맞춰 잘 선택하기 바랍니다.

23장

PHP 컨테이너에서 MySQL 컨테이너와 통신하기

이 장에서는 컨테이너에서 컨테이너로 통신하는 방법을 배웁니다. 컨테이너끼리 통신하는 방법을 배우면 PHP 컨테이너가 MySQL 컨테이너에서 데이터를 가져올 수 있게 구성할 수 있습니다.

네트워크 작성하기
network create

● 명령어 설명

네트워크 작성은 network create로 합니다.

```
$ docker network create [OPTIONS] NETWORK
```

이 장에서 다루는 [OPTIONS]는 없습니다.

● 네트워크 작성하기

20장에서 설명한 대로 컨테이너끼리 통신하려면 네트워크 기능을 이용합니다. 네트워크에는 몇 가지 종류가 있는데 동일한 도커 엔진에서 컨테이너끼리 통신한다면 브릿지 드라이버의 네트워크를 이용합니다. 그렇다면 브릿지 네트워크를 작성해 봅시다.

네트워크를 작성하려면 network create를 사용합니다. 드라이버 종류를 명시적으로 지정하지 않으면 브릿지 네트워크로 작성되므로 네트워크 이름만 정하면 됩니다. my-network로 지정해 봅시다.

터미널 23.1.1 네트워크 작성하기

```
$ docker network create my-network
c86e0a73d2a674ecd5f9dab7c5f7d845a51bc4364b0894a2f706c9229fd23f28
```

네트워크 목록 확인도 volume ls처럼 network ls로 합니다. 작성한 my-network 외에도 3개의 네트워크를 확인할 수 있습니다.

터미널 23.1.2 네트워크 목록 확인하기

bridge, host, none 네트워크는 도커가 자동으로 작성하는 기본 네트워크입니다. 20장에서 소개한 기본 브릿지 네트워크가 여기에 있는 bridge 네트워크로, 지금까지 가동한 컨테이너는 네트워크를 명시하지 않았으므로 모두 이 bridge 네트워크에 접속합니다. 방금 작성한 my-network도 확인했습니다.

● PHP 이미지에 ping 명령어 설치하기

이 장에서는 PHP 컨테이너와 MySQL 컨테이너를 가동해서 PHP 컨테이너에서 MySQL 컨테이너에 접속합니다. 최종 목표는 PHP 파일에 select 문을 구현해서 동작시키는 것이지만, 일단은 ping 명령어를 사용해서 네트워크를 확인하면서 구축을 진행해 봅시다. ping 명령어는 네트워크 개통 확인을 하는 명령어로, PHP 이미지에는 설치되어 있지 않으므로 ping 명령어를 사용할 수 있는 PHP 이미지를 작성해서 준비합니다.

도커파일을 만들어서 이미지를 빌드해 봅시다. FROM 명령에 지정할 베이스 이미지에는 2024년 8월 현재 latest에 해당하는 php:8.2.23을 사용합니다. PHP 이미지의 배포판은 데비안이므로 RUN 명령에 사용하는 패키지 관리 명령어는 apt-get입니다. ping 명령어는 iputils-ping 패키지로 설치할 수 있습니다. 빌드한 이미지 태그는 my-php:ping으로 지정합시다.

코드 23.1.1 ping 명령어를 설치하는 Dockerfile

```
FROM php:8.2.23
```

```
RUN apt-get update
RUN apt-get install -y iputils-ping
```

터미널 23.1.3 Dockerfile로 이미지 빌드하기

```
$ docker image build --tag my-php:ping .
생략
 => => naming to docker.io/library/my-php:ping
```

my-php:ping 이미지를 작성했습니다. `ping` 명령어를 사용해서 localhost와 통신되는지 확인해 봅시다. `container run`으로 빌드한 이미지를 가동해서 ping 명령어를 실행합니다. `-c` 옵션으로 요청 횟수를 지정하고 `-t` 옵션으로 타임아웃(초)을 지정합니다.

터미널 23.1.4 ping 명령어로 localhost와 통신 확인하기

```
$ docker container run my-php:ping ping -c 3 -t 1 localhost
PING localhost(localhost (::1)) 56 data bytes
64 bytes from localhost (::1): icmp_seq=1 ttl=64 time=0.031 ms
64 bytes from localhost (::1): icmp_seq=2 ttl=64 time=0.246 ms
64 bytes from localhost (::1): icmp_seq=3 ttl=64 time=0.153 ms

--- localhost ping statistics ---
3 packets transmitted, 3 received, 0% packet loss, time 2068ms
rtt min/avg/max/mdev = 0.031/0.143/0.246/0.088 ms
```
　　　　　　　　　　　　　　　　　　　　패킷 3개를 보내서 패킷 3개를 수신함. 손실 0%

0% packet loss가 출력되면 통신에 성공한 것입니다. 이 장에서는 my-php:ping 이미지를 사용해서 PHP 컨테이너를 구축합니다. 도커파일은 아직 사용하므로 삭제하지 말고 그대로 둡니다.

컨테이너 가동 시 네트워크에 접속하기
container run --network

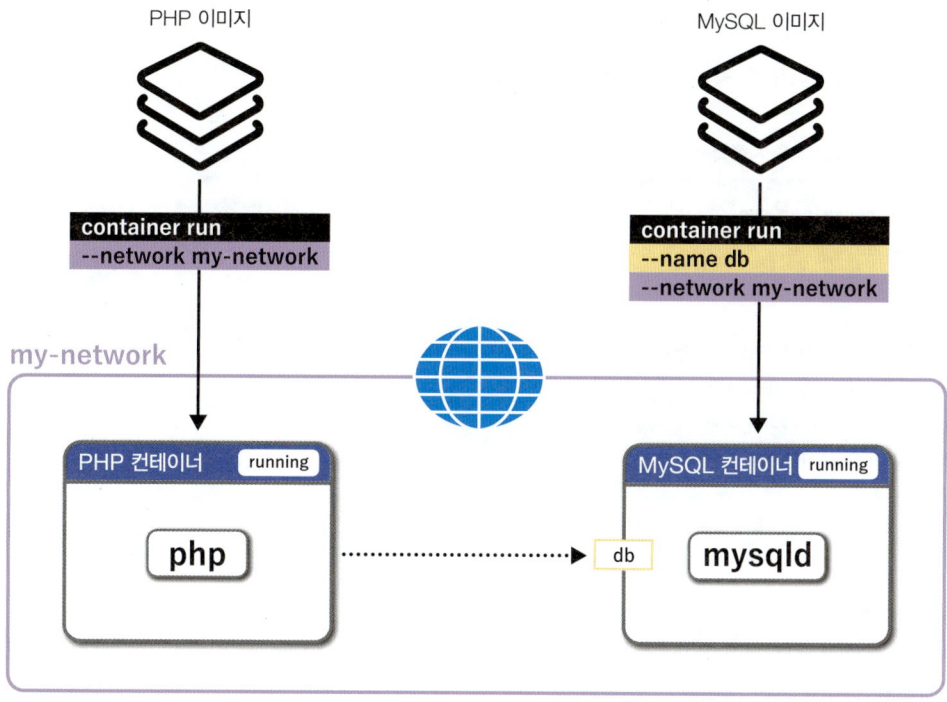

● 옵션 설명

이 장에서 다루는 container run의 [OPTIONS]는 다음과 같습니다.

짧은 옵션	긴 옵션	의미	용도
-	--network	컨테이너를 네트워크에 접속합니다.	다른 컨테이너와 통신할 수 있습니다.

● MySQL 컨테이너 가동하기

컨테이너 2개를 가동해서 앞서 작성한 my-network에 접속해서 통신이 되는지 확인해 봅시다. 우선은 첫 번째 컨테이너를 가동합니다. 호출되는 쪽인 MySQL 컨테이너부터 가동합니다.

MySQL 컨테이너를 가동하는 container run 옵션을 정리합니다. 컨테이너명을 db, 자동 삭제와 백그라운드 실행을 지정합니다. 이 장에서는 볼륨을 사용하지 않습니다. 대신에 환경 변수를 지정해서 sample 데이터베이스를 작성합니다. 포트 공개는 컨테이너끼리 통신이라면 없어도 되지만, 호스트머신에서 접속할 수 있으면 디버깅이 편리하므로 3306번 포트를 매핑합니다. my-network에 접속하도록 --network 옵션을 지정합니다.

터미널 23.2.1 네트워크를 지정해서 MySQL 컨테이너 가동하기

```
$ docker container run            \
  --name db                       \
  --rm                            \
  --detach                        \
  --env MYSQL_ROOT_PASSWORD=secret \
  --env MYSQL_DATABASE=sample     \
  --publish 3306:3306             \
  --network my-network            \
  mysql:8.4.2
14ac0265ebc97fbe08dbf2b387e68aaf72ff60de3f3c92fd5c2d7c0caf18cb74
```

MySQL 컨테이너가 가동되면 MySQL 서버에 접속해서 동작 확인을 위해 user 테이블을 작성해서 John과 Jane을 추가합니다.

터미널 23.2.2 MySQL 서버에 접속해서 테이블 작성하기

```
$ mysql --host=127.0.0.1 --port=3306 --user=root --password=secret sample
                                                    프롬프트가 전환되고 동작 대기 상태가 됨
mysql> create table user ( id int, name varchar(32) );
Query OK, 0 rows affected (0.02 sec)

mysql> insert into user ( id, name ) values ( 1, 'John Doe' );
Query OK, 1 row affected (0.01 sec)

mysql> insert into user ( id, name ) values ( 2, 'Jane Doe' );
```

```
Query OK, 1 row affected (0.00 sec)

mysql> select * from user;
+------+----------+
| id   | name     |
+------+----------+
|    1 | John Doe |
|    2 | Jane Doe |
+------+----------+
2 rows in set (0.00 sec)

mysql> exit
Bye
$
```

프롬프트가 전환되고 동작 대기 상태가 됨

준비가 되었으면 이제 PHP 컨테이너 가동으로 넘어갑시다.

● PHP 컨테이너에서 MySQL 컨테이너와 통신할 수 있는지 확인하기

이 장의 최종 목표는 PHP 파일을 실행해서 MySQL 서버에 접속하기지만, 우선은 컨테이너끼리 통신할 수 있는지 확인부터 시작합시다. 갑자기 PHP 코딩에 들어가면 뭔가 문제가 생겼을 때 의심할 범위가 넓어지므로 조금씩 신중히 확인하면서 진행합니다.

앞서 빌드한 my-php:ping 이미지를 사용해서 가동한 db 컨테이너에 ping 명령어를 실행해 봅시다. ping 명령어를 실행하는 PHP 컨테이너도 --network 옵션으로 my-network에 접속합니다. MySQL 컨테이너와는 컨테이너명으로 통신할 수 있습니다. 따라서 ping 대상은 --name으로 지정한 db입니다.

터미널 23.2.3 ping 명령어로 db 컨테이너와 개통 확인하기

```
$ docker container run --network my-network my-php:ping ping -c 3 -t 1 db
PING db (172.18.0.2) 56(84) bytes of data.
64 bytes from db.my-network (172.18.0.2): icmp_seq=1 ttl=64 time=0.099 ms
64 bytes from db.my-network (172.18.0.2): icmp_seq=2 ttl=64 time=0.103 ms
64 bytes from db.my-network (172.18.0.2): icmp_seq=3 ttl=64 time=0.117 ms
```

```
--- db ping statistics ---
3 packets transmitted, 3 received, 0% packet loss, time 2062ms
rtt min/avg/max/mdev = 0.099/0.106/0.117/0.007 ms
```

패킷 3개를 보내서 패킷 3개를 수신함. 손실 0%

PHP 컨테이너에서 MySQL 컨테이너를 향해 ping으로 개통 확인에 성공했습니다. 일단 한 걸음 진행되었습니다.

● PHP 컨테이너에서 MySQL 서버에 접속하는 코드 구현하기

다음은 PHP 컨테이너에서 PHP 코드로 MySQL 서버에 접속합니다. 곧바로 코딩하고 싶겠지만 그전에 my-php:ping 이미지를 확장해야 합니다.

PHP에서 MySQL 서버에 접속하려면 pdo_mysql 모듈이 필요합니다. PHP 이미지에는 pdo_mysql이 설치되어 있지 않으므로 설치합니다. 공식 PHP 이미지는 docker-php-ext-install이라는 편리한 명령어가 있으므로 이 명령어를 사용합니다.

앞에서 ping 설치를 위해 사용한 도커파일을 재활용해서 RUN 명령을 추가해 봅시다. 빌드한 이미지 태그는 my-php:pdo_mysql로 지정합니다.

코드 23.2.1 pdo_mysql 명령어를 설치하는 Dockerfile

```
FROM php:8.2.23

RUN apt-get update
RUN apt-get install -y iputils-ping

RUN docker-php-ext-install pdo_mysql
```

터미널 23.2.4 Dockerfile로 이미지 빌드하기

```
$ docker image build --tag my-php:pdo_mysql .
생략
 => => naming to docker.io/library/my-php:pdo_mysql
```

이것으로 PHP 이미지 준비가 끝났습니다. 마무리로 PHP 컨테이너에서 실행할 PHP 파일을 구현합니다. 호스트머신에 임의의 디렉터리를 작성해서 다음처럼 `main.php`를 작성합니다. [코드 23.2.2]는 PDO 클래스를 이용해서 MySQL 데이터베이스를 조작합니다. host에는 MySQL 컨테이너의 --name에 지정한 db를 사용합니다. 그 외의 접속 정보는 호스트머신에서 mysql 명령어로 접속할 때와 동일합니다. $pdo가 생성되면 query 메서드로 쿼리를 실행한 결과를 echo로 표시합니다.

코드 23.2.2 데이터베이스에 접속하는 코드(main.php)

```php
<?php

// 데이터베이스에 접속
$dsn = 'mysql:host=db;port=3306;dbname=sample';
$username = 'root';
$password = 'secret';
$pdo = new PDO($dsn, $username, $password);

// user 테이블 내용을 전부 출력
$statement = $pdo->query('select * from user');
$statement->execute();
while ($row = $statement->fetch()) {
    echo '- id: ' . $row['id'] . ', name: ' . $row['name'] . PHP_EOL;
}

// 접속 종료
$pdo = null;
```

이것으로 PHP 컨테이너 준비도 모두 끝났습니다.

● PHP 컨테이너에서 MySQL 컨테이너와 통신하기

지금까지 한 일을 정리해 봅시다. my-network를 작성해서 MySQL 컨테이너를 접속했습니다. PHP 컨테이너에서 MySQL 컨테이너로는 컨테이너명으로 접속할 수 있으므로 접속 대상 데이터베이스의 호스트는 db입니다. PHP 컨테이너도 마찬가지로 my-network에 접속해서 `ping` 명령어로 MySQL 컨테이너와 개통 확인했습니다.

마지막으로 main.php를 PHP 컨테이너에서 실행해 봅시다. `container run`을 정리합니다. 컨테이너는 한 번 쓰고 버리므로 늘 하던 대로 자동 삭제를 지정합니다. 호스트머신에서 작성한 main.php를 컨테이너에서 실행하고 싶으므로 "$(pwd)"를 /my-work에 바인드 마운트합니다. MySQL 컨테이너와 동일한 네트워크에 접속하지 않으면 통신할 수 없으므로 --network 지정이 필요합니다. 이미지는 pdo_mysql를 설치한 my-php:pdo_mysql을 사용하고 실행할 명령어는 php /my-work/main.php입니다. container run은 main.php를 작성한 디렉터리에서 실행하지 않으면 바인드 마운트의 "$(pwd)"와 맞지 않으므로 주의하기 바랍니다.

터미널 23.2.5 PHP 컨테이너에서 PHP 파일 실행하기

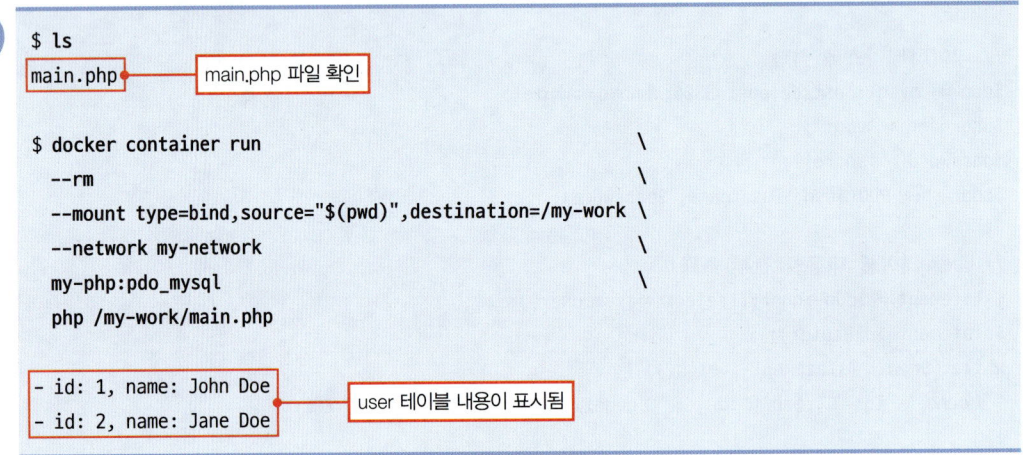

호스트머신에서 작성한 PHP 파일을 컨테이너로 실행해서 MySQL 컨테이너의 데이터를 취득했습니다. 지금까지 고생 많으셨습니다.

Point db 컨테이너는 정지해도 됩니다.

● 잘 안될 때 확인 방법

실행에 문제가 생겨도 괜찮습니다. 심호흡을 하고 컨테이너와 프로그램을 다시 살펴봅시다. 컨테이너 가동 옵션에는 --detach가 있으므로 컨테이너 실행에 오류가 발생해서 종료하더라도 화면에는 아무것도 표시되지 않아서 오류 발생 사실을 모르고 넘어갈 수 있습니다. container ls --all로 컨테이너가 가동 중인지 확인하거나, --detach 옵션 없이 오류가 발생하는지 확인해 봅시다. 컨테이너를 네트워크에 접속하는 설정이 빠졌을 수도 있습니다. network inspect로 my-network를 자세히 살펴보면 접속된 컨테이너 목록을 확인할 수 있습니다.

터미널 23.2.6 my-network 네트워크 살펴보기

```
$ docker network inspect my-network
[
    {
        "Name": "my-network",
        생략
        "Containers": {
            "14ac0265ebc97fbe08dbf2b387e68aaf72ff60de3f3c92fd5c2d7": {
                "Name": "db",    ← db 컨테이너가 접속 중임
                생략
            }
        },
        "Options": {},
        "Labels": {}
    }
]
```

MySQL 컨테이너에 db라고 컨테이너명이 잘 지정되어 있는지 확인했나요? 컨테이너명은 container ls로 확인할 수 있습니다.

터미널 23.2.7 컨테이너명 살펴보기

```
$ docker container ls
CONTAINER ID   IMAGE        생략    NAMES
e03781a2a525   mysql:8.4.2  생략    db
```

PHP 컨테이너 가동을 main.php 파일이 있는 디렉터리에서 실행했는지 확인합니다.

터미널 23.2.8 main.php 파일 위치 확인하기

```
$ ls
main.php
```

파일이 존재하지 않으면 container run을 실행하는 디렉터리를 다시 확인하고, 파일이 존재한다면 --mount 옵션에 문제가 없는지 확인합니다. PHP에서 오류가 발생한다면 main.php 작성에 문제가 없는지 다시 확인합니다. 의도한 대로 되지 않을 때는 어떤 실수가 있는 것이 분명하지만, 천천히 잘 살펴보면 그 이유를 반드시 찾을 수 있습니다.

기본 브릿지 네트워크를 사용한 컨테이너 통신

지금 설명하는 내용은 실습과 관계없는 참고용 정보입니다. 20장에서 기본 브릿지 네트워크의 컨테이너 통신은 추천하지 않는다고 언급한 이유를 설명합니다. 설명을 위해 IP 주소를 사용하는 통신과 `container run`의 `--link`를 사용한 방법을 소개하지만, 앞으로 구축할 때 사용할 일은 없을 것입니다.

설명에서 호출 대상 컨테이너는 정지할 때까지 계속 가동되기만 하면 충분하므로, 환경 변수 설정이 번거로운 MySQL 컨테이너 대신에 nginx:1.25 컨테이너를 사용합니다. 컨테이너명은 called로 지정합니다. 호출하는 쪽 컨테이너는 `ping` 명령어를 사용할 수 있는 my-php:ping 이미지의 PHP 컨테이너를 이용합니다. 컨테이너명은 calling으로 지정합니다.

● IP 주소를 사용하는 통신

`--network`를 지정하지 않는 경우의 컨테이너 통신을 확인합니다. 호출 대상 컨테이너를 가동합니다. `--network`를 지정하지 않았으므로 기본 브릿지 네트워크에 접속합니다.

터미널 23.3.1 called 컨테이너 가동하기

```
$ docker container run --name called --rm --detach nginx:1.25
de7e27adea4ca8a4414c67a34f4c865812abc07bf517cbe3378e0178cc1bd9d2
```

IP 주소로 called 컨테이너와 통신하고 싶으므로 called 컨테이너를 `container inspect`로 살펴봅니다.

터미널 23.3.2 called 컨테이너의 IP 주소 살펴보기

```
$ docker container inspect called
[
    {
        생략
        "NetworkSettings": {
            생략
            "Networks": {
                "bridge": {
                    생략
                    "IPAddress": "172.17.0.2",
                    생략
                }
            }
        }
    }
]
```

- bridge에 접속 확인
- IP 주소 확인(환경에 따라 다를 수 있음)

calling 컨테이너로 172.17.0.2에 `ping` 명령어를 실행해 봅시다. called 컨테이너가 기본 브릿지 네트워크에 접속된 상태이므로 calling 컨테이너도 `--network`는 지정하지 않습니다.

터미널 23.3.3 calling 컨테이너에서 called 컨테이너에 ping하기(IP 주소)

```
$ docker container run        \
  --name calling              \
  --rm                        \
  my-php:ping                 \
  ping -c 3 -t 1 172.17.0.2

PING 172.17.0.2 (172.17.0.2) 56(84) bytes of data.
64 bytes from 172.17.0.2: icmp_seq=1 ttl=64 time=0.085 ms
64 bytes from 172.17.0.2: icmp_seq=2 ttl=64 time=0.281 ms
64 bytes from 172.17.0.2: icmp_seq=3 ttl=64 time=0.547 ms

--- 172.17.0.2 ping statistics ---
3 packets transmitted, 3 received, 0% packet loss, time 2031ms
rtt min/avg/max/mdev = 0.085/0.304/0.547/0.189 ms
```

- 패킷 3개를 보내서 패킷 3개를 받음. 손실 0%

접속되긴 했지만 조금 번거롭습니다. 매번 변경될 가능성이 있는 IP 주소를 알아봐야 하고, 빈번하게 바뀌는 값을 프로그램 등에서 정의하는 것도 쉽지 않습니다.

기본 브릿지 네트워크는 통신 대상을 컨테이너명으로 지정할 수 없으므로 IP 주소를 알아보는 번거로움을 피할 수 없습니다.

● --link를 사용하는 통신

IP 주소를 알아보는 대신에 예전에는 `container run`의 `--link` 기능을 사용했습니다. called 컨테이너는 그대로 두고 calling 컨테이너를 가동할 때 `--link` 옵션을 추가합니다. `:`의 앞이 대상 컨테이너명, 뒤가 별칭(alias)입니다. IP 주소가 아니라 지정한 별칭으로 `ping` 명령어를 실행해 봅시다.

터미널 23.3.4 calling 컨테이너에서 called 컨테이너에 ping하기(--link)

```
$ docker container run        \
  --name calling              \
  --rm                        \
  --link called:web-server    \
  my-php:ping                 \
  ping -c 3 -t 1 web-server

PING web-server (172.17.0.2) 56(84) bytes of data.
64 bytes from web-server (172.17.0.2): icmp_seq=1 ttl=64 time=0.096 ms
64 bytes from web-server (172.17.0.2): icmp_seq=2 ttl=64 time=0.684 ms
64 bytes from web-server (172.17.0.2): icmp_seq=3 ttl=64 time=0.262 ms

--- web-server ping statistics ---
3 packets transmitted, 3 received, 0% packet loss, time 2060ms
rtt min/avg/max/mdev = 0.096/0.347/0.684/0.247 ms
```

패킷 3개를 보내서 패킷 3개를 받음. 손실 0%

web-server라는 이름으로 called 컨테이너와 통신할 수 있습니다. 보기에는 별 문제가 없을 것 같지만 사용자 정의 브릿지 네트워크에 비해서 두 가지 단점이 있습니다. 첫 번째 단점은 `--network`를 지정하지 않은 모든 컨테이너가 기본 브릿지 네트워크에 접속하므로, 원래라면 관계가 없는 컨테이너끼리도 통신할 수 있다는 점이 문제입니다. 이건 `--link` 뿐만 아니라 IP 주소

방식도 마찬가지입니다. 잘못해서 원하지 않는 통신이 발생할 위험이 있으므로 사용자 정의 브릿지 네트워크를 작성해서 명시적으로 접속하는 편이 분리 수준이 높습니다.

두 번째 단점은 --link는 상대방 컨테이너 환경 변수를 자신의 컨테이너에 복사한다는 점입니다. bash를 사용해서 확인해 봅시다. env 명령어로 모든 환경 변수를 표시하고 정렬해서 WEB_SERVER_ENV_로 시작하는 것만 살펴봅시다.

터미널 23.3.5 calling 컨테이너의 환경 변수 확인하기

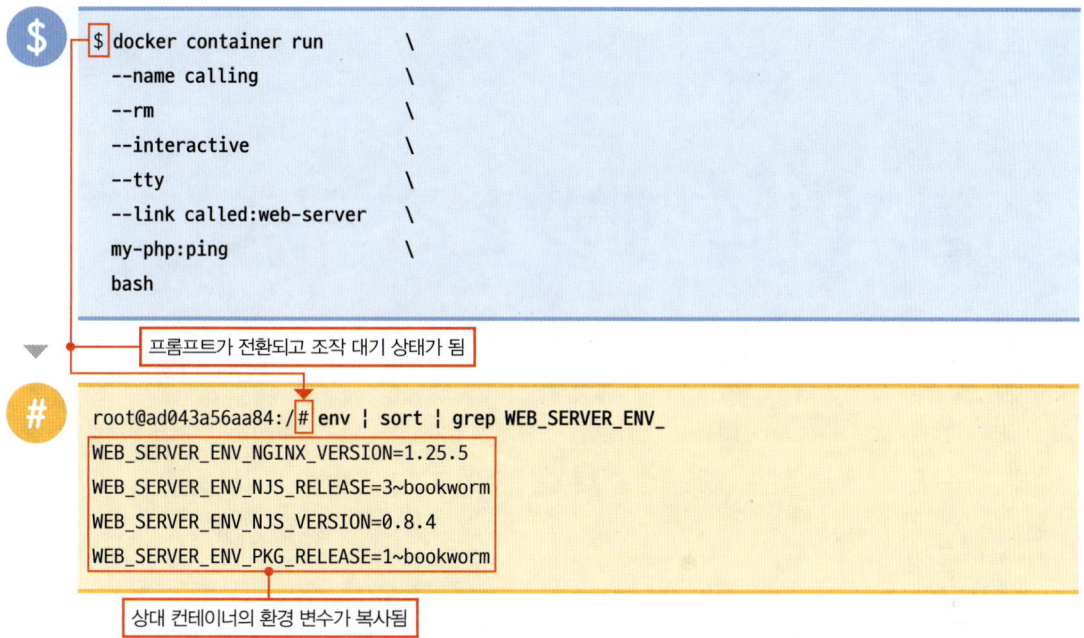

상대 컨테이너의 환경 변수에 비밀 정보 등이 포함되어 있다면 보안 위험성이 커집니다. 이런 이유 등으로 --link는 비추천 기능이 되었고 공식 문서는 네트워크를 작성해서 사용하도록 경고합니다.

> # 6부
>
> # 웹 서비스 개발 환경 구축

6부는 활용에 속하며 웹 서비스 개발 환경 구축 예를 살펴봅니다. 애플리케이션 컨테이너, 데이터베이스 컨테이너, 메일 컨테이너로 구성된 환경을 구축합니다. 지금까지 배운 지식으로 실용적인 환경을 구축하는 방법을 직접 체험해봅시다.

6부의 각 장은 독립된 내용이 아니라 순서대로 조금씩 환경 구축을 진행합니다. 등장하는 도커 명령어 및 사용 리소스는 모두 지금까지 설명한 내용이므로 기억이 나지 않는 내용이 있다면 복습해서 확인하기 바랍니다.

마지막으로 구축한 환경을 도커 컴포즈로 변환하면 환경 구축은 완료입니다.

24장

구성 정리하기

6부 전체를 통해서 웹 서비스 개발 환경을 구축합니다. 이 장에서는 구축할 서비스 개요 소개와 필요 요소를 정리합니다.

앞으로 만들 웹 서비스

● 데모 화면

무척 간단한 웹 서비스를 예로 들어서 직접 구축해 봅시다. 6부에서 구축할 서비스는 브라우저로 접속하면 [화면 24.1.1]처럼 메시지를 표시합니다. 페이지를 열면 데이터베이스의 사용자 테이블에서 사용자 정보를 가져와서 화면에 사용자 정보를 표시하고, 각 사용자의 등록된 메일 주소에 메일을 발송합니다.

화면 24.1.1 브라우저로 접속하기

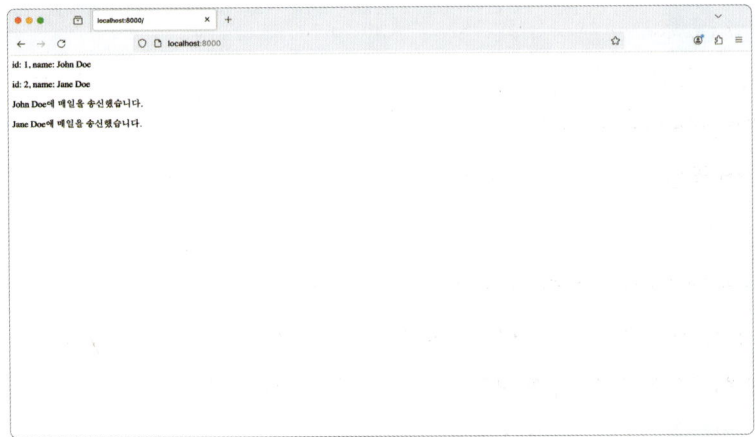

메일 발송이라고 했지만 더미(가짜) 메일 서버에 발송하기 때문에 안심하기 바랍니다. 더미 메일 서버는 어떤 메일이 발송되는지 모두 확인할 수 있습니다. [화면 24.1.2]는 발송된 메일 목록을 확인하는 모습입니다.

화면 24.1.2 발송한 메일 목록

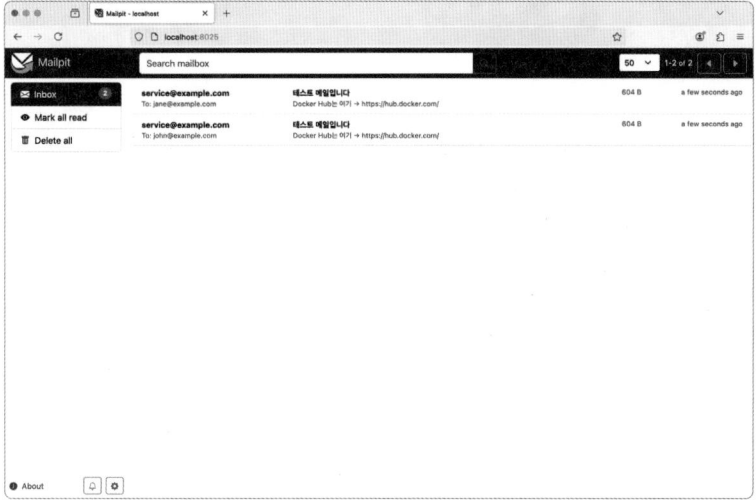

더미 메일 서버는 메일 상세 내용도 확인할 수 있습니다. [화면 24.1.3]은 발송된 메일 상세 내용을 확인하는 모습입니다. 메일명이나 본문 외에도 from, to 설정이나 수신 시간도 확인할 수 있습니다. 본문이 한국어라는 점이나 수신 시간이 한국 표준시를 쓰는 것도 알 수 있습니다.

화면 24.1.3 발송한 메일 상세 내용

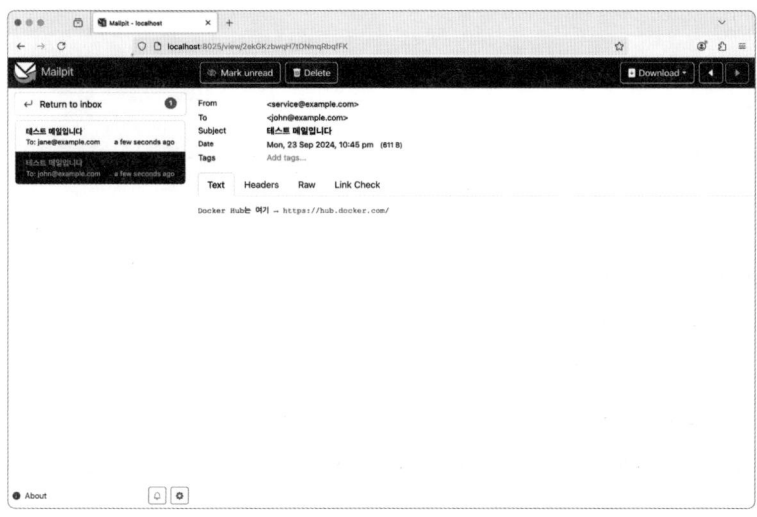

아주 간단한 웹 서비스이지만 기본적인 요소가 많이 담겨 있습니다. 조금씩 정리해 봅시다.

구성 정리하기

● 컨테이너 정리

필요한 컨테이너부터 정리해 봅시다. 일단 웹서버가 될 애플리케이션을 실행하는 컨테이너가 필요합니다. 컨테이너명은 app으로 지정하고 앱 컨테이너라고 부르겠습니다. 다음으로 데이터베이스 서버 컨테이너가 필요합니다. 컨테이너명은 db로 지정하고 DB 컨테이너라고 부르겠습니다. 마지막으로 메일 서버 컨테이너가 필요합니다. 컨테이너명은 mail로 지정하고 메일 컨테이너라고 표기합니다. 이런 3가지 종류 컨테이너를 어떤 이미지에서 가동할지 25장에서 정리합니다. 지금은 이런 컨테이너를 사용한다는 것만 확인합니다.

● 하고 싶은 일 정리하기

갑자기 컨테이너 3개의 `container run` 명령어를 작성하는 것은 어려우므로 25장~27장에서 옵션을 정리합니다.

대략적으로 이런 일을 하고 싶다는 요건을 정리해 봅시다.

- **전체 요건**
  - 컨테이너는 정지할 때 자동 삭제됩니다.
  - 컨테이너 가동을 백그라운드로 실행합니다.
  - 한국 표준시로 동작합니다.
  - 컨테이너에서 컨테이너로 통신할 수 있습니다.

- **DB 컨테이너 요건**
  - 디버깅용으로 호스트머신에서도 접속 가능해야 합니다.
  - 데이터베이스 데이터는 컨테이너가 삭제돼도 남아 있어야 합니다.
  - 데이터베이스에 초기 데이터를 작성합니다.

- **앱 컨테이너 요건**
  - 브라우저에서 접속할 수 있습니다.
  - 소스 코드는 호스트머신에서 작성합니다.

- **메일 컨테이너 요건**
  - 브라우저로 접근할 수 있습니다.
  - 발송한 메일이 컨테이너를 삭제해도 남아 있어야 합니다.

container run 명령어에 곧바로 반영할 수 있는 것은 자동 삭제와 백그라운드 실행입니다. --rm 옵션과 --detach 옵션을 사용합니다. 그 외의 항목은 하나씩 확인하면서 정해 봅시다.

24.3 이 장의 정리

지금까지 정한 매개변수를 정리하고 개략적인 구성도를 작성합니다.

● 앱 컨테이너 매개변수 정리

이 장에서 정한 container run 매개변수를 정리합니다.

항목	내용
컨테이너명(--name)	app
자동 삭제(--rm)	있음
백그라운드 실행(--detach)	있음

● DB 컨테이너 매개변수 정리

이 장에서 정한 container run 매개변수를 정리합니다.

항목	내용
컨테이너명(--name)	db
자동 삭제(--rm)	있음
백그라운드 실행(--detach)	있음

● 메일 컨테이너 매개변수 정리

이 장에서 정한 container run 매개변수를 정리합니다.

항목	내용
컨테이너명(--name)	mail
자동 삭제(--rm)	있음
백그라운드 실행(--detach)	있음

● 개략적인 구성도

완성 예상도로 현 시점에 정리한 내용을 개략적으로 정리했습니다. 작성한 요건을 바탕으로 3개의 컨테이너, 보관할 데이터, 호스트머신에서 접속, 컨테이너끼리 통신이 필요하다는 점을 간단히 정리했습니다.

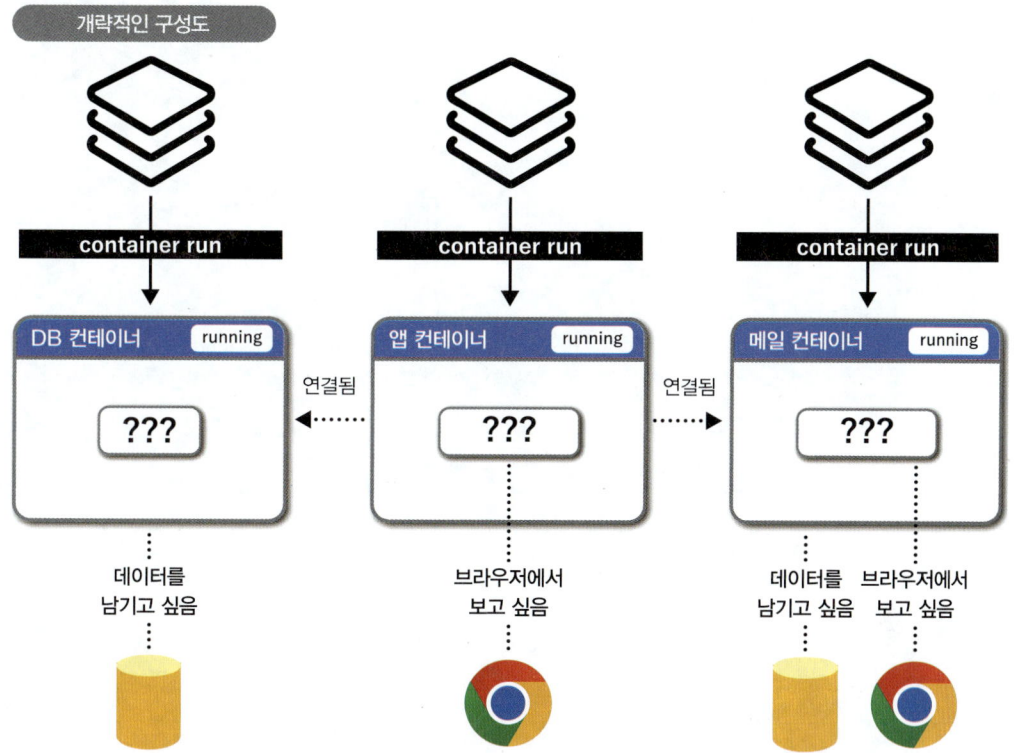

그림 24.3.1 개략적인 구성도

다수의 컨테이너를 구성할 때 이렇게 대략적이라도 괜찮으니 시작하기 전에 그림으로 정리하면 진행할 때 도움이 됩니다.

25장

필요한 이미지 준비하기

앱 컨테이너, DB 컨테이너, 메일 컨테이너의 이미지를 준비합시다. 사용할 이미지를 정하고 필요한 설정을 정리합니다. 이미지 선정은 여러 가지를 고려해야 하므로 조금씩 정리하면서 진행합니다.

디렉터리 작성

도커파일과 각종 설정 파일을 작성할 디렉터리를 준비합니다. 임의의 장소에 work 디렉터리를 작성하고 docker와 src 서브 디렉터리를 작성합니다. 그리고 docker 아래에 app, db, mail의 서브 디렉터리를 작성합니다. 파일 트리는 다음과 같습니다.

```
work
├── docker
│   ├── app
│   ├── db
│   └── mail
└── src
```

docker 디렉터리는 도커파일과 각종 설정 파일, src 디렉터리는 소스 코드를 저장하는 디렉터리입니다. `image build`, `container run` 조작은 work 디렉터리에서 합니다. 디렉터리를 작성했으면 이미지 관련 내용을 정리합니다. 앱 컨테이너는 DB 컨테이너와 메일 컨테이너를 호출하는 컨테이너이므로 먼저 DB 컨테이너와 메일 컨테이너 이미지부터 정리합니다.

25.2

DB 이미지 정리하기

● 베이스 이미지 선정

데이터베이스 서버는 MySQL을 사용합니다. 태그는 2024년 8월(번역) 시점에 8.x대 최신인 8.4.2를 사용합니다. MySQL 이미지에는 환경 변수를 지정하면 사용자나 데이터베이스를 작성하는 기능을 제공하는데, 이는 10장에서 사용한 바 있습니다. 다음 4가지의 환경 변수를 사용합니다. 값도 동시에 정해 봅시다.

- MYSQL_ROOT_PASSWORD=secret
- MYSQL_USER=app
- MYSQL_PASSWORD=pass1234
- MYSQL_DATABASE=sample

시간대 설정도 환경 변수로 지정할 수 있으므로 지정합니다.

- TZ=Asia/Seoul

환경 변수는 `container run`의 `--env` 옵션이나 도커파일의 `ENV` 명령으로 설정할 수 있지만, 이번에는 `--env` 옵션으로 지정합니다. `container run` 옵션은 이 책의 마지막 장에서 설명하는 도커 컴포즈로 이식하는 작업에서 YAML 파일로 만들 때 사용합니다. YAML 파일로 작성하면 `container run`에서 지정할 때 발생할지 모르는 실수를 방지할 수 있습니다.

포트도 지금 확인해 봅시다. MySQL 서버는 3306번 포트를 사용하는데 호스트머신에서 3306번 포트로 접속할 수 있다면 디버깅이 쉬워지므로 호스트머신과 컨테이너의 3306번 포트를 매핑합니다. 이것으로 DB 이미지 정리가 끝났습니다.

> **요점 정리**
>
> - ☑ 이미지는 mysql:8.4.2를 사용합니다.
> - ☑ --env로 MYSQL_ROOT_PASSWORD=secret 변수를 지정합니다.
> - ☑ --env로 MYSQL_USER=app 변수를 지정합니다.
> - ☑ --env로 MYSQL_PASSWORD=pass1234 변수를 지정합니다.
> - ☑ --env로 MYSQL_DATABASE=sample 변수를 지정합니다.
> - ☑ --env로 TZ=Asia/Seoul 변수를 지정합니다.
> - ☑ --publish로 3306:3306 포트를 지정합니다.

지금 결정한 내용을 구성도로 나타내면 다음과 같습니다.

그림 25.2.1 포트 공개

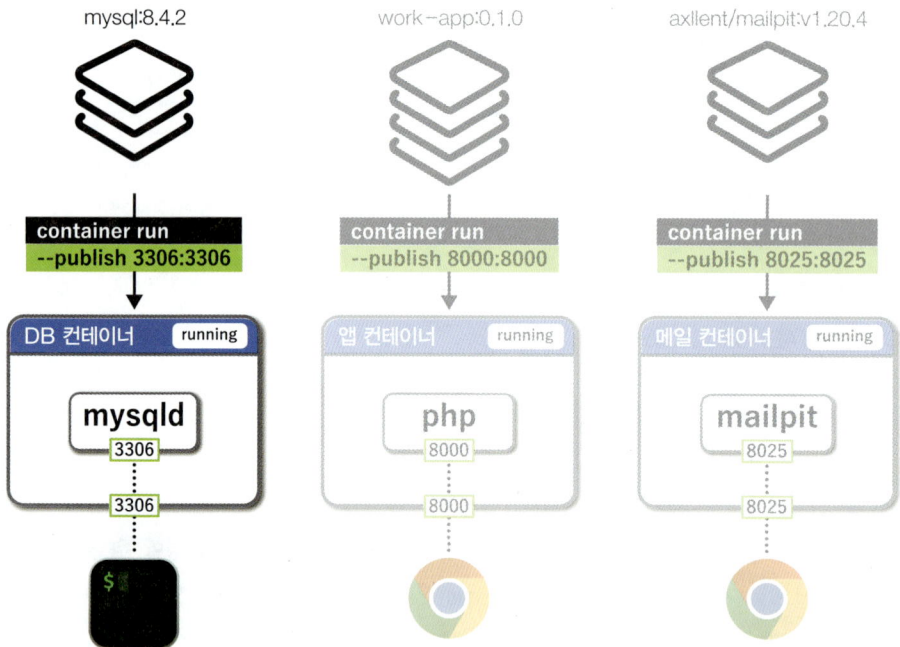

25.3 메일 이미지 정리하기

● **베이스 이미지 선정**

메일 서버로 Mailpit을 사용합니다. Mailpit은 검증용 SMTP 서버로, 해당 서버에 발송된 메일은 외부로 전송되지 않습니다. 메일 상세 내용은 Mailpit의 웹 UI에서 확인할 수 있어서 개발 시 동작을 확인할 때 무척 유용합니다. 도커 허브에서 검색해 봅시다.[1]

화면 25.3.1 도커 허브에서 axllent/mailpit 검색

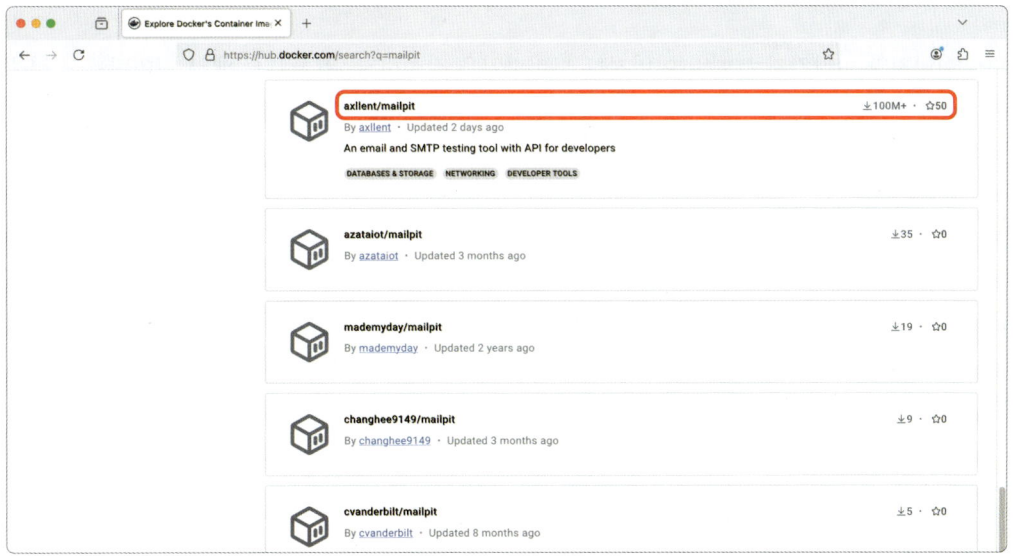

---

1 역자주_ mailpit으로 검색하면 다른 사용자가 올린 이미지도 함께 검색되므로 axllent/mailpit 키워드로 검색합니다.

Mailpit 공식 사이트에서 소개하는 axllent/mailpit 리포지터리를 사용합니다. 2024년 9월 시점에 latest는 v1.20.4이므로 베이스 이미지는 axllent/mailpit:v1.20.4를 씁니다.

도커 허브의 [Overview] 탭을 보면 다음 내용을 확인할 수 있습니다.

- 웹 UI는 8025번 포트를 이용합니다.
- SMTP 서버는 1025번 포트를 이용합니다.
- 환경 변수 TZ로 시간대를 설정할 수 있습니다.
- 환경 변수 MP_DATA_FILE로 데이터 보관 장소를 지정할 수 있습니다.

웹 UI에 호스트머신의 브라우저에서 접속할 수 있도록 컨테이너 8025번 포트를 호스트머신 8025번 포트에 매핑합니다. 1025번 포트는 매핑할 필요가 없습니다. 이쪽은 앱 컨테이너가 사용하는 포트이므로 호스트머신에 공개하지 않아도 됩니다.

환경 변수 값을 정합니다. 시간대는 Asia/Seoul로 지정하고, 데이터 보관 장소는 도커 허브의 예시와 동일하게 /data/mailpit.db로 지정합니다.

- TZ=Asia/Seoul
- MP_DATA_FILE=/data/mailpit.db

DB 이미지와 마찬가지로 메일 이미지도 도커파일은 작성하지 않습니다. 메일 이미지를 정리해 봅시다.

요점 정리

- ☑ 이미지는 axllent/mailpit:v1.20.4를 이용합니다.
- ☑ 앱 컨테이너에서 1025번 포트를 지정해서 메일을 발송합니다.
- ☑ --publish로 8025:8025 변수를 지정합니다.
- ☑ --env로 TZ=Asia/Seoul 변수를 지정합니다.
- ☑ --env로 MP_DATA_FILE=/data/mailpit.db 변수를 지정합니다.

지금 결정한 내용을 구성도로 나타내면 다음과 같습니다.

그림 25.3.1 포트 공개

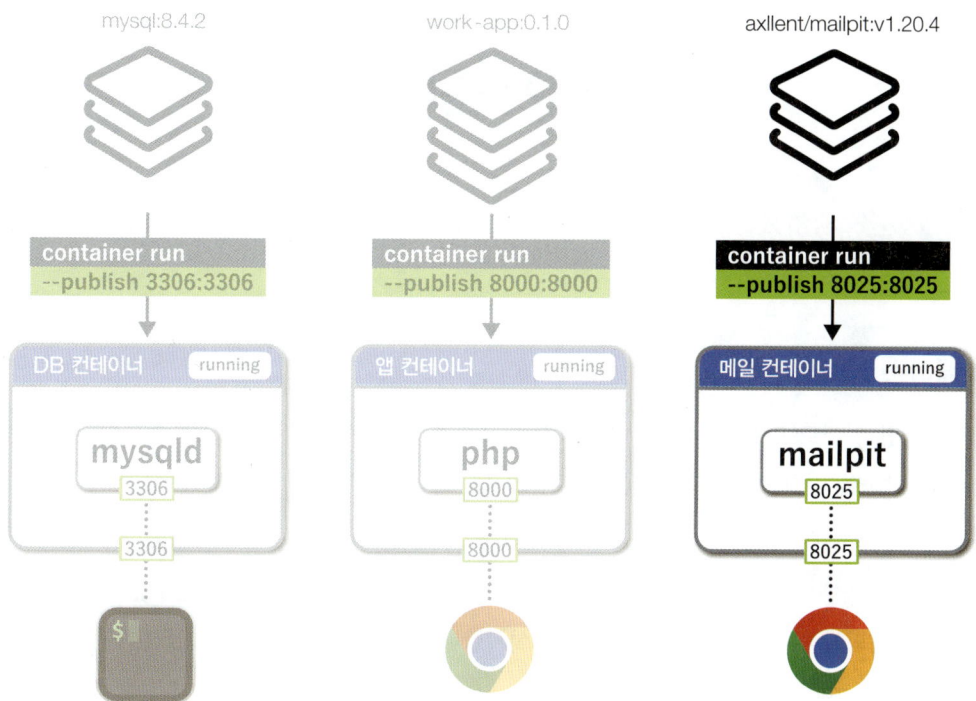

25장 필요한 이미지 준비하기

앱 이미지 준비하기

● 베이스 이미지 선정

프로그래밍 언어로 PHP를 사용합니다. PHP 자체가 웹서버가 될 수 있고 데이터베이스 접속과 메일 발송을 간단히 구현할 수 있습니다. PHP 이미지는 2024년 9월(번역) 시점에 latest인 php:8.2.23을 사용합니다.

23장에서 설명했지만 PHP 이미지는 MySQL 서버를 이용하는 데 필요한 pdo_mysql의 PHP 모듈이 설치되어 있지 않으므로 도커파일로 설치합니다. 메일 발송용 SMTP 클라이언트도 없으므로 msmtp-mta 패키지를 설치합니다.

● 컨테이너로 가동하는 명령어 정리

PHP는 빌트인(내장) 웹서버 기능으로 웹서버를 실행할 수 있습니다. php 명령어의 --server 옵션으로 서버를 가동할 주소와 포트 번호를 지정합니다. 주소에는 모든 IPv4 주소를 뜻하는 0.0.0.0을 지정합니다. 원하는 포트 번호를 선택할 수 있으므로 8000번을 사용합니다.

도커파일을 만들어서 이미지를 빌드하기 전에 빌트인 웹서버를 가동할 수 있는지 확인해 봅시다. 자동 삭제되도록 --rm 옵션과 호스트머신의 브라우저에서 접속하도록 --publish 8000:8000 옵션을 지정합니다.

터미널 25.4.1 빌트인 웹서버를 시험 가동하기

```
$ docker run --rm --publish 8000:8000 php:8.2.23 php --server 0.0.0.0:8000
[Tue Sep 10 11:15:04 2024] PHP 8.2.23 Development Server (http://0.0.0.0:8000) started
```
서버가 가동됨

브라우저에서 *http://localhost:8000*에 접속해서 [화면 25.4.1]처럼 표시되면 확인 끝입니다.

화면 25.4.1 빌트인 웹서버에 브라우저로 접속하기

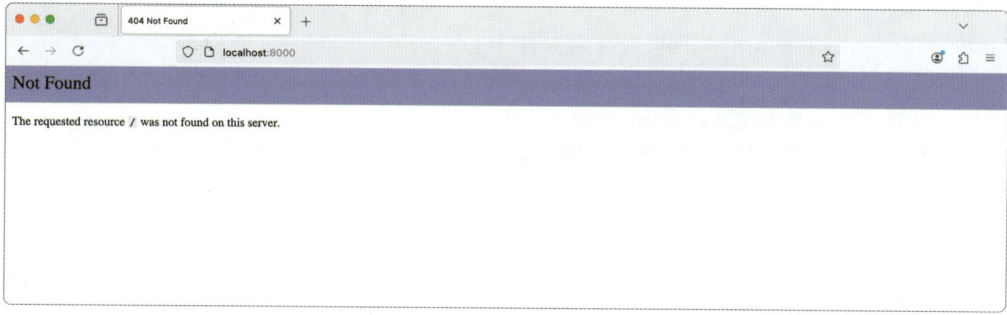

문서 루트^{document root}에 index.php 등의 파일이 없어서 Not Found 오류가 발생하지만 서버 가동에는 문제가 없습니다. 문서 루트는 --docroot 옵션으로 지정할 수 있습니다. /my-work 디렉터리를 문서 루트로 지정하고 여기에 index.php를 두도록 합시다. 한편, php 명령어의 전체 경로는 도커파일을 만들 때 필요한 정보이므로 which 명령어를 실행해서 확인합니다.

터미널 25.4.2 php 명령어 경로 확인하기

```
$ docker run --rm php:8.2.23 which php
/usr/local/bin/php
```

php 명령어 전체 경로와 --docroot 옵션을 반영한 최종적인 빌트인 웹서버 가동 명령어입니다.

- /usr/local/bin/php --server 0.0.0.0:8000 --docroot /my-work

이 명령어는 컨테이너 가동 시 명령어로 도커파일에서 사용합니다.

> **Point** 확인에 사용한 PHP 컨테이너는 이제 정지합니다. container ls로 컨테이너 ID를 확인해서 stop을 실행합니다.

● 도커파일 작성과 이미지 빌드

도커파일을 사용해서 앱 이미지를 빌드합니다. `FROM` 명령에 지정할 베이스 이미지는 php:8.2.23 입니다. `RUN` 명령으로 pdo_mysql을 설치합니다. 설치는 23장에서 사용한 `docker-php-ext-install`을 이용합니다. 마찬가지로 `RUN` 명령으로 `apt-get`을 써서 msmtp-mta를 설치합니다. 메일 서버의 호스트 정보 등을 담은 설정 파일 msmtprc를 `COPY` 명령으로 이미지의 /etc/msmtprc에 복사합니다. 마지막으로 `CMD` 명령으로 컨테이너를 가동할 때 빌트인 웹서버를 실행하도록 설정합니다. 도커파일 내용 정리가 끝났으면 다음과 같은 내용으로 Dockerfile을 작성합니다. Dockerfile은 docker/app 디렉터리에 작성합니다.

코드 25.4.1 앱 이미지의 도커파일(docker/app/Dockerfile)

```
FROM php:8.2.23

RUN docker-php-ext-install pdo_mysql

RUN apt-get update
RUN apt-get install -y msmtp-mta

COPY ./msmtprc /etc/msmtprc

CMD ["/usr/local/bin/php", "--server", "0.0.0.0:8000", "--docroot", "/my-work"]
```

다음은 `COPY` 명령으로 복사할 msmtprc를 작성합니다. Dockerfile과 동일하게 docker/app 디렉터리에 둡니다. msmtprc에는 접속 대상 메일 서버 정보와 발송자 메일 주소를 설정합니다. 컨테이너에서 컨테이너와 통신한다면 상대방 컨테이너명으로 접속할 수 있으므로, host에는 메일 컨테이너의 컨테이너명인 mail을 지정합니다. port는 메일 이미지를 살펴봐서 확인한 1025번 포트를 지정합니다. from에는 메일 발송자 주소를 지정합니다. 6부에서 구축할 환경은 메일은 실제로 발송되지 않지만, 혹시 모를 실수에 대비해서 테스트 메일의 도메인은 example.com을 사용하는 것이 좋습니다. example.com은 문서나 동작 확인용으로 예약된 도메인이라서, 메일이 실제로 발송되어도 다른 제3자에게 영향을 주지 않습니다. 사용자명은 service, from은 service@example.com으로 정의합니다. 환경 구축에 실패해서 문제가 생겼을 때 메일 서버에 연결하지 못해서 계속 대기 상태가 되는 상황에 대비해서 timeout을 5초로 짧게 지정합니다.

코드 25.4.2 msmtp 설정 파일(docker/app/msmtprc)

```
host mail
port 1025
from "service@example.com"
timeout 5
```

이미지에 필요한 파일이 갖춰졌으니 도커파일로 이미지를 빌드해 봅시다. 빌드 후 이미지는 work-app:0.1.0 태그를 지정합니다. `image build`는 work 디렉터리에서 실행하며, 빌드에 필요한 Dockerfile과 msmtprc가 있는 docker/app 디렉터리를 컨텍스트 매개변수에 지정합니다.

터미널 25.4.3 도커파일로 앱 이미지 빌드하기

```
$ docker image build --tag work-app:0.1.0 docker/app
생략
 => => naming to docker.io/library/work-app:0.1.0
```

work-app:0.1.0 이미지가 만들어졌습니다. 이것으로 앱 이미지 정리가 끝났습니다.

> **요점 정리**
> - ☑ 이미지는 work-app:0.1.0을 사용합니다.
> - ☑ --publish로 8000:8000 포트를 지정합니다.

지금 정한 내용을 구성도로 나타내면 다음과 같습니다.

그림 25.4.1 포트 공개

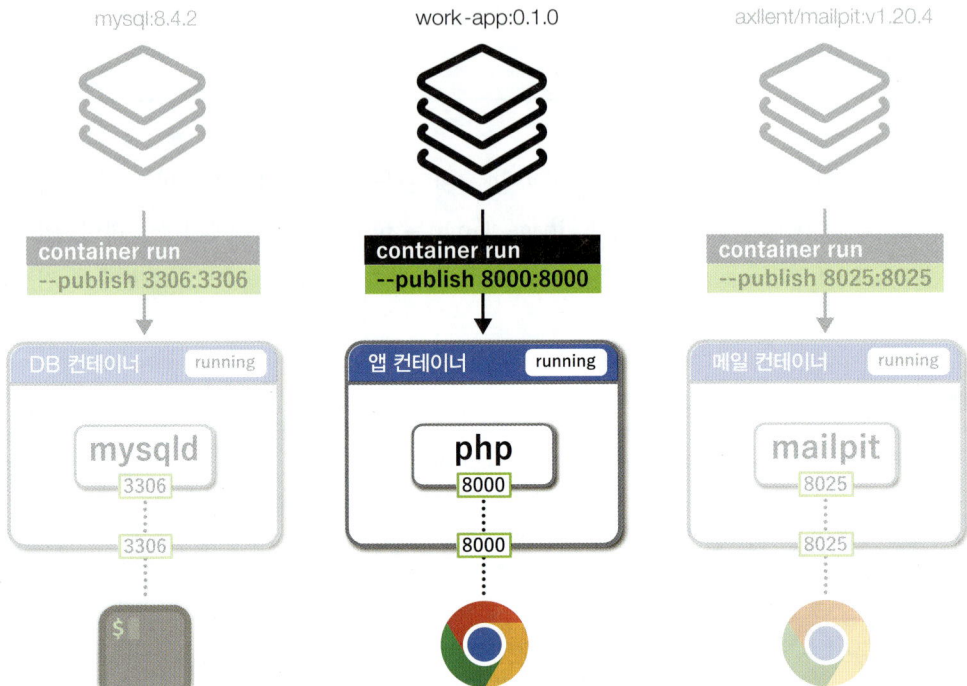

이 장의 정리

지금까지 결정한 매개변수를 정리하고 중간 확인을 위해 컨테이너를 가동해서 잘 되는지 살펴봅시다.

● 앱 컨테이너 매개변수 정리와 가동 확인

이 장에서 정한 container run 매개변수를 정리합니다.

항목	내용
환경 변수 (--env)	없음
포트 공개 (--publish)	8000:8000
이미지 (IMAGE)	work-app:0.1.0
명령어 (COMMAND)	/usr/local/bin/php --server 0.0.0.0:8000 --docroot /my-work

앱 컨테이너가 가동되는지 확인하고 지금까지 정한 매개변수에 문제가 없는지 살펴봅니다. 다만, 기동 명령어의 --docroot 옵션은 잠시 /my-work에서 /로 변경합니다. /my-work 디렉터리가 아직 존재하지 않아서 오류가 발생하기 때문입니다.

터미널 25.5.1 앱 컨테이너 가동 확인하기

```
$ docker container run                                    \
  --name app                                              \
  --rm                                                    \
  --detach                                                \
  --publish 8000:8000                                     \
  work-app:0.1.0                                          \
  /usr/local/bin/php --server 0.0.0.0:8000 --docroot /
```

브라우저로 *http://localhost:8000*에 접속해서 [화면 25.5.1]처럼 표시되면 성공입니다.

화면 25.5.1 빌트인 웹서버에 브라우저로 접속하기

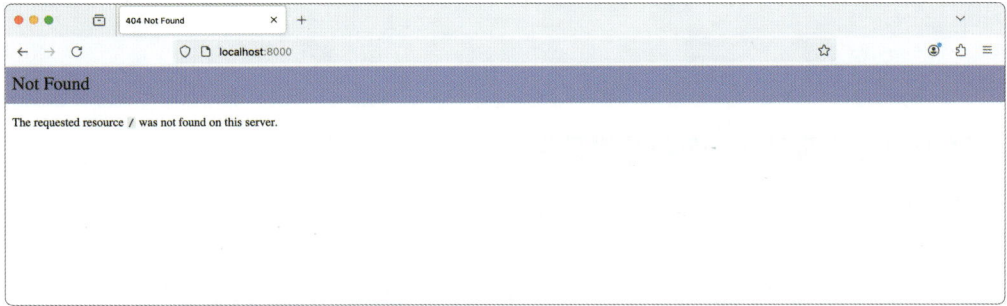

Point 잘 안된다면 우선 컨테이너 가동 여부를 `container ls`로 확인합니다. 컨테이너가 가동 중이 아니라면 IMAGE나 [COMMAND] 지정을 확인하고, 가동 중이면 --publish 옵션을 확인하기 바랍니다.

● DB 컨테이너 매개변수 정리와 가동 확인

이 장에서 정한 container run 매개변수를 정리합니다.

항목	내용
환경 변수 (--env)	MYSQL_ROOT_PASSWORD=secret MYSQL_USER=app MYSQL_PASSWORD=pass1234 MYSQL_DATABASE=sample TZ=Asia/Seoul

항목	내용
포트 공개 (--publish)	3306:3306
이미지 (IMAGE)	mysql:8.4.2

DB 컨테이너가 가동되는지 확인해서 지금까지의 매개변수에 문제가 없는지 확인합니다.

터미널 25.5.2 DB 컨테이너 가동 확인하기

```
$ docker container run              \
    --name db                       \
    --rm                            \
    --detach                        \
    --env MYSQL_ROOT_PASSWORD=secret \
    --env MYSQL_USER=app            \
    --env MYSQL_PASSWORD=pass1234   \
    --env MYSQL_DATABASE=sample     \
    --env TZ=Asia/Seoul             \
    --publish 3306:3306             \
    mysql:8.4.2
```

호스트머신에서 mysql 명령어로 접속되면 성공입니다.

터미널 25.5.3 DB 컨테이너 접속하기

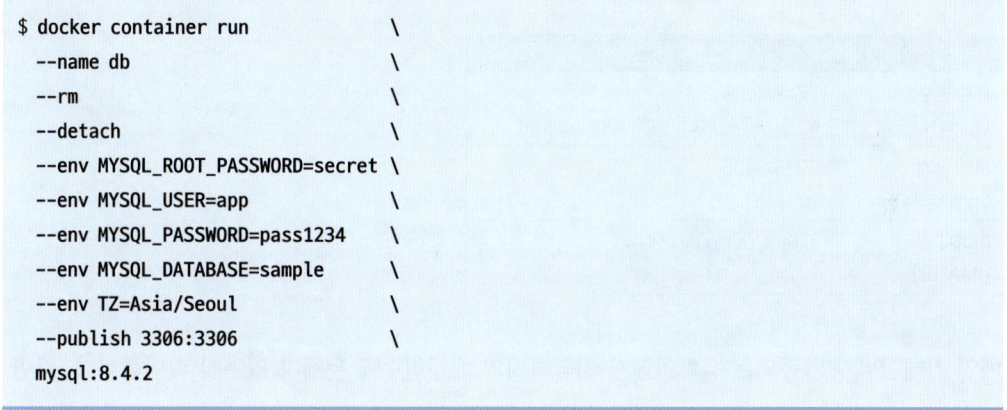

```
$ mysql --host=127.0.0.1 --port=3306 --user=app --password=pass1234 sample
                              ← 프롬프트가 전환됨
mysql> select now();
+---------------------+
| now()               |
+---------------------+
| 2024-09-12 21:07:05 |   ← 한국 표준시인지 확인
+---------------------+
1 row in set (0.01 sec)
```

Point 우선 컨테이너 가동 여부를 container ls로 확인합니다. 컨테이너가 실행 중이 아니라면 --detach 옵션을 제거하여 오류를 살펴보고, --env 옵션 설정에 문제가 없는지 점검합니다.
mysql 명령어로 접속할 수 없다면, --publish 옵션과 mysql 명령어에 지정한 접속 정보가 일치하는지 확인합니다.

● 메일 컨테이너 매개변수 정리와 가동 확인

이 장에서 정한 container run 매개변수를 정리합니다.

항목	내용
환경 변수 (--env)	TZ=Asia/Seoul MP_DATA_FILE=/data/mailpit.db
포트 공개 (--publish)	8025:8025
이미지 (IMAGE)	axllent/mailpit:v1.20.4

메일 컨테이너가 가동되는지 확인해서 지금까지의 매개변수에 문제가 없는지 확인합니다. 다만, MP_DATA_FILE=/data/mailpit.db 지정만 제외합니다. /data 디렉터리가 아직 존재하지 않아서 오류가 발생하기 때문입니다.

터미널 25.5.4 메일 컨테이너 가동 확인하기

```
$ docker container run                                  \
  --name mail                                           \
  --rm                                                  \
  --detach                                              \
  --env TZ=Asia/Seoul                                   \
  --publish 8025:8025                                   \
  axllent/mailpit:v1.20.4
```

브라우저로 *http://localhost:8025*에 접속해서 [화면 25.5.2]처럼 표시되면 성공입니다.

화면 25.5.2 Mailpit 웹 UI에 브라우저로 접속하기

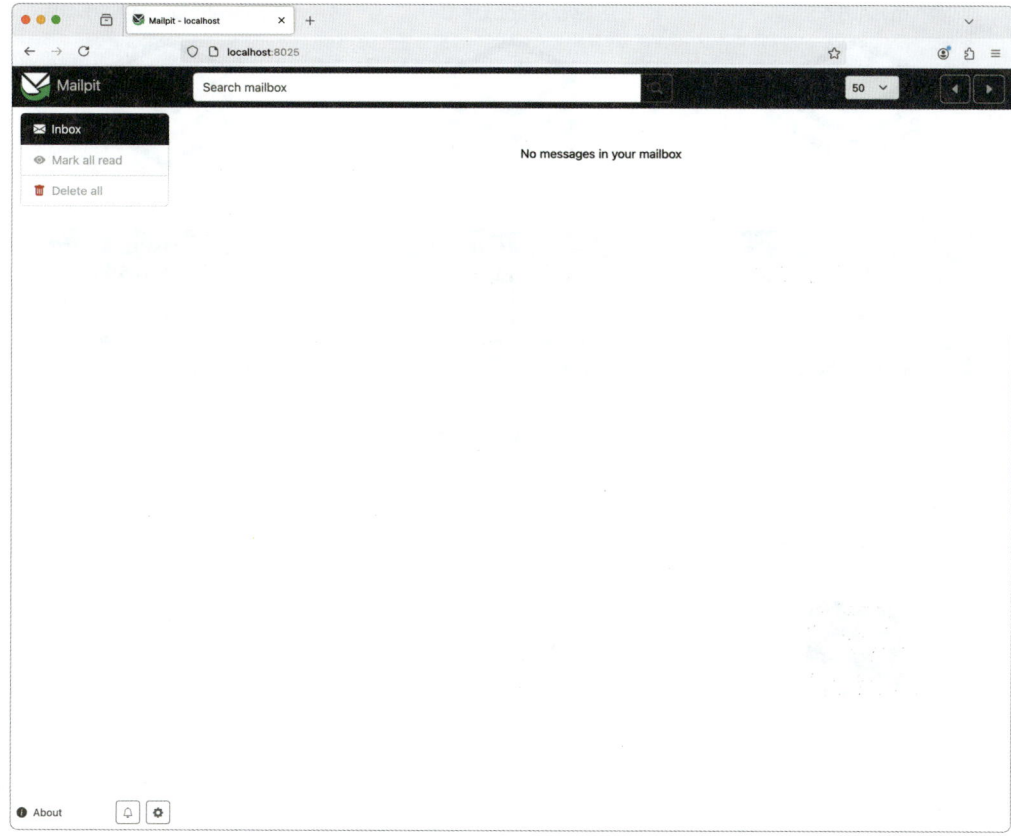

> **Point** 우선 컨테이너 가동 여부를 container ls로 확인합니다. 컨테이너가 실행 중이 아니라면 --detach 옵션을 제거하여 오류를 살펴보고, --env 옵션 설정에 문제가 없는지 점검합니다.
> 브라우저로 접속이 안된다면 --publish 옵션과 URL에 문제가 없는지 확인합니다.

● 현 시점에서의 구성도

24장에서 작성한 대략적인 구성도와 이번 장에서 정리한 옵션을 바탕으로 구성도를 갱신합니다. 하지만 모든 옵션을 상세하게 기록하면 그림이 복잡해지므로 구성도에는 대략적인 구성도일 때와 마찬가지로 데이터와 호스트머신에서 접속, 컨테이너간 통신만 표시합니다.

그림 25.5.1 현 시점의 구성도

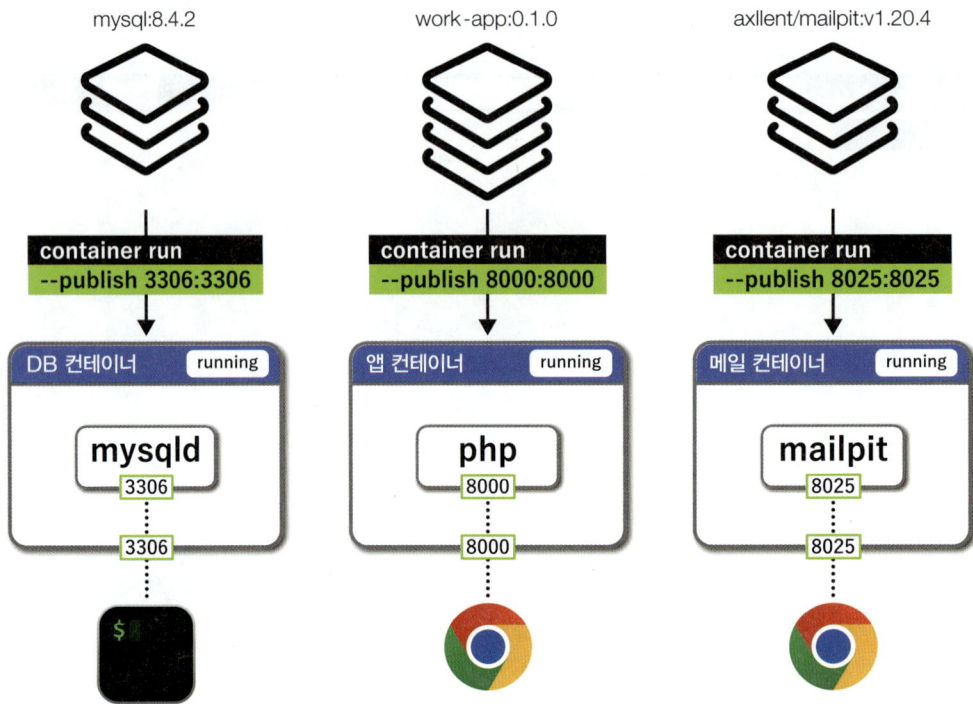

● 파일 트리

현재 파일 트리는 다음과 같습니다.

```
work
├── docker
│   ├── app
│   │   ├── Dockerfile
│   │   └── msmtprc
│   ├── db
│   └── mail
└── src
```

26장

컨테이너 이외의 리소스 준비하기

이 장에서는 볼륨, 바인드 마운트, 네트워크, 소스 코드를 준비합니다. 이미지와 컨테이너 관계를 잘 정리하면 순조롭게 진행할 수 있습니다.

앱 컨테이너 정리하기

● **볼륨**

앱 컨테이너는 유지할 데이터가 없습니다. 볼륨은 사용하지 않습니다.

● **바인드 마운트**

앱 컨테이너는 PHP 소스 코드를 호스트머신과 공유할 수 있게 바인드 마운트를 이용합니다. --mount 옵션을 정리해 봅시다. 마운트 원본은 PHP 소스 코드를 저장하는 src 디렉터리입니다. work 디렉터리의 경로는 pwd 명령어로 확인합니다. 마운트 대상은 25장의 빌트인 웹서버에서 문서 루트(--docroot)로 정한 /my-work를 지정합니다. 이렇게 설정하면 호스트머신의 PHP 소스 코드가 컨테이너 문서 루트에 마운트됩니다.

⟨key⟩	⟨value⟩	설명
type	bind	바인드 마운트라면 bind
source	"$(pwd)"/src	마운트 원본 src 디렉터리의 전체 경로
destination	/my-work	마운트 대상 --docroot로 정한 /my-work

지금 정한 내용을 구성도로 나타내면 다음과 같습니다.

그림 26.1.1 현 시점의 구성도

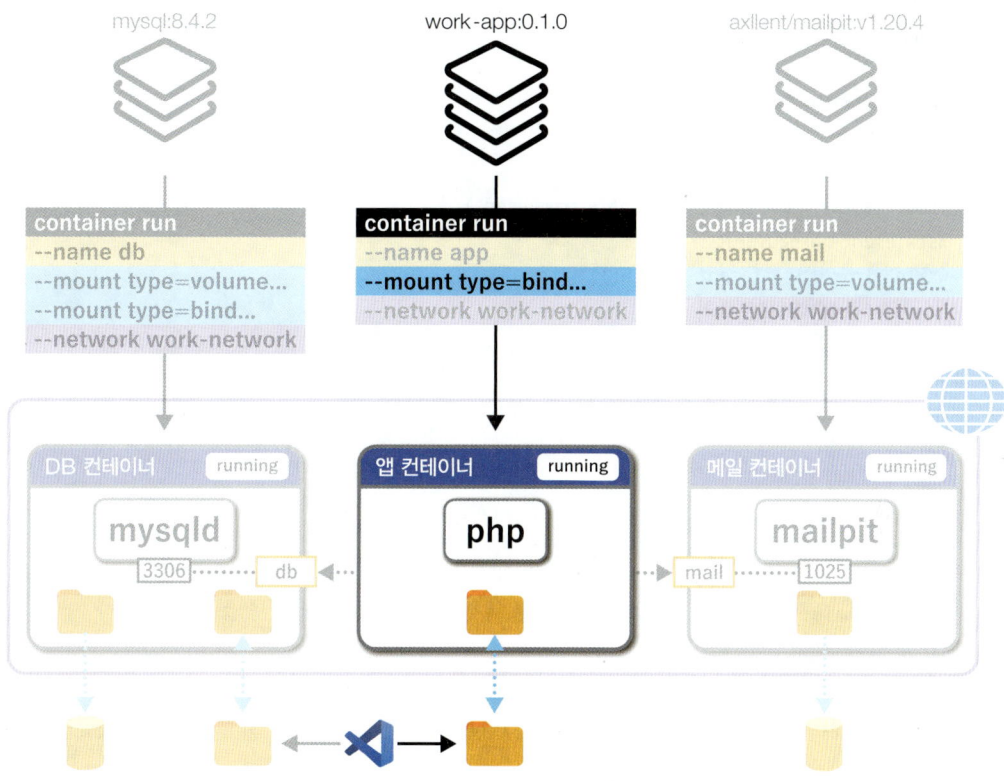

● **소스 코드**

앱 컨테이너에서 실행할 PHP 파일을 작성해 봅시다. 호스트머신에서 src/index.php를 [코드 26.1.1]와 같이 작성합니다. 이 코드는 23장과 마찬가지로 PDO 클래스로 MySQL 데이터베이스에 접속하고, 앞에서 작성한 user 테이블에서 사용자 정보를 취득합니다. 취득한 사용자 정보를 화면에 표시하고 모든 사용자의 등록 메일 주소에 메일을 발송합니다.

코드 26.1.1 PHP 소스 코드(src/index.php)

```
<?php

$users = [];

// 데이터베이스에 접속
$dsn = 'mysql:host=db;port=3306;dbname=sample';
```

```php
$username = 'root';
$password = 'secret';
try {
    $pdo = new PDO($dsn, $username, $password);

    // user 테이블 내용을 취득
    $statement = $pdo->query('select * from user');
    $statement->execute();
    while ($row = $statement->fetch()) {
        // 1줄씩 배열에 추가
        $users[] = $row;
    }

    // 접속 해제
    $pdo = null;
} catch (PDOException $e) {
    echo '데이터베이스에 접속하지 못했습니다.';
}

// 사용자 정보 출력
foreach ($users as $user) {
    echo '<p>id: ' . $user['id'] . ', name: ' . $user['name'] . '</p>';
}

// 메일 발송
$subject = '테스트 메일입니다';
$message = 'Docker Hub는 여기 → https://hub.docker.com/';
foreach ($users as $user) {
    $success = mb_send_mail($user['email'], $subject, $message);
    if ($success) {
        echo '<p>' . $user['name'] . '에 메일을 송신했습니다.</p>';

    } else {
        echo '<p>메일 송신에 실패했습니다.</p>';
    }
}
```

> **Point** 현재는 로컬 환경을 활용한 개인 개발 용도이기 때문에 index.php에 직접 데이터베이스 접속 정보를 작성했습니다. 하지만 실제 운영 환경에서는 이러한 민감한 정보를 소스 코드에 직접 작성하는 것은 보안상 위험한 행동입니다. 환경 변수 등을 사용하기 바랍니다.

● 네트워크

앱 컨테이너는 DB 컨테이너와 메일 컨테이너에 접속합니다. 컨테이너끼리 통신할 수 있도록 네트워크를 작성합니다. 이제 work-network 네트워크를 작성해 봅니다.

터미널 26.1.1 네트워크 작성

```
$ docker network create work-network
89122ef0cd5fdba56204c7b1cc35f4fb6408f1f0690f10b06ce6e17c38f861e5
```

앱 컨테이너를 work-network에 접속하도록 container run에서 다음 옵션을 지정합니다.

- --network work-network

지금 정한 내용을 구성도로 나타내면 다음과 같습니다.

그림 26.1.2 현 시점의 구성도

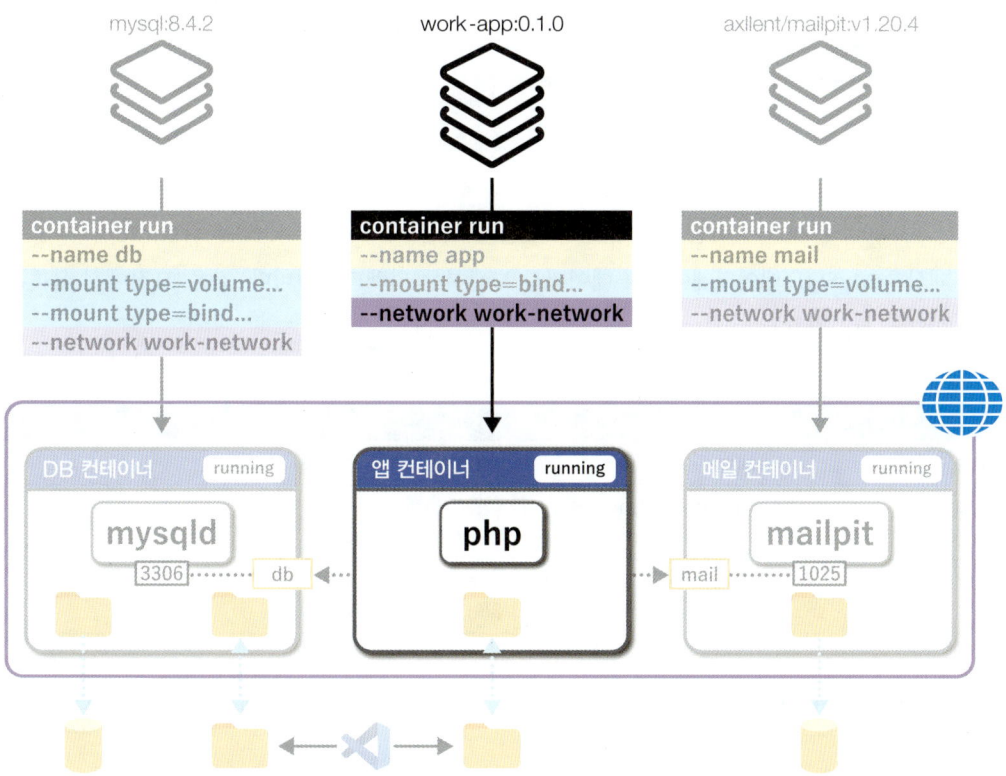

26.2

DB 컨테이너 정리하기

● **볼륨**

DB 컨테이너는 MySQL 데이터베이스의 데이터를 남기고 싶으므로 볼륨을 이용합니다. 우선은 DB 컨테이너용 볼륨을 작성하고, 이름은 work-db-volume으로 지정합니다.

터미널 26.2.1 DB 컨테이너용 볼륨 작성

```
$ docker volume create --name work-db-volume
work-db-volume
```

이어서 --mount 옵션을 정리합니다. 마운트 원본은 지금 작성한 work-db-volume입니다. 마운트 대상은 MySQL 데이터베이스가 데이터를 보관하는 디렉터리입니다. 값은 21장에서 살펴본 /var/lib/mysql입니다.

⟨key⟩	⟨value⟩	설명
type	volume	볼륨 마운트라면 volume
source	work-db-volume	마운트 원본 DB 컨테이너용 볼륨명
destination	/var/lib/mysql	마운트 대상 알아본 데이터 보관 장소

대략적으로 정리한 데이터 관련 내용이 명확하게 정해졌습니다. 구성도에서 관련된 부분은 다음과 같습니다.

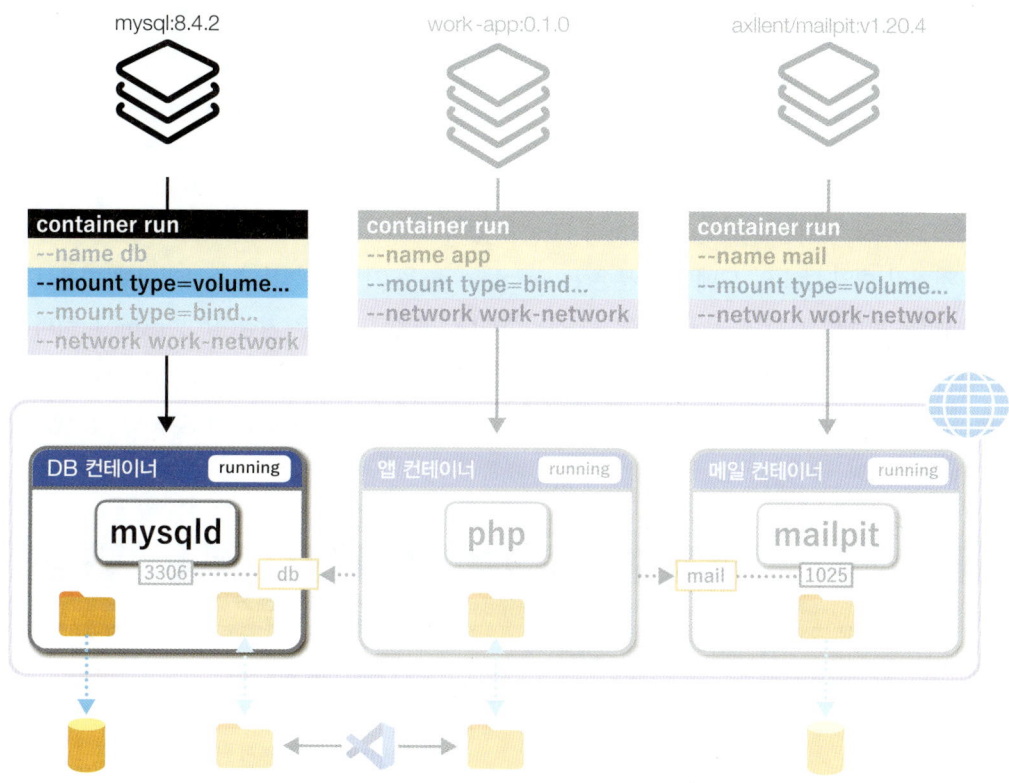

그림 26.2.1 현 시점의 구성도

● **바인드 마운트**

DB 컨테이너는 바인드 마운트도 이용합니다. 10장에서 MySQL 이미지에 환경 변수를 지정하면 사용자 작성 등을 할 수 있다고 소개했는데, 그 외에도 원하는 쿼리를 실행하는 기능도 있습니다. 컨테이너 내부의 특정 디렉터리에 .sh, .sql, .sql.gz 확장자의 파일을 두고 컨테이너를 가동하면 해당 파일을 컨테이너 가동할 때 쿼리를 실행합니다. 이런 자동 실행 기능을 사용하면 컨테이너를 가동한 후에 `mysql` 명령어로 접속해서 `create table` 문 등을 실행하지 않아도 됩니다. 이 기능을 이용해서 user 테이블을 작성하고 John과 Jane을 등록합니다.

그럼, 바로 컨테이너 가동할 때 실행할 SQL 파일을 작성해 봅시다. 파일명에 정해진 규칙이 없으므로 init-user.sql을 파일명으로 사용합니다. docker/db에 init 디렉터리를 만들고 파일을 작성합니다.

코드 26.2.1 초기화 쿼리(docker/db/init/init-user.sql)

```sql
create table user ( id int, name varchar(32), email varchar(32) );
insert user ( id, name, email ) values ( 1, 'John Doe', 'john@example.com' );
insert user ( id, name, email ) values ( 2, 'Jane Doe', 'jane@example.com' );
```

이 코드는 user 테이블을 만들고 John과 Jane을 등록합니다. 25장의 메일 발송자 설정에서 설명한 것처럼 메일 주소의 도메인 부분은 example.com을 지정합니다. 호스트머신에 마운트할 디렉터리를 만들었으므로 --mount 옵션을 정리합니다. 마운트 원본은 지금 작성한 init 디렉터리입니다. work까지의 경로는 pwd 명령어로 확인합니다. 마운트 대상은 /docker-entrypoint-initdb.d입니다. 이 값은 도커 허브의 MySQL 리포지터리의 [Overview] 탭을 보면 확인할 수 있습니다.

⟨key⟩	⟨value⟩	설명
type	bind	바인드 마운트라면 bind
source	"$(pwd)"/docker/db/init	마운트 원본 init 디렉터리의 전체 경로
destination	/docker-entrypoint-initdb.d	마운트 대상 도커 허브의 매뉴얼에서 확인

지금 정한 내용을 구성도로 나타내면 다음과 같습니다.

그림 26.2.2 현 시점의 구성도

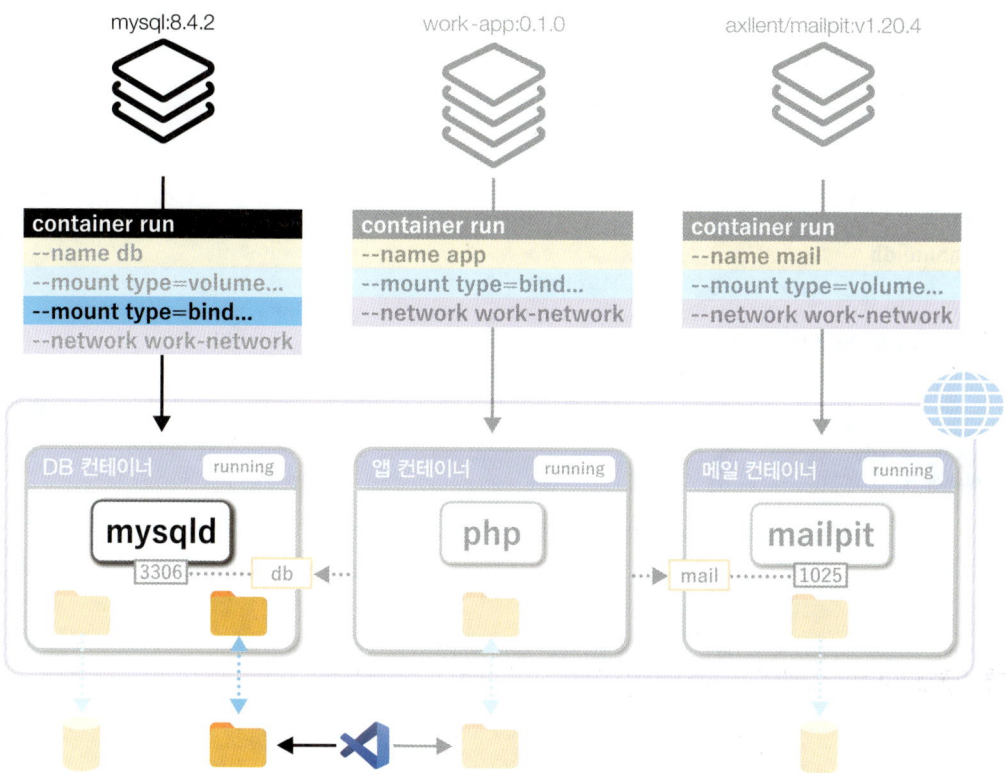

● 네트워크

DB 컨테이너는 앱 컨테이너와 같은 네트워크에 접속해야 합니다.

DB 컨테이너를 work-network에 접속하도록 container run에 다음 옵션을 지정합니다.

- `--network work-network`

지금 정한 내용을 구성도로 나타내면 다음과 같습니다.

그림 26.2.3 현 시점의 구성도

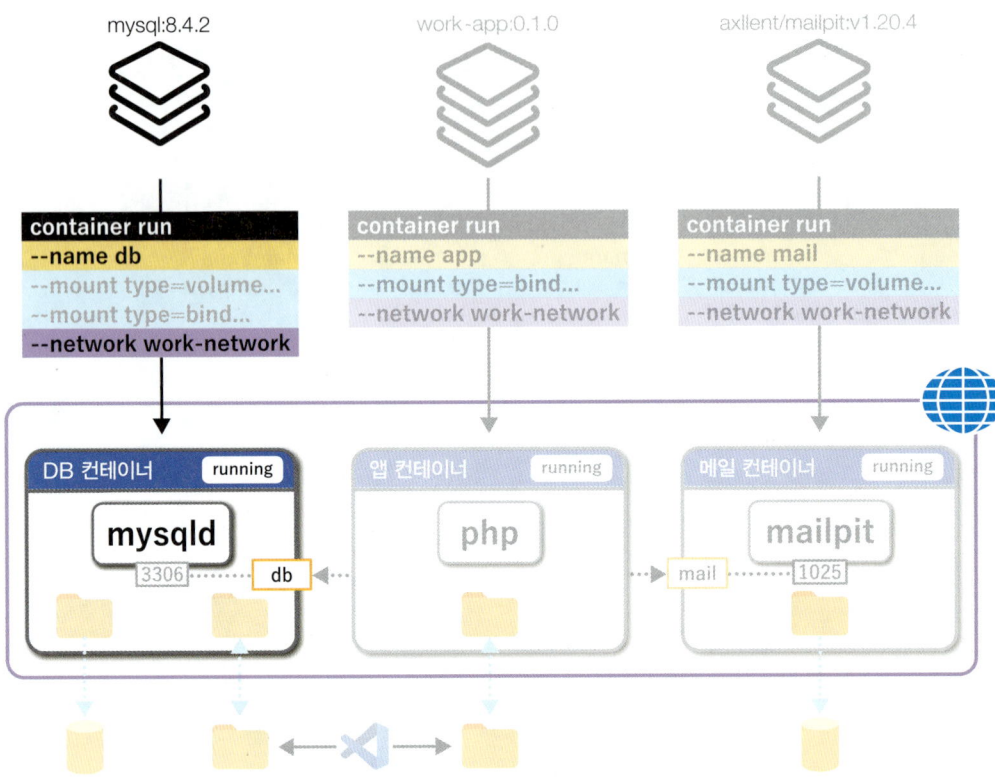

26.3 메일 컨테이너 정리하기

● 볼륨

메일 컨테이너는 메일이 사라지면 안 되므로 볼륨을 사용합니다. 우선은 메일 컨테이너용 볼륨을 작성합니다. 이름은 work-mail-volume을 사용합니다.

터미널 26.3.1 메일 컨테이너용 볼륨 작성하기

```
$ docker volume create --name work-mail-volume
work-mail-volume
```

이어서 --mount 옵션을 정리합니다. 마운트 원본은 지금 작성한 work-mail-volume입니다. 마운트 대상은 Mailpit이 메일을 저장하는 디렉터리입니다. 25장의 환경 변수 MP_DATA_FILE로 정한 /data/mailpit.db가 있는 /data 디렉터리입니다.

⟨key⟩	⟨value⟩	설명
type	volume	볼륨 마운트라면 volume
source	work-mail-volume	마운트 원본 메일 컨테이너용 볼륨명
destination	/data	마운트 대상 알아본 데이터 보관 장소

지금 정한 내용을 구성도로 나타내면 다음과 같습니다.

그림 26.3.1 현 시점의 구성도

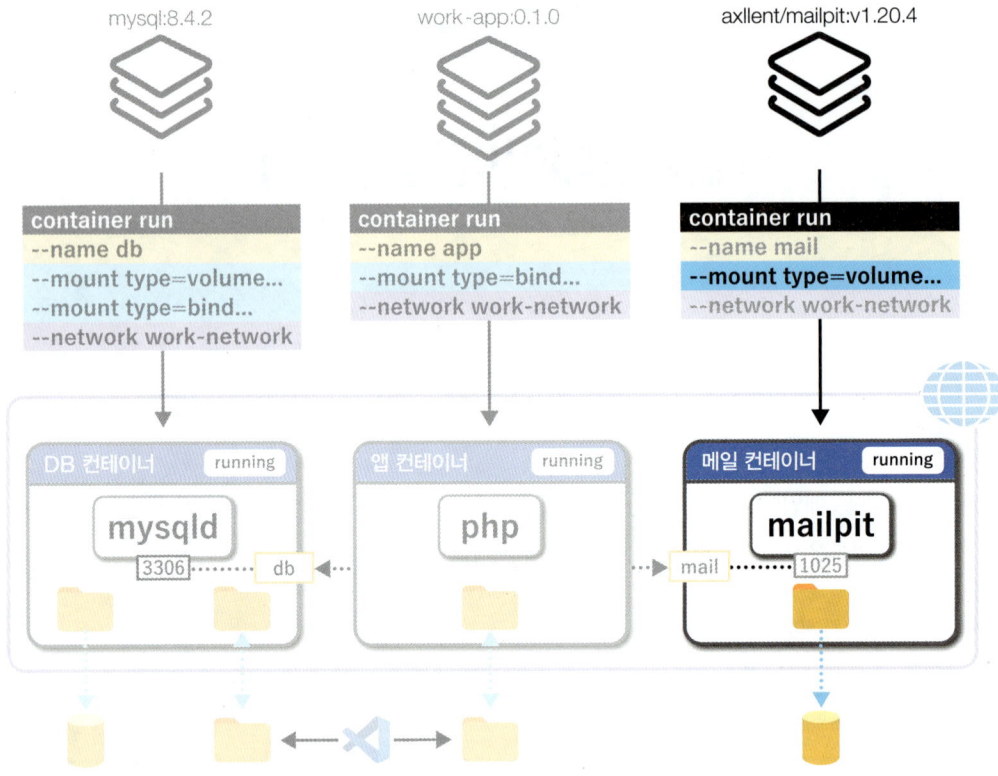

● 바인드 마운트

메일 컨테이너는 호스트머신과 동기화하고 싶은 디렉터리가 없습니다. 따라서 바인드 마운트는 사용하지 않습니다.

● 네트워크

메일 컨테이너는 앱 컨테이너와 같은 네트워크에 접속합니다. 메일 컨테이너를 work-network에 접속하도록 container run에서 다음 옵션을 지정합니다.

- `--network work-network`

지금 정한 내용을 구성도로 나타내면 다음과 같습니다.

그림 26.3.2 현 시점의 구성도

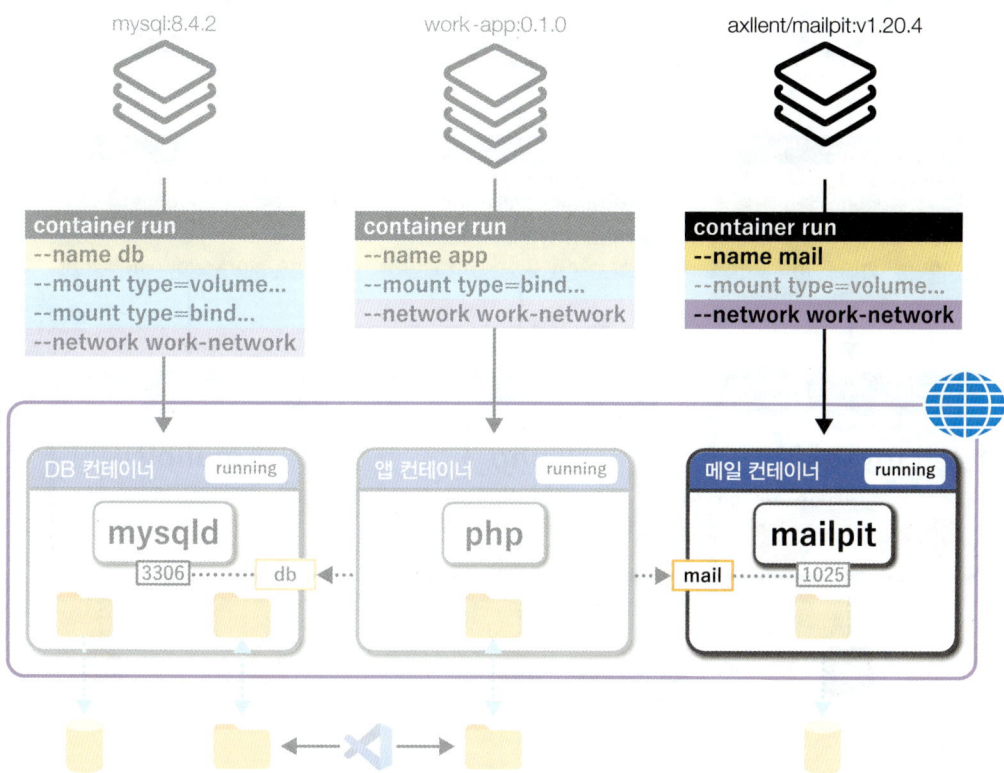

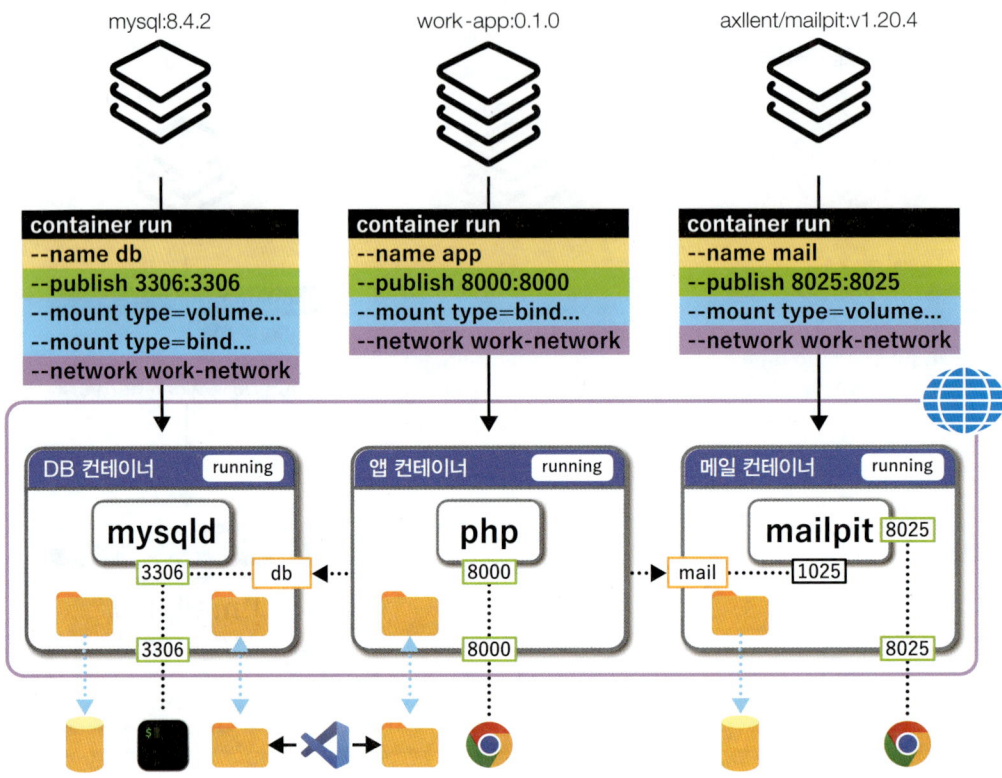

그림 26.3.3 완성도

26.4 이 장의 정리

지금까지 결정한 매개변수를 정리합니다. 컨테이너 가동은 다음 27장에서 완성형으로 확인합니다.

● 앱 컨테이너 매개변수 정리

이 장에서 결정한 container run 매개변수를 정리합니다.

항목	내용
볼륨 (--mount)	없음
바인드 마운트 (--mount)	type=bind source="$(pwd)"/src destination=/my-work
네트워크 (--network)	work-network

● DB 컨테이너 매개변수 정리

이 장에서 결정한 container run 매개변수를 정리합니다.

항목	내용
볼륨 (--mount)	type=volume source=work-db-volume destination=/var/lib/mysql
바인드 마운트 (--mount)	type=bind source="$(pwd)"/docker/db/init destination=/docker-entrypoint-initdb.d
네트워크 (--network)	work-network

● 메일 컨테이너 매개변수 정리

이 장에서 결정한 container run 매개변수를 정리합니다.

항목	내용
볼륨 (--mount)	type=volume source=work-mail-volume destination=/data
바인드 마운트 (--mount)	없음
네트워크 (--network)	work-network

● 완성도

[그림 26.6.3]은 이 장에서 정리한 정보를 종합하여 만든 개략적인 구성도입니다.

● 파일 트리

현 시점의 파일 트리는 다음과 같습니다.

```
work
├── docker
│   ├── app
│   │   ├── Dockerfile
│   │   └── msmtprc
│   ├── db
│   │   └── init              작성
│   │       └── init-user.sql 작성
│   └── mail
└── src
    └── index.php             작성
```

27장

컨테이너 가동

이 장에서는 지금까지 준비한 3개의 컨테이너를 가동해서 도커 명령어판 환경 구축을 완료합니다.

앱, DB, 메일 컨테이너 가동

● 앱 컨테이너 가동

지금까지 결정한 모든 container run 매개변수를 재정리합니다. 이미지(IMAGE)와 명령어([COMMAND])는 입력 순서에 맞춰서 정렬했습니다.

항목	내용
컨테이너명 (--name)	app
자동 삭제 (--rm)	있음
백그라운드 실행 (--detach)	있음
환경 변수 (--env)	없음
포트 공개 (--publish)	8000:8000
볼륨 (--mount)	없음
바인드 마운트 (--mount)	type=bind source="$(pwd)"/src destination=/my-work
네트워크 (--network)	work-network
이미지 (IMAGE)	work-app:0.1.0

항목	내용
명령어 ([COMMAND])	/usr/local/bin/php --server 0.0.0.0:8000 --docroot /my-work

정리가 되었으면 컨테이너를 가동해 보고 컨테이너가 문제없이 가동되었는지 결과도 확인합니다.

터미널 27.1.1 앱 컨테이너 가동하기

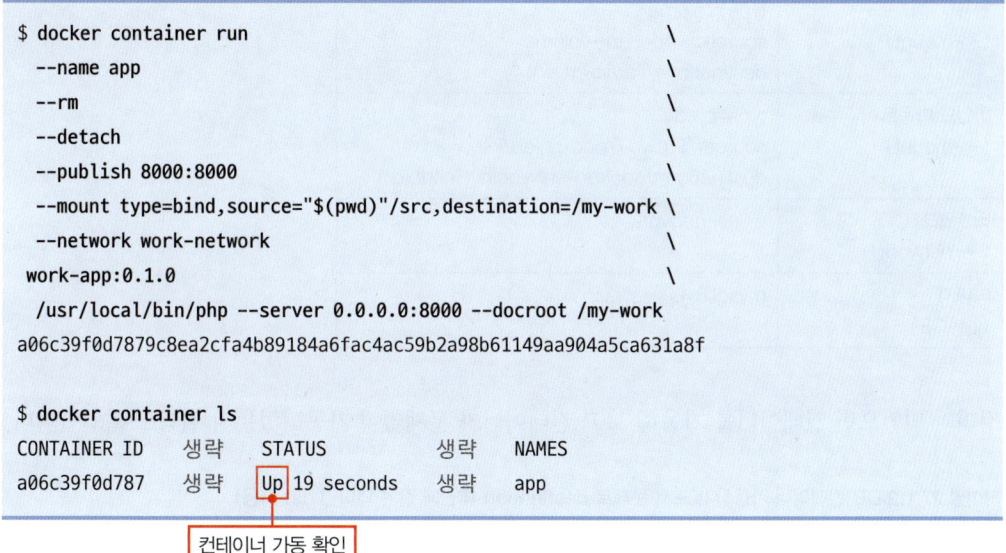

● DB 컨테이너 가동

지금까지 결정한 모든 container run 매개변수를 재정리합니다. 이미지(IMAGE)는 입력 순서에 맞춰서 정렬했습니다.

항목	내용
컨테이너명 (--name)	db
자동 삭제 (--rm)	있음
백그라운드 실행 (--detach)	있음

항목	내용
환경 변수 (--env)	MYSQL_ROOT_PASSWORD=secret MYSQL_USER=app MYSQL_PASSWORD=pass1234 MYSQL_DATABASE=sample TZ=Asia/Seoul
포트 공개 (--publish)	3306:3306
볼륨 (--mount)	type=volume source=work-db-volume destination=/var/lib/mysql
바인드 마운트 (--mount)	type=bind source="$(pwd)"/docker/db/init destination=/docker-entrypoint-initdb.d
네트워크 (--network)	work-network
이미지 (IMAGE)	mysql:8.4.2

정리가 되었으면 컨테이너를 가동해 보고 컨테이너가 문제없이 가동되었는지 결과도 확인합니다.

터미널 27.1.2 DB 컨테이너 가동하기(표시 문제로 destination 대신에 같은 의미인 dst 사용)

```
$ docker container run                                                      \
  --name db                                                                 \
  --rm                                                                      \
  --detach                                                                  \
  --env MYSQL_ROOT_PASSWORD=secret                                          \
  --env MYSQL_USER=app                                                      \
  --env MYSQL_PASSWORD=pass1234                                             \
  --env MYSQL_DATABASE=sample                                               \
  --env TZ=Asia/Seoul                                                       \
  --publish 3306:3306                                                       \
  --mount                                                                   \
  type=volume,source=work-db-volume,dst=/var/lib/mysql                      \
  --mount                                                                   \
  type=bind,source="$(pwd)"/docker/db/init,dst=/docker-entrypoint-initdb.d  \
  --network work-network                                                    \
  mysql:8.4.2
3d4bf1a4b453f68dc6fadff3dc8a96ba315e96cb44f8a6a53a00edaf57a6fd5d
```

```
$ docker container ls
CONTAINER ID    생략    STATUS          생략    NAMES
3d4bf1a4b453    생략    Up 8 seconds    생략    db
a06c39f0d787    생략    Up 32 seconds   생략    app
```

컨테이너 가동 확인

● **메일 컨테이너 가동**

지금까지 결정한 모든 container run 매개변수를 재정리합니다. 이미지(IMAGE)는 입력 순서에 맞춰서 정렬했습니다.

항목	내용
컨테이너명 (--name)	mail
자동 삭제 (--rm)	있음
백그라운드 실행 (--detach)	있음
환경 변수 (--env)	TZ=Asia/Seoul MP_DATA_FILE=/data/mailpit.db
포트 공개 (--publish)	8025:8025
볼륨 (--mount)	type=volume source=work-mail-volume destination=/data
바인드 마운트 (--mount)	없음
네트워크 (--network)	work-network
이미지 (IMAGE)	axllent/mailpit:v1.20.4

정리가 되었으면 컨테이너를 가동해 보고 컨테이너가 문제없이 가동되었는지 결과도 확인합니다.

터미널 27.1.3 메일 컨테이너 가동하기

```
$ docker container run                                              \
  --name mail                                                       \
  --rm                                                              \
  --detach                                                          \
  --env TZ=Asia/Seoul                                               \
  --env MP_DATA_FILE=/data/mailpit.db                               \
  --publish 8025:8025                                               \
  --mount type=volume,source=work-mail-volume,destination=/data     \
  --network work-network                                            \
  axllent/mailpit:v1.20.4
5c0c35a1c6827cb33e779b7f751068e47a6a625f61986da86293886b63c930b7

$ docker container ls
CONTAINER ID    생략    STATUS          생략    NAMES
5c0c35a1c682    생략    Up 5 seconds    생략    mail
3d4bf1a4b453    생략    Up 17 seconds   생략    db
a06c39f0d787    생략    Up 41 seconds   생략    app
```

컨테이너 가동 확인

브라우저 확인하기

`http://localhost:8000`에 접속하면 John과 Jane에게 메일을 발송했는지 확인할 수 있습니다.

화면 27.2.1 브라우저로 접속하기

`http://localhost:8025`에 접속하면 발송된 메일 2통을 확인할 수 있습니다.

화면 27.2.2 발송된 메일 목록

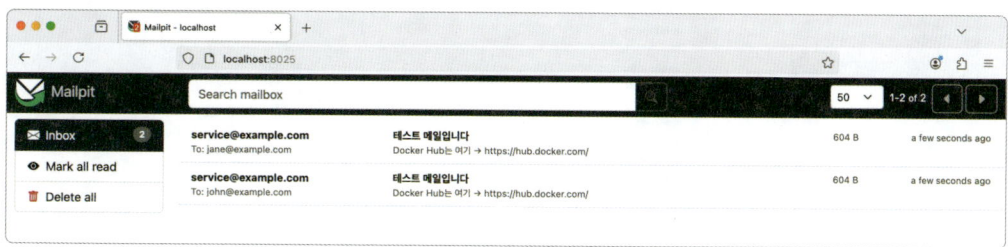

> **Point** 잘 안되면 일단 `container ls`로 컨테이너 가동 상태를 확인합니다. 가동되지 않았다면 `--detach` 옵션을 제외하고 실행해서 오류를 확인합니다. 컨테이너 3개가 가동 중인데 데이터베이스 서버 또는 메일 서버에 접속할 수 없다면 네트워크 관련 내용을 확인합니다. 모든 컨테이너가 work-

network에 접속하고 있는지 확인하고, index.php와 msmtprc의 접속 대상 호스트명과 접속 포트를 확인합니다.

네트워크를 확인하려면 23장에서 소개한 `network inspect`나 `container inspect`를 이용합니다. 구체적인 디버깅 조작법은 32장에서 설명하므로 참조하기 바랍니다.

이렇게 해서 도커 명령어판 환경 구축이 끝났습니다. 수고 많으셨습니다.

Point 확인이 끝났다면 컨테이너는 `container stop app db mail`로 정지합니다.

COLUMN

도커 데스크톱에서 컨테이너 조작하기

지금까지 터미널에서 조작했지만 도커 데스크톱(Docker Desktop)을 이용하는 컨테이너 조작법도 잠깐 소개합니다. Containers 화면은 `container ls`에서 보던 정보를 확인할 수 있고, 정지나 삭제 버튼으로 조작할 수 있습니다.

화면 27.2.3 도커 데스크톱에서 컨테이너 목록 확인하기

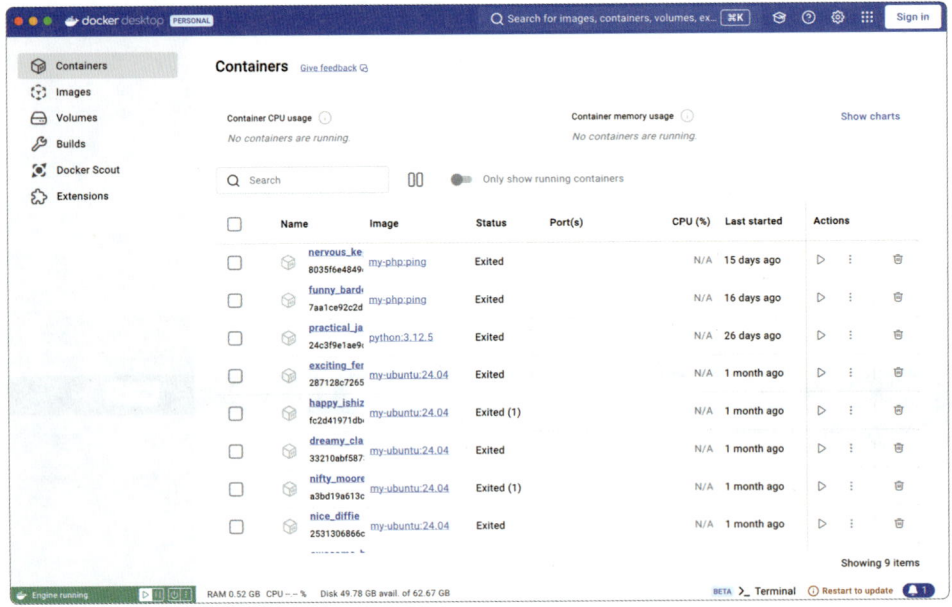

컨테이너 개별 화면에는 [Logs]나 [Inspect] 탭이 있고, [Exec] 탭에서 컨테이너를 대화형으로 조작할 수 있습니다.

화면 27.2.4 도커 데스크톱에서 명령어 실행하기

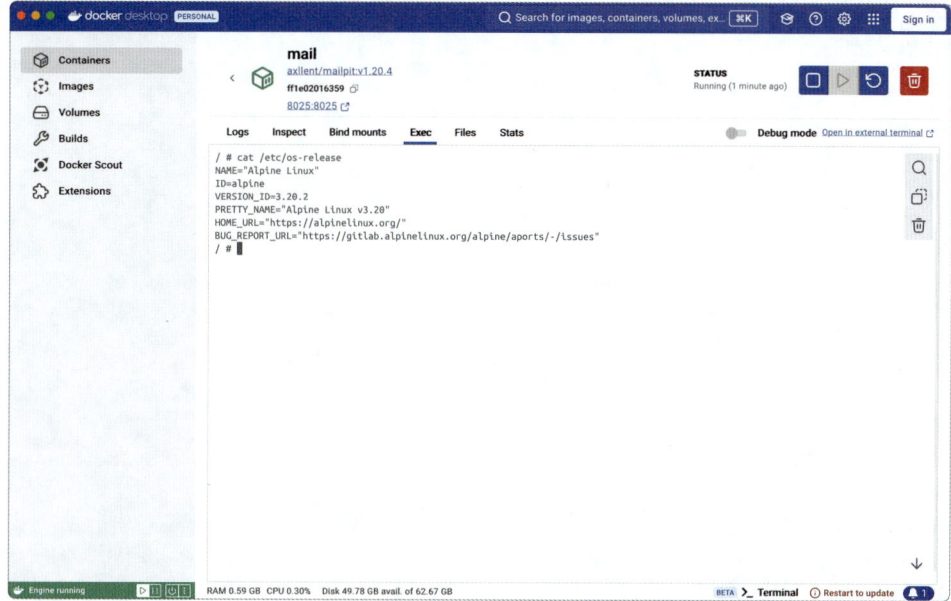

버튼이나 메뉴가 어떤 명령어에 해당하는지 지금까지 책을 열심히 봤다면 쉽게 상상할 수 있을 것입니다. 도커 데스크톱을 사용하면 무척 편리하게 조작할 수 있습니다. 기초를 튼튼히 쌓은 후에 활용해 보세요.

28장

도커 컴포즈 이용

이 장에서는 27장에서 완성한 구성을 도커 컴포즈로 이식합니다. 또한, container run에 지정한 옵션을 YAML 파일로 바꿔 쓰고, 한 번에 컨테이너 3개를 가동하게 만들어 봅니다.

도커 컴포즈 기초

도커 컴포즈의 개요와 기초를 설명합니다.

● 여러 컨테이너를 한꺼번에 관리하는 도커 컴포즈

도커 컴포즈는 다수의 컨테이너를 정의하고 실행하는 도구입니다. YAML 파일에 정의한 내용에 따라 명령어 하나로 정의한 모든 컨테이너를 가동합니다. 도커파일은 도커 컴포즈에서도 사용할 수 있습니다.

6부에서 구축한 환경을 예제로, 도커 명령어를 이용한 가동 방법과 도커 컴포즈 명령어와의 차이를 살펴봅시다. 해당 환경은 3개의 컨테이너로 구성되고, 이미지 중 하나는 도커파일을 사용해서 빌드합니다. 이런 환경을 만들기 위해 명령어를 7번이나 실행했습니다. image build 1번, volume create가 2번, network create가 1번, container run이 3번입니다. 컨테이너를 정지해도 이미지, 볼륨, 네트워크는 호스트머신에 남지만 container run은 해당 환경을 이용할 때마다 실행해야 합니다. container run을 3번 실행하는 데 필요한 매개변수를 세어 보면 각종 옵션과 IMAGE, [COMMAND]를 포함해서 30개가 넘습니다. 가동할 때마다 이렇게 많은 매개변수를 정확하게 실행하려면 무척 신경 쓰이는 작업입니다(그림 28.1.1 참조).

도커 컴포즈를 사용하면 container run의 거의 모든 매개변수를 YAML 파일에 정의할 수 있습니다. 뿐만 아니라 명령어를 한 번만 실행하면 이미지 빌드, 볼륨 작성, 네트워크 작성, 3개의 컨테이너 가동까지 필요한 모든 조작을 할 수 있습니다(그림 28.1.2 참조).

도커 컴포즈를 이용하면 귀찮은 매개변수 지정이나 명령어 실행에서 해방될 수 있으므로 꼭 활용해 보기 바랍니다.

그림 28.1.1 도커 명령어로 가동하기

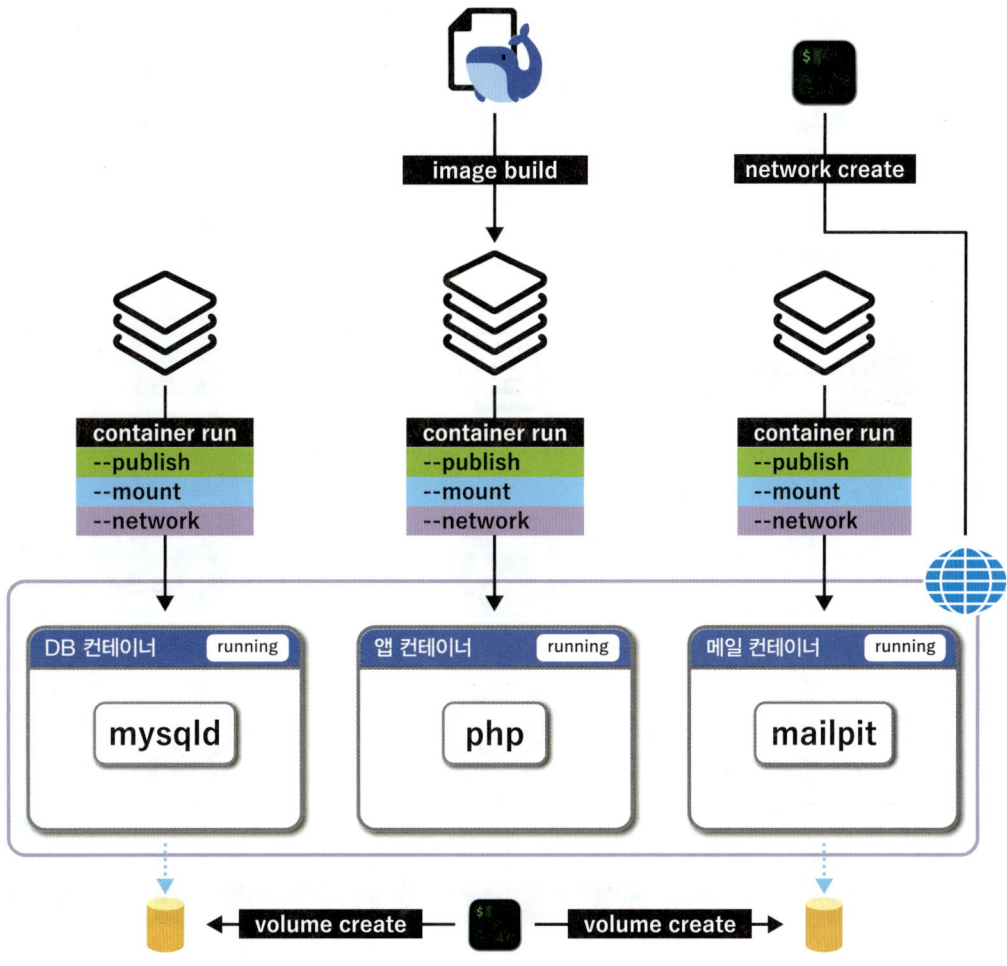

● **도커 컴포즈 명령어 개요**

도커 컴포즈는 버전 1과 버전 2가 있습니다. 버전 1은 docker-compose 명령어, 버전 2는 docker compose 명령어를 이용합니다. 버전 1의 최종 릴리스는 2021년 5월이고 그 이후 보안 업데이트가 없습니다. 따라서 안전한 최신 버전인 버전 2를 사용합시다. 책에서는 버전 2의 docker compose 명령어로 환경을 구축합니다. docker compose는 up, ps 같은 서브 명령어가 존재합니다.

책에서 도커 컴포즈 명령어를 표기할 때 compose ps 방식으로 표기합니다.

이 장에서 사용하는 도커 컴포즈 명령어는 4가지입니다.

- 컨테이너 작성과 가동(compose up)
- 컨테이너 정지와 삭제(compose down)
- 컨테이너 목록 확인(compose ps)
- 가동 중인 컨테이너에 명령어 실행(compose exec)

그림 28.1.2 도커 컴포즈 명령어로 가동하기

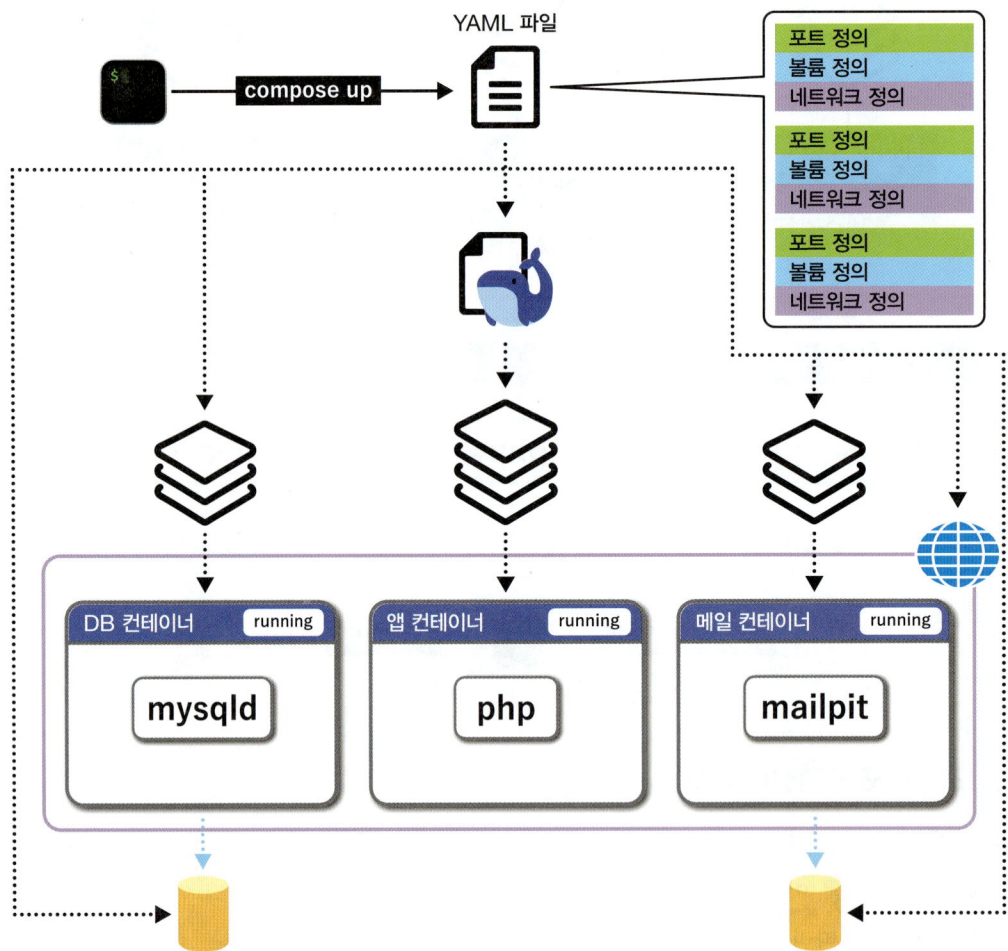

이런 문법은 이 장 마지막에 실행 예시와 함께 설명합니다.

● YAML 파일명

도커 컴포즈의 YAML 파일은 `compose.yaml`이 공식적으로 추천하는 이름입니다. 도커 컴포즈는 `compose ps` 등의 명령어를 실행한 디렉터리에 `compose.yaml` 파일이 존재하면 명시적으로 지정하지 않아도 해당 YAML 파일을 사용합니다. 또한 `compose.yaml` 이외에도 다음과 같은 파일이 있으면 자동으로 인식됩니다.

- compose.yml
- docker-compose.yaml
- docker-compose.yml

`docker-compose.yaml`과 `docker-compose.yml`은 기존 버전의 호환성을 위해 지원합니다. 새롭게 파일을 작성한다면 `compose.yaml`을 사용합시다.

28.2

docker 명령어를 compose.yaml로 이식하기

24장부터 26장까지 정리한 매개변수를 YAML 파일로 이식해 봅시다.

● compose.yaml 작성하기

27장까지 작업한 work 디렉터리를 계속해서 이용합니다. work 디렉터리에 `compose.yaml` 파일을 작성합니다. 빈 파일이라도 괜찮습니다. 파일 트리는 다음과 같습니다.

```
work
├── compose.yaml            작성
├── docker
│   ├── app
│   │   ├── Dockerfile
│   │   └── msmtprc
│   ├── db
│   │   └── init
│   │       └── init-user.sql
│   └── mail
└── src
    └── index.php
```

● 서비스 정의

도커 컴포즈는 컨테이너를 서비스service로 다룹니다. compose.yaml 파일의 루트에 services 프로퍼티를 정의하고, 그 아래에 컨테이너마다 서비스를 정의합니다. services 프로퍼티 바로 다음 단계에 정의한 프로퍼티는 서비스 식별자가 됩니다. 각각 app, db, mail을 지정합니다. compose.yaml을 다음과 같이 갱신합니다.

코드 28.2.1 서비스 정의하기

```
services:
  app:

  db:

  mail:
```

이제 이런 3가지 종류 서비스 내부에 container run 옵션을 옮겨 봅시다.

● 컨테이너명

도커 명령어로 구축	도커 컴포즈 파일로 구축
container run의 --name 옵션	대응 불필요

컨테이너명은 이식할 필요가 없습니다. 지금까지 컨테이너명을 지정한 이유는 container exec 등의 명령어에 컨테이너를 지정할 때 편했기 때문입니다. 하지만 도커 컴포즈는 컨테이너명이 아니라 서비스명으로 대상을 지정합니다. 서비스명은 services 바로 아래에 정의한 app, db, mail이므로 compose exec app처럼 편하게 사용할 수 있습니다. compose.yaml 작성에는 반드시 서비스명 정의가 필요해서 컨테이너명은 이식하지 않습니다.

● 컨테이너 자동 삭제

도커 명령어로 구축	도커 컴포즈 파일로 구축
container run의 --rm 옵션	대응 불필요

컨테이너 자동 삭제도 이식하지 않습니다. compose down으로 컨테이너를 정지하면 그대로 자동 삭제됩니다.

● 백그라운드 실행

도커 명령어로 구축	도커 컴포즈 파일로 구축
container run의 --detach 옵션	가동 명령어의 옵션으로 대응

백그라운드 실행 지정은 이번에 이식할 매개변수 중에서 유일하게 compose.yaml 파일에 정의할 수 없습니다. compose up 옵션으로 지정합니다.

● 환경 변수

도커 명령어로 구축	도커 컴포즈 파일로 구축
container run의 --env 옵션	environment 프로퍼티

환경 변수는 environment 프로퍼티에 정의합니다. 값은 KEY: value 형식 또는 KEY=value 형식으로 정의할 수 있습니다. --env 옵션 서식과 똑같은 KEY=value 형식으로 이식합시다.

DB 컨테이너의 매개변수 5개와 메일 컨테이너의 매개변수 2개를 다음과 같이 옮겨 씁니다.

코드 28.2.2 환경 변수 정의

```
services:
  app:
```

```
  db:
    environment:
      - MYSQL_ROOT_PASSWORD=secret
      - MYSQL_USER=app
      - MYSQL_PASSWORD=pass1234
      - MYSQL_DATABASE=sample
      - TZ=Asia/Seoul

  mail:
    environment:
      - TZ=Asia/Seoul
      - MP_DATA_FILE=/data/mailpit.db
```

Point 지금 만드는 환경은 개인 개발 환경이라서 compose.yaml에 암호를 직접 작성했지만, 원래는 데이터베이스 접속 정보처럼 기밀 정보는 직접 기록하면 위험합니다. 기밀 정보를 깃(Git)에서 버전 관리하지 않는 .env 파일 등에 정의하는 방법을 30장에서 설명합니다.

● 포트 공개

도커 명령어로 구축	도커 컴포즈 파일로 구축
container run의 --publish 옵션	ports 프로퍼티

포트 공개는 ports 프로퍼티로 정의합니다. 값은 --publish 옵션과 똑같이 호스트머신용:컨테이너용 형식으로 정의합니다. 앱 컨테이너, DB 컨테이너, 메일 컨테이너의 매개변수를 다음과 같이 옮겨 씁니다.

코드 28.2.3 포트 공개 정의

```
services:
  app:
    ports:
      - "8000:8000"

  db:
    environment:
```

```
    생략
  ports:
    - "3306:3306"

mail:
  environment:
    생략
  ports:
    - "8025:8025"
```

Point 이미 이식한 environment 프로퍼티는 [코드 28.2.3]에서는 생략했습니다. 이후의 다른 프로퍼티도 마찬가지로 설명에 필요한 부분 외에는 생략합니다.

Point ports 프로퍼티에 정의한 값은 8000:8000처럼 따옴표 없이 표기할 수 있지만, 60 미만의 숫자는 오류가 발생합니다. 12:34 형식이라면 YAML이 60진수로 다루기 때문입니다. 의도하지 않은 문제가 생기지 않도록 언제나 "로 감싸서 작성하기 바랍니다.

● 볼륨

도커 명령어로 구축	도커 컴포즈 파일로 구축
volume create	최상위 단계의 volumes 프로퍼티
container run의 --mount 옵션	volumes 프로퍼티

21장과 26장은 container run 실행하기 전에 volume create로 볼륨을 작성했지만, 도커 컴포즈는 볼륨 작성도 YAML 파일에 정의합니다.

services 프로퍼티와 똑같이 최상위 단계에 volumes 프로퍼티를 정의합니다. 서비스명과 마찬가지로 volumes 프로퍼티 바로 아래에 정의한 프로퍼티가 볼륨명이 됩니다. 26장에서 작성한 이름과 충돌하지 않도록 이 장에서는 db-compose-volume과 mail-compose-volume 볼륨명을 사용합니다.

volumes 프로퍼티를 다음과 같이 추가합니다.

코드 28.2.4 볼륨 정의

```
services:
  생략

volumes:
  db-compose-volume:
  mail-compose-volume:
```

볼륨 마운트는 각 서비스의 volumes 프로퍼티에서 정의합니다. 값은 22장에서 소개한 --volume 옵션과 같은 짧은 서식과 --mount 옵션과 같은 긴 서식으로 정의할 수 있습니다. `container run`을 --mount 옵션으로 작성했으니 이번에도 긴 서식을 써서 이식합니다. type 프로퍼티 값은 volume입니다. source 프로퍼티 값은 [코드 28.2.4]에서 정의한 볼륨명입니다. target 프로퍼티 값은 --mount 옵션의 destination 값을 옮겨 씁니다.

DB 컨테이너와 Mail 컨테이너 매개변수를 다음과 같이 옮겨 씁니다.

코드 28.2.5 볼륨 마운트 정의

```
services:
  app:
    생략

  db:
    environment:
      생략
    ports:
      생략
    volumes:
      - type: volume
        source: db-compose-volume
        target: /var/lib/mysql

  mail:
    environment:
      생략
    ports:
      생략
    volumes:
```

28장 도커 컴포즈 이용　349

```
      - type: volume
        source: mail-compose-volume
        target: /data

volumes:
  생략
```

● 바인드 마운트

도커 명령어로 구축	도커 컴포즈 파일로 구축
container run의 --mount 옵션	volumes 프로퍼티

바인드 마운트도 volumes 프로퍼티로 정의합니다. 볼륨 마운트와 마찬가지로 짧은 서식 또는 긴 서식으로 정의할 수 있지만 책에서는 긴 서식으로 이식합니다. type 프로퍼티 값은 bind입니다. source 프로퍼티 값은 --mount 옵션의 source 값을 옮겨 적습니다. 다만 상대 경로는 닷(.)으로 시작합니다. 상대 경로 기준은 compose.yaml 파일이 존재하는 디렉터리입니다. target 프로퍼티 값은 --mount 옵션의 destination 값을 옮겨 씁니다. volumes 프로퍼티에는 배열을 정의하므로 하이픈(-) 단위에 주의하기 바랍니다.

앱 컨테이너와 DB 컨테이너의 매개변수를 다음과 같이 옮겨 씁니다.

코드 28.2.6 바인드 마운트 정의

```
services:
  app:
    ports:
      생략
    volumes:
      - type: bind
        source: ./src
        target: /my-work

  db:
    environment:
      생략
```

```
    ports:
      생략
    volumes:
      생략
      - type: bind
        source: ./docker/db/init
        target: /docker-entrypoint-initdb.d

  mail:
    environment:
      생략
    ports:
      생략
    volumes:
      생략

volumes:
  생략
```

● 네트워크

도커 명령어로 구축	도커 컴포즈 파일로 구축
network create	대응 불필요
container run의 --name 옵션	대응 불필요

네트워크는 이식하지 않습니다. 기본값으로 도커 컴포즈는 컨테이너를 가동할 때 브릿지 네트워크를 작성해서 모든 컨테이너를 해당 네트워크에 접속합니다. 컨테이너는 서비스명을 이용해서 서로 통신할 수 있습니다.

● 사용하는 이미지

도커 명령어로 구축	도커 컴포즈 파일로 구축
container run의 IMAGE 매개변수	image 프로퍼티

사용할 이미지는 image 프로퍼티로 정의합니다. 값은 container run 등에서 사용하는 REPOSITORY[:TAG] 형식을 그대로 사용할 수 있습니다.

DB 컨테이너와 메일 컨테이너의 매개변수를 다음과 같이 옮겨 씁니다.

코드 28.2.7 사용할 이미지 정의

```
services:
  app:
    생략

  db:
    environment:
      생략
    ports:
      생략
    volumes:
      생략
    image: mysql:8.4.2

  mail:
    environment:
      생략
    ports:
      생략
    volumes:
      생략
    image: axllent/mailpit:v1.20.4

volumes:
  생략
```

● 이미지 빌드

도커 명령어로 구축	도커 컴포즈 파일로 구축
`image build`	build 프로퍼티

도커 컴포즈는 컨테이너를 가동할 때 이미지 빌드도 실행할 수 있습니다. (도커파일은 25장에서 이용한 파일을 그대로 쓸 수 있습니다.)

이미지 빌드는 build 프로퍼티로 정의합니다. 값은 `image build`에서 지정한 컨텍스트입니다. 앱 컨테이너의 이미지 빌드를 다음과 같이 옮겨 씁니다.

코드 28.2.8 이미지 빌드 정의

```
services:
  app:
    ports:
      생략
    volumes:
      생략
    build: ./docker/app

  db:
    생략

  mail:
    생략

volumes:
  생략
```

● compose.yaml 전체 내용

이렇게 해서 YAML 파일 이식이 끝났습니다. [코드 28.2.9]가 전체 내용입니다.

코드 28.2.9 도커 컴포즈 파일(compose.yaml)

```
services:
  app:
    ports:
      - "8000:8000"
    volumes:
      - type: bind
        source: ./src
```

```yaml
      target: /my-work
    build: ./docker/app

  db:
    environment:
      - MYSQL_ROOT_PASSWORD=secret
      - MYSQL_USER=app
      - MYSQL_PASSWORD=pass1234
      - MYSQL_DATABASE=sample
      - TZ=Asia/Seoul
    ports:
      - "3306:3306"
    volumes:
      - type: volume
        source: db-compose-volume
        target: /var/lib/mysql
      - type: bind
        source: ./docker/db/init
        target: /docker-entrypoint-initdb.d
    image: mysql:8.4.2

  mail:
    environment:
      - TZ=Asia/Seoul
      - MP_DATA_FILE=/data/mailpit.db
    ports:
      - "8025:8025"
    volumes:
      - type: volume
        source: mail-compose-volume
        target: /data
    image: axllent/mailpit:v1.20.4

volumes:
  db-compose-volume:
  mail-compose-volume:
```

YAML 파일 이식이 끝났습니다. 수고하셨습니다.

28.3 도커 컴포즈 기본 조작

다음의 4가지 명령어는 문법 설명과 함께 실행합니다.

- 컨테이너 작성과 가동(compose up)
- 컨테이너 정지와 삭제(compose down)
- 컨테이너 목록 확인(compose ps)
- 가동 중인 컨테이너에 명령어 실행(compose exec)

● 컨테이너 작성과 가동하기 compose up

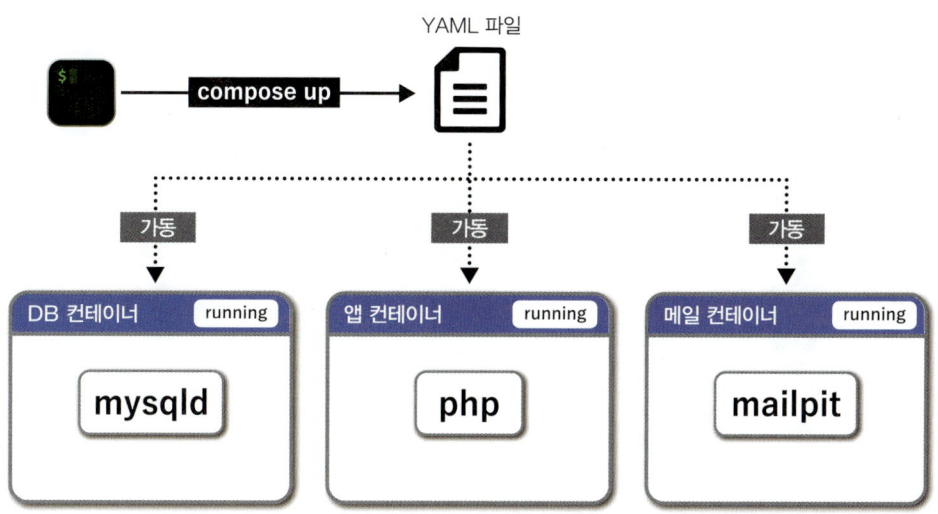

컨테이너 작성과 가동은 compose up으로 합니다.

```
$ docker compose up [OPTIONS] [SERVICE...]
```

이 장에서 다루는 [OPTIONS]는 다음과 같습니다.

짧은 옵션	긴 옵션	의미	용도
-d	--detach	백그라운드로 실행합니다.	container run의 --detach와 동일합니다.
-	--build	컨테이너를 가동하기 전에 이미지를 빌드합니다.	Dockerfile 변경을 반영합니다.

[SERVICE...]는 지정한 서비스를 개별적으로 가동할 때 쓰지만 책에서는 다루지 않습니다. compose.yaml을 완성했으니 빨리 컨테이너를 가동해 봅시다. 27장의 컨테이너가 아직 실행 중이라면 일단 이 컨테이너들을 정지합니다. 호스트머신에서 이용하는 포트가 충돌해서 도커 컴포즈 명령어 실행에 오류가 발생합니다.

컨테이너가 실행 중이 아닌 걸 확인했다면 compose up으로 모든 컨테이너를 가동합니다. --detach 옵션을 container run과 마찬가지로 지정합니다. --build 옵션도 지정해서 앱 이미지를 빌드합니다.

compose up 실행으로 다음 요소가 작성됩니다.[1]

- 이미지
- 네트워크
- 볼륨
- 컨테이너

---

[1] 역자주_ docker compose는 기본적으로 명령어가 실행되는 디렉터리명을 프로젝트명으로 이용합니다. 따라서 터미널 28.3.1 실행 결과를 보면 work_와 work-로 시작하는 접두사가 붙습니다.

터미널 28.3.1 모든 컨테이너 가동하기

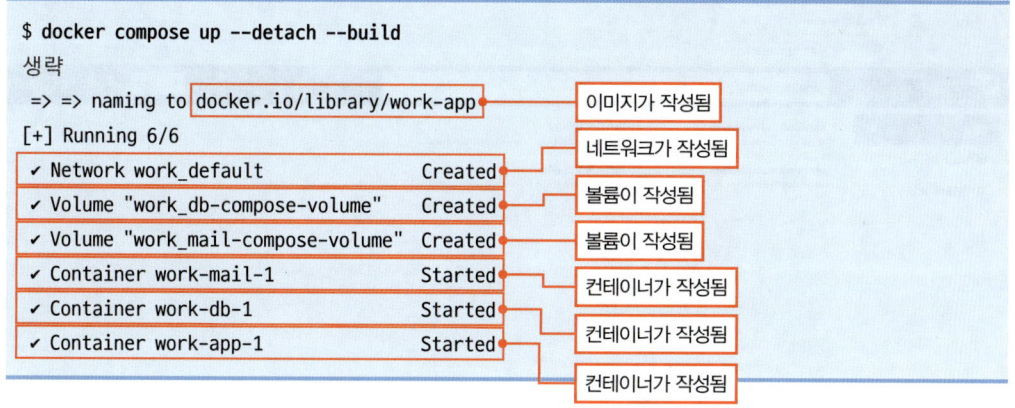

명령어 하나로 모든 요소가 작성됩니다. *http://localhost:8000*에 접속하면 John과 Jane에게 메일이 발송되는 걸 볼 수 있습니다.

화면 28.3.1 브라우저에서 접속하기

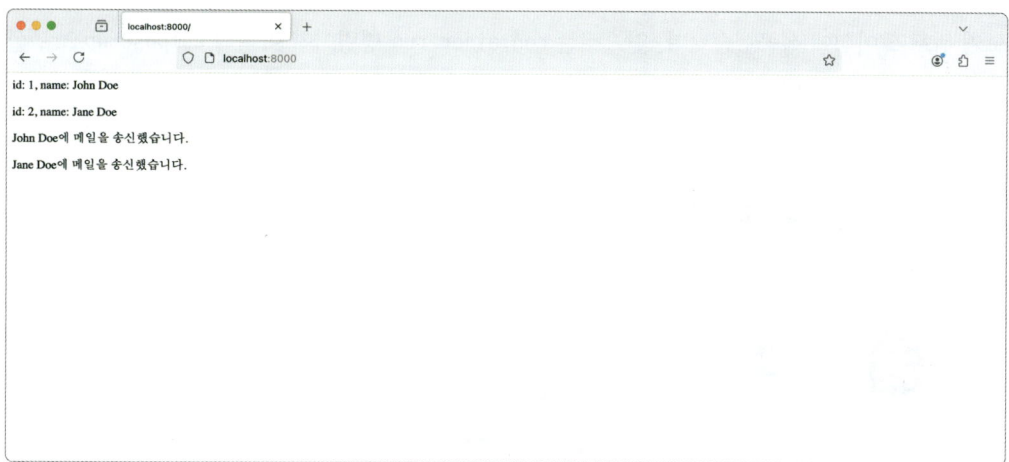

*http://localhost:8025*에 접속하면 2통의 메일을 확인할 수 있습니다.

화면 28.3.2 발송된 메일 목록

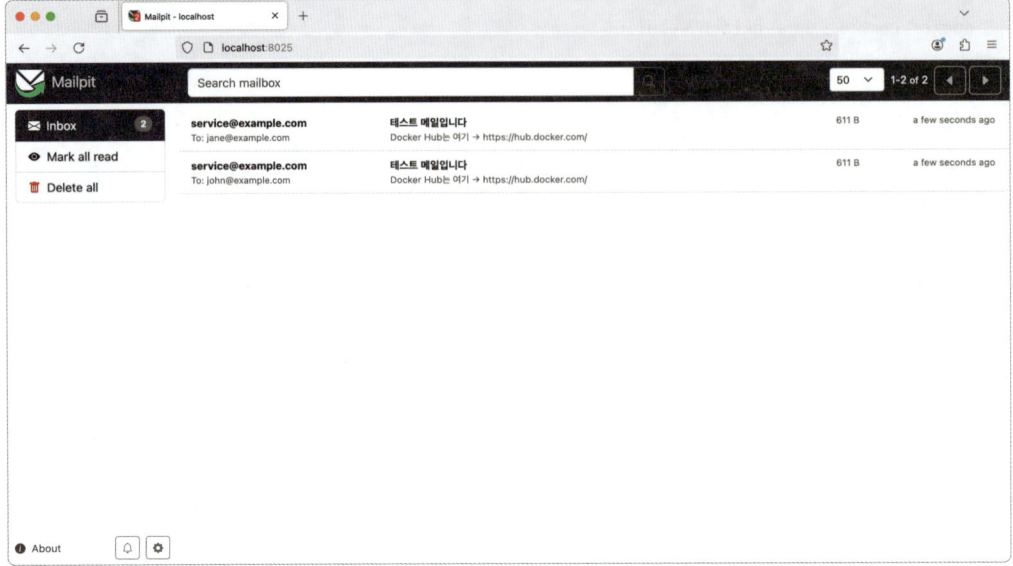

도커 컴포즈 이식에 성공했습니다. 앞으로는 `container run` 명령어가 아니라 `compose up`으로 실행 환경을 만들 수 있습니다.

● 컨테이너 목록 확인하기 compose ps

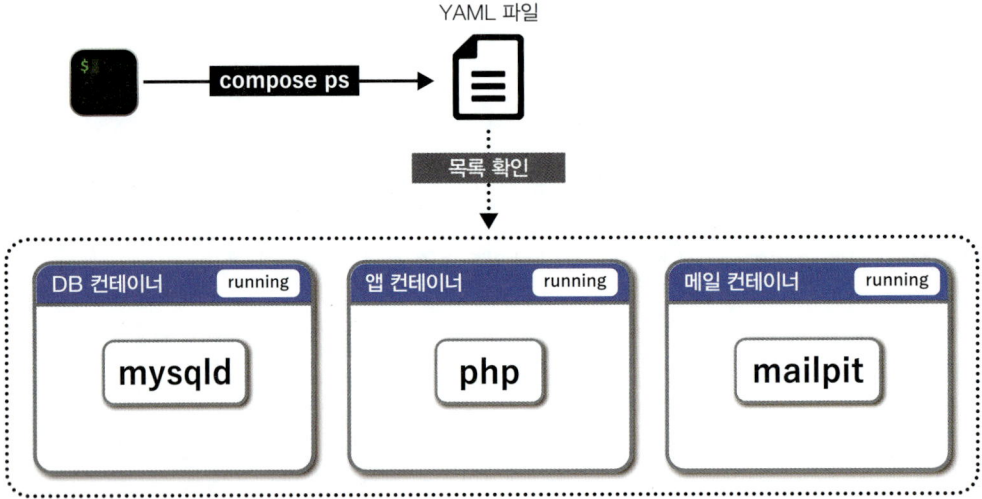

컨테이너 확인은 compose ps로 합니다.

```
$ docker compose ps [OPTIONS] [SERVICE...]
```

이 장에서 다루는 [OPTIONS]는 없습니다.

[SERVICE...]는 지정한 서비스를 개별적으로 확인할 때 사용하지만 책에서는 다루지 않습니다. 가동한 컨테이너는 container ls 외에도 compose ps로 확인할 수 있습니다. 각 명령어의 출력 내용을 비교해 봅시다.

터미널 28.3.2 컨테이너 목록 확인하기(container ls)

```
$ docker container ls
CONTAINER ID   생략   NAMES
7b64efb06b22   생략   work-db-1
0dce1de35a7e   생략   work-app-1
88b92279e676   생략   work-mail-1
```

터미널 28.3.3 컨테이너 목록 확인하기(compose ps)

```
$ docker compose ps
NAME          생략   SERVICE   생략
work-app-1    생략   app       생략
work-db-1     생략   db        생략
work-mail-1   생략   mail      생략
```

compose ps는 SERVICE열에 app, db, mail이 표시됨을 확인할 수 있습니다. 도커 컴포즈 명령어로 대상을 지정할 때 쓰는 매개변수입니다. 또한 compose ps는 compose.yaml이 있는 곳에서만 실행할 수 있습니다. container ls는 호스트머신의 모든 컨테이너를 표시하는 명령어지만 compose ps는 compose.yaml으로 가동한 컨테이너를 표시하는 명령어이기 때문입니다. 따라서 compose.yaml과 관계없는 다른 프로젝트의 컨테이너는 가동 중이라도 compose ps 결과에 표시되지 않습니다.

필자는 3306번 포트를 어느 컨테이너가 사용하는지 확인하고 싶다면 container ls로 모든 컨테

이너를 확인하고, 서비스명 등을 확인할 때 compose ps를 사용합니다.

● 가동 중인 컨테이너에 명령어 실행하기 compose exec

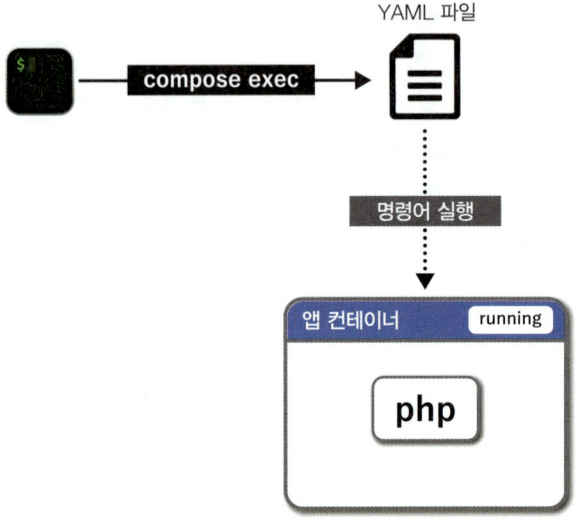

가동 중인 컨테이너에 명령어 실행은 compose exec로 합니다.

```
$ docker compose exec [OPTIONS] SERVICE COMMAND [ARGS...]
```

이 장에서 다루는 [OPTIONS]는 없습니다. SERVICE와 COMMAND가 필수인 점은 container exec와 같습니다. 명령어 실행에는 가동 중인 서비스를 반드시 지정한다는 뜻입니다.

가동 중인 컨테이너는 container exec로 명령어를 실행하는 방법 외에도 compose exec 방법으로도 실행할 수 있습니다. compose exec는 기본값으로 --interactive와 --tty 옵션이 활성화되므로 대화형으로 조작할 때 이런 옵션 지정이 필요하지 않습니다.

compose.yaml을 사용해서 가동했다면 서비스명으로 대상을 지정할 수 있는 compose exec를 이용합니다.

터미널 28.3.4 가동 중인 컨테이너에 명령어 실행하기

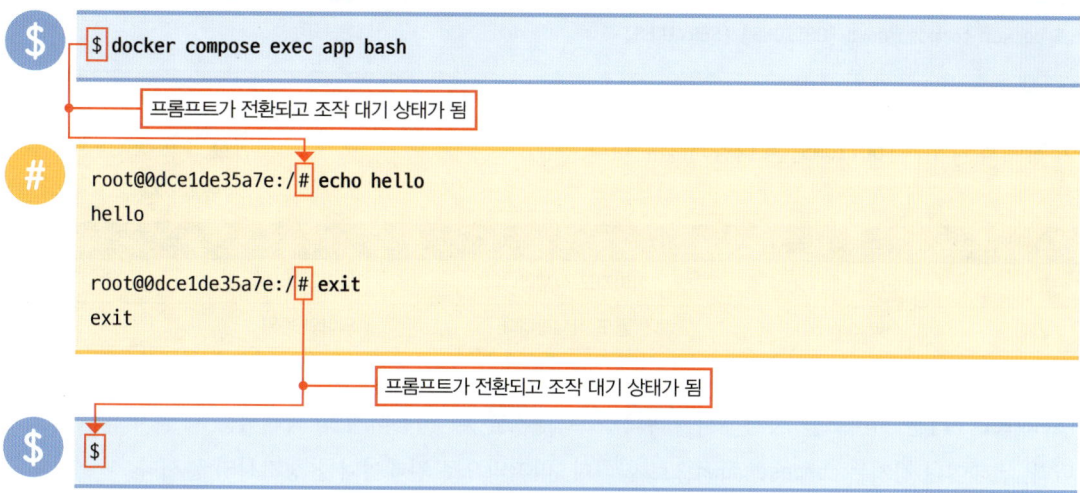

● 컨테이너 정지와 삭제하기 compose down

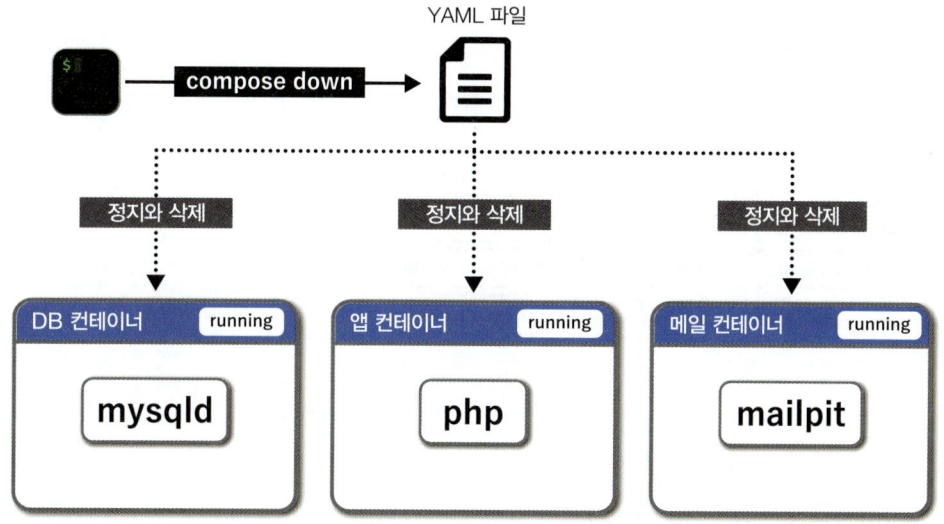

컨테이너 정지와 삭제는 compose down으로 합니다.

```
$ docker compose down [OPTIONS] [SERVICES]
```

이 장에서 다루는 [OPTIONS]는 다음과 같습니다.

짧은 옵션	긴 옵션	의미	용도
-	--rmi all | local	이미지도 삭제합니다.	의미와 동일
-v	--volumes	볼륨도 삭제합니다.	의미와 동일

[SERVICE...]는 서비스를 지정해서 개별적으로 정지할 때 사용하지만 책에서는 다루지 않습니다. 컨테이너 정지는 compose down으로 합니다. 마지막으로 컨테이너를 정지시켜 봅시다.

compose down을 실행하면 다음의 요소가 삭제됩니다.

- 네트워크
- 컨테이너

터미널 28.3.5 모든 컨테이너 삭제하기

```
$ docker compose down
[+] Running 4/4
 ✓ Container work-mail-1    Removed   ← 컨테이너가 삭제됨
 ✓ Container work-db-1      Removed   ← 컨테이너가 삭제됨
 ✓ Container work-app-1     Removed   ← 컨테이너가 삭제됨
 ✓ Network work_default     Removed   ← 네트워크가 삭제됨
```

이렇게 해서 이용한 환경이 정지됩니다. 이미지와 볼륨은 남아 있으므로 다시 compose up을 실행하면 구축한 환경을 다시 이용할 수 있습니다. compose up으로 작성된 이미지와 볼륨도 삭제하고 싶다면 --rmi all 옵션과 --volumes 옵션도 지정합니다. 다시 compose up한 후에 compose down 결과를 살펴봅시다.

터미널 28.3.6 모든 컨테이너, 이미지, 볼륨 삭제하기

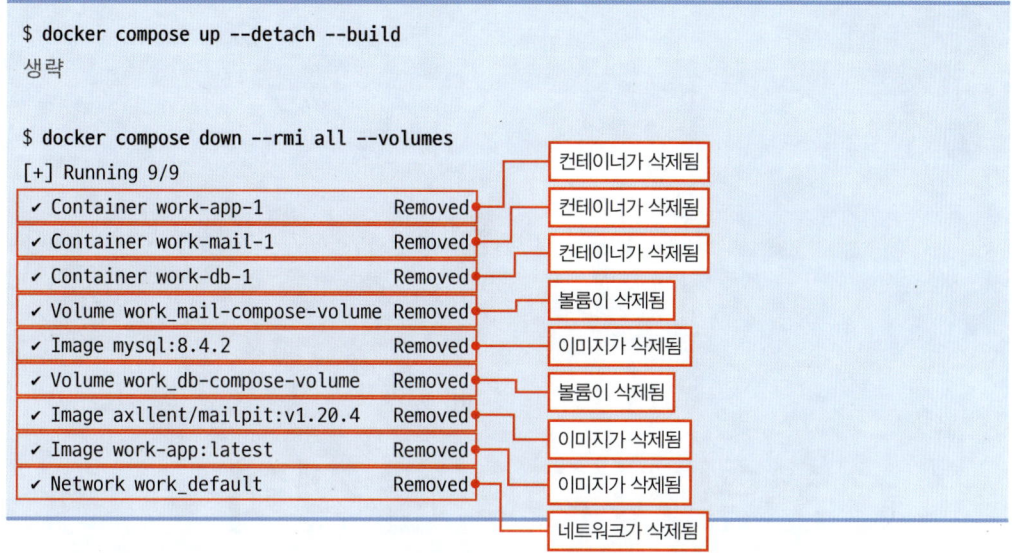

이렇게 하면 구축한 환경이 완전히 삭제됩니다. 다음 번에 compose up을 하면 이미지 작성과 볼륨 작성부터 시작합니다.

이상으로 도커와 도커 컴포즈를 이용한 환경 구축이 끝났습니다. 정말 수고 많으셨습니다.

7부

운영 시 주의할 점과 트러블슈팅

7부에서는 업무에서 도커를 이용할 때 필요한 요금과 계정, 실제 운영 시 조심할 점을 몇 가지 소개합니다. 팀에서 서로 다른 종류의 물리 머신으로 개발할 때 필요한 노하우와 오류 발생 시 대처 방법을 소개하면 책에서 다루는 학습은 끝이 납니다.

7부의 각 장은 개별적으로 이해할 수 있게 구성되었습니다. 만약 작업 중 이해가 되지 않는 부분이 있다면 언제든 다시 펼쳐 확인하시기 바랍니다.

29장

도커 데스크톱 유료 플랜과 도커 계정

이 장에서는 도커 이용에 관련된 요금이나 플랜, 계정을 설명합니다. 무료로 어떤 기능을 사용할 수 있는지, 어떤 규모까지가 스몰 비즈니스의 무료 사용 대상이 되는지 설명합니다.

29.1 도커 데스크톱 유료 플랜

2021년 8월말에 도커 데스크톱의 유료화가 발표됐습니다(https://www.docker.com/blog/updating-product-subscriptions/). 발표 내용의 구체적인 영향과 유료 플랜에서 할 수 있는 일을 정리합니다.

도커는 2024년 9월 현재 4가지 종류의 구독 모델이 있습니다. Personal, Pro, Team, Business 입니다. 퍼스널 모델은 무료이고 나머지는 유료입니다. 퍼스널을 사용할 수 있는 조건은 다음과 같습니다.

- 스몰 비즈니스(직원 250명 미만 및 년간 1,000만 달러 미만의 매출)
- 개인 이용 목적 / 교육 이용 목적
- 비영리 오픈소스 제품

2장에서 다룬 것처럼 개인적으로 이용하는 것은 퍼스널 이용 조건에 해당하므로 도커를 무료로 사용할 수 있습니다. 퍼스널에는 도커 엔진, 도커 컴포즈, 도커 데스크톱 등이 포함됩니다. 또한 도커 허브의 모든 공개 리포지터리와 도커 공식 이미지, 프라이빗 리포지터리 1개를 사용할 수 있습니다. 따라서 책에서 다룬 내용은 모두 퍼스널 범위 안에 들어갑니다.

유료 플랜에는 퍼스널에서 제공하는 기능과 함께 무제한 프라이빗 리포지터리와 감사 로그 표시 기능이 포함됩니다. 스몰 비즈니스 조건에 해당하지 않는 회사라면 도커 데스크톱을 이용할 때 유료 플랜 계약이 필요합니다. 이용하고 싶은 기능과 이용자 수에 따라 조건에 맞는 유료 구독 플랜을 계약하기 바랍니다. 자세한 요금과 기능 차이는 도커 공식 사이트의 최신 정보를 확인 가능합니다.[1]

---

1 https://www.docker.com/pricing/

29.2 도커 계정

● **로그인하기**

퍼스널 또는 유료 플랜을 계약한 도커 계정에 로그인하는 방법을 소개합니다. CLI 클라이언트로 로그인하려면 `docker login` 명령어를 실행합니다. 프라이빗 리포지터리를 image pull, image push하려면 로그인이 필요합니다.

터미널 29.2.1 터미널 CLI 클라이언트로 로그인하기

```
$ docker login
Log in with your Docker ID or email address to push and pull images from Docker Hub. If you
don't have a Docker ID, head over to https://hub.docker.com/ to create one.
You can log in with your password or a Personal Access Token (PAT). Using a limited-scope PAT
grants better security and is required for organizations using SSO. Learn more at https://
docs.docker.com/go/access-tokens/

Username: docker@example.com     ← 아이디 입력(메일 주소는 예시)
Password:                        ← 암호 입력(입력 내용은 표시되지 않음)
Login Succeeded                  ← 로그인 성공
```

로그아웃은 `docker logout`을 사용합니다.

터미널 29.2.2 CLI 클라이언트로 로그아웃하기

```
$ docker logout
Removing login credentials for https://index.docker.io/v1/     ← 로그아웃 성공
```

브라우저에서 로그인하려면 화면 오른쪽 상단에 있는 [Sign In] 표시를 클릭합니다. 리포지터리 작성이나 설정할 때 필요합니다.

화면 29.2.1 브라우저로 로그인하기

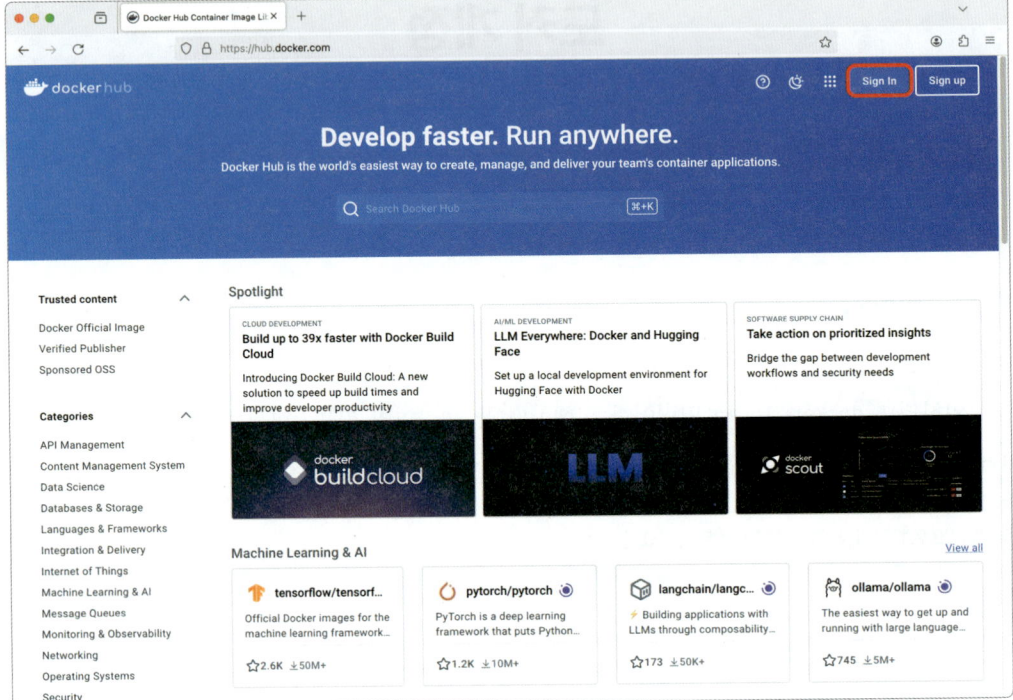

도커 데스크톱에서 로그인하려면 GUI 애플리케이션을 열고 화면 오른쪽 위에 있는 [Sign In] 버튼을 클릭합니다.

화면 29.2.2 도커 데스크톱에서 로그인하기

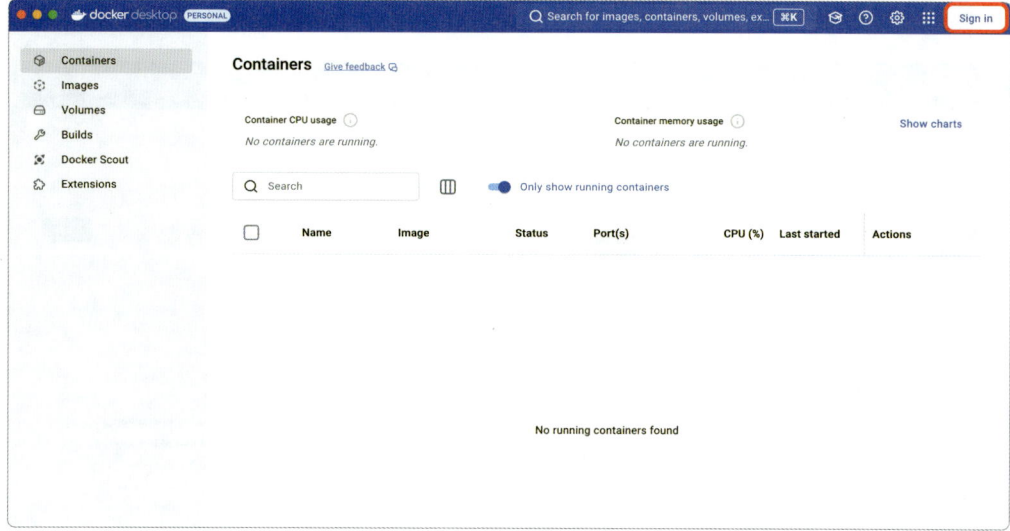

필요에 따라 각각 로그인하기 바랍니다.

● 퍼스널 플랜의 로그인 필요성

2장에서 이 책은 도커 허브에 로그인하지 않고 지금까지 진행했습니다. 도커 허브는 로그인하지 않아도 이미지를 찾거나 가져올 수 있습니다. 로그인하지 않아도 책에서 설명하는 기본적인 기능은 사용할 수 있지만, 퍼스널 도커 계정으로 로그인해서 작성하면 몇 가지 추가 기능을 사용할 수 있습니다. 계정에 로그인하면 어떤 기능을 쓸 수 있는지 소개합니다. 첫 번째는 리포지터리에 별 star을 찍는 기능입니다. 자주 이용하는 리포지터리에 별 표시를 해두면 My profile 화면에 표시한 리포지터리 목록을 확인할 수 있습니다.

화면 29.2.3 리포지터리에 별 찍기

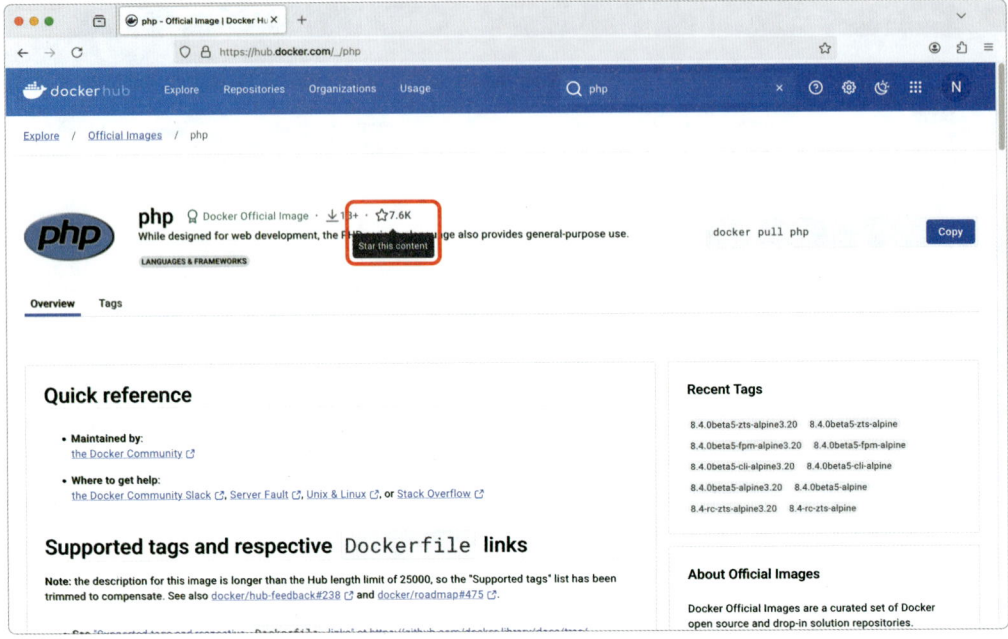

화면 29.2.4 별 표시한 리포지터리 목록

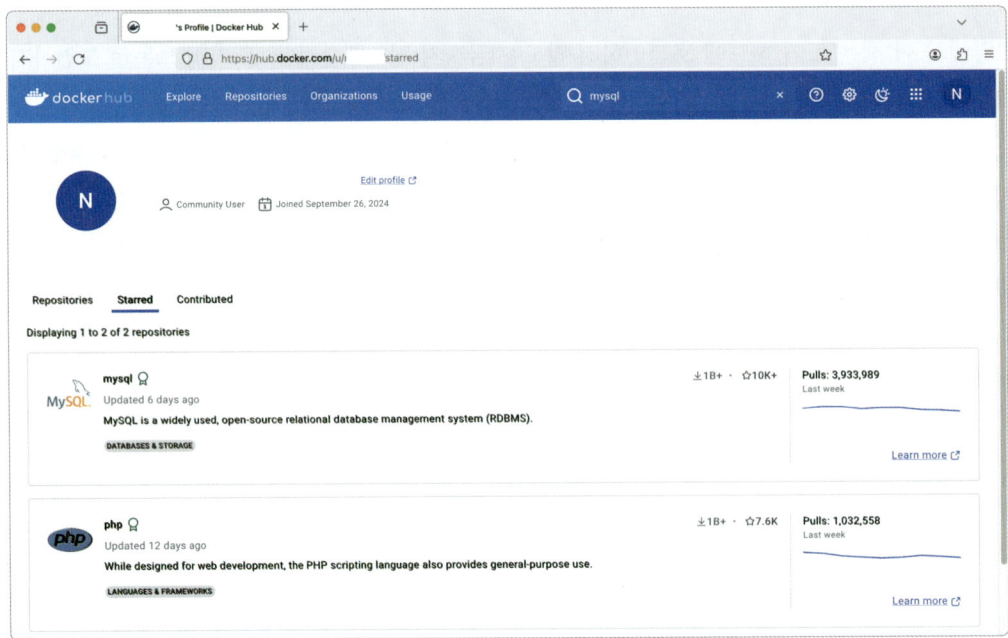

또 하나는 프라이빗 리포지터리 작성과 `image push` 사용입니다. 퍼스널 플랜은 프라이빗 리포지터리를 하나까지 작성할 수 있습니다. 퍼스널 플랜의 프라이빗 리포지터리는 자신만 사용할 수 있는 리포지터리로, 로그인한 상태에서만 `image push`와 `image pull`을 할 수 있습니다.

화면 29.2.5 프라이빗 리포지터리

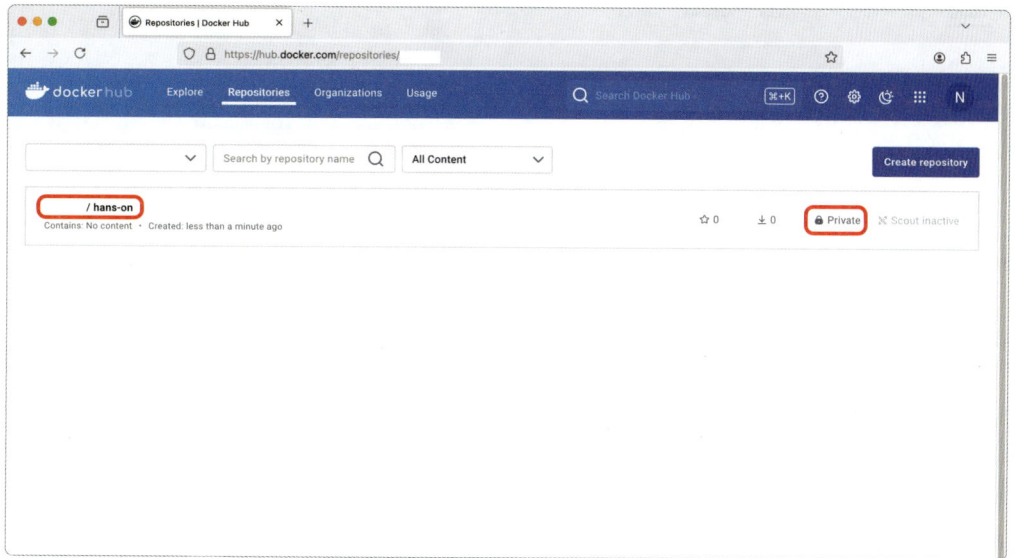

개인 리포지터리에 `image push`할 때 `NAMESPACE/REPOSITORY:TAG` 형식으로 이미지를 빌드합니다. 이번에는 자신의 리포지터리에 이미지를 송신하고 싶으므로 NAMESPACE는 자신의 계정명을 지정합니다.

터미널 29.2.3 개인 리포지터리용 이미지의 빌드와 송신

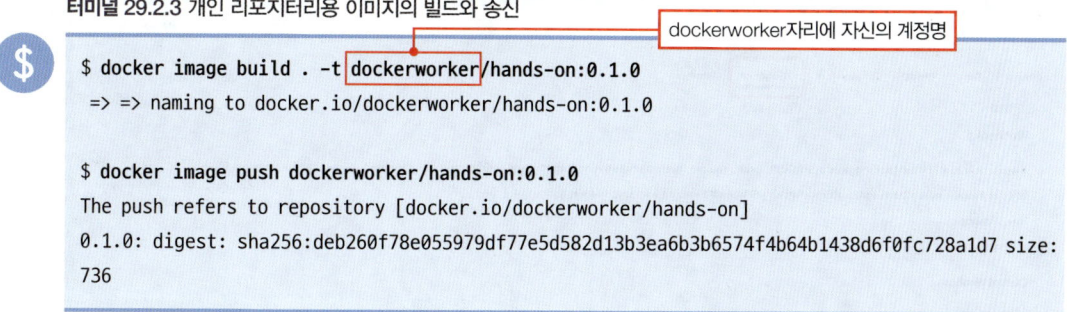

리포지터리 상세 화면에도 `image push` 가이드가 있으니 참고합니다.

화면 29.2.6 image push 명령어 가이드

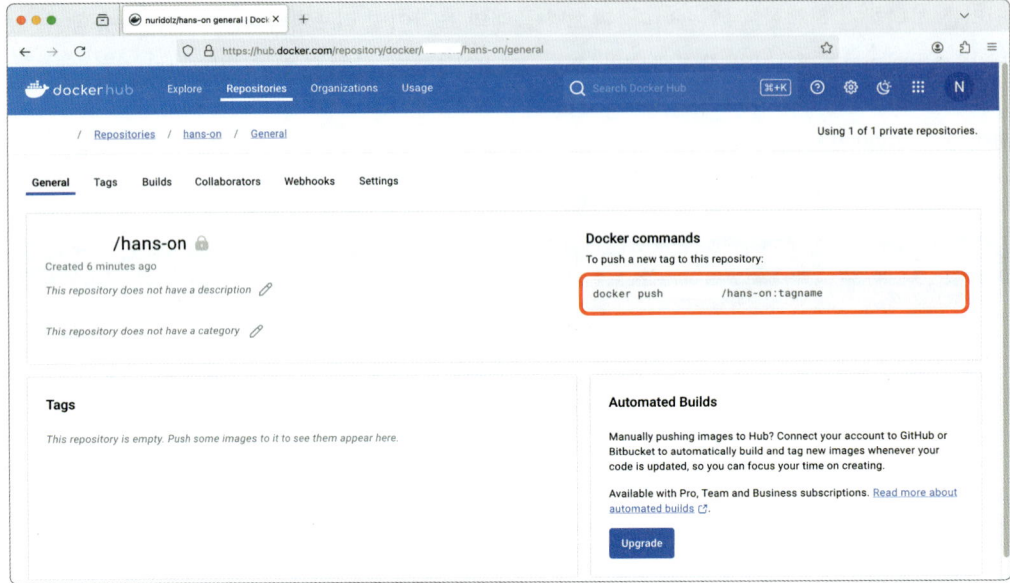

프라이빗 리포지터리는 웹훅Webhooks 기능을 사용할 수 있습니다. 웹훅은 `image push`한 순간에 원하는 URL에 POST 리퀘스트를 보내는 기능으로, 알림이나 배포deploy 등을 자동화하는 데 활용합니다.

화면 29.2.7 웹훅

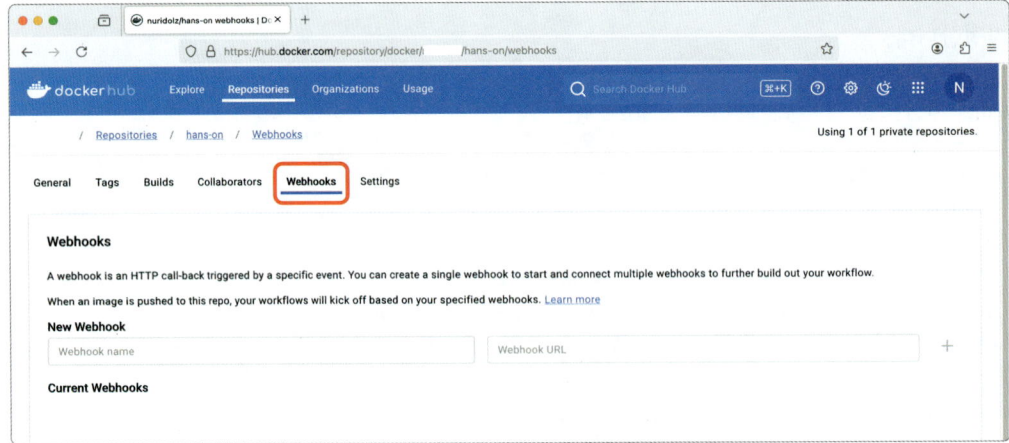

30장

프로젝트에서 도커 사용하기

이 장에서는 프로젝트에서 도커를 사용하는 노하우를 몇 가지 소개해 봅니다.

이 장을 읽고나면 일부 값을 매개변수로 지정할 수 있는 유연한 compose.yaml을 작성하거나, 프로덕션 환경용과 조금 다른 구성을 쉽게 작성할 수 있습니다.

환경 변수로 compose.yaml 값을 매개변수로 만들기

compose.yaml은 환경 변수를 이용할 수 있습니다. 유효한 환경 변수는 compose 명령어를 실행하는 셸에 정의된 값과 환경 변수 파일에 정의된 값입니다. 환경 변수 파일은 .env 파일을 자동으로 이용하는데 그 외에도 compose 명령어의 --env-file 옵션으로 지정할 수 있습니다.

6부에서 작성한 compose.yaml의 포트 번호와 데이터베이스 접속 정보를 .env 파일에 정의해 봅시다. .env 파일은 기밀 정보가 담겨 있으므로 노출되지 않도록 깃 관리 대상에서 제외하는 것이 좋습니다. 깃 관리 대상에서 제외된 .env 파일에 값을 정의하면, 포트 번호를 개인별로 설정할 수 있는 유연한 compose.yaml을 만들 수 있습니다. 데이터베이스의 접속 정보를 .env 파일로 정의하면 기밀 정보를 깃허브 등에 등록할 위험이 적은 안전한 compose.yaml을 만들 수 있습니다.

● 환경 변수로 바꾸기

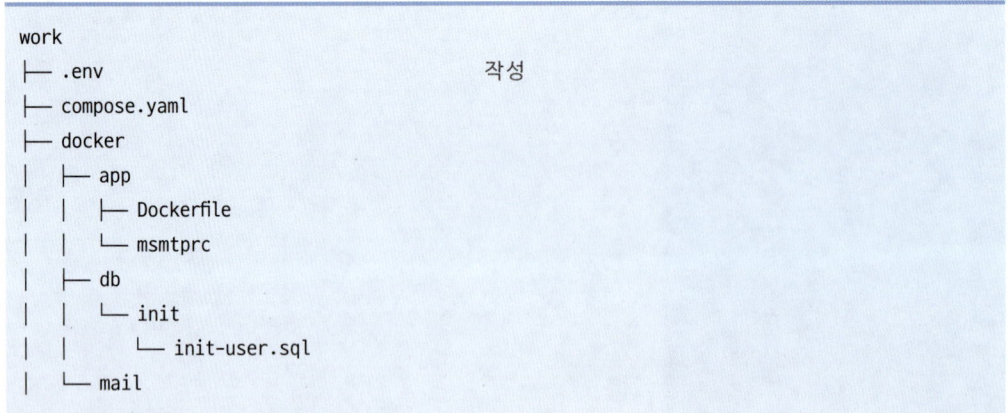

```
└─ src
    └─ index.php
```

파일 트리처럼 work 디렉터리에 .env 파일을 작성합니다.

정의한 값은 컨테이너 3개의 호스트머신 포트 번호와 데이터베이스 접속 정보 4가지 종류입니다.

코드 30.1.1 환경 변수 파일(.env)

```
APP_HOST_MACHINE_PORT=8000

DB_ROOT_PASSWORD=secret
DB_USER=app
DB_PASSWORD=pass1234
DB_DATABASE=sample
DB_HOST_MACHINE_PORT=3306

MAIL_HOST_MACHINE_PORT=8025
```

정의한 환경 변수는 compose.yaml에서 ${VAR_NAME} 형식으로 이용할 수 있습니다. compose.yaml에서 다음 7개 부분을 바꿉니다(관련 없는 부분은 생략합니다).

코드 30.1.2 도커 컴포즈 파일(compose.yaml) 발췌

```yaml
services:
  app:
    ports:
      - "${APP_HOST_MACHINE_PORT}:8000"

  db:
    environment:
      - "MYSQL_ROOT_PASSWORD=${DB_ROOT_PASSWORD}"
      - "MYSQL_USER=${DB_USER}"
      - "MYSQL_PASSWORD=${DB_PASSWORD}"
      - "MYSQL_DATABASE=${DB_DATABASE}"
    ports:
      - "${DB_HOST_MACHINE_PORT}:3306"
```

```
mail:
  ports:
    - "${MAIL_HOST_MACHINE_PORT}:8025"
```

이렇게 해서 준비가 끝났습니다.

● **변경 내용 확인하기**

compose covert 명령어를 사용하면 환경 변수 등을 적용한 compose.yaml을 확인할 수 있습니다. 바로 실행해서 결과를 확인해 봅시다(관련 없는 부분은 생략합니다). 실행 환경에 따라 서식은 조금 다를 수 있지만 지정한 환경 변수가 적용된 것을 확인할 수 있습니다.

터미널 30.1.1 compose.yaml 확인(발췌)

```
$ docker compose convert
services:
  app:
    ports:
      - mode: ingress
        target: 8000
        published: "8000"         ← APP_HOST_MACHINE_PORT의 값
        protocol: tcp

  db:
    environment:
      MYSQL_DATABASE: sample       ← DB_DATABASE의 값
      MYSQL_PASSWORD: pass1234     ← DB_PASSWORD의 값
      MYSQL_ROOT_PASSWORD: secret  ← DB_ROOT_PASSWORD의 값
      MYSQL_USER: app              ← DB_USER의 값
    ports:
      - mode: ingress
        target: 3306
        published: "3306"          ← DB_HOST_MACHINE_PORT의 값
        protocol: tcp

  mail:
    ports:
```

```
- mode: ingress
  target: 8025
  published: "8025"   ← MAIL_HOST_MACHINE_PORT의 값
  protocol: tcp
```

compose up 실행보다 간단하게 확인할 수 있습니다.

● 환경 변수 기본값과 필수 지정

.env 파일이 혹시라도 존재하지 않는 경우를 대비해서 compose.yaml에 환경 변수의 기본값이나 필수 여부를 지정할 수 있습니다. 작성법은 다음 표에 정리했습니다. 미정의 상태는 `VAR_NAME`을 찾을 수 없는 경우를 말하고, 값이 비어 있음은 `VAR_NAME=` 처럼 정의된 경우를 말합니다.

표기	동작
${VAR_NAME-default}	VAR_NAME이 미정의 상태라면 default 사용
${VAR_NAME:-default}	VAR_NAME이 미정의 또는 비어 있는 상태라면 default 사용
${VAR_NAME?error}	VAR_NAME이 미정의 상태라면 error를 포함한 메시지를 표시하고 종료하기
${VAR_NAME:?error}	VAR_NAME이 미정의 또는 비어 있는 상태라면 error를 포함한 메시지를 표시하고 종료하기

포트 번호는 문제가 없다면 변경하지 않는 항목이므로 기본값을 설정하면 편리합니다. 기밀 정보가 아니므로 compose.yaml에 작성해서 깃으로 관리해도 문제가 없습니다.

```
"${APP_HOST_MACHINE_PORT:-8000}:8000"
```

데이터베이스 접속 정보는 깃에 등록되면 안 됩니다. compose.yaml에서는 환경 변수를 사용해서 필수 지정 항목으로 만들면 좋습니다.

```
"MYSQL_PASSWORD=${DB_PASSWORD:?.env 확인 필요}"
```

필요한 곳에 적절히 사용하기 바랍니다.

30.2
.dockerignore로 빌드할 때 사용할 파일 제외하기

이미지 빌드는 호스트머신이 아니라 도커 데몬에서 합니다. `image build`를 실행하면 CLI 클라이언트는 컨텍스트 매개변수로 지정한 디렉터리를 도커 데몬에 보냅니다.

Dockerfile은 프로젝트의 루트 디렉터리에 작성할 때가 많은데, 컨텍스트로 지정하는 루트 디렉터리에는 보통 다양한 파일이 있습니다. .git처럼 이미지 빌드에 불필요한 디렉터리나 .env와 같은 기밀 정보를 다루는 파일 등입니다. 필요하지 않은 디렉터리를 컨텍스트에 포함하면 도커 빌드 효율이 떨어집니다. 또한 도커 데몬에 불필요한 정보가 넘어가는 것 외에도 `COPY` 명령 실수로 이미지에 기밀 정보가 포함될 위험이 있습니다. 만약 이런 이미지가 레지스트리 서비스에 공개되면 기밀 정보도 노출됩니다. 따라서 이런 일이 발생하지 않도록 컨텍스트 디렉터리에는 .dockerignore 파일을 작성합니다. .dockerignore에서 지정한 디렉터리 파일은 도커 데몬에 송신되지 않습니다. 모든 디렉터리에 적용되는 특별한 와일드카드(**)를 사용해서 다음처럼 불필요한 파일이나 기밀 정보 파일 목록을 지정합니다.

코드 30.2.1 .dockerignore 파일 예

```
**/.git
**/.env
```

.dockerignore는 도커 컴포즈에서도 이용할 수 있습니다. 예를 들어 6부에서 구성한 디렉터리에 .dockerignore 파일을 작성한다면 다음과 같은 파일 트리가 됩니다.

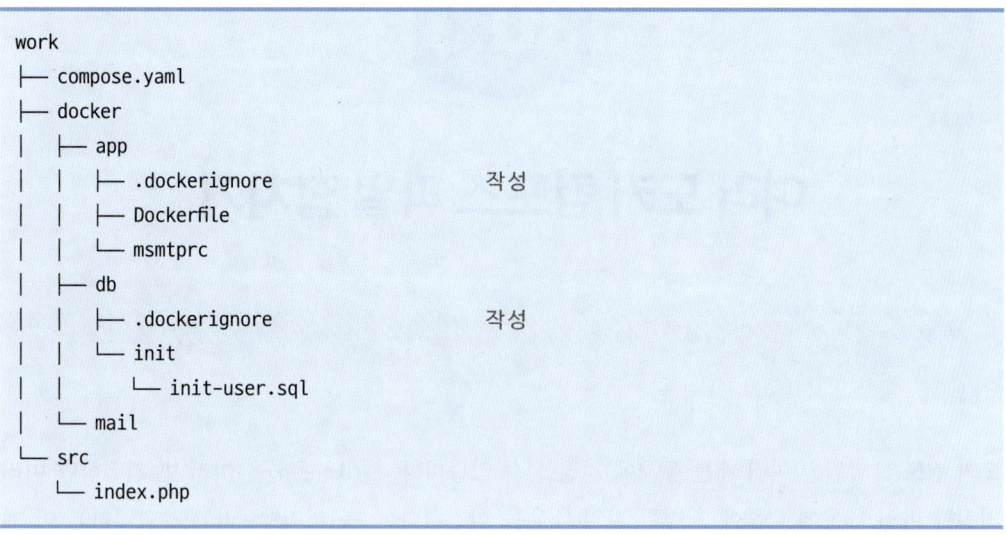

혹시 모를 사고를 방지할 수 있도록 도커파일과 .dockerignore는 늘 같이 이용합시다.

Point .dockerignore는 ** 이외에도 주석을 의미하는 #, 예외를 의미하는 ! 등을 사용할 수 있습니다. 관심 있다면 인터넷에서 검색해 보세요.

여러 도커 컴포즈 파일 합치기

도커 컴포즈 파일은 여러 개를 동시에 지정할 수 있습니다. --file 옵션을 여러 번 지정하면 미리 지정한 파일 내용에 나중에 지정한 파일 내용을 합칩니다(이를 머지 merge라고도 합니다). 이 기능을 활용하면 구축할 환경마다 조금씩 다른 구성을 간단히 만들 수 있습니다. 예를 들어 다음의 compose.yaml은 기본 바탕이 되는 도커 컴포즈 파일입니다.

코드 30.3.1 기본 도커 컴포즈 파일

```yaml
services:
  sample:
    image: php:8.2.23
    environment:
      - DEBUG=true
```

로컬 개발 환경과 프로덕션 환경은 각종 설정을 서로 다르게 변경하는 경우가 많습니다. 다음처럼 compose-production.yaml을 만들어서 DEBUG 모드를 비활성화해 봅시다.

코드 30.3.2 프로덕션 환경용 도커 컴포즈 파일

```yaml
services:
  sample:
    environment:
      - DEBUG=false
```

2개의 도커 컴포즈 파일을 지정해서 compose covert 명령어로 결과를 확인하면 다음처럼 DEBUG=false 환경 변수가 지정된 sample 서비스를 정의할 수 있습니다.

터미널 30.3.1 합쳐진 도커 컴포즈 파일 확인(발췌)

```
$ docker compose --file compose.yaml --file compose-production.yaml convert
services:
  sample:
    environment:
      DEBUG: "false"          ← DEBUG 설정을 덮어씀
    image: php:8.2.23
         ↑
    image는 php:8.2.23
```

덮어쓰기가 아니라 추가도 할 수 있습니다. 예를 들어 CI 환경이라면 프록시 서버가 필요할 수 있는데, compose-ci.yaml을 작성해서 Nginx 컨테이너를 정의해 봅시다.

코드 30.3.3 CI 환경의 도커 컴포즈 파일

```
services:
  proxy:
    image: nginx:1.25
```

2개의 도커 컴포즈 파일을 지정해서 compose convert 명령어로 결과를 확인하면 다음처럼 sample 서비스와 proxy 서비스가 정의됩니다.

터미널 30.3.2 합쳐진 도커 컴포즈 파일 확인(발췌)

```
$ docker compose --file compose.yaml --file compose-ci.yaml convert
services:
  proxy:            ← proxy 서비스
    image: nginx:1.25
  sample:           ← sample 서비스
    environment:
      DEBUG: "true"
    image: php:8.2.23
```

변경된 부분을 파일로 정의하면 구성별 차이점 관리가 명확합니다.

COLUMN

--file 옵션 위치에 주의하기

--file 옵션은 convert가 아니라 compose의 옵션이므로 compose 바로 다음에 지정합니다. 따라서 이렇게 지정하면 틀린 명령어가 됩니다.

터미널 30.3.3 --file 옵션 위치가 틀림

```
$ docker compose convert --file compose.yaml
unknown flag: --file
```

올바른 지정 방법은 다음과 같습니다.

터미널 30.3.4 --file 옵션의 올바른 위치

```
$ docker compose --file compose.yaml convert
출력 생략
```

또한 convert에도 몇 가지 옵션이 있습니다. --output 옵션으로 표준 출력 대신에 원하는 파일에 출력 결과를 저장할 수 있습니다. 이런 옵션을 모두 지정하면 다음과 같습니다.

터미널 30.3.5 --file 옵션과 --output 옵션 지정하기

```
$ docker compose --file compose.yaml convert --output result.yaml

$ ls
compose.yaml    result.yaml
```

옵션 순서를 잘 모르겠다면 어떤 명령어에 속한 옵션인지 잘 생각해 보세요. 그러면 순서를 찾을 수 있습니다.

31장

애플 실리콘 맥에서 도커 사용하기

이 장에서는 애플 실리콘 맥에서 도커를 사용할 때 주의할 점을 소개합니다. 애플 실리콘 맥의 차이점을 이해하고 어떤 물리 머신에서도 실행할 수 있는 환경을 만들어 봅시다.

명령어 집합 구조

● 개요

명령어 집합 구조Instruction Set Architecture는 CPU가 실행하는 기계어 등의 사양을 정의한 것입니다. Instruction Set Architecture의 첫 글자를 따서 ISA라고 부릅니다. ISA는 소프트웨어와 하드웨어 사이의 인터페이스로, 서로 다른 설계나 구현에 기반한 CPU라도 동일한 ISA를 이용한다면 똑같이 소프트웨어를 실행할 수 있습니다.

그림 31.1.1 CPU와 ISA

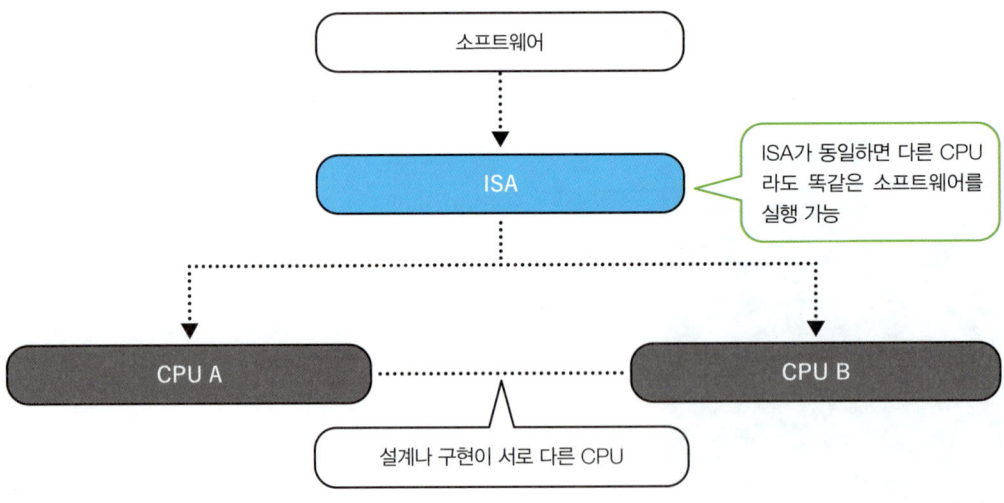

인텔의 CPU(코어 i 시리즈 등)나 AMD의 CPU(라이젠 시리즈 등)를 탑재한 PC에서 x86_64나 AMD64 같은 표기를 본 적이 있을 것입니다. x86_64나 AMD64는 ISA를 뜻하며 이런 종류

는 OCI 이미지에서는 amd64로 표시합니다. 애플 실리콘 맥[1]이 나오기 전에 제조된 맥의 CPU는 인텔 CPU를 사용해서 ISA는 동일한 amd64입니다. 반면에 애플 실리콘 맥은 애플이 개발한 CPU를 사용하고 ISA는 arm64로 표시됩니다.

● 이미지의 ISA

컨테이너를 가동하려면 도커 실행 환경과 이미지의 ISA가 일치해야 합니다. 다음 [화면 31.1.1]은 도커 허브의 우분투 리포지터리에서 22.04 태그를 검색한 결과입니다. OS/ARCH 항목에 amd64나 arm64 같은 표기를 확인할 수 있습니다.

화면 31.1.1 도커 허브에서 OS/ARCH 확인

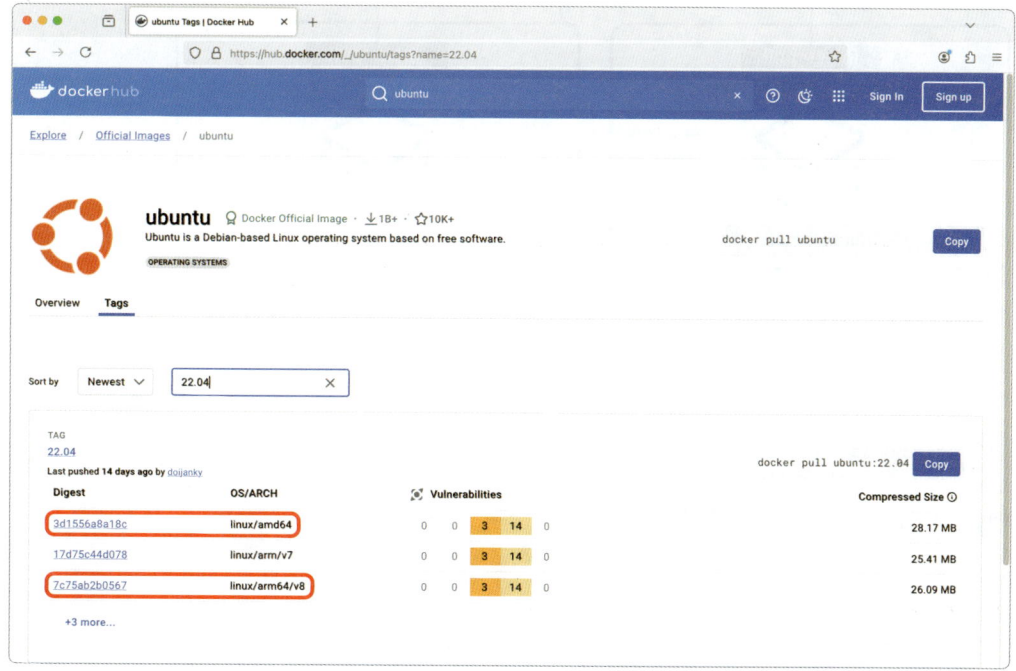

도커 허브는 이미지를 ISA별로 등록할 수 있습니다. [화면 31.1.1]의 3d1556a8a18c와 7c75ab2b0567는 둘 다 ubuntu:22.04이지만 ISA가 서로 다른 이미지입니다.

---

1 역자주_ 애플이 제조한 M 시리즈 CPU를 탑재한 모델을 말합니다. ARM 호환 아키텍처를 사용합니다. *https://support.apple.com/ko-kr/116943*

`image pull`이나 `container run`으로 이미지를 가져올 때 도커 실행 환경과 동일한 ISA의 이미지를 자동으로 선택합니다.

그림 31.1.2 이미지 가져오기

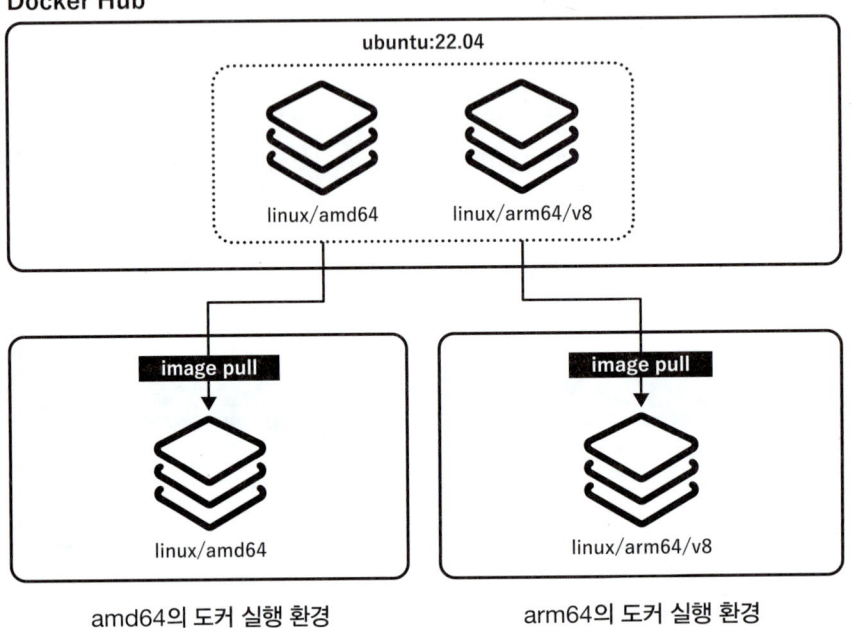

이미지의 ISA를 `image inspect`로 확인해 봅시다. 필자의 도커 실행 환경은 arm64이므로 [터미널 31.1.1]에 출력된 내용처럼 arm64 이미지를 가져왔습니다.

터미널 31.1.1 이미지 아키텍처 확인하기

```
$ docker image inspect ubuntu:22.04
[
    {
        생략
        "Architecture": "arm64",
        "Variant": "v8",
        "Os": "linux",
        생략
    }
]
```

31.2

서로 다른 ISA의 도커 실행 환경 공존하기

팀으로 개발하면 도커 실행 환경이 동일한 ISA가 아닐 수 있습니다. 이때 발생하는 문제와 대응 방법을 소개합니다.

● 문제는 arm64 이미지가 없는 경우

arm64의 도커 실행 환경에서 발생하는 문제는 공개된 arm64 이미지가 없을 때입니다. 예를 들어 mysql:5.7.44는 amd64 이미지만 공개합니다.

화면 31.2.1 도커 허브에서 아키텍처 확인

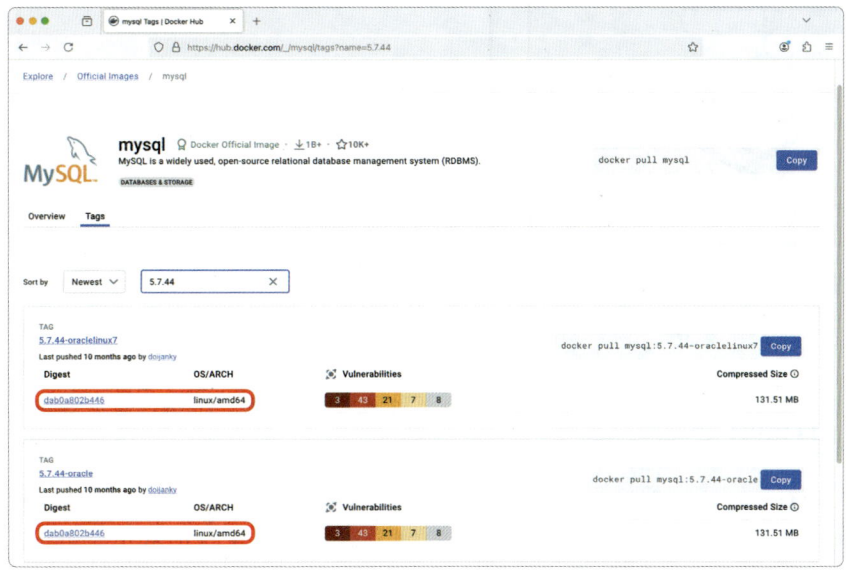

arm64 도커 실행 환경은 arm64 이미지를 가져오려고 하지만 해당하는 이미지가 존재하지 않아서 mysql:5.7.44 가져오기에 실패합니다.

터미널 31.2.1 이미지 취득(실패)

```
$ docker image pull mysql:5.7.44
5.7.44: Pulling from library/mysql
no matching manifest for linux/arm64/v8 in the manifest list entries
```

그림 31.2.1 이미지 취득(실패)

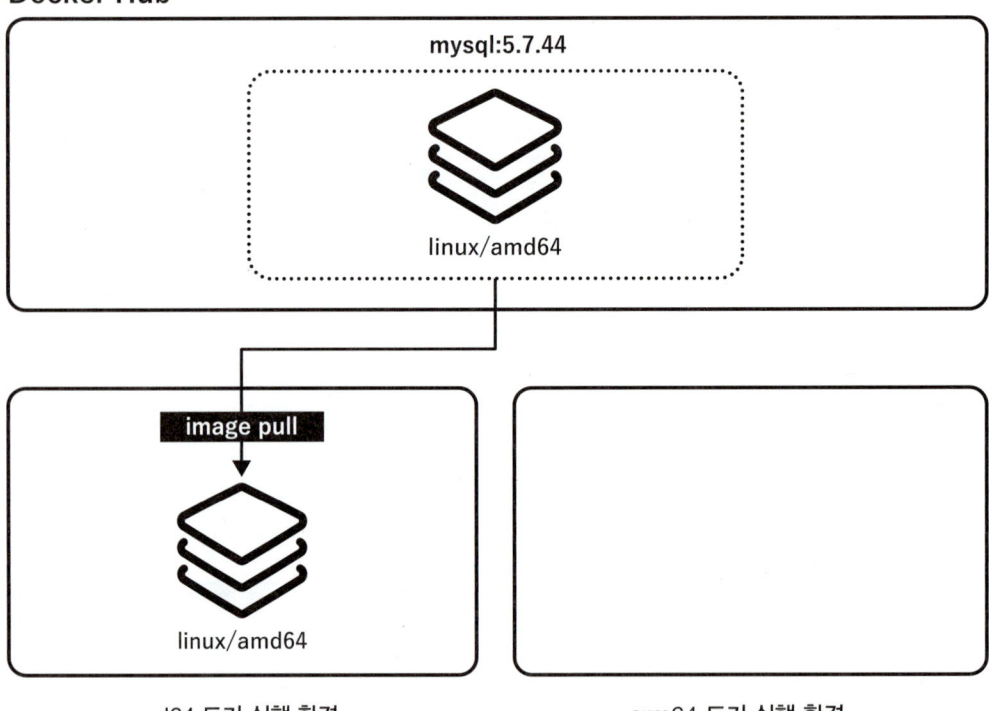

amd64 도커 실행 환경   arm64 도커 실행 환경

● 사용할 ISA 명시하기

image pull이나 container run에서 --platform 옵션을 사용하면 가져올 이미지의 ISA를 지정

할 수 있습니다. arm64 이미지가 없는 mysql:5.7.44를 arm64 도커 실행 환경에서 플랫폼을 지정해서 가져와 봅시다.

터미널 31.2.2 이미지 취득(amd64 지정)

```
$ docker image pull --platform linux/amd64 mysql:5.7.44
5.7.44: Pulling from library/mysql
생략
Status: Downloaded newer image for mysql:5.7.44
docker.io/library/mysql:5.7.44
```

그림 31.2.2 이미지 취득(amd64 지정)

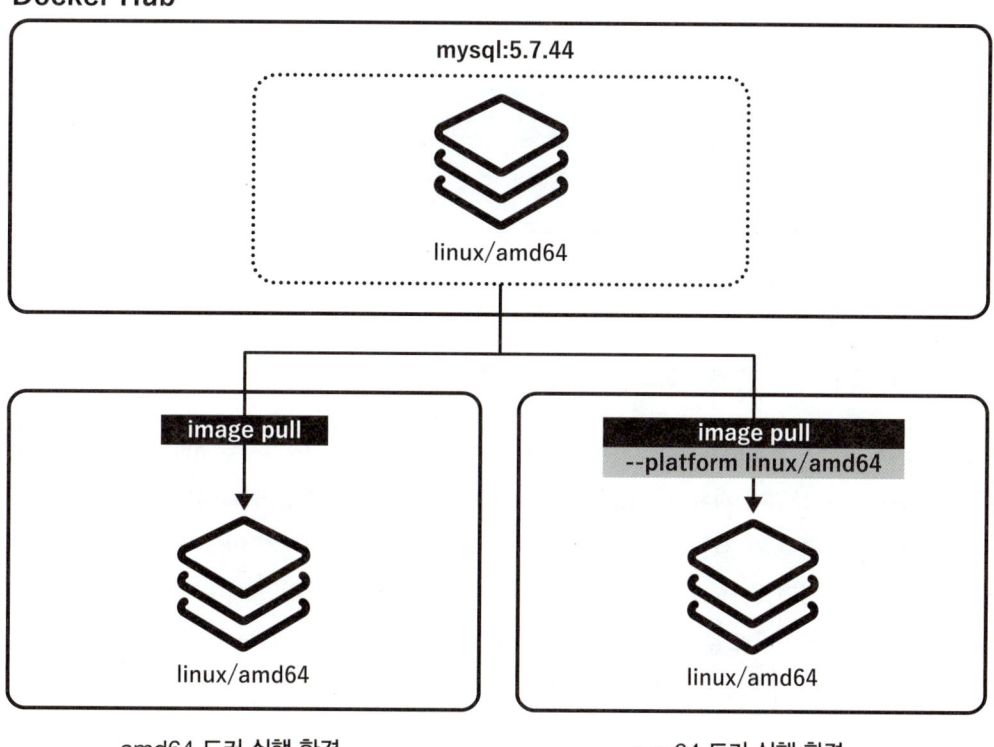

amd64 도커 실행 환경   arm64 도커 실행 환경

무사히 이미지를 가져왔습니다. 가져온 mysql:5.7.44 이미지를 가동할 때도 --platform 옵션을 지정합니다.

터미널 31.2.3 MySQL 5.7.44 이미지로 컨테이너 가동하기

```
$ docker container run              \
    --name db                       \
    --rm                            \
    --detach                        \
    --env MYSQL_ROOT_PASSWORD=secret \
    --publish 3306:3306             \
    --platform linux/amd64          \
    mysql:5.7.44
34890dbb0c7bb9a081166530c8f40a30979b4045cebe9db96912850d7bdcd729

$ mysql --host=127.0.0.1 --port=3306 --user=root --password=secret
                                    프롬프트가 전환되고 입력 대기 상태가 됨
mysql> select version();
+-----------+
| version() |
+-----------+
| 5.7.44    |
+-----------+
1 row in set (0.00 sec)
```

arm64 도커 실행 환경으로 amd64 이미지에서 컨테이너를 가동할 수 있었습니다.

Point db 컨테이너는 정지해도 됩니다.

다만, --platform은 arm64 도커 실행 환경에서 억지로 amd64 이미지를 사용하는 임시 방편에 불과해서 ISA 불일치 자체가 해결된 것은 아닙니다. 실행할 명령어를 내부적으로 변환하므로 동작이 느려지거나 기대와 다르게 작동할 때도 있습니다. 컨테이너가 이상하게 작동한다면 사용하는 이미지를 변경하거나 arm64 우분투 이미지 등을 이용해서 직접 이미지를 만들어야 합니다. 또한 arm64 이미지가 준비되어 있다면 --platform 옵션으로 amd64를 지정하지 않습니다. --platform 옵션을 제대로 지정해서 이용해 봅시다.

32장

디버깅 방법

이 장에서는 컨테이너가 제대로 실행되지 않을 때 어떻게 대처할지 소개합니다. 오류가 발생했을 때 어떻게 대응하고 고려해야 하는지 참고하세요.

현재 상태 정리하기

오류가 발생하면 현재 상태를 정확하게 파악하는 작업이 가장 중요합니다. 어떤 방법으로 무엇을 확인할 수 있는지 몇 가지 정리해 봅시다. 이 절에서는 6부에서 구축한 도커 컴포즈 환경이 올바르게 가동된 상태를 가정하고 설명합니다. 컨테이너를 정지한 분은 6부에서 작성한 work 디렉터리로 이동해서 `docker compose up --detach`로 가동합니다.

● 상세 내용을 확인하는 명령어

컨테이너, 이미지, 볼륨, 네트워크에는 각각 `inspect` 명령어가 있습니다. 컨테이너 상세 내용은 컨테이너 마운트 내용이나 접속한 네트워크 등을 확인할 수 있습니다. 컨테이너 데이터가 사라졌거나, 호스트머신에서 작성한 소스 코드가 컨테이너 내부에 없거나, 다른 컨테이너에서 접속할 수 없는 경우 등에 확인합니다.

터미널 32.1.1 컨테이너 상세 내용(발췌)

```
$ docker container inspect work-db-1
[
    {
        생략
        "Mounts": [
            {
                "Type": "volume",                              ← 볼륨 마운트 정보
                "Source": "work_db-compose-volume",
                "Target": "/var/lib/mysql"
            },
            {
                "Type": "bind",                                ← 바인드 마운트 정보
                "Source": "host_mnt/Users/docker/work/docker/db/init",
                "Target": "/docker-entrypoint-initdb.d"
            }
        ],
        생략
        "NetworkSettings": {
            "Networks": {
                "work_default": {                              ← work_default에 접속하고 있음
                    생략
                    "Aliases": [
                        "work-db-1",                           ← 다른 컨테이너에서 이 값으로 접속 가능
                        "db"
                    ],
                    생략
                }
            }
        }
    }
]
```

이미지 상세 내용에서 컨테이너 가동 시 기본 명령어 등을 확인할 수 있습니다. 명령어를 지정하지 않고 가동했을 때 해당 이미지가 어떤 명령을 실행하는지 확인하는 경우에 이용합니다.

32장 디버깅 방법　393

터미널 32.1.2 이미지 상세 내용(발췌)

```
$ docker image inspect work-app:0.1.0
[
    {
        생략
        "Config": {
            "Cmd": [
                "/usr/local/bin/php",
                "--server",
                "0.0.0.0:8000",         ● 컨테이너 가동 시 기본 명령어
                "--docroot",
                "/my-work"
            ],
        },
        생략
    }
]
```

볼륨의 상세 내용은 별다른 내용이 없으므로 생략합니다.

네트워크 상세 내용에서는 접속한 컨테이너를 확인할 수 있습니다. 컨테이너 간 통신에 문제가 생겼을 때 현재 접속 상태가 어떤 상태인지 살펴볼 수 있습니다.

터미널 32.1.3 네트워크 상세 내용(발췌)

```
$ docker network inspect work_default
[
    {
        생략
        "Containers": {
            "22616f04334c2fa20c07f34f9a0e2db36d2df68fb1afff5b9ce6255e24593721": {
                "Name": "work-db-1",
                생략                    ● work-db-1 컨테이너가 접속함
            },
            "62d639cf33c14573864885f0c41e0280b5ceeb620263a2e542c01c42a2a07d5e": {
                "Name": "work-app-1",
                생략                    ● work-app-1 컨테이너가 접속함
            },
            "a239f7fa2b397c9ce524bb88b879e0d09cf6197c8bf37b61494f2f0bdf17593a": {
```

```
            "Name": "work-mail-1",
            생략                        work-mail-1 컨테이너가 접속함
          }
       },
     }
]
```

> **Point** 도커 컴포즈 환경은 이제 compose down으로 정지합니다.

● 컨테이너 출력 확인하기

11장에서 설명한 container logs를 이용해서 컨테이너 출력을 확인합니다. 대부분의 오류 메시지가 여기에 표시됩니다. 로그를 계속 표시하는 --follow 옵션도 활용합니다.

● 컨테이너 내부 알아보기

마찬가지로 11장에서 설명한 container exec를 활용해서 컨테이너 내부를 확인합니다. 도커파일의 COPY 명령으로 내부에 복사한 설정 파일에 문제가 없는지 컨테이너 내부 디렉터리 구성 상태 등을 확인합니다.

● PID1 로그 파일 확인하기

container logs 출력뿐만 아니라 컨테이너에서 실행한 PID1 명령어가 출력하는 로그 파일도 확인합니다. 예를 들어 루비 온 레일즈나 MySQL, Nginx 등을 실행한다면 각각 출력된 로그 파일을 컨테이너 내부에서 찾습니다. 로그 파일이 출력된 로그 디렉터리는 각 설정 파일을 확인하거나 공식 문서를 참조합니다. 로그 디렉터리 위치를 파악했다면 container exec를 활용해서 컨테이너 내부를 조사할 수 있습니다.

문제 발생 범위 좁히기

6부에서 구축한 환경 어딘가에 문제가 있어서, 가동해 보니 [화면 32.2.1]처럼 메일 발송에 실패했다고 합시다. 이런 사례를 통해 원인을 찾아내는 과정을 살펴봅시다.

화면 32.2.1 메일 발송 실패

● **확인 범위 정리하기**

John과 Jane 정보는 취득했으므로 앱 컨테이너와 DB 컨테이너 사이는 문제가 없어 보입니다. 따라서 메일 컨테이너가 가동되지 않았거나, 앱 컨테이너와 메일 컨테이너 사이에 통신 문제가 있을 가능성을 생각할 수 있습니다. 우선 메일 컨테이너가 가동 중인지 확인하고, 다음으로 앱 컨테이너와 메일 컨테이너 간의 통신 설정을 확인한 후, 마지막으로 앱 컨테이너의 통신 대상 설정이 제대로 되어 있는지 확인합니다.

1. 메일 컨테이너가 가동 중인지 확인하기

2. 앱 컨테이너와 메일 컨테이너가 동일한 네트워크에 접속되어 있는지 확인하기
3. 메일 컨테이너에 mail로 접속 가능한지 확인하기
4. 앱 컨테이너 접속 설정은 mail:1025인지 확인하기

그림 32.2.1 확인 범위 정리

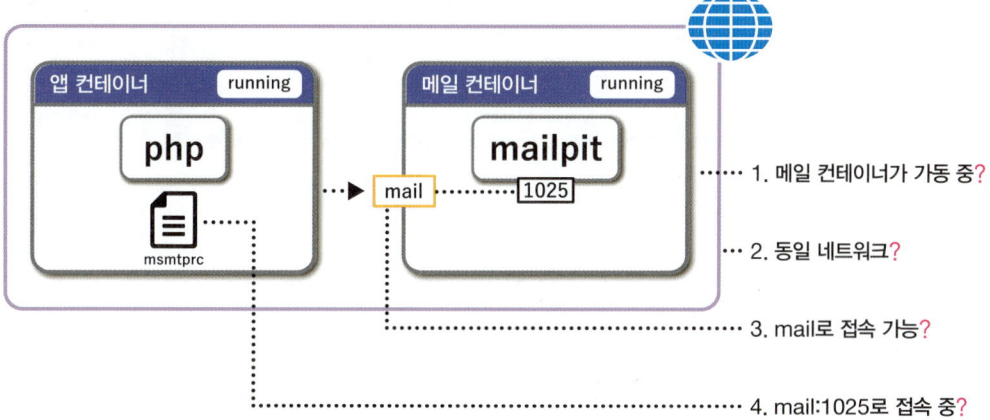

● 확인하기

확인할 부분이 정해졌으니 이제 살펴봅시다. 메일 컨테이너가 가동 중인지는 `compose ps`로 확인할 수 있습니다.

터미널 32.2.1 컨테이너가 가동 중인지 확인하기

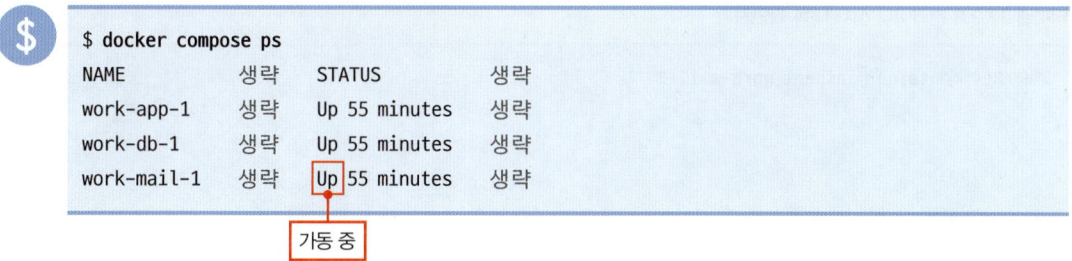

앱 컨테이너와 메일 컨테이너가 동일한 네트워크에 접속 중인지 `network inspect` 명령어로 확인할 수 있습니다. 또한, 네트워크명은 `compose up` 명령어 출력에 표시된 내용 외에도 `network ls` 명령어로 확인할 수 있습니다.

터미널 32.2.2 네트워크에 접속하고 있는 컨테이너 확인하기

```
$ docker network inspect work_default
[
    {
        생략
        "Containers": {
            "15af935ef6bfa6ca50f8302f8ad92046436f3486ab3965b52006c198019292f0": {
                "Name": "work-mail-1",
                생략
            },
            "7ea842910cb962dfbc0643a315b1bdabeddf2c0e084c6cb42d35fa70590b7b35": {
                "Name": "work-app-1",
                생략
            },
            "b5db48df67eb2e1a44c03a00a7f2b7339e7fe90a6cb0fc4290b59d072cd2ed7a": {
                "Name": "work-db-1",
                생략
            }
        },
        생략
    }
]
```

3개의 컨테이너가 접속 중

메일 컨테이너에서 mail 호스트명으로 접속할 수 있는지 확인하려면 `container inspect`를 사용합니다.

터미널 32.2.3 컨테이너 상세 내용 확인하기

```
$ docker container inspect work-mail-1
[
    {
        생략
        "NetworkSettings": {
            생략
            "Networks": {
                "work_default": {
                    생략
                    "Aliases": [
                        "work-mail-1",
```

```
                    "mail"          mail로 접속 가능
                ],
                생략
              }
            }
          }
        }
      ]
```

앱 컨테이너에서 메일 컨테이너로 접속하는 설정은 앱 컨테이너의 msmtprc 파일에 있습니다. msmtprc 파일은 앱 이미지의 도커파일에서 COPY 명령어로 복사합니다. 컨테이너 내부를 compose exec로 직접 확인해 봅시다.

터미널 32.2.4 접속 대상 확인하기

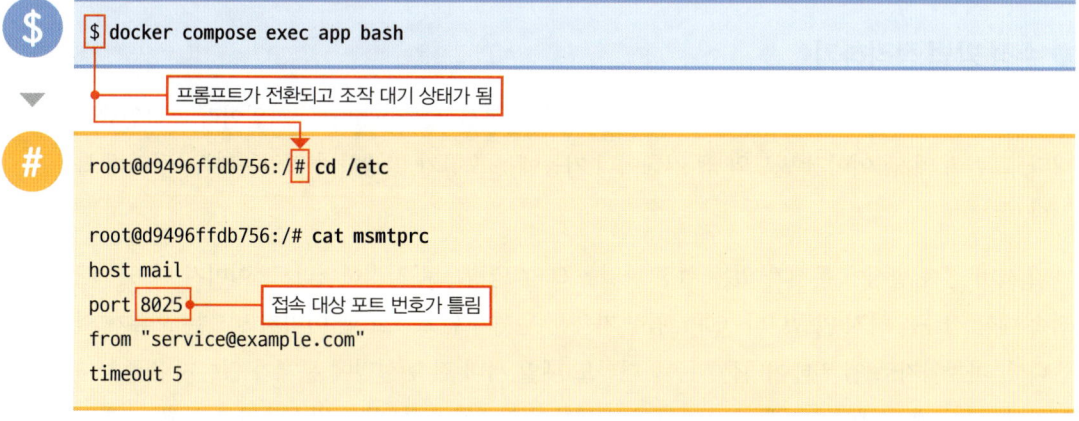

```
$ docker compose exec app bash
```
프롬프트가 전환되고 조작 대기 상태가 됨

```
root@d9496ffdb756:/# cd /etc

root@d9496ffdb756:/# cat msmtprc
host mail
port 8025        접속 대상 포트 번호가 틀림
from "service@example.com"
timeout 5
```

앱 컨테이너 내부의 접속 대상 설정(msmtprc 파일)에 문제가 있는 것을 찾아 냈습니다.

그림 32.2.2 확인 결과

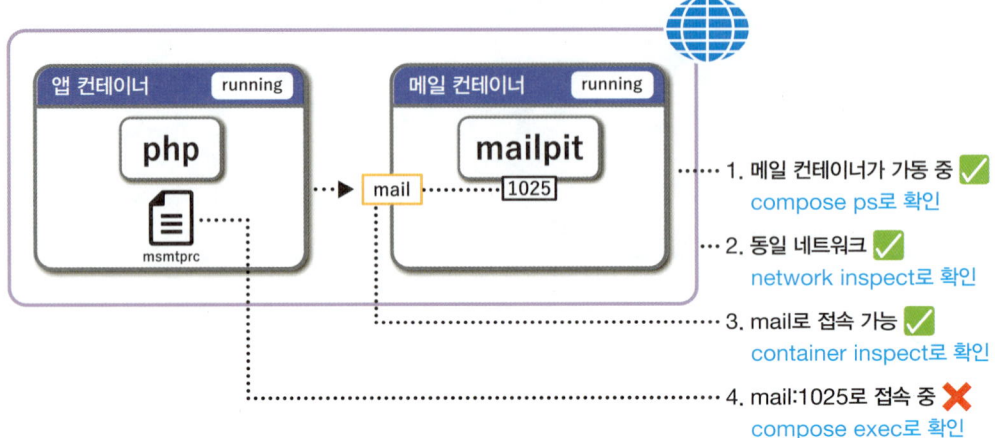

● 수정 방법 정리하기

수정할 부분은 앱 이미지용 도커파일의 COPY 명령으로 복사하는 msmtprc 파일이라고 확인했습니다. 그런데 왜 앱 이미지 빌드와 앱 컨테이너 가동에는 오류가 발생하지 않았는지 잘 정리해 봅시다.

메일 서버 접속 설정에 문제가 있는 설정 파일을 COPY 명령으로 지정하더라도, 이미지 빌드할 때 접속 대상 검증을 하지 않습니다. COPY 명령 자체는 문제가 없으므로 앱 이미지 빌드는 오류가 없습니다. 마찬가지로 앱 컨테이너를 가동하더라도 메일 서버 접속 설정에 문제가 없는지 검증하지 않아서, 역시 앱 컨테이너 가동에도 오류가 발생하지 않습니다. 메일을 발송하려고 실행할 때 처음으로 잘못된 포트로 보내려는 것을 알게 되어서 오류가 발생합니다.

msmtprc 파일의 포트 번호를 1025로 수정하면 이미지 빌드부터 다시 시작합니다. `docker compose down`으로 서비스를 모두 종료하고 `docker compose up --detach --build`로 이미지부터 다시 작성해 봅니다.

그림 32.2.3 수정 방침 정리

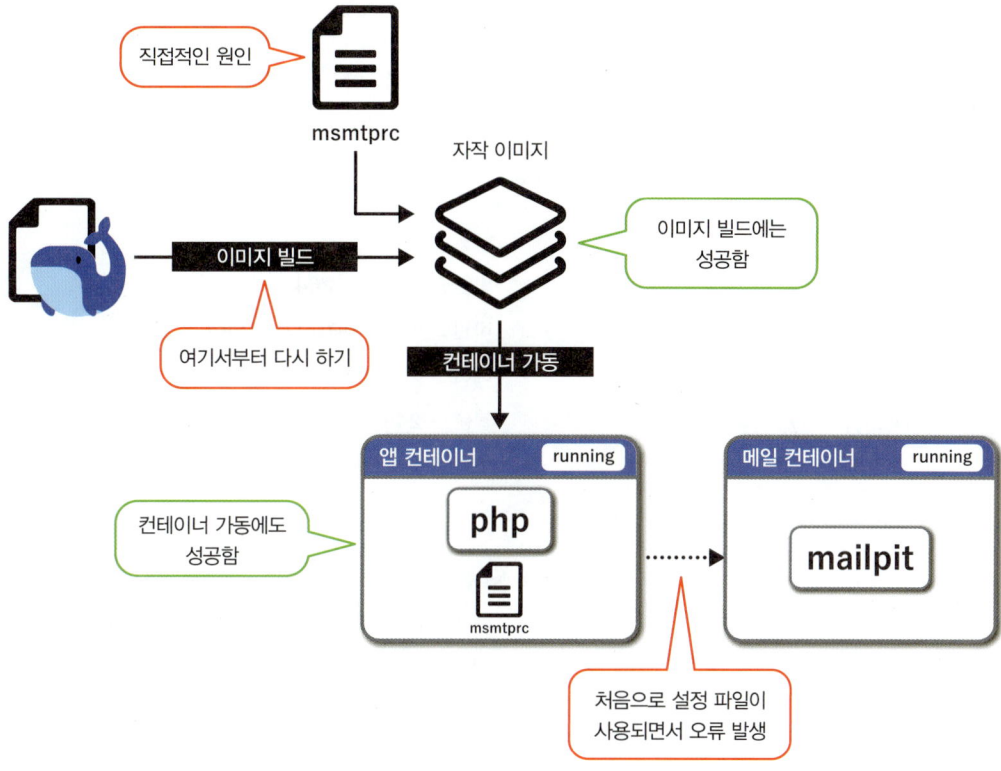

그림으로 정리해보면 언제, 무엇을 잘못했는지 파악하기 쉽고 어떻게 수정할지 정리하기에도 편리합니다.

Index

ㄱ
가동 중인 컨테이너에 명령하기　145
가상 머신　22
가상화 소프트웨어　22

ㄴ
네트워크　250
네트워크 작성하기　272

ㄷ
데몬　38
도커　38
도커 데스크톱　40
도커 엔진　38
도커 컴포즈　39, 340
도커파일　73
도커파일로 이미지 빌드하기　219
도커 허브　41

ㄹ
레이어　161
리눅스 머신　33

ㅁ
메타데이터　161, 163
명령어　60
명령어를 실행해서 레이어 확정하기　223

명령어 집합 구조　384
물리 머신　22

ㅂ
바인드 마운트　264
바인드 마운트 이용하기　264
베이스 이미지 지정하기　216
볼륨　248
볼륨 작성하기　254

ㅇ
애플 실리콘 맥　58
이미지　69
이미지 목록 확인하기　168
이미지 상세 내용 확인하기　174
이미지 취득하기　170
이미지 환경 변수 지정하기　230
인텔 맥　58

ㅋ
컨테이너　64
컨테이너 가동 시 네트워크에 접속하기　275
컨테이너 가동 시 명령어 지정하기　242
컨테이너 가동 시 임의의 처리 실행하기　106
컨테이너 가동하기　92
컨테이너 가동할 때 볼륨 마운트하기　256
컨테이너 레이어　162
컨테이너를 대화형 모드로 조작하기　116

컨테이너를 백그라운드로 실행하기　133
컨테이너를 tar로 이미지화하기　192
컨테이너 목록 확인하기　96
컨테이너 삭제하기　102
컨테이너에 이름 붙이기　110
컨테이너에 vi 설치하기　188
컨테이너 정지 시 자동으로 삭제하기　112
컨테이너 정지하기　99
컨테이너 출력 확인하기　138
컨테이너 포트 공개하기　122
컨테이너형 가상화　29
컨테이너 환경 변수 설정하기　126

프로세스　61

하이퍼바이저형 가상화　28
호스트머신의 파일을 이미지에 추가하기　235
호스트형 가상화　27

CMD　242
COMMAND　307
compose down　355
compose exec　355
compose ps　355
compose up　355
Config　177
container commit　190
ContainerConfig　177
container exec　145
container export + image import　192
container logs　138
container ls　96
container rm　102
container run　92, 147, 172
container run [COMMAND]　106
container run --detach　133
container run --env　126
container run --interactive --tty　116
container run --mount　256, 264
container run --name　110
container run --network　275
container run --publish　122
container run --rm　112
container stop　99
COPY　235

daemon　38
docker compose　39

docker container exec [OPTIONS] CONTAINER
　　　　　COMMAND [ARG...]　76

Dockerfile　73

Docker for Mac　55

Docker for Windows　51

E

ENV　230

F

FROM　216

I

IMAGE　307

image build　219

image inspect　174

image ls　168

image pull　170, 172

N

network create　272

O

Open Container Initiative　44

P

physical machine　22

PID1　65

PostgreSQL 서버에 접속하는 방법 정리하기　150

process　61

R

RUN　223

V

virtual machine　22

volume create　254

W

Windows Subsystem for Linux　50

기호

--detach　292

--env　298, 307

--help 옵션　165

--link　284

--mount　267

--name　292

--publish　307

--rm　292

--volume　267